CONSTELADO

千 里 远 景 ， 如 在 尺 寸 之 间 。

The Manners and Customs of the Ancient Egyptians

神的子民

古埃及人的风俗与日常

第Ⅱ卷

[英] 约翰·加德纳·威尔金森 著

梁力乔 译

John Gardner Wilkinson

中国工人出版社

序言

本版系根据已故约翰·加德纳·威尔金森爵士留下的笔记和手稿整理而成，编者在出版时补入了新内容。为与已有版本形成区别，本版中用“G.W.”记号代表新增原作者留下的内容，“S.B.”记号代表本版编者自己补入的新内容，方便读者加以区别。对原版文本做的删节很少，仅删除了一些已经被19世纪最新证据证伪的观点和结论[①]。

随着我国学者[②]C.W.戈德温（C.W.Goodwin）、勒·佩奇·雷诺夫（Le Page Renouf）、坎农·库克（Canon Cooke）、布鲁格施–贝（Brugsch-Bey）、杜米申（Duemichen）、艾森罗赫尔（Eisenlohr）和L.斯特恩（L.Stern）等人和法国学者夏巴斯（Chabas）、乐维罗（Revillout）、马斯佩罗（Maspero）、日内瓦的纳维尔（Naville of Geneva）和圣彼得堡的戈罗尼舍夫（Golenischeff of St.Petersburg）等人不断发表考古新发现，埃及学这门学科开始不断地“开枝散叶”，对象形文字所进行的解读和

① 对应地，也补入了新内容。举例说明，我们删去了原版卷三的附录，读者如果感兴趣，还可以在同为约翰·加德纳·威尔金森爵士所作的《埃及旅行者手册》（*Handbook for Travellers in Egypt*）中找到。本版的三卷内容，实际相当于原版五卷的内容。——原注

② 指19世纪的英国。此外，杜米申、艾森罗赫尔和L.斯特恩是德国学者。——译者注

对古人笔迹进行的辨别就是例子。这导致希腊学者和罗马学者为我们留下资料的价值从18世纪的“一等”降为如今19世纪的“二流”。我们只要有条件，就在本书中都使用一流的材料，因为对于学生和研究者而言，比起直接照抄二流材料，用它们进行推导重要得多。

原作者敏锐的观察力及其根据对古代遗迹观察总结出的内容，足以让本书成为埃及学相关领域的教科书，同时适合普通人阅读。作者对古埃及文明和古希腊文明之间的比较研究下了很大功夫，这也是本书的一大价值所在。

为了和19世纪埃及学研究的最新水平对标，不得不对本书的某些转写为英语的名词进行修改。19世纪，埃及专有名词的音译系统仍然处于过渡状态；但从比较哲学和一般科学研究角度考虑，人们多少还是希望一些普遍共识性的标准尽快投入使用，如在1874年伦敦东方学会（Congress of Orientalists①）上提出的标准（本书就将参考这个标准），但引用古代学者原话的时候例外。

本作品将尽量呈现出能为大多数读者所能接受的面貌，以最佳方式传播古埃及民族——古代最杰出民族之一——的风俗习惯知识。

作为编者，鄙人谨对威尔金森夫人（Lady Wilkinson）表达诚挚

① “Orientalists”指的是“东方学”，即研究亚洲西部、非洲（北非为主）的历史、经济、语言、文学、艺术及其他物质、精神文化的综合性学科。东方学家自称还原了这些地区的历史和文明风貌，实际很多时候都带有欧洲中心主义色彩。近年来随着西方后殖民主义研究浪潮传入我国，一些学者对“东方学”这个译名提出了质疑，认为从语言研究和国家治理紧密结合，夺取中国国际话语权的角度考虑，应该重新对这个“由西方观念塑造东方面貌”的学科名称进行翻译。——译者注

的谢意，她提供了直到临终前都致力于埃及学研究的先夫的手稿，同时也要向威廉·夏普（William Chappell）先生表达谢意，他对于古埃及音乐的研究颇有心得。编者还要感谢自己的儿子瓦尔特·德·格雷·伯奇（Walter de Gray Birch）先生，他在本书出版过程中给予编者良多帮助，并撰写了本书的索引部分。

塞缪尔·伯奇
1878年2月9日
于伦敦

●考古发现的文物，展示了古埃及女性的头饰

摘要式目录

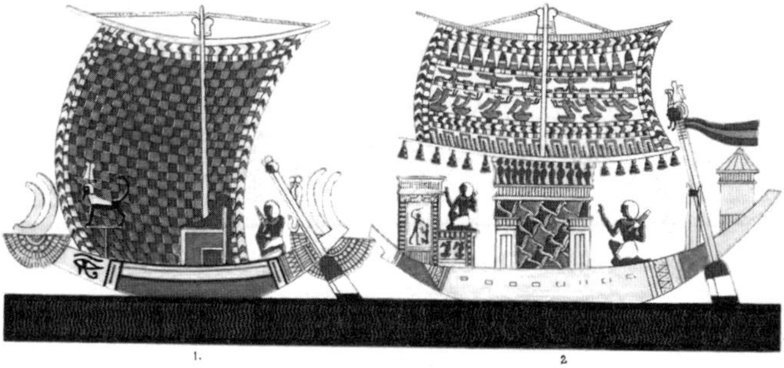

●底比斯的拉美西斯三世陵中的帆船

●贝斯（Bes）神像

第1章

各种各样的花瓶—各种用途的匣子—铰链的替代品—聚会和谈话—准备晚餐—搬来桌子—客人们在晚餐时入席—搬进来的死人模型—舞蹈和娱乐—投掷飞镖取乐—各种游戏—球类—侏儒—摔跤—以棍相搏

●图特摩斯三世时代底比斯的两座巨石像

前文主要描述了古埃及人赴宴，并以乐舞自娱的画面。笔者将在本章介绍古埃及人住宅中用于装饰或各种其他用途的花瓶。花瓶的材质各有不同，如硬石、雪花石膏、玻璃、象牙、骨头、陶瓷、青铜、白银乃至黄金等。下等人用的花瓶材质当然更差，主要是陶土。

很多装饰性乃至实用性的花瓶都被制作得十分精美，美到对后来古希腊花瓶产生了深远影响的程度。古埃及人打造了不少用于个人炫富的奢侈性花瓶，体现出他们这个民族极优雅的品味。在外形和装饰的美感方面，这些花瓶和古希腊文明巅峰时代的产物实在太相似了，几乎让人觉得是埃及人在仿造古希腊花瓶，但它们确实是古埃及人原创的，在尼罗河流域被大量使用，比我们在19世纪能欣赏到的古希腊精美文物的年代要早很多。这也得到了研究相关领域专家的公认。

事实上，最美的古埃及花瓶来自图特摩斯三世早期，即公元前1490年左右。前文说过，犹太人就是在他执政时期离开埃及的。古埃及花瓶不仅外形优美，用料也很考究。一些花瓶从其色泽和其上的象形文字来看，应该是用金和银制作的，或者是镶嵌着比银更贵重的金属[①]的银瓶[②]。

---

① 此处原文并未明说这种金属具体是什么。实际上，金属的价格由多方面因素决定，比较典型的指标有两个，分别是稀有度和制造难度。——译者注

② 对雷克马拉古墓的考察结果显示，这种形状的古花瓶应该是来自腓尼基和叙利亚，西顿最著名的银盘也可能出自这两地。从腓尼基花瓶上，经常能看到对各种古希腊花瓶形制的模仿，包括狮子、公牛、小牛，以及雄鹰〔常被误认

●约公元前1490年的金花盆

除了金银（这种材质的器物上面通常还饰有精美雕刻，甚至镶嵌有宝石），用上述其他材料制作的花瓶，哪怕就是陶土做的便宜货，也令人叹为观止——这不仅是在说它们的外形之美观，还在说其装饰图案之丰富、用料之上乘。对于镶嵌宝石的花瓶，我们很容易分辨具体用了哪种宝石，比如祖母绿和紫水晶等。一般来说，宝石都被用于制作手柄上兽首装饰中的眼珠部分。如果不用宝石，就用珐琅或其他彩色原材料代替。

在花瓶、装饰品乃至女人的各种首饰的制作方面，古埃及人使用了大量宝石①。我们可以从实际考古发掘和底比斯留下的壁画中找到大量证据。被征服的民族向古埃及人称臣，宝石就是他们的贡品。古埃及人通过象形文字记录这些宝石的价值和特性，宝石本身则被装在袋子②里，袋子被捆好并封死。

截至19世纪，在包括底比斯在内的埃及不少地方发现过很多

为是雄鸡，但和亚述人在尼姆鲁德（Nimroud）的雕像形状类似，其实是雄鹰〕的形状。叙利亚人曾经制作过一种人手形状的花瓶，一度被误认为是手套。图特摩斯三世年谱中也提到了类似的花瓶，以及腓尼基人制造的4个银壶。——S.B.

① 如红玉髓、青金石、亚马孙石、碧玉及仿造宝石都被使用过。但截至19世纪，还没发现古埃及人使用过透明的宝石。——S.B.

② 其实，在更多情况下，此类袋子里装的是金粉。宝石一般都被装在篮子里或托盘中。——S.B.

●打好结并且密封的袋子，里面装的可能是宝石

精美的古青铜花瓶，证明古埃及人在合金加工方面技术超群。历经千年岁月的洗礼，轻敲这些古物时，仍能听到丰富的音调。除了现今能看到的精美雕饰，古埃及人还经常对花瓶进行细致的抛光作业。此外，当时制造的青铜小刀和匕首，弹簧历经千年仍然保存，同类弹簧如今仍在使用，不过只在钢刀上才有。截至19世纪，欧洲各个博物馆保存的不同刀具文物样品中，合金的成分配比数据尚不明确，但如果能搞清楚（特别是柏林收藏的那批），那将很有趣，因为这些古代刀具因其刀刃的弹性和表面的光洁而引人注目①。如果往深了讲就要涉及金属铸造的知识，更多的内容还是晚些再谈，现在我们先把注意力转回到花瓶上来吧。

古代花瓶中，有些有一个把手，有些有两个把手。花瓶上的其他装饰包括兽首造型、俘虏形象等。很多装饰物其实都形似怪物，除了颜色鲜艳、用料考究，没有艺术欣赏价值。有时，一个花瓶盖子上的装饰品就是一个恶魔的头颅，这和每天用来展示古埃及美女姣好容颜的镜子的支架所用的装饰物外形相似。那些做工一般的古埃及花瓶确实没有审美价值，有的就像英国酒窖里的

---

① 沃克兰（Vauquelin）分析了柏林博物馆收藏的一把青铜匕首，因为样本的量不够，所以无法检测到任何锡。一面镜子中的铜、锡、铁成分比为85∶14∶1。——原注

酒瓶和温室里的花盆一样缺乏品位。

有些花瓶只有一个把手，被固定在一侧。与19世纪英国的奶油壶相比，其形状有些不同，以牛头和其他图案（或造型）作为装饰。有的青铜容器配有金箍，其把手也是金质的，当然也有根据物主个人品位用其他材料制造的款式。一些花瓶两侧有简单的把手或圆环，另一些则没有，也没有装饰。许多用于神庙中宗教活动的花瓶装饰着精美的浮雕神像，此种花瓶与一个可动弧形把手相连，其功用原理与普通烹饪用具相同，但外形更加美观。这些“铜疙瘩”在表现人物时体现的艺术风格与材料的质量和加工工艺一样出色。关于花瓶把手的具体造型，参见插图《花瓶与把手》。在列举如下花瓶的同时，笔者不能不提到已故萨特生前所收藏的一个长花瓶。这个长花瓶的盖子非常精致，盖子弹簧的效果也很

●有一个把手或两个把手的花瓶：1、2底比斯发现的陶土瓶；3、4铜花瓶；5花瓶顶部视图，这样看瓶身像一朵纸莎草开的花；6—19底比斯壁画上的花瓶

●1兽首装饰花瓶；2普鲁萨塔（Pulusata）战俘形象的装饰花瓶

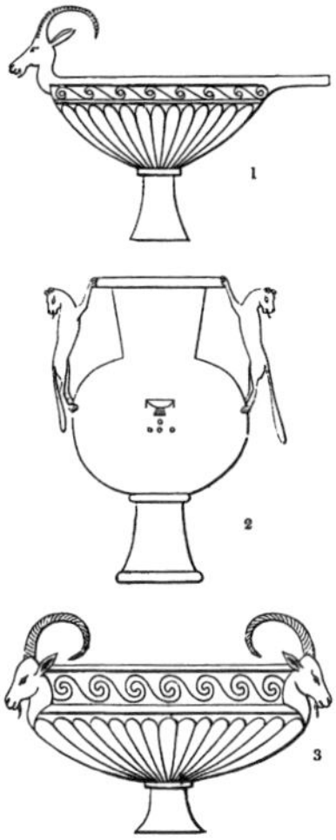

●仿照兽首和兽身制作的花瓶：1 羚羊头装饰；2 狐狸装饰，瓶身的象形文字意思是“黄金”；3 羱羊头装饰

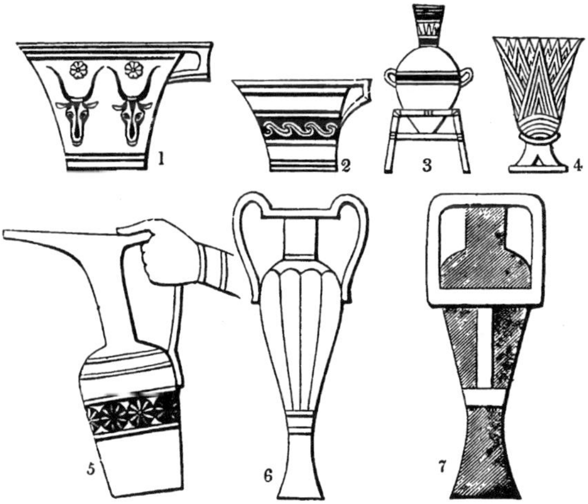

● 1、2 早期花瓶；3 架子上的花瓶；4 陶瓷水杯；7 镶金边的铜花瓶[①]

---

① 补充解读：1、2古代烧杯或酒器，就像古希腊的康塔罗斯酒杯（kantharos）一样；3木架上的彩陶安瓿；4纸莎草花形状的杯子；5类似于古希腊早期陶壶（oenochoe）的容器；6似乎是一种双耳罐；7可能是用料考究的古代容器，从形状来看有明显的古埃及风格。——原注

●1 花瓶，瓶盖被做成鸟头形状；2 巨怪造型的花瓶；3 无把手金花瓶，边框像是用了库玛通（Kumation）装饰

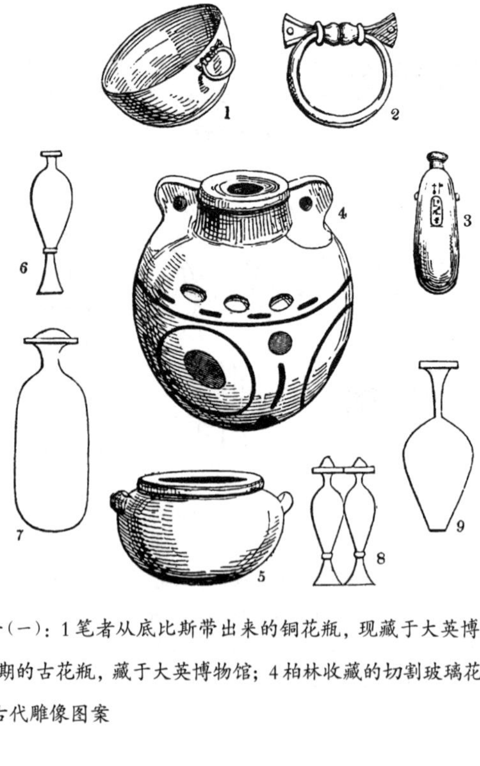

●花瓶与把手（一）：1 笔者从底比斯带出来的铜花瓶，现藏于大英博物馆；2 把手；3 尼科二世时期的古花瓶，藏于大英博物馆；4 柏林收藏的切割玻璃花瓶；5 石花瓶；6—9 底比斯古代雕像图案

●花瓶与把手（二）：1 是 2.75 英寸高的神庙用铜花瓶，笔者私藏；2 柏林博物馆藏铜花瓶，尺寸更大；3—5 底比斯雕像中刻画的厨具[①]

① 补充解读：1青铜花瓶，上有浮雕装饰。一般来说，这种花瓶上的浮雕都是阿蒙-拉（Amen-ra）、荷鲁斯（Horus）、托特（Thoth）、赛赫特（Sekhet）、奈弗图姆（Nefer Tum）、阿托（Athor）、伊西斯（Isis）、尼弗泰斯、哈波克拉特斯等神的形象，有时还会在瓶颈处挂一个象征拉（即太阳神）的船型标志。这种瓶子的尺寸总是很小，要么作为供奉品，要么作为雕像的一部分，被人像握在手上。大英博物馆有两个比较大的花瓶，上面就镌刻了对奥西里斯（Osiris）、伊西斯和尼弗泰斯顶礼膜拜的情形；还记录了一个叫佩塔门·内卜卡塔（Petamen nebkatta）的人，他是祭司兼书记官。他担任的职务还包括底比斯神孔苏（Khons）（犬身人面形象）的祭司。——S.B.

好，金属用料也很考究，令现代人赞叹不已。

插图《从底比斯带出来的大铜花瓶，现藏于大英博物馆》所展示的文物是笔者在底比斯发现的。它尺寸更大，造型也比较独特。这个花瓶完全是铜制的，两边的把手用销子固定，看上去和古埃及画作中的某些盆子之类的厨房用具类似，但笔者对此表示怀疑，因为这样的花瓶看上去实在太轻了。那些盖子上有人头形状装饰的花瓶似乎常被用来存放黄金等其他贵重物品。法老拉美西斯（King Rameses）宝库侧面的房间中就有很多这样的花瓶，它们因很早就被用来存放黄金而得到了专门的名称，比如科普特语的“ⲛⲟⲩⲃ”（黄金），后来，这个词和“Canopus”（老人星）一词混用了。在形容城镇的时候，人们会用“ⲕⲁϩⲓ ⲛⲟⲩⲃ”（kahi noub），意即“黄金地”，古希腊语写作“χρύσεον ἔδαφος”。使用人头和兽头造型做装饰的花瓶也用于纪念死者。

●从底比斯带出来的大铜花瓶，现藏于大英博物馆

●大英博物馆所藏铜花瓶

● 1 从底比斯带出来的古代花瓶；2 萨特收藏的瓷瓶

如果拉美西斯三世同希罗多德笔下的兰普西尼图（Rhampsinitus）一样有钱，那么他宫殿的侧室其实就是用来存放财宝的库房。尽管从文献记载来看，我们觉得这样的建筑应该位于孟菲斯，但实际上没必要将前一卷中提到的财宝被盗事件发生的场景限定在下埃及的主要城市。或许，偷盗事件根本也不是发生在什么兰普西尼图统治的时期。毕竟希罗多德只在埃及短暂停留过一段时间，其间，他只在赫利奥波利斯（Heliopolis）和孟菲斯附近生活。从他的叙述中，我们根本看不出底比斯是个什么重要的地方。说起这个，希罗多德有没有去过底比斯也是值得怀疑的。当然，和某些人的看法不同，笔者认为，希罗多德肯定去过埃及，他的作品绝对不是纯粹从前人那里抄来的。

我们在上一卷中提到油膏，各种各样的小瓶罐都被用来装这些油膏。这类容器常常出现在盥洗室中。它们的材质有雪花石膏[①]、

① 这种材质的花瓶主要被做成“臼”的形状，还有被做成类似罐子、烧杯、球形瓶子等其他形状的。造型最好的是一种宽口梨形的调味品瓶。以第二十六王朝作为分水岭，此前的石膏花瓶颜色均匀、材质优良，此后主要使用黄白交替的石头作为制作石膏的原材料。——S.B.

●玻璃瓶

玻璃[①]、陶瓷[②]，玄武岩、斑岩、蛇纹岩或角砾岩[③]，以及花岗岩之类的硬石。还有陶土[④]、象牙和骨头等其他材料，因地制宜。但本书毕竟篇幅有限、难以穷尽，所以只对和本章相关的古代文物进行讨论，其他必要内容，有可能的话以后再谈。毕竟从考古发现而言，确有这么做的价值。

古埃及人还制造各种各样的小匣子，有的是木制的，有的是象牙的；有的收纳一些化妆品，或被摆在梳妆台上，或被放在女子的闺房之中。这些匣子上或多或少都刻有装饰性图案，有的是植物，有

① 玻璃瓶主要是放在厕所用的，可装香水，可能来自本土或者腓尼基。玻璃瓶主要分为两类，一类是不透明或半透明的蓝色玻璃，有白色、黄色和红色的波浪线。已知最古老的花瓶现在收藏在大英博物馆，上有图特摩斯三世的名字。另一类则是透明绿色或彩色玻璃瓶，都是第二十六王朝时期（公元前7世纪）的物件。——S.B.

② 碗和高脚杯多为陶瓷材质。早期的陶瓷花瓶都是深蓝色的。大英博物馆有一件这样的藏品，上面镌刻着拉美西斯二世的姓名。第二十六王朝时期出现了一种淡苹果绿的器物，形似圆形烧瓶，和宗教朝圣者用的器物相似。其边缘的箍带上有铭文，向神灵祈求其所有者一年的幸福。有时，这种器物上还会出现法老的名字。——S.B.

③ 角砾岩比雪花石膏更罕见，但19世纪已经发现的陶瓷花瓶比起石膏花瓶来说，造型没有那么雅观。用角砾岩这种材质制作的器物主要有锯齿状花瓶、罐子、圆盘、圆碗及短颈球状瓶（装奶或酒，可以拿在手里边走边喝），偶尔也有小双耳罐或小壶。——S.B.

④ 阿特纳奥斯曾说：“我们很看重的陶土瓶，是从科普特传入的。”（陶土瓶的形状和尺寸多种多样，篇幅所限无法穷尽。制作工艺从低级到高级各不相同，有普通的，有抛光的，也许还有略微上釉的，还有造型优雅的，主要放在厕所中使用。——S.B.）——原注

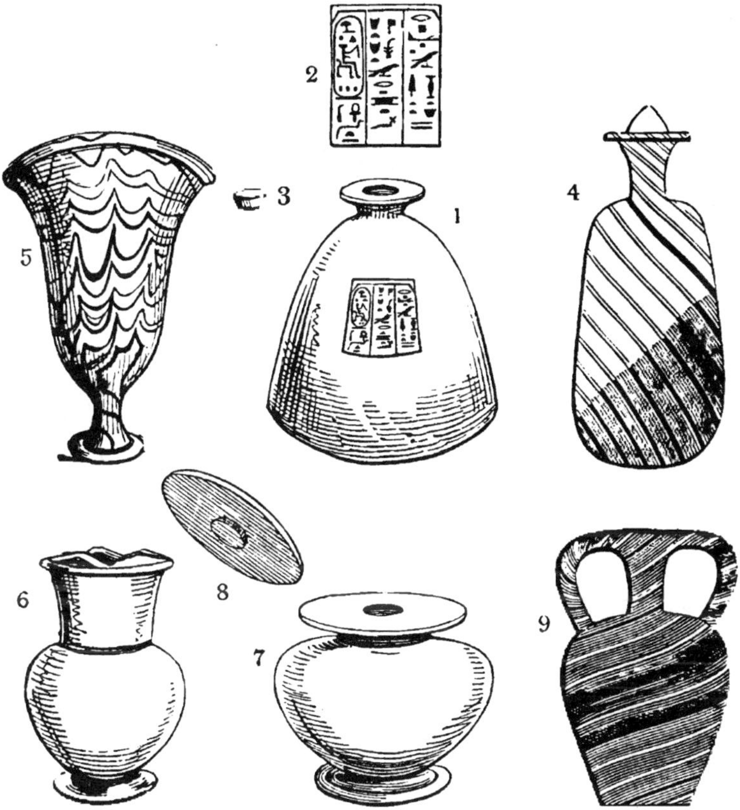

● 1 阿尼克城堡博物馆（Museum of Alnwick Castle）所藏古瓶，主要用来装甜味精油；2 象形文字，展示这是第十八王朝女法老哈特谢普苏特（Hatshepsut）的物品；3 瓶塞；4、9 底比斯壁画上的瓷瓶；5 从底比斯发现的瓷杯，笔者私藏；6 从底比斯发现的象牙瓶，发现时藏有黑色油膏①，笔者私藏；7 阿尼克城堡博物馆收藏的石膏瓶，盛放的是黑色眼影粉（kohl），也就是锑（stibium）；8 瓶盖

① 古埃及眼影粉的主要原料就是硫化锑。——译者注

的则是动物[①]。很多匣子比较长，有一段是中空的贝壳状造型，结合中空造型及其深浅来看，更像是一个勺子。不过，可以给它们安上销子，再加上盖子——基于这一点就可以称其为“匣子”。除了可以开合的这部分，剩下的部分都是纯装饰性的。非要说的话，这种古代匣子还有一种用途，就是一种“带装饰的把手”。

请看下文插图中柏林博物馆的藏品，这是一个雕有女乐手形象的匣子，做工很精美。尽管这只是一个孤例，不能仅凭它就对当时所有的同类器物进行概括，但读者可以就此藏品对当时的古物形成一些大概印象。这样的古代匣子通常是用梧桐木制成的，有的是用柽柳或合欢木制成的，偶尔也会用更昂贵的象牙或镶嵌品来代替木头。许多匣子带有一个长度与整体比例不太协调的把手，把手上有各种动植物乃至怪兽形象[②]的装饰。至于匣子的容器部分，无论盖子是盖着的还是打开的，在风格上都能与其余部分保持一致。

还有很多同类匣子上刻有象征王室的椭圆符号，有或没有

① 19世纪，欧洲已经收藏了不少古埃及文物，其中就有好几个这样的小匣子或“小勺子”。大英博物馆就收藏着这样的一个象牙匣子，造型是一只游泳的鸭子用嘴叼着一条鱼，把它喂给小鸭子，小鸭子也是飞快地一口叼住。另外的造型还可参见后文插图《常刻有古埃及法老或王后名号的象形文字的长方形（或椭圆形）边框，其中2附带了一个游泳女性的装饰组件》。除了这些，镌刻花束图案的木雕和象牙雕也很常见。另一些则呈现出池塘的图案，周围都是纸莎草花，池塘里有3条鱼在游，还咬着水中植物的茎或叶。除此之外，还能见到雕有图案的勺子，以及被做成贝壳形状的碗。碗有较长的圆柱形把手，还有水鸟头造型的装饰。——S.B.

② “怪兽形象”是指亚细亚的贝斯和古埃及的贝萨，它们在第二十二王朝时期出现，和泰丰、塞特等神不太一样。贝斯神的形象常常出现在盥洗用具上，比如一个设有两个勺状收纳空间的匣子，里面装有白蜡块。——S.B.

●木匣

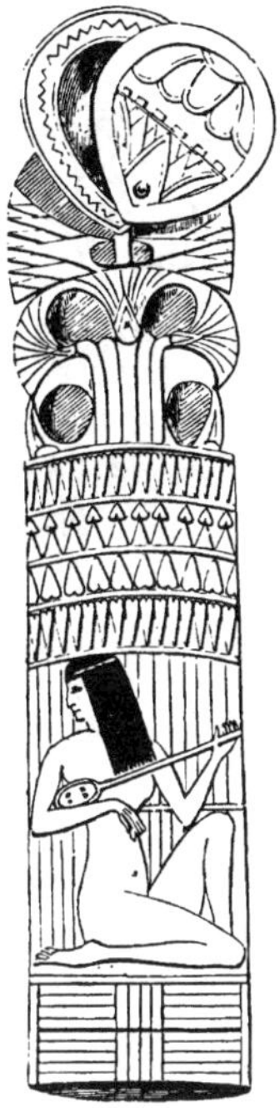

●以女乐手和纸莎草花为装饰图案的匣子，藏于柏林博物馆

●刻着贝斯形象的匣子

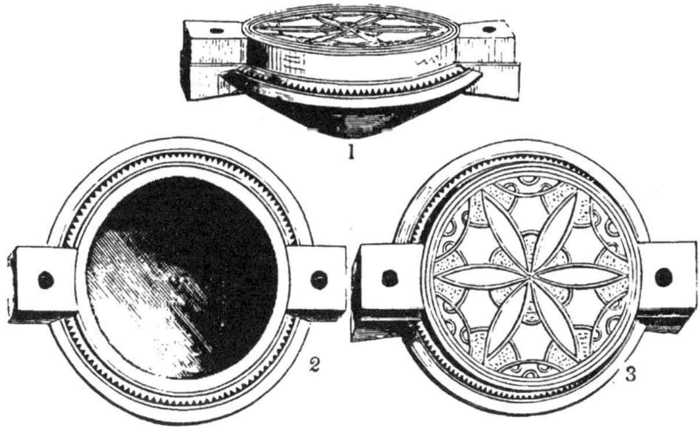

●盖子合起或打开的匣子

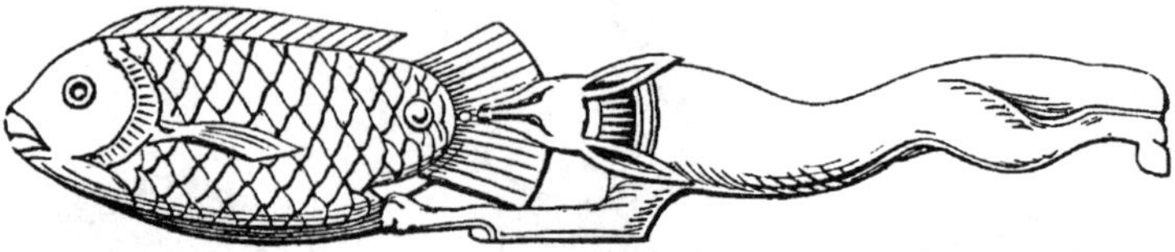

●鱼形匣子，盖子可旋转

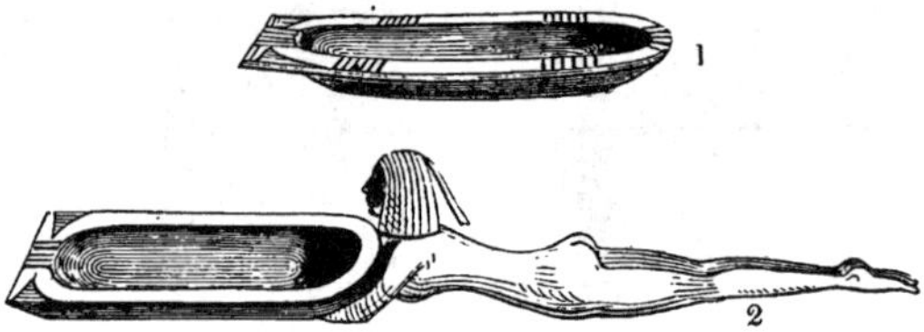

●常刻有古埃及法老或王后名号的象形文字的长方形（或椭圆形）边框，其中2附带了一个游泳女性的装饰组件

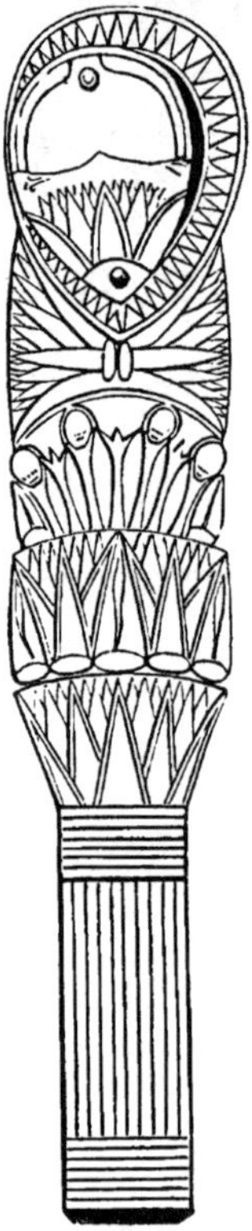

●长把手匣子，上面有纸莎草花装饰图案

●鱼形匣子，一边敞开，一边盖着

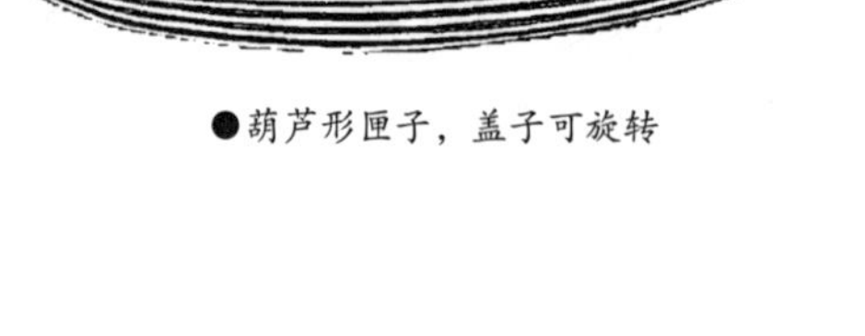

●葫芦形匣子，盖子可旋转

把手，匣身被挖成鱼的形状，加上一个鱼鳞造型的外盖，能以假乱真，让人觉得匣身和外盖其实是不可分的。有的匣子外形是一只鹅，鹅颈和鹅头构成了把手，鹅身是空心的。有的匣子会被做成像是杯子的开放形状，和有盖的匣子相连。还有其他形状的匣子，都被加上了各种不同的装饰，而某些没有盖子的匣子可能会被称为“碟子”。一些更大的同类器物可能用来存放一些小装饰品，或盛软膏和精油的小罐，以及装有眼线膏（collyrium）的小瓶子。下文会接着讨论，读者也可以通过下文中的多幅插图加深了解。

有的匣子的内部空间被分隔成若干区域，当然用一个盖子就能全盖住；盖盖子时要么靠凹槽滑动，要么靠销子推动开关。更大的匣子就可以被称作盒子甚至箱子了，空间足以容纳一面镜子、一把梳子，甚至衣服。

不管是匣子、盒子还是箱子的制作都要使用昂贵的材料，外表还要贴一层稀有木材。更有甚者，直接用乌木制作，外嵌象牙，并绘制各种各样的图案——最低限度也要晕染上色，做出一副用贵重材料制成的样子。其中一些匣子的固定方式与奇怪的铰链替代品都表明，匣子的盖子完全被拆掉了，所以只能“保持”打开的状态不变。具体可以参见插图《在底比斯发现的匣子的结构图》①。

有的匣子有尖顶（pointed summit），分为两部分，其中一部分可

① 阿美诺菲思三世（Amenophis III）有一位王后叫泰伊（Tai），当时他们有一个乌木匣子。19世纪，该匣子的碎片被大英博物馆收藏。在比班乌莫洛克（Biban ul Molook），人们发现了其他匣子的碎片，上面也有这位法老的名字和头衔。显然，这些匣子当初是他陵里的东西。——S.B.

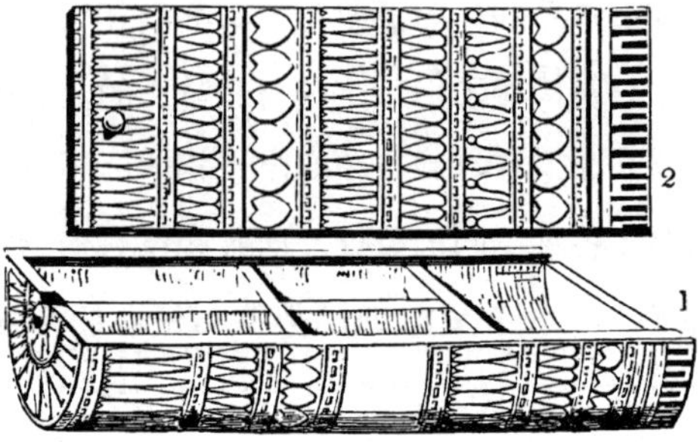

●1有浮雕的匣子，浮雕图案将匣子分成若干部分；2盖子可滑入凹槽

●两个鹅形匣子

●鹅形匣子：1有盖；2无盖

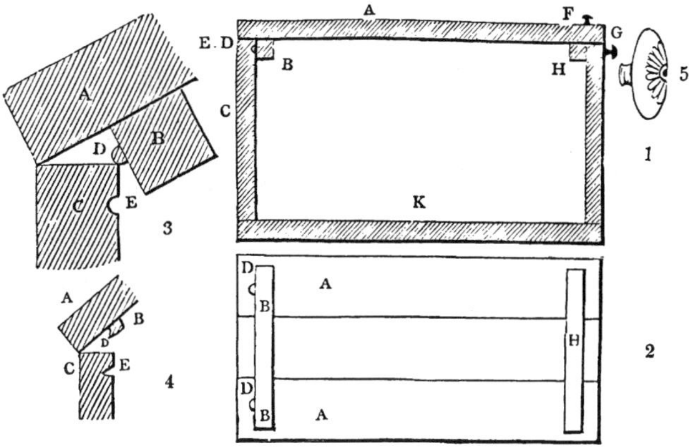

●在底比斯发现的匣子的结构图。1侧视图及各部分分解图：A为盖子、K为底部；2盖子内部视图：B和H为盒盖内侧两根木条；3图：E处是小孔，盒子关闭的时候B处螺母会穿过此处；F和G分别在盖子上和匣子前部，侧面用带子封好，对匣子起到装饰和固定作用；5图：旋钮是用乌木或其他硬木制成的，做工非常细致，并镶嵌有象牙和银

以打开并且绕轴转动。匣子两端在形状上类似于山墙的两端（gable ends），就像房屋的斜屋顶一样①。按照通常工序，匣子两侧用胶水（glue）和钉子（nails）固定，也有用木制燕尾榫固定的。工人在制作的时候使用了一种最古老的古埃及连接法，这种方法似乎更适合制作橱柜，也适合制作放置在盥洗室中用来摆放梳子等物品的柜子。

有时，在古代箱子里还会发现一些花瓶，它们用柳条编制，

① 除了镶嵌彩绘象牙的匣子和陶瓷匣子，人们还发现了许多彩绘梧桐木匣子，上面有铭文，显然是墓志铭。最早的墓志铭的主人是第六王朝的佩皮（Pepi）。一个圆柱形的无漆匣子里装满了面粉，另一个方形的有四条腿的匣子是用纸莎草做的，还有一种小木盒使用的铰链与现代的鼻烟壶上的类似。以上古物如今都藏于大英博物馆。——S.B.

用木头、芦苇或其他材料的塞子封口，应该是放在女盥洗室里的，或者是医务人员的物品。19世纪，其中一组花瓶被保存在柏林博物馆。这一组共有6个花瓶，彼此在形式和大小上略有不同。其中5个花瓶的材质是雪花石膏，剩下那个花瓶材质是蛇纹石。箱子内部被分隔为若干空间，分别摆放着6个花瓶。

我们还发现了大量的陶土瓶，它们形状、尺寸各不相同，用途也多样化。笔者还发现了一个似乎属于古代画家的瓶子，是用来装水的，其形状和手柄的位置表明此瓶要伸进左手的拇指握持，而使用者则用右手抓笔写字或作画。

除了用各种各样的瓶子作为容器，古埃及人也会使用皮袋。有些皮袋是被进口到埃及的。我们据此推断，这些皮袋可能被用于某些特殊用途，或者至少它们的质量特别好吧。希罗多德认为，同古希腊人、古罗马人一样，古埃及人偶尔会用皮袋装酒或水，当需要将液体从一个地方转移到另一个地方的时候，他们更会使用皮袋作为容器。古代可不是标新立异的时代，如果偷窃兰普西尼图国库财宝的强盗都这样装酒[①]，那一定人人都会这样装酒。但因为没有发现在宴会上使用过这些皮袋，我们在19世纪尚

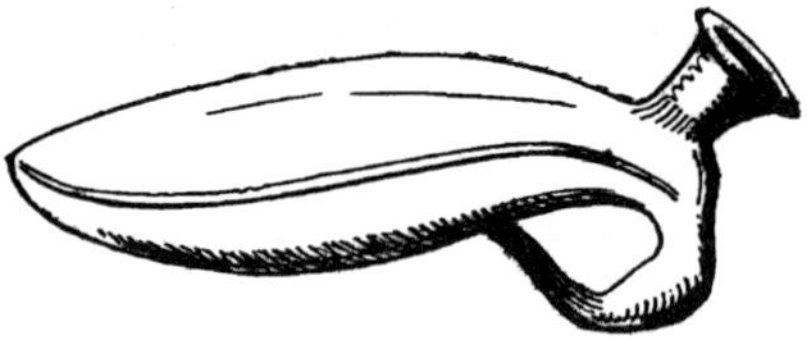

●陶土瓶子，可能是画家使用的，下面留出的孔洞或许是为了伸进大拇指握持的

① 所谓“𓋴𓏏”（set），也就是“盛水的皮袋”。直至19世纪，它都是穿过沙漠的时候骆驼背上必驮的物品。参见塞提一世在莱德西耶赫（Rhedesieh）留下的铭文。（参见《过去的记录》。——S.B.）——原注

不能确定它们是否在那种场合出现过。或许可以据此认为，这些袋子不是被用来在餐桌上倒酒的。

放在起居室里盛水的瓶子和窄口花瓶经常用一些轻薄的东西封口，暖空气可以透过这些封口物。为此一般会使用树叶，尤其是那些有香味的树叶。古埃及居民可能有与19世纪现代居民一样的看法，就是瓶子的口不能敞着。

客人尽情享受音乐和舞蹈的同时，晚餐也准备好了，菜肴很多。跟19世纪的东方和热带地区一样，当时宴会上的肉食必须即时制作，要等一段时间以后才可以上桌。其间，大家会聊天，各种公私事务乃至今天所谓“娱乐八卦”，都是男人们爱聊的话题，甚至连房屋中的某些细节也是讨论的话题。纳西丹（Nasidienus）是当时的一个富人，他如果办宴会，聊天的话题会包括某块落满灰尘的窗帘或某些看起来不安全的家具，这促使客人向主人表示遗憾，其他人则沉浸于小丑的滑稽表演之中。

具体参见底比斯古墓中的壁画：一群人聚集在朋友的家里，在音乐声中欢呼雀跃，茶点也被端来给大家，主人对客人的招待十分周到。众人推杯换盏，正沉浸在有趣的谈话中。也许是由于醉酒，一个年轻人的身体靠在房间中央的柱子上，推倒了柱子，人们只能边躲边双手护头以免被砸。

古埃及墓穴绘画中有很多这种类似的作品，体现出那时候艺术家所具有的漫画才能，他们的作品也包括女性人物。我们据此推断，古埃及女性在宴会上应该也是很健谈的，并且很多话题是精心挑选的，包括服装、饰品——穿戴的服饰都是谁制作的？在哪里可以买到？谁的耳环的做工、款式和原料更好？不管是对邻居的首饰心生忌妒，还是更喜欢自己的首饰，每个阶层的妇女都

●宴会上讨论耳环的女性

要炫耀自己的金银珠宝[①]、衣服料子、干净的凉鞋、编得漂漂亮亮的辫子[②]及美丽的容颜。

愉快的谈话被认为是一个建设完善的社会最令人着迷的地方之一，正如阿特纳奥斯这样谈论古希腊人："对于一群人来说，比起吃顿好饭，还是好好聊一通更好。"

就像盲诗人荷马在诗里提到的英雄时代一样，古埃及人也会在节庆活动上谈正事。

厨房里往往热闹非凡，厨师和帮工们都忙得不可开交。一场宴会要用掉大量的牛肉、羊肉[③]和禽肉，尽管底比斯人认为吃羊肉是非法的。普鲁塔克断言[④]，古埃及只有吕高波利特斯人（Lycopolites）才吃羊肉，只有尼特里奥提斯人（Nitriotis）才会把羊当

① 宴饮情形广泛见于第十八王朝和第十九王朝的墓穴壁画中。比这更早的壁画截至19世纪还没有被发现，当时更受欢迎的墓穴壁画题材是狩猎和农耕。——S.B.

② 古埃及妇女似乎对自己的头发非常自豪。有时候当头发很长的时候才会剪下一绺，单独包起来，死后埋在自己的坟墓里。——原注

③ 门德斯地区除外。——原注

④ 普鲁塔克还说："祭司不吃猪肉、羊肉。"——原注

作宗教祭品。但古埃及人明显养了很多羊，就连墓穴中也经常出现羊的形象。金字塔底下有一座古墓中发现了一份表，上面记录了死者的一部分财产，其中就有公羊974只。由此可以推知不算小羊，母羊的数量跟公羊一样多。如果在古埃及良好的气候条件下养羊，一对羊一年可以产羊羔两次①。

古埃及人主要吃鹅肉和牛肉②。出于谨慎考虑，没有牧场和大量牛群的国家把牛视为神，并且禁止随意食用③，这保证了肉类供应的可持续性。

在那些邀请陌生人参加的宴会上，也要消耗大量的肉食，这些都在古代雕像中被表现出来——古埃及人以自己办的宴会菜肴之多、种类之丰富为荣，只要宴会允许饮酒就可以豪饮至醉。任何宴会都要有蔬菜，蔬菜有时比肉还多，在富人的餐桌上也是如此。犹太人因为曾经长期生活在古埃及，养成了类似的习惯，后来也会怀念那些在埃及“自由地”吃鱼吃肉的日子④。19世纪的现

① 9世纪仍然如此，只要饲养条件足够好。——原注

② 自从第四王朝开始，古埃及人还吃这些肉食：鬣狗肉、山羊肉、羚羊肉、小牛犊肉、公牛肉、奶牛肉、鸽子肉、鹅肉，还有狐狸鹅（Vulpanser goose）肉和鹭肉。另一份古代餐食清单中还提到了鸭肉。——原注

③ 普鲁塔克认为，红色的牛才是合法祭品，哪怕身上长一根白毛都不行。古埃及人主要食用身上有黑色或红色斑点的牛。——原注

④ 在古埃及文明早期的几个王朝中，人们并不把鱼当作食物，尽管在墓穴壁画中出现了捕捞鱼、切片、腌制和备餐的情景，但富人和祭司可能还是不吃鱼的。第十九王朝时期，文献中提及了很多鱼，比如“乌图”（utu）、哈里斯河（Halys River）的“巴兰”（baran）、幼发拉底河及其他河流出现的“阿图”（atu），以及另一种被称为“哈马塔”（hamata）的鱼。这些鱼当中有很多是外来物种，是被作为奢侈品引入埃及的。但古埃及的一些统治阶层的成员似乎对鱼存在某种偏见，比如皮安奇（Pianchi）（他显然是个狂热的宗教信徒）曾一度只允许赫尔莫波利斯（Hermopolis）在尼姆鲁德（Nimrud）见自己，不见其他王公，因为此人是这些王公中唯一不吃鱼的。——S.B.

代人仍然认为豆类有益健康，至少在炎热的埃及，多吃豆类比吃太多肉更好，肉在当时主要是给蔬菜调味用的。在东方，宴会上出现大量肉类是对客人的尊敬。毕竟在历史上绝大多数时期和多数国家，主人都是通过不惜一切代价摆出尽可能丰盛的宴席，彰显对客人的尊敬。

古埃及人的用餐方式与19世纪的现代开罗和整个东方所采用的方式非常相似。人们围坐在一张桌子旁，把面包放在中央的盘子里蘸一下，然后主人会叫他拿开，然后由其他人接着蘸——这当然有一套既定的规则，具体会根据宴会的规模或客人的身份预先确定下来。

底层人的主食很大一部分就是蔬菜，他们很乐意让泛滥的尼罗河水帮助蔬菜充分生长。水退去以后，人们就把根茎挖出来，或直接啃掉，或烘烤，或炖煮。一般老百姓家中的食物主要包括牛奶和奶酪[①]、植物根茎、豆科植物、葫芦科植物和其他植物，以及当地出产的普通水果。希罗多德笔下修建金字塔的工人的食物有“拉法努斯”（raphanus），又名“菲戈尔”[②]（figl），以及洋葱和大蒜。但假如当时的埃及统治者仅给工人免费提供这些食物，那绝对是不够的，真正的主食有可能是当时产量很多的小扁豆。

在古代纪念碑附近的云母岩中总会有一些砾石，有时砾石看起来像植物的小种子。地理学家推测，这其实是工人食用的扁豆石化而成的，据此可以推测当时的工人都吃什么东西。这倒是说得在理，古代文献中多次提及，当时的人在蔬菜种植上下了很大

① 在当时都是很常见的食物。——S.B.

② 即萝卜，拉尔彻（Larcher）误认为是山葵，但山葵不是古埃及本土产的植物。洋葱也确实是埃及人当时会吃的东西。——S.B.

功夫，部分优秀植株品种更备受重视。培琉喜阿姆的扁豆不光是在埃及，就连在外国也颇受到欢迎。老普林尼对扁豆的两个品种很感兴趣，根据他的记载，这种作物在当时被广泛种植，并且很多农民也以此作为食物。这都说明，在古埃及，扁豆长期都是底层人民的重要食物，说是主食也不为过。

放眼古代文明世界，很少有其他国家或民族的人能享有古埃及人吃到的蔬菜种类，关于这一点有各种证据。老普林尼指出“尼罗河流域大多数人普遍食用的蔬菜比其他任何地方都多，埃及人吃得尤其多”。亚历山大最后被哈里发[①]奥马尔（Omar）的将军阿美尔（Amer）占领的时候，城里的菜贩子至少有四千人。

植物（果菜）算得上是自然给一个民族中的穷人提供的最大馈赠之一。对于古埃及的穷人来说，果菜就意味着与尼罗河泛滥期前后可以获得的莲花、纸莎草等植物，以及更北地区的橡子，可能都是埃及最早被外国殖民的时候农民仅有的食物。但古埃及毕竟是土地肥沃的地方，所以居民很快就得到了更好的——尽管那时埃及文明尚未充分发展，谷物（corn）和豆科植物（leguminous plants）无疑已经在整个埃及被大量种植。此外，还有水量足够就能在尼罗河河谷自发大量生长，并且产出健康营养的椰枣的果树。所有阶层的人都能享受这种野生果树带来的好处，毕竟它随处可见，不用投入成本去种植，也不影响其他农业活动所需的时间。

茹维纳尔（Juvenal）补充了值得注意的一点，那就是古埃及人被禁止食用洋葱。看上去餐桌上确实没有洋葱，但这项禁令实际上

① 伊斯兰教国家最高统治者的称号。——译者注

可能只是针对祭司而定的。根据普鲁塔克的记载，祭司们不能食用绝大多数有刺激性气味的食物，只有他们才被禁止食用洋葱。

古埃及人绝对是种植洋葱的，很多古代学者在作品中提及过，古代雕像也展现过相应的场景。埃及洋葱的品质从古到今都很出名，就连离开埃及的犹太人也会怀念他们在埃及吃过的洋葱、黄瓜、蜜瓜、韭葱、大蒜，以及各种肉类，也难怪《出埃及记》有如下话语："……说：'巴不得我们早死在埃及地耶和华的手下，那时我们坐在肉锅旁边，吃得饱足。而你们将我们领出来，到这旷野，是要叫全会众都饿死啊！'"

洋葱同样也是献给神的祭品。我们常常可以看到这样的作品——刻画祭司手里拿着洋葱，或者将一捆洋葱的叶子和根茎放在祭坛上的情形。

埃及洋葱口感温和，风味绝佳，古埃及人无论地位高低，对于洋葱生食、熟食都接受，但很难说洋葱是否起到像卷心菜那般开胃、刺激食欲的作用，苏格拉底就曾在宴会上这么向色诺芬推荐过。不同人对于洋葱给出了不同说法，尼塞拉提（Nicerates）认为洋葱下酒颇有味道，并引用盲诗人荷马的话支持自己的观点；卡里阿斯（Callias）说在战斗时，洋葱的气味能激发人的斗志；卡尔米德（Charmides）建议用它来"安抚"妒火中烧的妻子，如果她发现丈夫回来时身上有洋葱的刺鼻味道，就会认为他在离家时没有做对不起自己的事。

若为烹饪目的而宰牛，古埃及人惯于把牛牵到屋旁的院子里，将它的四条腿绑在一起，然后撂倒在地；其余人一拥而上抱着它，而屠夫则在挂围裙的钢架上磨着宽刀，然后开始尽可能地

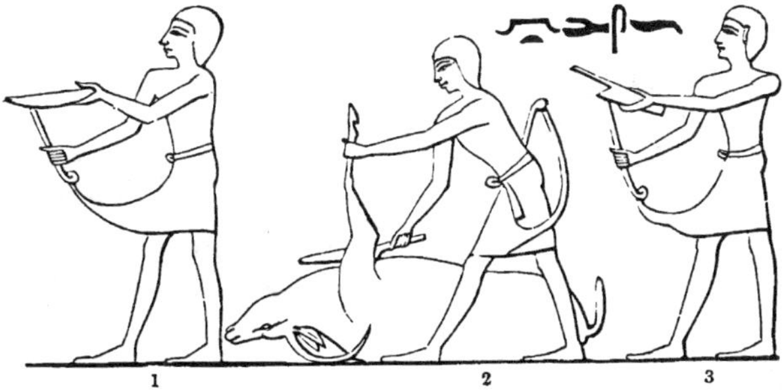

●1和3屠夫正在磨刀；2屠夫正在宰羊。本来羊的喉部应该有一道伤口，此处被忽略了

在从一只耳朵到另一只耳朵的位置划拉，以切断牛的喉咙[1]，有时还沿着喉咙继续向下切。牛血经常被装入瓶中或盆中，用于烹饪（见插图《底比斯拉美西斯三世陵中的埃及厨房景象》），这是摩西律法[2]一再禁止犹太人做的，原因很容易解释，就是要防止他们沿用这种屡见不鲜的埃及习俗。伊斯兰教也很不喜欢这种习俗，教徒们自发地恐惧和厌恶它，尽管古埃及人和现代欧洲人早就对此习以为常。

接着，牛头被取下，然后古埃及人开始剥牛皮。先从牛腿和牛脖子开始，第一处被剥皮的关节是右前腿或牛肩。这两个部分剥完皮之后，其他部位的剥皮则根据习俗或者方便程度依次进行。不光做饭时这样，给神献祭品时也遵从这个顺序。剥完皮之

① 有时，犹太人会直接把牛头砍掉。在孟菲斯的普塔赫特普的墓中发现了对宰杀动物场景的刻画，象形文字是屠夫在说的话。牛肩似乎是首先被切掉的，这是留给祭司的部分。牛心也从侧腹中切出，拿着它的屠夫说“好好处理”，这可能说明牛心是重要的部分。牛血被装在一个有长嘴的罐子里。— S.B.

② 《圣经·申命记》：“只是不可吃它的血。要倒在地上，如同倒水一样。”《圣经·申命记》：“只是你要心意坚定，不可吃血，因为血是生命，不可将血与肉同吃。”——原注

●底比斯拉美西斯三世陵中的埃及厨房景象：1宰杀动物，动物的身体部位见a、b、c；2烹饪前放血；3用器皿盛血；4、5烧火煮肉；6、7准备烧肉，捧着容器准备放在火上烧；8捣碎一些烹饪用的原材料；f和h显然是虹吸管；i和j是用来挂东西的绳子，保险起见而设；s可能是碟子；u和v是桌子

后，仆人们就要用木盘将牛身抬到厨房。厨师在选择了适合煮、烤或其他烹饪方式的部位后，就要准备用火了。首先清洗牛身，并对其进行初步处理。大的厨房往往有一位厨师长和若干助手（assistants）。助手需要备料和煮沸大锅里的水，把肉放在烤架上，或把肉切碎、剁碎，还要准备蔬菜，并承担其他一些后厨工作。

古埃及人切肉的方式很特别。19世纪，在面对表现这一场景的雕像时，我们常常确定不了他们要切哪些部位。只能看出来古埃及人主要会切头、肩和腿，还有肋骨、尾巴或臀部，以及心脏和肾脏。无论是祭坛上还是餐桌上都使用相同的切肉方式。下图展示的一个连接关节的肉块比较独特。这是牛腿的一部分，由覆盖胫骨的肉组成，两端略微超出胫骨。古埃及的切肉方式和现代

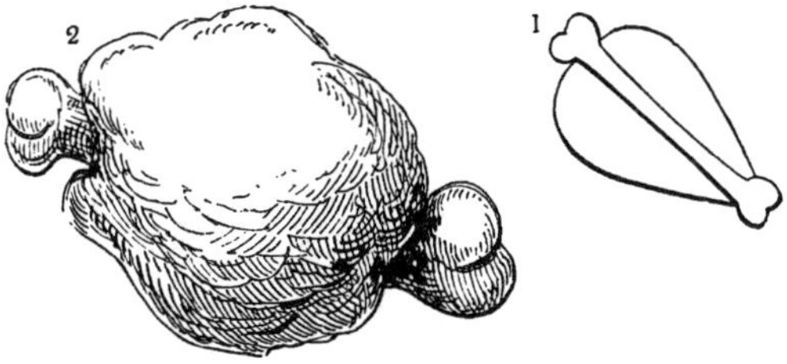

●古代（1）和19世纪（2）对埃及人餐桌上一种独特肉块的刻画

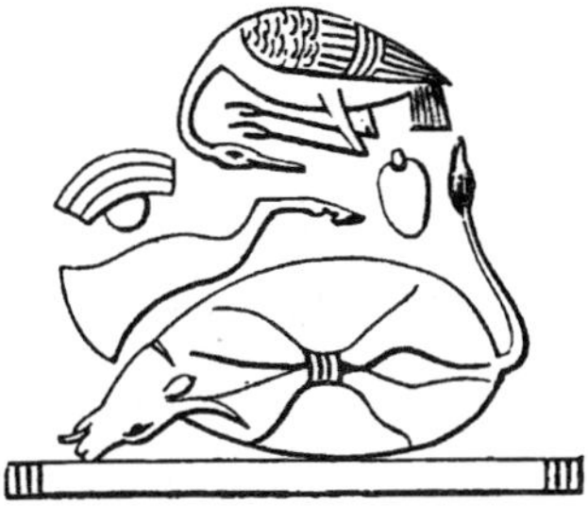

●祭坛上的牛和鸟

欧洲的不同，但现代埃及仍然沿用古埃及的方式[①]。

牛头会连同牛皮和牛角被一块儿留下送给穷人，作为给远道而来的客人拿拐杖的奖赏。后来古希腊人开始在埃及定居，于是这些“牛的边角料”被卖给包括他们在内的外国人。不过，很多时候，牛头也会被送进厨房烹饪，或作为祭品被神庙接受[②]。

希罗多德的论述让我们做出这样一种假设，即迫于须严格执行的宗教禁令，全体古埃及人都不敢吃牛头，因为献祭的时候，兽首都被下咒了，所以“没有一个埃及人愿意品尝任何动物的头”。但希罗多德说的这番话是有限定条件的——只有那些为祭祀而宰杀的小母牛才适用上述说法。据此可推测，此说法并不适用于日常餐饮，也不适用于其他作为祭品的动物，应该和犹太人的“替罪羔羊”一样，受到严格定义的限制。

在下咒方面，古埃及人和犹太人可能比较相似。在希罗多德

① 第四王朝古墓中的食物清单经常出现，被称为“sut”，象形文字写作“”。——S.B.

② 牛犊的头与牛臀、肋骨和其他部位一起作为献给奥西里斯的祭品。因为没有出现在第四王朝和第十二王朝的食物清单中，以此推断这些部分可能没有被吃掉。——S.B.

笔下，古埃及人“在献祭的时候，或者其他人面临不幸的时候，都会下咒，让不幸只降临到动物的头颅上”。在古埃及，祭司往往会抓来两只山羊，然后抓阄，“一只代表神，另一只就是替罪羊”，以活着的替罪羊为百姓赎罪。随后，祭司“将双手放在活羊的头上，忏悔以色列人的一切罪孽，以及他们的一切过失，接着由合适的人将羊送到旷野去”①。大概只有羊头被送走了，替罪羊的头会被每个古埃及人视为“可憎之物”，所以可能会被卖给外国人，如果没有外国人来买，估计就进了②鳄鱼的肚子了③。

上述宰牛流程同样适用于其他种类的大型动物，而包括鹅在内的各种家禽都是要整只摆上桌的，最多砍掉脚之类的小部位④。鱼也一样，只是无论煎炒烹炸，都会把鱼尾和鱼鳍统统去掉。为仪式准备的祭品和一般餐桌上的食物在烹饪方法上是完全一样的。不过，有时牛不会被分解，而是整头作为完整的祭品。同样，作为祭品的禽鸟有时连羽毛也不会去掉。

在古埃及，羊肉无疑是更清淡健康的，但当地人最推崇的反而是牛肉和鹅肉，羊肉有时还上不了餐桌⑤。下埃及可能真的像

① 《圣经·利未记》：“但那拈阄归与阿撒泻勒的羊，要活着安置在耶和华面前，用以赎罪，打发人送到旷野去，归与阿撒泻勒。”——原注

② 希罗多德原话是“扔进河里”，但如果扔到鳄鱼不多的河段，就会直接污染河流，而古埃及人是崇尚敬畏河流的。普鲁塔克说：“（祭司）将手放在羊头上宣读了庄严的咒语后，便将羊头扔进河里——这是以前的做法，现在都是把羊头卖给外国人。”——原注

③ 埃里安（Ælian）说：“翁比特人（Ombites）不吃献祭给神的任何动物的头，只把头扔给鳄鱼吃。”——原注

④ 日常有时会砍掉家禽脑袋再端上餐桌，但献祭的时候还是会保持其完整性。——S.B.

⑤ 有一份第四王朝时期的食物清单，里面有“ab”这个词，对应英语中的两个单词，一个是“kid”（孩子），另一个是“lamb”（羊肉）。科普特语中的“ab”只有“lamb”的意思，也就是说，假如这是羊肉，就说明古埃及人偶尔还是吃羊

希罗多德所说，在产粮区会有晒干并腌制鹌鹑、鸭子和其他禽鸟肉的习惯[①]，古代雕像的造型或许就是向我们展现这个处理肉类的过程。上埃及和下埃及处理鱼的方法都是一样的。

对肉的烹饪方法有煮和烤，希罗多德认为，这可能就是古埃及仅有的烹饪方式了，至少对于底层人来说确实如此。考虑到这个高度文明且喜好奢侈的种族，即便没有古雕像文物作为直接证据，我们还是愿意相信古埃及人已经从非常原始的烹饪方法往前多少取得了一些进步。古埃及人的烹饪水平应该不在利百加[②]（Rebekah）为以撒（Isaac）准备的饭菜的水平之下。即使吃下了埃及人烹饪的人类小孩儿的肉，食客也会觉得跟鹿肉的味道没什么区别。

文明处于初级阶段时，盘中之餐肯定是很简单的，肉类的话除非有特例，基本都是烤的。根据阿特纳奥斯的观察，荷马史诗中的英雄“很少煮肉或者用酱汁来调味”，这种烹饪情景就算在《伊利亚特》中也很少出现，说明当时烤肉除外的烹饪习惯真的很不常见。

古埃及人过着奢侈生活，不会像古罗马人那样视奢侈为“有罪”。不过，古埃及人应该不是从一开始就追求生活的精致和奢侈的，毕竟有祭司以身作则，大家还是倾向于节制。但还没到公元前1600年，节制生活就已经被彻底颠覆。早在美尼斯统治时期，古埃及人就改朴素为奢华，就连底比斯的雕像造型也不遮掩

肉的。——S.B.

① 伯克利斯（Bocchoris）抱怨说，美尼斯让古埃及人各方面都变得奢侈，连伙食也不例外。——原注

② 据《圣经·创世纪》记载，利百加是以撒的妻子。——译者注

当时的埃及人在各种场合[①]嗜酒成性的事实。后来波斯人征服埃及，再后来托勒密王朝建立，埃及人的生活也就越发堕落下去，社会各个阶层竞相攀比，他们出手阔气。古代学者只要谈到这个时期[②]，就都称他们为挥霍无度又暴饮暴食的奢侈民族。为了纵情畅饮，埃及人还用卷心菜之类的开胃菜刺激肠胃，胃口大开后再喝，不醉不休。

除了参考壁画上展示的那些肉块，我们无从了解肉在古埃及餐桌上的呈现形式[③]，也无从了解古埃及厨师们设计出了什么菜肴。下文会展示仅有的一些古代厨房图片。

前面谈过杀牛的工序。放血后，选定部位的肉会被放在金属架（三脚架）上的锅里煮。一个仆人（servant）负责用火钳或风箱调节火的温度，另一个仆人负责煮肉，把浮沫舀掉并搅拌汤汁。还有一个仆人要用大臼[④]捣碎盐、胡椒及其他配料，在烹饪过程中不时地把调味料加入锅中。各种各样的烹饪用液体材料也进入待用状态。这些液体有时需要用虹吸管[⑤]吸取[⑥]。虹吸管被装在托盘里，托盘则被绳子吊着。这样用托盘装东西，老鼠等虫、兽无法

① 阿特纳奥斯引述迪翁（Dion）的资料。——原注

② 约瑟夫斯认为，当时的埃及人除了专注于奢华生活，已经什么都干不了啦。——原注

③ 当时的糕饼被制成三角形、圆形等多种形状。大英博物馆收藏了一个鳄鱼头形状的古埃及蛋糕。——S.B.

④ 相关描述参见插图《底比斯拉美西斯三世陵中的埃及厨房景象》。——原注

⑤ 处于较高位置的液体充满一根倒U形的管状结构（称为“虹吸管”）之后，开口于更低的位置。虹吸管两端液体的重量差距造成液体压力差距，液体压力差能够推动液体越过最高点，向低端排放。——译者注

⑥ 相关壁画已经损毁了，但不影响这就是虹吸管的判定。我们在底比斯一座古墓中发现了实物，保存得很完整。虹吸管被认为是古埃及人的发明之一。——原注

●厨子和烘焙师：1、2 用脚踩面团；3、4 把面团送到烘焙师（5）那里，揉好的面团将被做成各种形状（d—h）；6、7 用火上的锅（m）制作通心粉之类的食物 l 和 n；8 给炉子生火；9 煮放在篮子里的扁豆（p）；11、12 烤制一种表面撒了种子的糕饼；15、16 用手揉面；19 到炉子（y）那里烤糕饼；a 和 b 所展示的面团的发酵方式在开罗被沿用至今

触及，起到保险的作用。

其他仆人要配合烘焙师制作糕点。烘焙师是厨师中的一个重要工种，分工似乎比一般的厨师要更细：有的人筛面①，有的人揉面、捏面，然后准备入炉烘烤。捏好的面团被放在一个长盘子或板子上，由人抬着②去烤。一些植物的种子事先被撒在面团的上表面，主要有黑种草③（Nigella saliva）、葛缕子（caraway）干籽，以及被称为“西木西木”④（simsim）的植物种子。

有时揉面也会用到脚，这时就把面团堆在地上的一个大碗中，用脚踩的效果其实比用手揉好。踩好的面团用瓶子装好送到烘焙师那里，烘焙师用一口架在火上的金属锅把面团做成一种通心粉（macaroni）一样的食物。看上去这么做需要两个人共同参与，可以参见插图《厨子和烘焙师》。糕点的种类有很多，有的还能加入水果等配料，具体的形状也由烘焙师设计⑤。而在这幅插图之中，角落里有一个人正在煮扁豆汤（粥），这说明糕点烘焙确实是在厨房中进行的，是当时厨房⑥的一个具体工种。

用来煮肉的锅的尺寸是很大的，一般都是用壁炉的火烧；而

① 相关描述见插图《厨子和烘焙师》。——原注

② 19世纪也是如此，用头顶着送到烤炉那里去烤。根据希罗多德的记载，男人主要靠脑袋顶重物，女人靠肩扛。但这都不是普遍习俗。大英博物馆收藏的一个古代雕像展示了跪着头顶篮子的人，篮子里放着四个面包。——S.B.

③ 也被称为“卡蒙阿施韦德”（kámoon ashwed）。——原注

④ 也就是芝麻（学名“Sesamum orientale”）。（古埃及的面包种类很多，通常都由大麦制成。饼有很多种形状，一种是圆形的，一种呈现出四根手指的形状，写作“paut”，还有另一种饼写作“pes”。长条状面包被称为“tep”，面包的统称是“ta”。——S.B.）——原注

⑤ 关于插图《厨子和烘焙师》中的糕饼的图案，我们在底比斯的古墓中发现了一些实物（见图中f），但只是普通的糕饼，里面没有水果也没有其他的食物。除此之外，还发现了很多其他形状的糕饼。——原注

⑥ 法老的首席烘焙师从最上方的篮子里拿取“各种食物”，不只有面包。在古代，“烘焙师”也被罗马人统称为“厨师”。——原注

●鹅的烹饪：a和b桌上大锅里的鹅肉；c一张桌子；1给鹅拔毛；2准备投入锅（d）中煮；3把鹅架在火上烧（e）；4切鹅肉；l是桌上的鹅肉；g是火上炖着的鹅肉

较小的锅可能用来炖肉，用点燃的木炭加热，跟19世纪现代埃及的“马格尔”（magoor）相似。烹饪鹅和肉块的灶比较特殊，要用扇子扇风，起到风箱（bellow）的作用。烧水或煮肉用普通木柴就可以，烤肉则必须用木炭。现代埃及厨房也是如此——参见插图《鹅的烹饪》。通过研究古代雕像图案，我们发现，古代仆人像今天一样用垫子送东西来，可能是木炭和其他可燃物的混合物，呈圆球形状；一个仆人拿出这些圆球放进炉子，而另一个仆人用扇子扇风生火①。

在古埃及宴会上，男女来客常常分开就座，被分开招待。男女主人在上座，向每一个客人问好并接受他们的祝福。花钱雇来

① 古希腊人和古罗马人也会拿这种扇子。赫库兰尼姆（Herculaneum）的壁画对此有所体现。——原注

●享受乐舞的宾客们：1、2、4、5、6、7、8、9 坐着享受宴席的男男女女；3 上酒的仆人；10、11、12、13 听着乐器的声音，妇女们拍手打节拍；14、15 舞女；16 架子上的花瓶、麦穗和花环

的乐师和舞者先向主人行礼，然后才开始表演。有时，马车旁边会拴着猴子、狗、羚羊等宠物①，孩子则坐在母亲身边的地上或父亲的膝盖上。有时，男女来客也可以混坐②——对比之下，希腊女性如果没有亲属陪同，就不能享受混坐的待遇，这不仅表明了埃及思想和文明的先进性（尤其是它属于东方文明③），还表明古埃及人在社会生活方面比古希腊人开明很多，当然不只局限于我们现在讨论的这个方面。古罗马妇女参与社会生活是惯例，科尔奈利乌斯·奈波斯曾做过一个对比："我们罗马人中有谁羞于带妻子

① 早在第四王朝时期，宠物猴子就已经出现在历史记录中。它在拉丁语中写作"cebus"，这表明所罗门王船带来的物品的相关记载中发现的这个词汇不是衍生自雅利安人。在当时，鸟类似乎不被古埃及人作为宠物。——S.B.

② 这说的是彼此为陌生人的情况，夫妻当然可以一起坐。——原注

③ 本书将古埃及文明归为东方文明，是相较于作为西方文明的古希腊、古罗马文明而言的。——译者注

参加娱乐活动呢？有哪个家庭的女主人不居住在房子最常使用的主屋中呢？而在希腊，除了被亲戚们邀请参加娱乐活动，妇女不仅不能参加其他任何娱乐活动，而且只能一直住在房子最上层的专属房间（所谓闺房），除了近亲，不准男性进入。”

我们已经说过，不管是女主人还是年轻女孩，在古埃及的宴会上都可以拿酒喝。男主人有男仆伺候，女主人有女仆照顾。高级奴隶（白人奴隶）负责递酒水、送食物，低级奴隶（黑人奴隶）跟在高级奴隶的身后接空杯子，还得在厨房里端盘子。非洲内陆妇女（作为奴隶）普遍采用反手拿盘子的特殊方式，饮酒完毕还会为客人擦嘴，这都在插图《宴会上的女客人及听候她吩咐的黑白女奴各一人》中得到了体现。主人饮完酒，奴隶在接过空杯子的时候可能还会说两句好话，如“祝您好运”之类[①]，这在东方如此普遍，让我们也不禁想古埃及人也在这么做。埃及人常用盐（好客的象征）来欢迎陌生人，就像罗马人和其他古代民族一样。

●宴会上的女客人及听候她吩咐的黑白女奴各一人

① 另见插图《宴会上的客人们得到酒、精油和花环》。——原注

●宴会上的客人们得到酒、精油和花环：1 女佣给男女宾客敬酒，宾客的座位可能都铺着皮垫子；4 仆人手持装有精油的瓶子和花环；5 献上一朵莲花，项链或花环（9）即将被挂到宾客的脖子上（10）；12 女佣为宾客敬酒，左手拿着餐巾（l），准备在客人喝完酒后为他擦嘴；宴会上的物品包括：桌子（a、f），糕饼（c、r），肉（d、q），鹅和其他禽鸟的肉（m、n），无花果（e、k），篮子里的葡萄（h），鲜花（p），酒水及其他宴会用品（b 和 g）

根据约瑟向自己的兄弟们发出的邀请[①]，古埃及人应该是下午吃正餐，但可能和罗马人一样，他们晚上还要吃一餐，19世纪的现代东方人仍然如此用餐。古埃及餐桌和现代埃及餐桌很相似，看起来就像是一张小凳子支撑着一个圆盘，上面放着菜肴。小凳子只有一条腿，和许多神庙在节日里用来盛放祭品的桌子一样。

① 《圣经·创世纪》：“约瑟见便雅悯（Benjamin）和他们同来，就对家宰说：‘将这些人领到屋里。宰杀牲畜，预备筵席，晌午我会与这些人吃饭。’”希伯来语中的“宰杀”（slay）写作“טָבַח טָבַח,”，和阿拉伯语中的“ebdah dabeēh”同义。——原注

古希腊人和古罗马人很早的时候也在用这样的圆桌。和一些人想的一样，圆桌是对我们生活的这个世界的形状的模仿。有时候，每个客人还能分到专属自己的一张桌子。不过，也有按照等级秩序从高到低一字排开的坐法。在这种情况下，主人提供的桌子一般都是长条形，即便在法老时代也有可能如此，毕竟那时约瑟的弟兄“按照年龄大小，年长的坐在年长者的位置吃饭，年幼的坐在年幼者的位置吃饭，约瑟则坐在他们的对面”①。但仅凭此点还不能确定他们用的是长条桌还是圆桌②，因为不管用哪种桌子，都能根据等级高低来设置座位，现代埃及也会按照等级设座。埃及人的餐桌上是没有托盘的，也不会铺亚麻桌布。和古希腊人的餐桌一样，埃及人的餐桌可能是在撤走餐具且客人退席后，由仆人用海绵或餐巾擦拭③。

19世纪的一个学术争鸣热点是，躺着吃东西的习惯到底是在什么时候被首次引入古希腊和古罗马的。有人认为这种习俗是直接从亚细亚传入希腊的④，并在迦太基和小亚细亚被插上鹰旗⑤之后传入罗马。这种习惯的传播似乎呈现出渐进性，并非一蹴而就，而是于某个特定时间从外族那里学到的。早期希腊人对这个现象的关注主要集中在宗教方面，也就是把神塑造成躺着的形象，这当然是为了和凡人加以区分。后来正如亚里士多德所观察

---

① 《圣经·创世纪》：“他们就为约瑟单摆了一席（为那些人又摆了一席，也为和约瑟同吃饭的埃及人另摆了一席，因为埃及人不可和希伯来人一同吃饭。那原是埃及人所厌恶的）。”——原注

② 古罗马人称为“orbes”。——原注

③ 古埃及有木头餐桌和石头餐桌。在底比斯的古代墓穴中，我们经常能发现经过抛光处理的古代木桌。——原注

④ 比如埃涅阿斯和特洛伊人。——原注

⑤ 指罗马的军事征服。——译者注

的，埃及文明占有的奢侈品越来越多，埃及人也“因胜利而骄傲膨胀”，不再像过去那样具有判断力，一味地纵情享乐，抛弃了朴素的习惯。在古埃及，曾被认为只适合神享受的东西，后来普通人都能享受了。

为了摆出躺着的姿势而使用沙发的想法应该来源于一种人类常有的动作——必然是这样，因为一切关于神动作的概念必然出自对人动作的类比，我们可以推测这些“神的动作”应该是从外地传入的，这些“神的动作”不是被立刻普遍推行，也不是对东方习俗的一种模仿。一般来说，在绘画中，主要神一般都被描绘为躺着的姿态，其他角色要么坐在地上，要么坐在椅子上。比如，在每年11月3日的罗马神餐宴会[①]（Epulum Jovis）上，朱庇特躺在沙发上，其他神则坐着。据说，只有不用狩猎网就能直接杀死一头野猪的马其顿人才能获准躺着吃饭。可见，“躺着吃饭”最早是一种标志，用来区分阶层、彰显荣誉，并随着时间的推移逐渐覆盖到所有阶层。阅读古代文献可知，荷马史诗中的英雄吃饭的时候要么席地而坐，要么有把椅子坐。维吉尔、塔西佗、奥维德和斐洛等人都提到了同样的原始习俗，苏埃托尼乌斯（Suetonius）提到屋大维的皇孙们“和皇祖父在一起吃饭的时候，也总是坐在沙发最边缘的位置”[②]。

古埃及圆桌和现代埃及人使用的可活动托盘（movable tray）不同，而是和古罗马的“monopodium”（单腿桌）类似，靠一根桌腿

① 这类仪式上用的沙发用拉丁语写作“lectisternia”。——原注

② 亚述男人和希腊男人躺在沙发上，其妻子坐在沙发脚旁的椅子上。即使是在罗马帝国晚期，女人像男人一样躺在沙发上也是不雅的，尽管奥维德笔下的罗马女性同样会躺卧。从雕像和壁画来看，埃及人从来不躺在沙发上。古希腊人的落座习俗可能来自其他一些国家，也许来自闪米特和小亚细亚。——S.B.

支撑圆形桌面。这根桌腿会被雕成人形，一般来说是俘虏的形象，以“脑袋”支撑桌面。桌子不是石制就是木制的，上面摆着盘子，可能还放两个面包——说起古埃及的面包，其中一些和现代的扁圆形[①]面包不同[②]，另一些则像是饼，上面撒了芝麻一类的种子。

在古埃及，有钱人家用小麦做面包，穷一点的用大麦和高粱粉。希罗多德虽然切身观察过，但还是犯了错误——他说，埃及人认为靠小麦和大麦生活是“最大的耻辱”，他们食用“奥利拉”（olyra）[③]，有的人称为“芝亚”[④]（zea）。这是一种什么作物？有的学者认为，这是现代埃及已经不再种植的斯佩耳特小麦（Triticum zea），有的人认为是高粱（sorghum[⑤]或 doura）。[⑥]希罗多德曾将高粱称为“奥利拉”。古代雕像显示，上埃及和下埃及都种植高粱，底比斯一带种得尤其多，不过还是没有小麦多。所以古埃

① 通过这些造型，我们能如实了解古代在炉子上烘烤的糕饼的样子。19世纪沙漠地区的阿拉伯人吃的同类食物仍然保留着千年前的样子，不含酵素。现代上埃及的“面包”（bread）基本相当于古埃及的“蛋糕”（cake）。——原注

② 古埃及人有一个俗语相当于现代欧洲人说的“to set on bread”，意思就是“上晚餐”。“lahm”这个词在希伯来语中表示“面包”，在阿拉伯语中却表示“肉”，这点很奇怪。——原注

③ 老普林尼在其作品中就提过“埃及人只用高粱做饭”，但我们在他的其他作品中还能找到“埃及人食用小麦”这样的表述。他曾经发现，“高粱”（olyra）在古埃及语言中和“大米”（rice）是同义词，后来又对高粱和玉蜀黍属植物做区分。希罗多德反而混淆了这一点。在盲诗人荷马时代，高粱、小麦和大麦都是用来喂马的，而19世纪的东方人只用大麦喂马。——原注

④ 与玉蜀黍［学名Zea mays，即印第安玉米（Indian corn）］不同。——原注

⑤ 林奈双名法（由瑞典生物学家卡尔·冯·林奈发明的命名法，是目前主流学界普遍采用的命名方法。——译者注）编订的学名是“Holcus sorghum, Linn.”。——原注

⑥ 希罗多德断言，亚述的小麦和大麦“叶子有四指宽”，这让人感到疑惑，因为在本作这一处的语境之中，只有高粱叶才可能长到这么宽。——原注

及人并不像希罗多德说的那样[①]，他们在整个尼罗河流域[②]广泛种植大麦和小麦，不仅自己大量食用，还将其作为祭品献给神，和他们种植的其他粮食一样。写到这里，笔者反而有一种担心，就是既然希罗多德犯了这个错误，加上他以前还有“只使用铜酒杯”的说法，这可能体现出他其实并未得到埃及最高阶层人士的礼遇[③]。

关于古埃及人杯具的材质，之前已经有过具体介绍。这些杯具外形各异：有的比较稀松平常，没有装饰；有的像是大酒杯的微缩版小杯子，并且没有把手；还有一些所谓的“杯子”其实更像是“烧杯”（beaker）或“碟子”（saucer），当时的“烧杯”通常都是雪花石膏制成的，圆底凸起，立不起来，装满水的时候只能拿在手上，空的时候则底朝上摆放。“碟子”是釉陶制成的，有时其凹面上有莲花或鱼的图案。当水倒入时，这些栩栩如生的图案似乎真的“漂浮”了起来，见插图《杯具》。

在罗马人的宴会中，餐桌有时会连同摆好的所有菜肴一块儿被抬进房中，或被撤走[④]，有时也会一道菜一道菜地上。肉食上完、正餐用毕，会上盛放在盘中的水果。在更早的历史时期，水果会被放在餐桌旁边的筐子里。宴会上会吃鱼，以及以各种方式烹调的肉，还有大量的当季蔬菜和水果。如果有可能的话，无花

① 见《埃及和底比斯》，第213页。——原注

② 在古埃及，从种植角度来说，与大麦相比，小麦在成熟时间上要晚一个月左右。见《出埃及记》：“麻和大麦都被冰雹摧毁了，因为当时大麦已经成熟，麻也开了花。但小麦没有受损，因为小麦还没有熟。”——原注

③ 假设希罗多德几年前曾在英格兰本岛北部旅行过，他也许会对现代英国人及其燕麦饼发表类似的评论。——原注

④ 见插图《两个抬桌子的人》。——原注

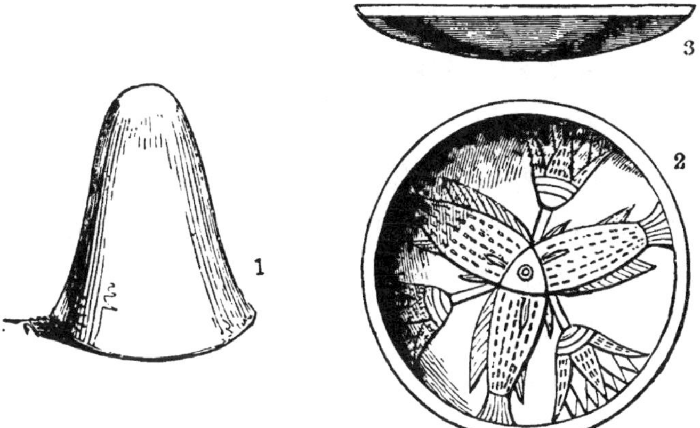

●杯具：1 阿尼克城堡博物馆收藏的石膏杯子（倒放）；2、3 柏林博物馆收藏的蓝釉陶碟或杯子，不同视角视图

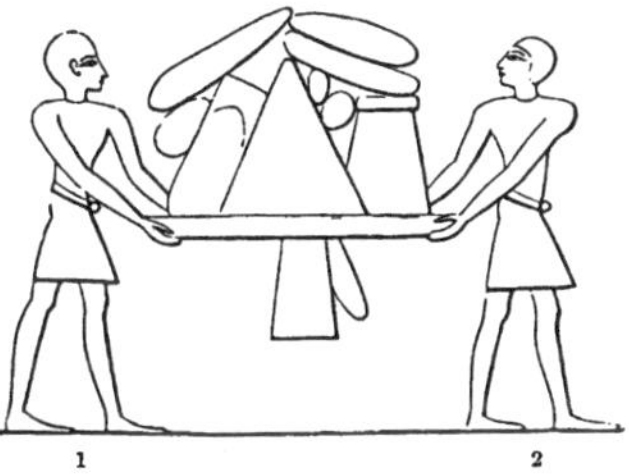

●两个抬桌子的人：桌子上摆放着碟子等餐具

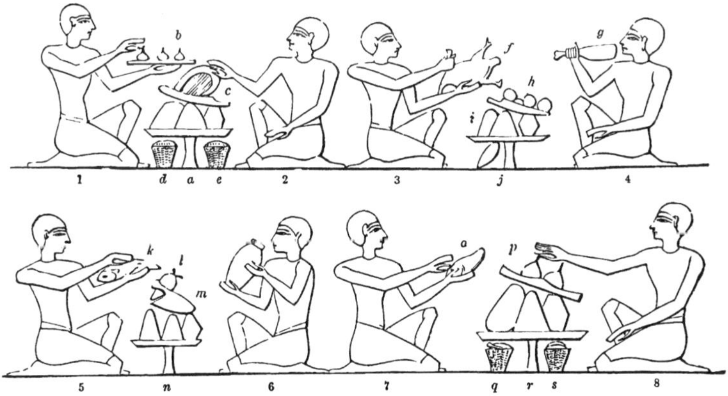

●晚宴：a、j、n、r 摆着丰盛食物的桌子；b、p 无花果；d、e、q、s 装着葡萄的篮子；3 拿着鹅翅膀吃的人；4 拿着肉块吃的人；5 和 7 吃鱼的人；6 拿着陶土罐喝水的人；l 一根萝卜

果和葡萄会上很多。和现代的埃及人一样，古埃及人也常喝汤、吃扁豆泥。古埃及人特别喜欢无花果和葡萄，他们会精心挑选无花果和葡萄作为祭品。棕榈树结出的果实很受重视，被认为是“上天赐予的水果”，由尼特普（Netpe）女神送给那些被认为值得进入“永恒幸福之地”的人。当季的新鲜椰枣，以及其他季节收获并制作的干果都被摆上了餐桌。还有一种在埃及很常见的、可以长期保存的水果，我在底比斯的一座坟墓中发现了一些。19世纪，开罗的市场上有一种用产自非洲内陆的罗望子（tamarinds）制作的糕饼，和古埃及枣糕①的制作工艺是一样的。

有的客人席地而坐，有的坐在凳子上，有的坐在椅子上。他们没有刀叉或清朝人使用的筷子之类的餐具。跟其他现代亚洲民族一样，他们直接用手吃，并且总是用右手②，只在进食液体（饮

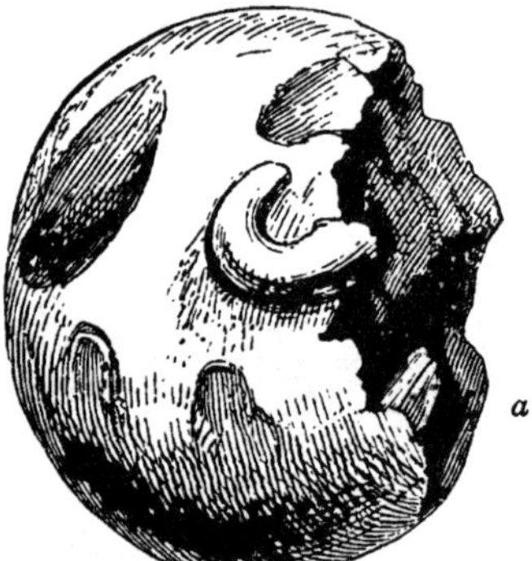

●在底比斯发现的一块古代枣糕。可以看到插图的右下角 a 处有一个枣核

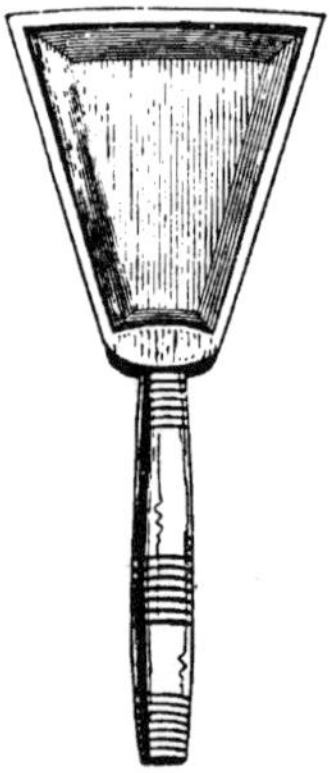

●大英博物馆收藏的木勺子

① 在古代食物清单中写作“ta nebs”，意思是“枣糕”。——原注

② 大多数古代民族，包括古罗马人和犹太人都这么做。罗马人直到罗马帝国晚期才使用分成两叉的叉子（ligula）。本书出版前不久，在罗马城发现了几把古代银叉子，在库云吉克（Kouyunjik，即尼尼微）也发现了一把铜叉子。——S.B.

料）的时候用勺子。如果肉块太大，他们也会用刀子[①]。19世纪的现代东方人也是如此用餐的。

古埃及勺子如下图所示，用途不同，形态不同，主要用象牙、骨头、木头，或青铜等金属制成。有些勺子的手柄末端有一个钩子。如果需要的话，可以将它悬挂在钉子上。一些勺子上有莲花形状的装饰，有的勺子被做成动物或人的形象，还有的勺子形状很普通。底比斯的墓穴中偶尔会发现一种较小的圆形勺子，可能是用来从瓶中取用药膏的——阿尼克城堡博物馆就收藏了一把这样的勺子，同时出土的还有贝壳，它们都在盥洗室中被使用，参见插图《石膏壳和勺子》。

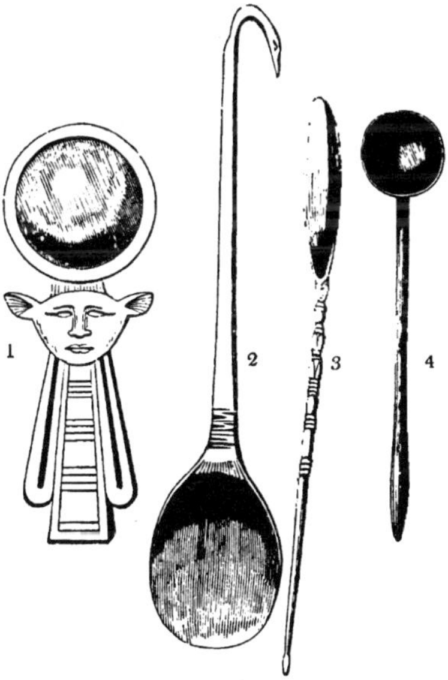

●勺子：1 柏林博物馆收藏的象牙勺子；2 铜勺子，长 8 英寸；3、4 伯顿在底比斯发现的铜勺

① 罗马人虽然在餐桌上使用刀，但也用手抓饭菜吃。——原注

●石膏壳和勺子

古埃及人也经常使用勺子，我们在底比斯发现了很多勺子。勺子一般都是青铜制成的，大多还镀了黄金。有的勺子弧形手柄的顶端是鹅头，这是埃及人最喜欢的装饰。有了形似钩子的这部分，就可以在不用的时候把勺子挂在容器的边上。从那不勒斯博物馆的藏品（石刻或壁画）来看，一个祭司正用勺子舀瓶中的酒，我们认为这就是勺子被开发出来的主要目的。镀金可能纯粹是一种装饰，也可能是为了防止葡萄酒或其他酸性液体与铜接触后[①]产生有害的影响[②]。笔者自己收藏的古代勺子长18英寸，勺子头部分深约3英寸，直径2.5英寸。同类勺子有的更小，也有的更大。

有些勺子在手柄的中央有一个接头（joint）或铰链（hinge），这样上半部分就可以折叠。每根小勺子的末端都有起固定作用的一根杆子，同时允许勺子上半部分自由上下移动。柏林博物馆保存了两把这种款式的勺子，以及一个和装瓶子的箱子一起被发现的硬木勺子。正如笔者在其他地方看到的，这样的勺子要么是医生的所有物，要么是摆在女人的梳妆台上的。这样的勺子非常小；

① 酒精（乙醇）本身不与铜反应，而是在铜的催化下与空气中的氧气反应，产生乙醛和水。乙醛对人体的危害很大，通过肝脏代谢容易引发某些肝病。——译者注

② 古希腊人置于大酒杯（krater）中的“kuathos”，因为在后来的作品中没有出现过，所以年代存疑，勺子手柄确实可以上下滑动。——S.B.

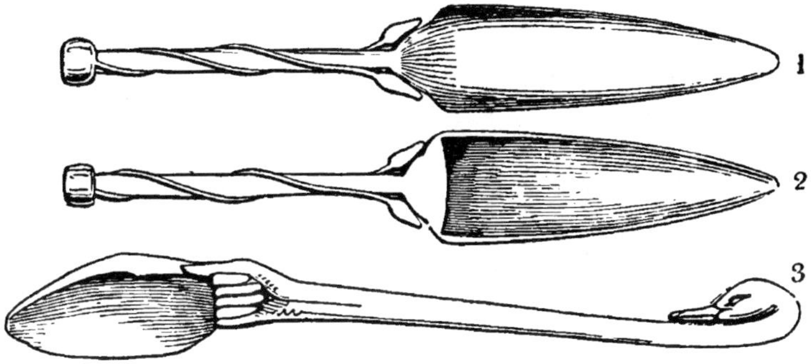

●几款勺子：1、2 木勺的正反两面；3 象牙勺

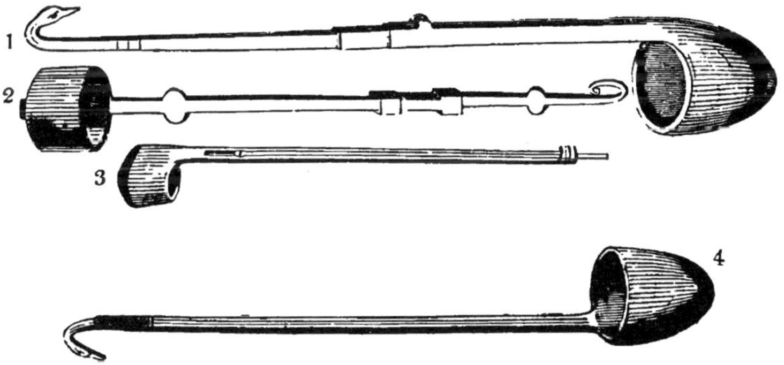

●若干种酒勺：1、2 柏林博物馆收藏的青铜祭酒勺；3 柏林博物馆收藏的阔叶树木材制成的木祭酒勺；4 镀金的青铜祭酒勺，长 1 英尺 6 英寸

手柄长度不超过5英寸，做工非常精致；手柄中央延伸的凹槽中有滑杆，大约有针头那么粗。见插图《几款勺子》。

在底比斯还发现了古代的小型过滤器，直径很少有超过5英寸的。大英博物馆现藏一个这样的过滤器，连同其他器皿一起陈列展出①。

东方人及古代大多数民族（古希腊人②、古罗马人和希伯来人③等）都有和上述记载相类似的习俗。古埃及人在饭前饭后也是会洗漱的。希罗多德曾经提到过一个属于阿玛西斯的金盆。此盆是国法老和客人在用餐前后洗漱用的④。

埃及气候炎热，一天中确实有反复洗漱的必要。古埃及人更是把用水视为一种令人愉快的享受。19世纪，我们经常会看到许多现代埃及人遵守吃饭时洗漱的习俗，但并非出于宗教考量，在这方面也像穆斯林本身一样特别⑤。

很久以前，古希腊人对洗漱的要求并不严格，饭后用面包碎

① 大英博物馆的一件藏品的一部分，实际上只是一种模型或玩具，这样的藏品数量很少。——S.B.

② 色诺芬《会饮篇》（*Symposium*）：“饭后他们清洁完毕，就像饭前一样。”盲诗人荷马则提到了饭前用于洗漱的水。阿里斯托芬在《马蜂》（*Wasp*）中提到了饭后用水洗漱的习俗。——原注

③ 《圣经·路加福音》：“（耶稣说完这些话，一个法利赛人来请他吃饭，他就进去坐席。）这个法利赛人看到耶稣饭前不先洗手，非常诧异。”——原注

④ 图特摩斯三世也有一个用于洗漱的金盘，他将其赐给了御用书记官塔胡提（Tahuti）。如今，该金盘被藏于卢浮宫博物馆。关于这件文物，参见1858年发表于巴黎的《法国古代文物学会备忘录》（*Mémoires de la Société des Antiquaires de France*）。——S.B.

⑤ 特指开罗的科普特人。但不能说他们修道院中的僧侣总是这么洁身自好，因为某种错误的宗教激情，明明耶稣基督只是“批判”（censure）法利赛人，僧侣们偏要理解成“禁止”（prohibition）。——原注

擦擦手然后扔给狗吃就足够了①。但古埃及人不一样，在同样久远的年代，他们早早就有了洗漱的习惯。后来古希腊人用硝石和牛膝草研制出各种洗涤剂②。虽然暂时没有证据表明这种东西曾在古埃及人当中流行，但想必他们也有类似的东西。况且古埃及人出于清洁目的而长期使用羽扇豆，直到19世纪都是如此，羽扇豆被埃及人称为“doqáq”③。

很久以前，人类就已经开始使用肥皂了，庞贝古城遗址中就发现了少量古代肥皂。老普林尼认为，肥皂是高卢人的发明，是用脂肪（fat）和灰（ashes）制成的。卡帕多西亚（Cappadocia）的医生阿莱泰乌斯（Aretaeus）指出，古希腊人从古罗马人那里了解到，肥皂是有药用价值的。但截至19世纪，暂时还没有证据表明古埃及人使用过肥皂。如果他们在使用泡碱或钾盐和其他成分制成的混合物时偶然发现可以制造肥皂，那样的产品应该是不含油（oil）或脂（grease）的吸附剂——同皂石、黏土一样，这种东西古埃及人早就很熟悉了。

作为笃信宗教的民族，古埃及人在对神赐予的祝福表达感激这方面是毫不吝啬的。他们认为，众神对古埃及人及其生活的地方给予了特殊保护，世界上其他任何地方都不能与自己生活的地方相比。因此，古埃及人大概在餐前餐后④也是会进行祈祷，

① 斯巴达人称为“*κυνὰς*”。——原注

② 犹太人把类似的东西装在喷壶里洒。——原注

③ 捣碎的羽扇豆被专门制成清洁用品，用于饭后洗手。羽扇豆在阿拉伯语中写作“Termes”，而在古埃及或科普特语中写作“*θάρμος*”。——原注

④ 穆斯林在就餐前会说“Besmillah”（以真主之名）或“Besm Allah é'rahman é'raheem”（以善良仁慈的真主之名）。众人起立，嘴里反复说“El hamdoolillah”（赞美真主）。除了“Besmillah”，还衍生出“Besmillah māna”（以真主的名义，你愿意和我一同用餐吗？）这种说法。——原注

感谢神恩。即使古埃及人没能在物质上对神表达适当的感谢，作为宗教信徒，他们内心的狂热也不会让他们漏掉任何对神致意的机会。对此，他们时常感到责任重大。至少约瑟明确告诉我们，古埃及人是有餐前祷告的习惯的。托勒密二世邀请七十二位长者（elders）在宫中用膳的时候，尼卡诺（Nicanor）专门要求埃利亚萨（Eleazar）而不是那些应该在其他场合承担这一职责的埃及人为他的同胞祷告。包括希腊人在内的其他古代民族会拿出自己食物的一部分献给神，他们将其称为“初熟之果”（primitiæ）。除了常规的感恩仪式，比较笃信宗教的一批古埃及人可能也会在用餐时献上类似的“初熟之果”。

古埃及人沉迷于世俗欢乐[①]。他们的聚会是对一切道德和宗教感情的贬斥，他们也比其他民族更容易沉迷于一时欢愉而忘掉明天。这是19世纪对古埃及人的一种常见批评，但这种看法是不正确的。古埃及人确实有暴饮暴食的毛病[②]，这就惹得有些人批评他们不道德且堕落。而古埃及人作为积极追求奢侈生活的民族，肯定会沉溺于各种享乐方式，在这个过程中偶尔放纵一下，但凭此就以偏概全地给他们扣上不道德的污名，这对于古埃及这个民族来说是不公正的。就算是在19世纪的现代欧洲文明社会，也很少有人愿意被这样扣帽子吧！

根据希罗多德的记载，古埃及人有一个习俗，即宴会期间会

---

① 约瑟夫斯曾说：“埃及人是一群贪婪、懒惰的人，只懂享乐，放任灵魂被利益左右。”这是指韦斯巴芗（Vespasianus）皇帝统治晚期的埃及人，和本书所论述的埃及人不一样，因为罗马帝国时期已经不再存在什么“埃及民族”了。——原注

② 罗马帝国时期的罗马人可以与之相比。塞内卡（Seneca）的评价很准：“这就是一群暴食到吐、吐了又吃的人。”——原注

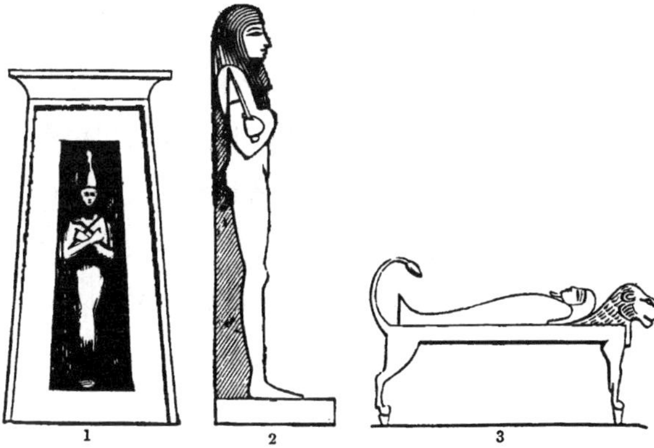

● 1 神龛；2 摆在桌上示众的木乃伊，被做成了奥西里斯模样；3 停尸架上的木乃伊

陈设一个奥西里斯的木像（高1.5英尺到3英尺不等，像人形木乃伊）[①]。根据普鲁塔克的记载，这个木像要么立在一个柜子里，要么躺在棺材里，用以警示客人：人终有一死，而快乐时光却很短暂，总有一天自己也要变成这样的木乃伊。人们应该彼此相爱，不要误以为生命很长，实际上人的生命是很短的。享受这个世界的同时，一定要记住人生无常，人终有一死，世俗生活最终都是要结束的[②]。所以不能说祭司群体对娱乐活动漠不关心，即便在可以甚至鼓励尽情享乐的时候，他们也关注着埃及人，通过这种木乃伊暗示、告

① 埃及人委托别人把自己遗体的木乃伊做成奥西里斯的外形，他们认为，自己死后一旦通过了“最后审判的考验”，就被允许来到神的面前，神的名字就被加在自己的名字前面。——原注

② 一些用石头、黏土或木头做成的小木乃伊像，被放置在相同材料的模型石棺或棺材中，被认为就是用于警示活人时光流逝的模型，或者是防腐师制作的其他模型，木乃伊身上或棺材上一般都刻有《仪式》（*Ritual*）第六章或《亡灵书》（*Book of Dead*）的内容。有几件这样的文物藏于大英博物馆，见1874年伦敦出版的《博物馆内容简介：第一埃及室和第二埃及室》（*Synopsis of Contents of Museum : First and Second Egyptian Rooms*），第84页。——S.B.

诫他们，务必有一定程度的自我约束。如果直接禁止娱乐活动，就不仅会显得矫枉过正，而且显得不够慎重——虽然发布娱乐禁令的行为是出于对本民族的一片赤诚，但确实简单粗暴。通过木乃伊发出警告，祭司作为道德的监护者达成了自己的目标，又不至于因明显干预他人自由而失了人情。

当然，全体客人对这种木乃伊告诫都无感的情况也必然存在。不过这也说明，采取道德规劝的方式起码不会惹人反感。当然，规劝即使被忽视，其作为道德规范的价值也不会失去。即便享乐的人自己没有任何触动，但规劝本身还是可圈可点的，人们也不会反对这些规劝继续存在下去。而希腊人曲解了古埃及人的这种道德规劝，将其视作一种只顾现在、不考虑未来的诱惑。这一曲解实际上和古埃及人的格言，以及他们“珍惜来世”的规劝观念背道而驰。其实，反倒是古希腊人无比热衷于“活在当下”，他们还用诗歌[①]来为这种观念做辩护。这些诗歌得到了每一个热爱纵欲生活的人的青睐，它们与特里马乔（Trimalchio）的感叹有着相同的情感。佩特罗尼乌斯·阿尔比特（Petronius Arbiter）曾这样描述：“一个仆人给我们这些正在饮酒作乐的人送来了一个银质的人像。这个人像的关节和脊椎部分可活动，可以向任何方向弯曲。借助弹簧让人像摆出不同的姿态后，特里马乔发出了如下感叹：‘啊，真是不幸，人真是一无是处！我们都会变成这样，死掉以后就会变成这个样子。因此，在我们活着的时候，就尽情

① 与诗歌相比，塔尔苏斯（Tarsus）的萨达纳帕鲁斯（Sardanapalus）墓的碑文也体现出类似观念。在孟菲斯的帕舍里恩普塔（Pasherienptah）的墓碑上也发现了同样内容和语气的碑文，此碑作于克里奥帕特拉七世（Cleopatra Ⅶ）和恺撒里昂（Caesarion）统治时期。——S.B.

寻欢作乐吧！’[①]”

所罗门王时代的犹太人也有类似想法，他们中那些不那么虔诚的人曾这样表达道：

（恶人不恰当地评论自己：）人生苦短，充满辛酸。当一个人垂死时，没有救活他的方法，也从未听说有人从坟墓中起死回生。我们的出生是一个偶然，了却此生之后，我们仿佛未曾来过人世。我们的呼吸不过是一缕雾气；我们的思维不过是心脏跳动时产生的火花。火花熄灭时，我们的身体就变成灰烬，我们的灵魂就化为空气。生者迟早会忘掉我们的名字，不会有人记起我们的大业，我们的生命会因炎炎烈日而蒸发，像云痕一样消逝，像雾一样散去。我们在世的时光像影子一般流动；我们死后无法起死回生，死期已注定，无人能重生。恶人说，来吧，让我们享受生活的乐趣，让我们像年轻人一样纵享万物。让我们喝杯美酒，抹上最上乘的香膏，春天时也不要错过任何一朵花。趁玫瑰花尚未凋谢，让我们把它们摘下来戴在头上。让我们一起狂欢，让我们到处留下享乐的踪迹，因为这是我们应得的，我们命该如此……[②]

这不是和古埃及人的享乐习俗在意图上大相径庭嘛！当然，

① 在古代，这种人偶玩具十分常见。雅典古墓中就发现了几个据说是用陶土制成的人偶。19世纪的埃及文物藏品中也有铜制可动人偶。特里马乔看到的应该就是这类东西，只不过是银制的而已。在欢笑中融入悲哀，在生命中表达死亡，这在人类发展的各个阶段都很流行。后来，人头骨或整副骷髅骨架就成了死亡的标志物件。——S.B.

② 此段摘自《所罗门智训》。考虑到表意的连贯性，译者参照《圣经》文本，增译了被原作者省略的部分语句。——译者注

时过境迁，享乐的习惯和奢侈程度的增加让道德规劝作用减少或彻底失效，但至少这种规劝的初心是好的，不能批判它为“不道德”。希罗多德只说客人在饮酒作乐的时候会被要求看那个用于警示的木乃伊，并没有讲明其中是否存在道德规劝的意味，而普鲁塔克对此是非常肯定的。古埃及人不像现代人一样对死亡那么反感，宴会时甚至会把已故亲人的木乃伊带入席，给它们安排座位。在《论悲伤》（*Essay on Grief*）中，琉善（Lucian）说自己曾目睹过这种场景。

用餐完毕，乐舞继续，男男女女摆手抛球，动作十分敏捷，还有各种杂技表演来取悦来宾。

色诺芬在《会饮篇》中描述了希腊娱乐活动中一个类似场景的一部分：一个小男孩、两个跳舞的女孩和一个叫菲利普的小丑出席了此次活动。其中一个女孩率先表演，在同伴吹奏的长笛（flute）的旋律中抛起钹（cymbal）

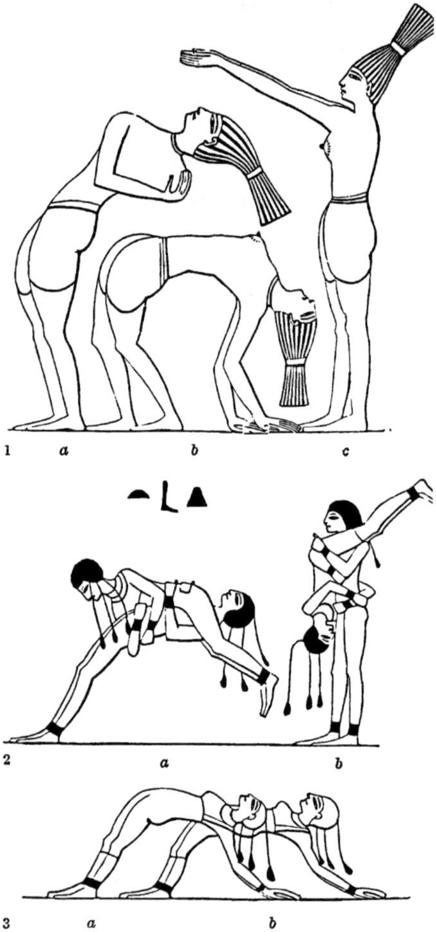

●由女性表演的高难度动作：1 中，a 后仰弯腰，b 下腰，c 复原；2 中，a 翻跟斗，b 复原；3 中，a 和 b 翻滚

并接住。这时，有人拿来一个圈，圈里固定了几把剑。这个跳舞的女孩非常自信地在圈里跳进跳出，毫发无损。客人看罢大呼过瘾，连在场的苏格拉底都夸赞她勇敢，并指出“这样的人能够学会任何你希望她知道的东西”。然后，女孩站直身体，向后下腰，用头触碰脚跟，模仿车轮迅速转了三四圈。在进行这种旋转表演的同时还能不时地读书写字，引得观众一片喝彩。小丑菲利普假装模仿她，其实只是笨拙地向前扑倒，与她表现出的优雅姿态形成了鲜明对比，逗得观众开怀大笑。

有意思的是，上述场景和描绘古埃及人风俗的壁画（至少在苏格拉底时代之前1300年）中呈现的情形类似。这些壁画中的古埃及妇女单人或双人向后翻跟头，双人翻跟头的时候，一人头朝下，另一人则站着，这样两人的脚有节奏地交替触地①。

在室内娱乐活动中，最常见的是猜奇偶数、玩“摩拉”②（mora）和棋类游戏。猜奇偶数罗马人也会玩，拉丁语写作“ludere par et impar”。这被认为是年轻人的娱乐项目③，成熟稳重的长

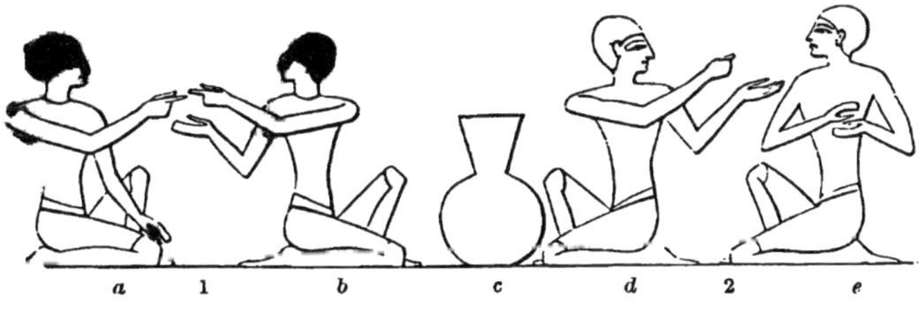

●玩“摩拉”和猜奇偶数：1 玩“摩拉”；2 猜奇偶数

① 没有出现过阿特纳奥斯下大力气描述的那种“科塔布斯”（Cottabus）。据说，“科塔布斯”是从西西里岛引进希腊的。——原注

② 见插图《玩“摩拉”和猜奇偶数》。——原注

③ 以及底层人的娱乐项目。——原注

者是不宜参与的。昆图斯·贺拉斯·弗拉库斯将猜奇偶数和儿童搭房子、把老鼠拴在车上、骑在棍子上[1]等幼稚的娱乐活动放在一起看待。根据J.波鲁克斯（J.Pollux）的说法，猜奇偶数主要是猜一个人攥紧的拳头里的道具的数目是奇数还是偶数。使用的道具包括骨头、黄芪、豆子、坚果、杏仁或硬币等[2]。

前页图中的游戏2在古今意大利都很常见。玩家有两人，同时展示一只手的手指，并相互猜测这只手和另一只手露出手指数量的总和，口中要念“micare digitis”的拉丁语口号。值得注意的是，这种在意大利下层人中仍然流行的游戏，早在至欧瑟特森一世时代，就已经在古埃及存在了[3]。

棋类游戏也同样古老，有人认为这是古埃及的国际象棋，这并不正确。与前两种游戏一样，玩家坐在地上或椅子上[4]，棋子摆在桌子的两端。可能像现今的国际象棋和跳棋一样，棋子要在棋盘上移动。因为壁画和雕像上总是只表现大概轮廓，所以无法确定这种棋的外观细节，或棋盘包含的精确格子数[5]。

---

① 普鲁塔克在《阿格西莱传》（*Life of Agesilaus*）中提到：“他陪孩子们一起骑假的玩具马玩，这些马都是用苇秆做的。”——原注

② J.波鲁克斯描述了另一种游戏，即把形状大小一样的骨头或硬币投掷进一个环里或洞中，看谁投得准。这种投掷游戏在现代也很有名，被称为“*τρόπα*”。——原注

③ 根据19世纪已知的细节，大多数古埃及玩具可以追溯到第四王朝时期。——原注

④ 见下文插图《对弈景象》和《法老的棋类游戏》。——原注

⑤ 通常用6枚棋子对弈，每个玩家的棋子数量一致，但与对手的棋子样式上有所不同。最普通的形式是圆锥体或锥体，有的是平顶的，有的是尖顶的，有的顶端带有一个小球，还有另外几种不同的形状，见“各种棋子”的插图。大英博物馆收藏了一枚古老的人形瓷棋子，用象形文字写作“”（t'a），也就是“强盗”的意思。相传，罗马棋类游戏所用的棋子都是玻璃材质的。另有一种棋子，是猫头或狗头的造型。还有一种棋子是黑色瓷制的，豺狼头造型，也可能是“库翁”（kuōn），即狗头造型。这些就是希腊人所称的棋子。古埃及人一度很喜欢玩棋类游戏。根据《仪式》第十七章所言，玩棋类游戏的时候，人处

●各种棋子：1拉美西斯三世陵中的棋子；2木制棋子；3人头形状瓷制棋子；4瓷制棋子，上面刻着尼科一世（Necho I）的姓名和头衔；5木制棋子；6猫头瓷制棋子；7狼头瓷制棋子

不同种类的棋，棋盘[①]不一样，棋子也不相同，有的大有的小，有的是圆顶。许多棋子更轻，看上去更光滑；设计较时髦的

于“未来”状态。第十一王朝时期的古代石棺上有时会出现棋盘和人形棋子的图案，一边5枚，另一边4枚，棋盘呈9×17格局，共153个格子，被交叉涂成红色和黑色。当时，棋子一般被称为“ab”，关于棋类游戏，笔者在后文还会再提到。——S.B.

① 在象形文字中，棋盘写作“”或“”。在底比斯还发现了一个随附的小盒子，专门收纳棋子。棋盘是由单块实木切割而成的，尺寸为28英寸×7英寸，相当于拉丁语中的“mandra”，凿了供棋子移动用的方格。棋盘一侧是3×10格的空间，相对的一边有3×4格的空间，从棋盘中线开始到棋盘另一端有8个格子的宽度，其余地方没有刻度。普里斯·德阿福内斯（Prisse d'Avennes）推测这可能就是古希腊人玩的“佩提亚”（petteia）。这些棋子长得很像圆形的小转轴，有专门的收纳盒。有人认为，方形棋盘暗示这可能是和古罗马人的“十二条线”（duodecim scripta）或古希腊人的“蒂亚戈拉米斯莫斯”（diagrammismos）同类的游戏。柏拉图认为，棋类游戏的创造者是托特。

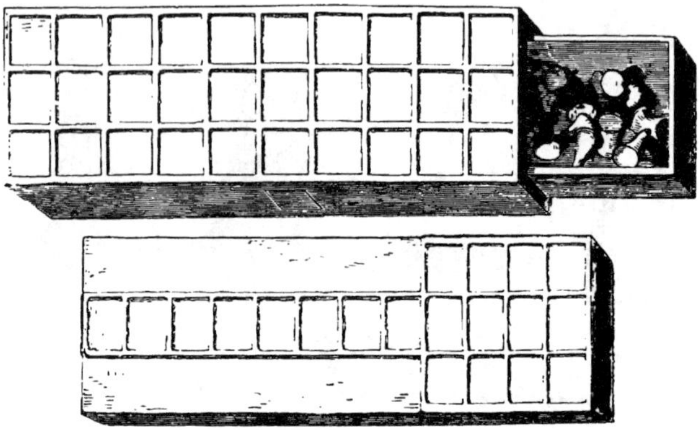

●古代棋盘

棋子还会被用于王宫御用游戏；棋子大约1.5英寸高，圆形底座的直径为半英寸。笔者收藏了一枚在底比斯发现的古代棋子，高度为1.25英寸，下端直径略大于半英寸。这枚棋子是用硬木制成的，它像埃及纪念碑一样，被涂上了颜色。

同一副棋每枚棋子大小都是相同的，一般一边是黑色，另一边是白色或者红色，由游戏双方操控对弈①。但我们不知道操纵棋子前进是走直线还是斜线，应该是不会像波兰的棋类游戏那样，允许操纵棋子后退的，大概可以参见插图《对弈景象》中的1。

在古埃及，无论贫富，人人都好玩棋类游戏。在底比斯的埃及王宫遗址的墙壁上，就有法老和后宫宠妃一起下棋的画像。

19世纪的现代埃及人会玩一种和祖先玩过的很相似的游戏，

① 在被称为“*ψῆφοι*”的棋类游戏中，玩家操纵士兵（还有一种说法是狗）棋子博弈。两边的棋子颜色不同，以此作为区分。另一种相似的游戏被称为“*διαγραμμισμὸs*”。值得注意的是，“狗”（kelb）被阿拉伯人用来称呼他们的棋子。J.波鲁克斯是一位生活在约185年的古希腊学者，一些人认为古罗马人的“十二条线”也是一种棋类游戏，靠掷骰子决定棋子的前进步数。——原注

●对弈景象

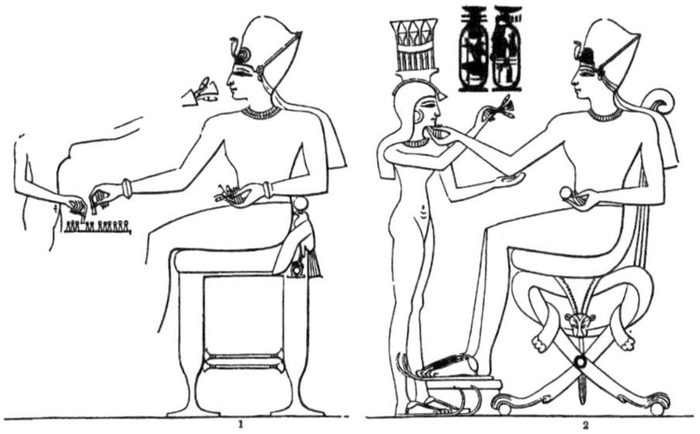

● 1 下棋的拉美西斯三世；

2 坐在椅子上的拉美西斯三世

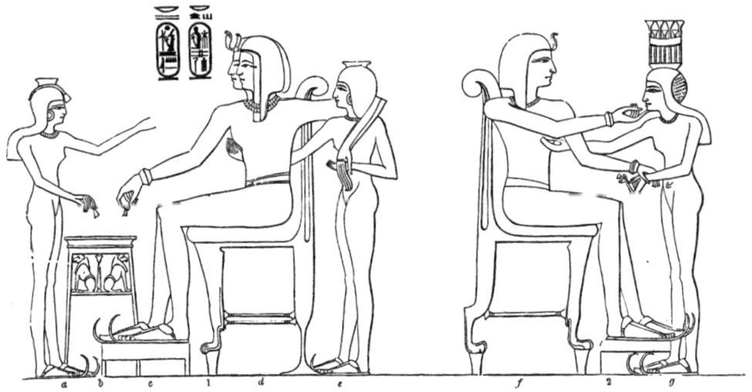

●法老的棋类游戏：1 下棋的拉美西斯三世；2 坐在后宫房间里的拉美西斯三世；a 拿着棋子的女人，可能是女神（goddess）或公主；b 棋盘桌子；c 给法老搁脚的凳子；d 拉美西斯三世像；e 另一个公主；f 椅子

称为“dameh”，玩法和古代同类游戏基本相同。

在第五王朝时期的萨卡拉（Saqqarah）“拉瑟普斯”（Ra séps）墓中发现了一种象形文字，写作“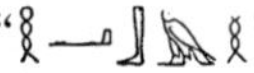”，意即“花瓶游戏”。棋盘是圆形的，有十环。棋子沿着环形移动到中心。在这个过程中，棋子要走一条曲折的路线。一方有7枚扁平的圆形棋子，外形类似现代的橡皮图章，分布在最内环的线上；另一方有3枚棋子，只要把其中一枚棋子下到中心就赢了。棋盘尺寸很大，上面饰有花瓶图案。玩法参见本章随附插图。①

有一种游戏和猜奇偶数类似：在这种游戏中，两个人手中攥着若干贝壳或骰子，而第三个人跪在他们中间，脸朝向地面，要猜出两人手中贝壳或骰子之类道具的数目②。这也可能是希腊人玩的“克拉比斯谟斯”③（kollabismos）的“埃及版”。在这种游戏中，一个人捂住眼睛，猜测其他玩家中到底是哪一个打了他④。

另一种游戏是用带钩的棍子（可能是金属的）努力从对方手中抢夺一个环。胜利的条件似乎是将自己的棍子从对手的棍子那里解脱出来，然后再避开对手的阻拦，抢到那个环。参见插图《抢环游戏》⑤。

从壁画中我们知道，古埃及人还有其他玩具，但只靠壁画的话，还是难以理解他们究竟在玩什么。估计有很多古埃及的常见

① 此处有“S.B.”字样。——译者注

② 笔者依据自己的研究所做的猜测。参见插图《玩花瓶游戏》。——原注

③ 参见插图《玩一种和古希腊“克拉比斯谟斯”近似的游戏》。——原注

④ 图中铭文“ha ua em ab qu”在今天看来非常难解，关于它是否是一种游戏尚且存疑。——S.B.

⑤ 插图源自罗塞里尼的作品。笔者认为此图展现的应该是古埃及人玩铁环的标准玩法。——原注

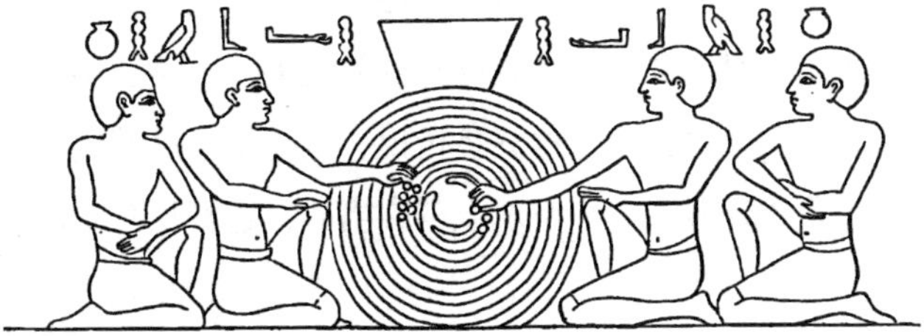

●玩花瓶游戏

●玩一种和古希腊“克拉比斯谟斯”近似的游戏：a 和 c 提问者；b 回答者

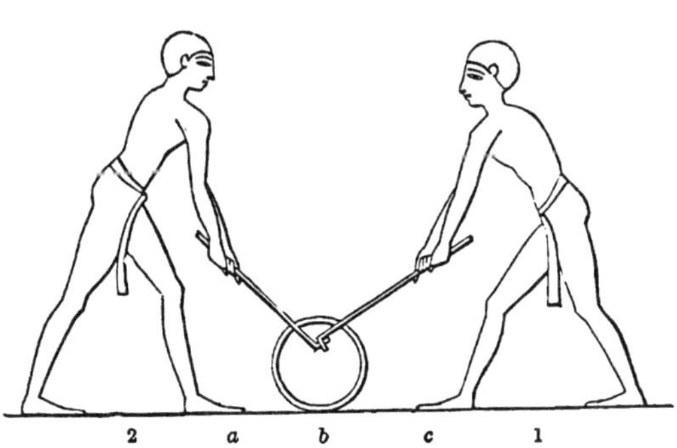

●抢环游戏

游戏，都被墓穴绘画和古代学者的作品忽略了。但有一点显而易见，兰普西尼图时期的古埃及人已经开始玩骰子，希罗多德还说他与谷神刻瑞斯玩过，虽然这只是传说，但传说背后其实就是当时的人已经开始玩骰子的事实。至少在当时，这种玩意儿已经存在了[①]。

就19世纪的考古发现而言，笔者不认为在底比斯等地发现的骰子来自非常遥远的古代，甚至可能也不是法老统治时期的，但可能和最原始时期的骰子在各方面都比较相似——当时，骰子的六个面上完全有可能已经有数目了[②]。骰子的数目一般都是用小圆圈表示，中间还有一个点。笔者见过各种各样的骰子，有用骨头做的，有用象牙做的，大小不一。

在普鲁塔克的笔下，骰子是一项古老的埃及发明。古埃及人自己也承认这点，并且从他们最古老的神话寓言中就可以看出来。在奥西里斯出生前，墨丘利和月亮玩骰子，赢得了五天时间，和一年中原有的时间加在一起就成了完整的一年365天。

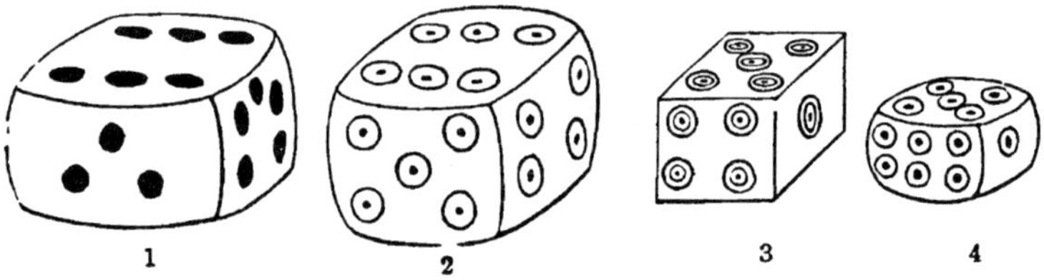

●古埃及骰子

① 然而，在19世纪最新发现的古埃及骰子中，最早的也是罗马占领埃及时期的。在古代文字和铭文中，抑或更早期的墓中，也没发现对骰子的描述或骰子的实物。——S.B.

② 古希腊人和古罗马人有一种四面骰子，没有“2”和“5”的数目，文献中写作“ἀστραγάλοι”。——原注

19世纪的现代埃及人玩的一种游戏，在阿拉伯语中被称为“múngala”[①]，一般认为也是从古人那里传承下来的。相关内容参见莱恩（Lane）的作品《现代埃及人》（*Modern Egyptians*）第二卷第47页，这里不再赘述。

除了骰子和摩拉，古埃及人可能还玩一种主要靠运气取胜的游戏，和古罗马人一样靠抓阄获得一些好的预兆，进而寻求心理安慰。这种游戏至少在犹太人出埃及时就有了[②]。

有人希望搞清楚愿望能否实现——面对这样的问题，古罗马人有若干种占卜方法。其中，笔者认为最有趣的一种是：坐在餐桌旁，用食指和拇指捏住苹果的新鲜果核，将它弹向天花板，可以借此占卜爱情等各个方面的运势。这些东西固然不会在古埃及雕像中出现，但古埃及人对于一些偶发事件确实有一些迷信式的观察，然后根据这些观察推断未来发展的趋势。这得到了希罗多德等到访过古埃及学者的证实：“每当发生任何不寻常的事情时，他们都会用文字记录下来，并特别注意随后发生的事情。如果随后又发生了类似的事情，他们就认为会有同样的结果出现。”

古埃及儿童玩游戏和进行娱乐活动的目的是通过锻炼来保持

---

① 本书作者在涉及引用非英语语言的“原文”时，有两种不同的应对策略：一种是直接引用，即在英语文本中所需要的位置直接插入所引用非英语文本；另一种则如此处一样，虽然说的是引用“阿拉伯语”，实际上是这个单词（短语）在英语中的音译，所以使用拉丁字母及其符号表示。对于不同策略的使用，由于译者水平所限，没有发现某种明显的选择倾向性。所以，译者严格按照作者留下的文本，对这些文本都采用直接录入的策略，方便有专业知识的读者进行阅读、考据。——译者注

② 《圣经·利未记》：“亚伦（Aaron）为两只羊抓阄（一阄归耶和华，一阄与阿撒泻勒）。”这种游戏用希伯来语写作“גּוֹרָל”，即“górel”。——原注

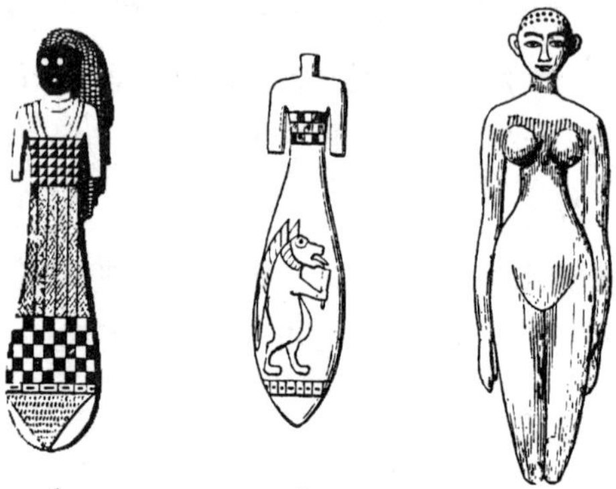

●1 扁平人偶；2 木制人偶；3 人偶的头顶上有很多小孔，可能有过头发

身体健康，同时转移他们的注意力。扔球、接球、跑步、跳跃，以及其他类似的活动，只要孩子们愿意玩，就会被鼓励去玩。很小的孩子会玩人偶。人偶的手脚都装有活动销子，可以通过拉绳索让人偶摆出不同姿势[①]。有的古代人偶做工很粗糙，就算看了也不知道该怎么描述它的样子——有的甚至没有腿，并且一侧的手臂很难看。很多人偶挂着珠子，挂在看上去像是脑袋的地方。当然，更多的古代人偶看上去还是像人的，甚至是按照人体比例制作的，就像我们今天按照比例微缩的人形手办一样。人偶都被精心上色，形象越古怪的人偶往往装饰越精致（小一点孩子喜欢），看上去更像真人的则装饰得简单些（大一点的孩子喜欢）。有时，人偶被做成正在洗衣服或者揉面团的造型，只要拉动绳子就可以动。同样的，小一些的孩子如果看到怪兽玩偶或者鳄鱼玩偶拉动绳子时张开的大嘴也会很开心。这说明，不管在哪个时代，低龄的孩子

① 希罗多德曾提及另一种人偶，其在酒神节宴会上展示。——原注

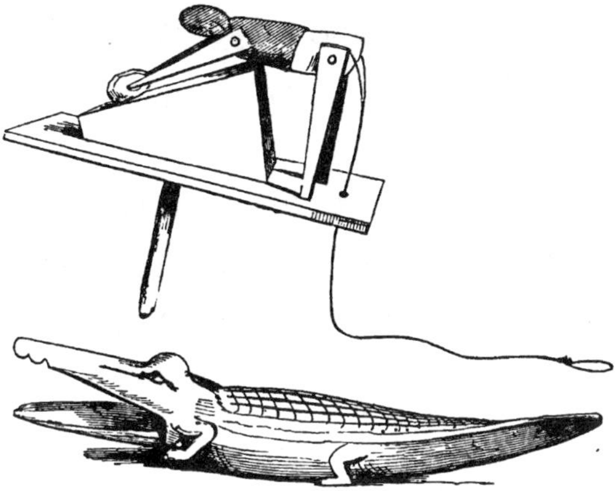

●古埃及儿童的鳄鱼玩具

都喜欢造型比较夸张的玩具，并且比较害怕拟真的玩具。希罗多德曾表示，鳄鱼是“唯一不动下颌，就能让上颌和下颌接触的动物”。对此，我们不感到惊讶，毕竟从外表上看，鳄鱼平时像其他动物一样动下颌；但在抓捕猎物时，鳄鱼头抬起，看起来就像只有上颌在动。但事实上这是误解，我们从古代的鳄鱼玩具之中就能找到足够的证据证明这位古代学者看错了①。

不只儿童或者单一性别的群体在玩球。当然，当时的人认为，抛接球作为一种纯娱乐方式，会更适合女性来玩②。玩球有很多种方法③，此处仅举抛球一例。抛球的时候双方共有四人，要拉开一定距离。一个人如果没能接住球，就必须让另一个人骑在她的背上，这个人继续接球，直到她接不住为止。对那些被人

① 大英博物馆收藏了一个鸟头造型物件。这是一个古代玩具的一部分，玩具本身是靠拉动绳子操纵的。还有陶瓷材质的枣子、杏仁、无花果等模型，这在当时都是儿童的玩具。——S.B.

② 古罗马人不这样认为。——原注

③ 见J.波鲁克斯作品中的相关叙述。——原注

骑的输家的称呼就和形容古希腊类似游戏的一个单词一样，都是“ὄνοι”，也就是“asses”，即“驴”。输家也必须服从赢家的所有命令①。

在抛球杂技中，有时，表演者可以通过连续抛接三个及以上的球来展现自己的专业技巧。在古希腊语中，这项表演写作“οὐρανία”，在埃及算是很常见的活动。当然，盲诗人荷马描述的一些娱乐活动也是存在的。在传说中，阿尔辛诺斯（Alcinöus）存在的时代之前，哈利乌斯（Halius）和劳达玛斯（Laodamas）也玩过这种游戏。游戏中的一方把球扔得很高，另一方跳起来。这时球落下，接球的一方要在脚碰到地面之前接住它②。

当骑在接球失败的女伴的背上时，另一个玩伴会侧身而坐。玩球的古埃及女性只穿一件短衬衣。游戏时，宽松的上袍被放在一边；她们用腰带束紧衣身③，用肩带拉着防止衣服滑落，和葬

●骑在玩伴的背上投球并且接住球的游戏

① 见本页插图。（注意插图中女孩儿们的独特发型，她们应该是受过专业训练的舞者之类的人士。这种动作可能是对打仗冲锋时的模拟，区别在于舞者没有投掷标枪，只抛接几个球而已。——S.B.）——原注

② 关于这个动作，有一个词组“εἰς τὸν οὐρανὸν”，意思是“上天”。——原注

③ 和哀悼中的女性所穿的衣服一样。（露胸的倾向也并不罕见，即便是身份最尊贵的妇女也以同样的方式披着衣服。古埃及妇女平时只穿一件长长的外衣，称为“basui”，覆盖从胸部到脚踝的部分。外衣用被称为“unχu”的亚麻布带子系在肩上。——S.B.）——原注

●抛球杂技

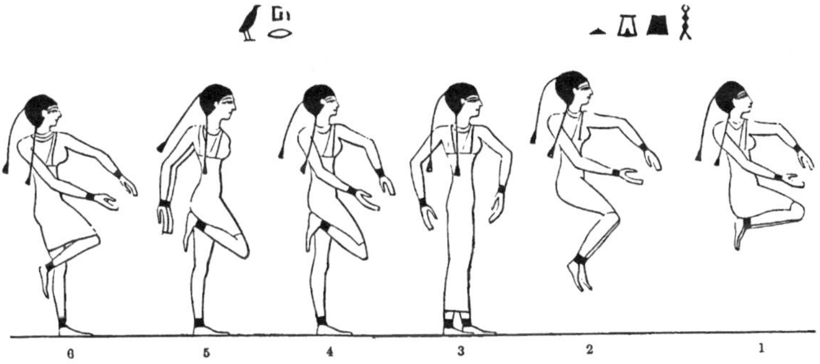

●玩球时的不同姿势：1、2 跳起来；3 站着；4、5、6 抬起一条腿

● 1 直径 3 英寸的皮球；2 画在彩绘陶器上的球（深蓝和浅蓝条纹相交）

礼中送葬者的穿着相似。

截至19世纪，没有任何类似球拍的古代物件被发现，在埃及雕像中也没有发现对类似罗马人用手击球的游戏的塑造，但这充其量是一种“缺失”，据此不能得出任何推论。一些画出自很古老的时代，能保存这么久，让我们深入了解古人的习俗和娱乐活动，实属不易。

古埃及的球都是用皮革制成的，用细线交叉缝合，样子和19世纪的现代球类相同。古代的球里面塞满麸皮之类的东西。在底比斯发现的古代球直径约为3英寸。还有将芦苇的茎秆编在一起，做成一个圆球，并在外面覆盖皮革，大英博物馆里就有这类藏品。古埃及人似乎还有一种较小的球，可能是用同样的材料制成的。和现代的许多球一样，它上面覆盖着偏菱形的皮片，纵向缝在一起，两端各有一个交点，每一块交替的皮片都是不同的颜色。但由于这样的球只在陶器彩绘上见到过，所以截至19世纪，还无法确定这种球的详细信息，也不确定它是不是儿童玩具。

有时，在一些表现力量感和灵巧性的节目中，两个男人并排站在一起，将一只手伸向前，另一只手伸向身后，握住两个女人的手。她们方向相反地向后靠，整个身体的重量压在对方的脚上，并以这种姿势旋转。拉着她们的男人的手有时是交叉的，以便更有效地保证旋转时中心的稳定。

有时，两个人背靠背坐在地上[①]，手肘交叉，努力以这种姿势站起来而手不触地；或自己站起来，或阻止他人站起来，靠力量和灵活性取胜。

---

① 见下页插图。铭文“menq an hu”意义不明，“menq”大概相当于英语的“reposing”，“an hu”大概指在玩游戏时候的肢体动作。——S.B.

●男表演者用胳膊拉着女表演者转动

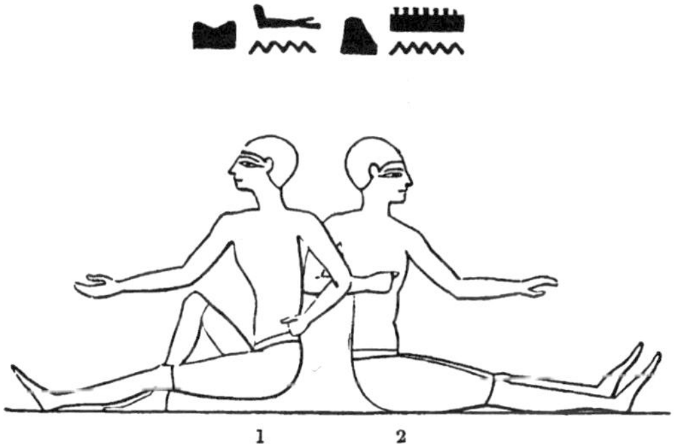

●背靠背坐着并且相互挽着手，试图站起来

●往一块木头上扔飞刀：1 投出飞刀；2、3 拿着刀子；4 一人拿两把刀；a 木块；b 男人握着插在木块里的刀的把手

还有投掷飞刀（锐器）扎木桩的游戏。每个人都要扔出刀子去打掉对手插上去的刀子。当然，更有可能的情况是，比谁能投中木板上的靶心。输赢的评判标准要么就是看谁在木板上留下了更多自己的刀子，要么就是看谁最接近靶心①。

变戏法（变魔术）也是古埃及人喜欢的娱乐活动。有一种猜小球的游戏，玩家要猜另一方把一个球藏在了哪个杯子的下面②。

古埃及的王公贵族家里常常有一些外来的侏儒和畸形人，起初接纳他们是为了做慈善，或者是出于对普塔-索查理斯-奥西里斯（Ptah-Socharis-Osiris）（孟菲斯的畸形神③）的崇敬，因为这些外来人是拥有畸形神的外表特征的人。但无论这一习俗是如何产生的，奇怪的是，早在3500多年前，古埃及的畸形人和高门大户之间就存在联系，古罗马的皇亲国戚和畸形人也有类似的关系，就连现代欧洲也不外如是。

底层人的游戏和娱乐活动，包括那些通过剧烈运动来锻炼身体的人，主要展示了人体的敏捷度和力量。摔跤是很受欢迎的，贝尼-哈桑石窟的绘画呈现了所有可能在实际摔跤中出现的各种姿态和攻防模式。为了让观众更容易察觉每个战斗人员的肢体位置，当时的艺术家灵活运用深浅色，甚至大胆地把画中人物分别涂成黑色和红色。不过，我们没有必要对这些不同题材的每一个细节进行举例说明，列举插图大概介绍一下就可以了。

---

① 铭文读作“abt”，相当于英语中的“horn”。——原注

② 铭文读作“*ār en ār*”，意思是“层层叠叠”，具体玩法存疑。——S.B.

③ 插图《供古埃及人取乐的侏儒们》中1的人像上方的铭文读作“na-mau”，即“侏儒”。侏儒在当时的非洲恐怕很常见，庞贝古城壁画中也有很多侏儒形象。左边的人像上方铭文读作“t'en rat”，也就是“罗圈腿”，被古罗马达官显贵的女眷当作玩物。——S.B.

●魔术师

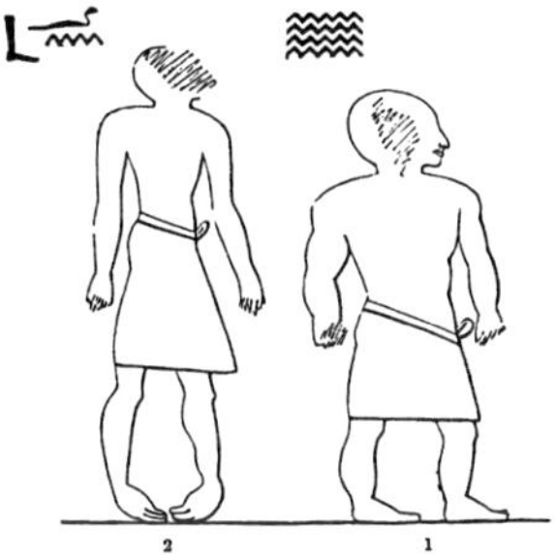

●供古埃及人取乐的侏儒们

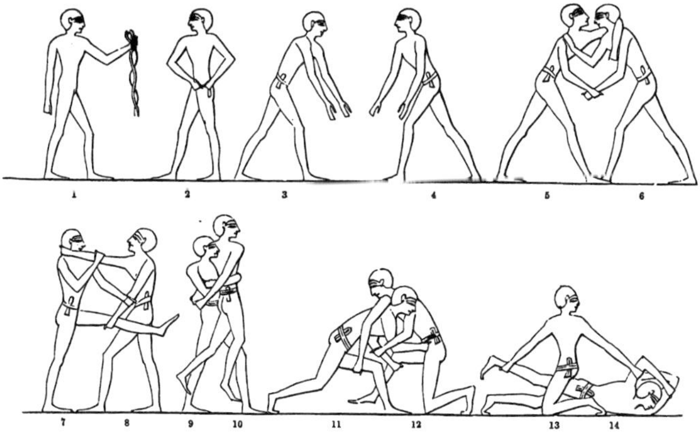

●一些摔跤的姿势：1拿着自己的腰带；2扎紧腰带；3、4向前，试图摔倒对方；13、14进入地面战阶段仍然继续攻击

古埃及人可能跟古希腊人一样，在活动前的热身阶段也要涂油，竞技活动过程中完全不穿衣服，只围一块布，系一条麻绳当腰带。

在竞技活动中，双方慢慢地靠近对手，以身体前倾的姿态握住彼此手臂，以对自己来说最便利的体位抓住对手。可以抓住对手身体的任何部位，如头部、颈部或腿部。在一方倒下或双方均倒下后，比赛进入地面战阶段，也就是古希腊人常说的“ἀνακλινοπάλη”。古希腊人如果要认输，就要举起一根手指表示投降。古埃及人可能不一样，他们表示认输时可能要喊一种口号。

古埃及人也有一种单棍格斗竞技。拿棍子的手会穿戴护手或保护指关节的装备，另一只手绑上一块木板当作“盾牌”，以抵挡对手的攻击。但截至19世纪，还没有发现古埃及人使用过类似古罗马式的拳击手套（cestus），也没有发现拳击①或掷铁饼（discus）等项目。

有一种展现力量和灵巧的活动就是举重——用一只手把装满沙子的袋子举过头顶，手臂伸直，并保持这个姿势。

格斗演武②（mock fight）也是一种娱乐。笔者认为，军人应该尤其喜欢格斗，他们通过这种彰显男子气概的活动锻炼体能。演武时，参与者分成两方。一方进攻临时堡垒，在龟甲阵（testudoes）的掩护下用攻城锤③进攻；另一方则试图守住城墙，努力击退敌

---

① 贝尼–哈桑石窟就有一组决斗雕像。——原注

② 被罗马人称为“Ludus Trojæ”。——原注

③ 在老普林尼看来，由龟甲阵（χελώνη）掩护的攻城锤（aries）相当于“木马屠城记”中的“木马”，而攻城锤最早的别称就是“（木）马”。早期攻城锤充其量就是一种巨型长矛，即“τρύπανον”（terebra）；“χελώνη”（testudo）即龟甲阵，仅指防御的部分，结合了攻城锤才被称为“testudo arietaria”。——原注

●单棍格斗

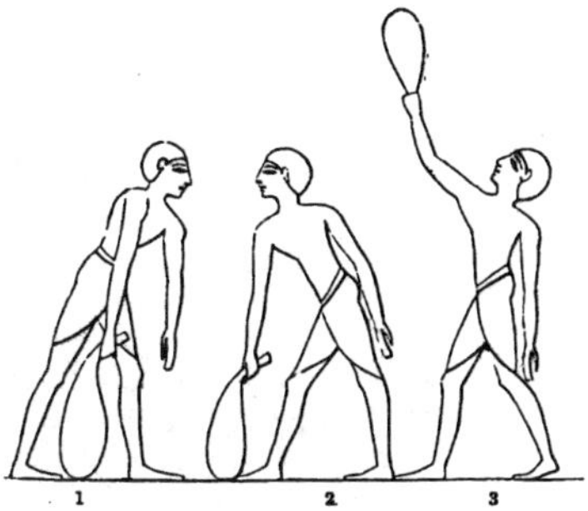

●举重，将重物从地面举起至半空中

人。也可以分成人数相等的两方，进行一对一单挑。还有一种双手挥舞长竿（néboot）战斗的活动[①]。总之，从古代艺术家们描绘的场景中，我们经常能看到古埃及人的尚武精神。

无论是古代，还是19世纪，长竿搏斗在埃及人当中都很流行。在埃及的村头巷尾，长竿都是一种很厉害的武器。有时在古代作品中，还会给出古埃及人驾船相互战斗的情形。双方都很卖命，有时一方实力太强，把另一方的成员打成重伤，甚至将其扔下水。关于此，希罗多德的强调似乎有几分道理。他说，古埃及人的头简直比世界上其他民族的都要硬几分。这不仅可以从古代作品中看出端倪，就是古埃及人的现代后裔也继承了这种特质。

古代学者提到过许多关于棍棒搏斗的有趣事例，比如希罗多德笔下发生在战神之城帕普利米斯（Papremis）的事件：蒙神选召的人来到神庙门口，对手挡住了入口，双方以棍相搏，大战一场，

① 这不是一根短棒，而是有一定长度，比19世纪的埃及人使用的同类棍棒（8英尺到9英尺）要更长。在提及古埃及人所用武器时，笔者忽略了老普林尼的一句评论，特此补上："在和古埃及人的战斗中，非洲人成了率先在战争中使用大棒（phalangas）的种族。"——原注

●水手以长竿搏斗：1 用桨划的小船；2、3、4 用芦苇造的船，古代学者认为纸莎草也能造船；a、g 和 k 用竿子推船的同时进行战斗；d 落水

彼此都有不少人被打死。①

对于欣赏小丑表演，古埃及人同样也非常感兴趣。他们喜欢上街围观表演者和着鼓声起舞的表演，喜欢看那些想方设法用各种装饰让自己显得夸张、可笑的人。及至19世纪的现代埃及，那儿的小丑仍然还会像古代的一样，与观众进行即兴互动，或揶揄或奉承。还有很多流动乐队走村串巷，讨好底层民众，其成员会倾尽所能让观众为享受到的娱乐掏钱。

斗牛也是古埃及人所喜欢的一种娱乐活动。偶尔有人为了博取朋友的赞许，或者炫耀自己的技术，竟然试图单手斗败公牛②。

① 希罗多德补充说，埃及人跟他说的情况正好与此相反。事实上，在使用棍棒格斗时，19世纪的现代埃及人也会有重大的人员伤亡事件发生。见《埃及和底比斯》第237页脚注。——原注

② 见《斗牛》系列插图。《斗牛（一）》的铭文有以下几处：“*hu usχ qa*”（大意是他打了长牛角的牛），其中“*usχ*”即“对于牛”，指用棍子打牛的那个男人。除了被打的那头牛，另一头牛上方的铭文读作“merf”，相当于英语中的“loving”或“desirous”这样的单词。《斗牛（三）》也有类似的铭文，“*sefχ meri*”相当于使“desirous”（渴望搏斗）或“impetuous”（莽撞冲动）的公牛“restraining”（克制住）或“drawing back”（退缩），即“击退冲动的公牛”。——S.B.

不过，古埃及人并不像古罗马人那样，让战俘或罪犯到角斗场上去喂野兽逗乐众人，也不会迫使他们成为角斗士，相互残杀——那样的活动只能满足堕落者的趣味。当然，古埃及人强迫战俘为埃及建造工程建筑，这也是值得批评的。不过，这是放到现在才会被批评的行为，在更早的历史时期完全是被允许的。无论是古希腊人还是古罗马人，任他们如何文明，对待战俘的态度都没有古埃及人那么好，波提乏对约瑟就是一个明显的例子，即使在今天，也没有几个国家会对约瑟所犯的罪行给予更轻的惩罚。

有时，埃及社会的上层人士会大力支持举办斗牛表演活动，还要在通往大神庙的道路上举办。根据斯特拉波留下的关于孟菲斯的记载，斗胜的牛的主人会在武尔坎神庙前获得奖赏。驯牛就跟驯马一样，必须小心谨慎。我们可以从古埃及人在下埃及大城市的所作所为中判断，斗牛应该不是源自古希腊或古罗马，应该是源自古埃及文明早期，底比斯和贝尼-哈桑的考古遗址给我们提供了充分的证据[①]。

① 插图《斗牛（四）》右边的牛上方铭文读作“*an ari χnum neχt*”，意思是“驯兽师克努姆尼克赫特（Chnumnekht）对牛的试炼”。图中，此人站在右边的牛身后。左边牛上方铭文读作“ha su”，意思是“激他（它）向前（顶）”。——S.B.

●斗牛（一）：1、3牛；2把牛往后赶

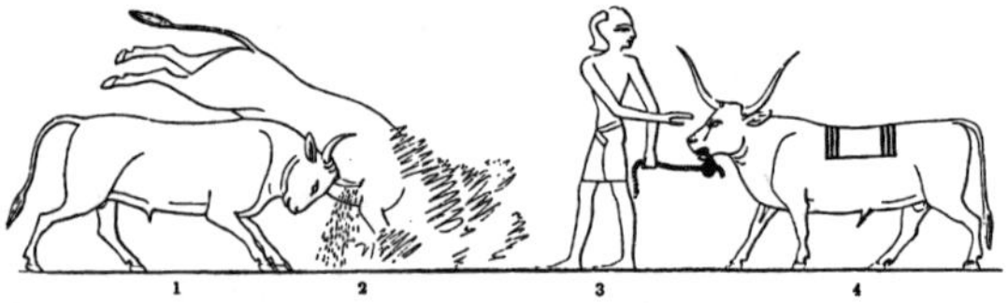

●斗牛（二）：1、2牛；3、4牵着牛走

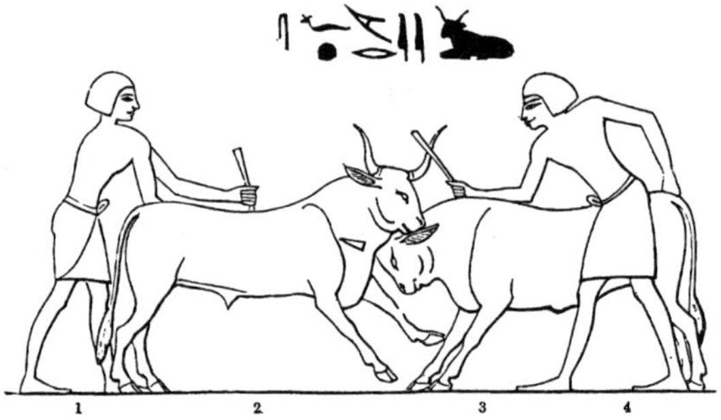

●斗牛（三）：1、4挑动牛相互攻击的人；2、3二牛相斗

●斗牛（四）：1、4挑动牛相互攻击的人；2、3二牛相斗

第2章

狩猎—动物—狗—靠禽鸟生意赢利的人—

渔民—河马—鳄鱼—腾提里斯人

●被称为“门农尼乌姆神庙”的底比斯拉美西斯大帝的宫殿在尼罗河泛滥期的景象

古埃及人的任何阶层（成员）都很喜欢到野外去冒险，比如农民就认为，猎杀鬣狗既是娱乐也是责任。猎杀的方式包括用弓箭、设陷阱等，只要想得出就能做得到。鬣狗是食肉动物，一般来说只危害羊群；但真饿急了，就连庄稼也啃①，其对农田造成的危害不亚于给羊群带来的威胁。到19世纪，现代埃及农民只要有机会，也会像千年前的祖先一样设法捕杀鬣狗②。

柏拉图视猎人为古埃及阶层之一③。猎人可能是古埃及人中一个十分特殊的群体，至少是某个阶层的一个小分支。但要是认为狩猎活动只限于这个特定群体，那就错了，认为古埃及富人不喜欢狩猎就更错了，毕竟无论古今，狩猎都是受所有民族欢迎的活动。底比斯和贝尼-哈桑等遗址的古雕像都显示出古埃及人

●用陷阱抓住一只鬣狗

① 见《埃及和底比斯》第243页脚注。——原注

② 古埃及人其实并不会专门捕杀鬣狗。在第四王朝时期，鬣狗就已经是被驯服甚至食用的动物了。——S.B.

③ 见柏拉图在《蒂迈欧篇》（*Timæo*）开头的部分所做的论述。——原注

特别喜欢到野外狩猎，甚至为此建立了保护区来饲养野生动物，还在延伸到尼罗河河谷的东部和西部的广阔沙漠中一路追踪它们。打猎的时候，古埃及人就需要另外几位专业猎手（在希腊语中被称为“δικτυαγωγός”）来帮助自己；他们还会训练好猎犬，让它们协助狩猎。同时，众人一起用套索捕捉大型猎物。除此之外，他们还要管理标枪[①]和渔网等猎具，安排好一切相关事项。

如果是有身份的人去打猎，其周围会跟着很多扈从（attendants）。这些扈从不仅要在狩猎的过程中发挥辅助作用，还要满足这个有身份的人在野外的各项需求，让他过得舒适。有人会搬运弓箭等必需品，有人会用扁担挑其他备用物资，包括装在罐子里的各种食物和皮袋[②]里的水。那时候的皮袋和现在的皮袋完全一样，是用山羊皮和羚羊皮制作的——剥皮的时候从羊喉咙处的纵向开口处（longitudinal opening）剥下，像捆手一样把两条羊腿用绳索绑上，再把羊吊起来。羊头部的皮被插进一根管子，这就是皮袋的口，结合处用线缝合。

有时，古埃及人会用网围出一块面积很大的区域，然后把动物赶进去。古代雕像显示的场景似乎是在丘陵地带，但显然这样的娱乐活动只在沙漠中才能进行。古埃及人可能会在狭窄的山谷或者分布激流的河床区域（torrent-beds）拉网，因为在这些区域，被猎狗紧紧追赶的猎物难以逃遁，而只有采取上述方法，骑马或乘

① 罗马有一种大型猎用投枪（venabula），枪杆比一般的长矛粗，配备沉重的铁枪头，猎用投枪长度适中，是一种抵御野兽进攻的自卫武器。握持这种武器时，枪头要与地面形成一定的夹角。——原注

② 皮袋被称为“s’et”，具有悠久的历史，主要用于在横穿沙漠的时候装水。——S.B.

车紧紧追赶的猎人[1]才能让猎物保持在弓箭的射程范围之内。阿拉伯人熟知，在被紧紧追赶的时候，猎物，特别是羚羊之类的动物，不敢走比较险峻的道路。而笔者自己骑着单峰驼，在类似的山谷中狩猎羚羊的时候就观察到，瞪羚宁愿加速冲破狩猎者的包围，也不愿意降速登上较高的山峰。

包围圈一般被设在水塘附近[2]，因为一些猎物有在早晨或傍晚去水塘的习惯。根据足迹[3]，猎人会趁猎物喝水时布置好网[4]，占据有利位置观察目标，然后逐渐缩短与猎物之间的距离。古埃及壁画中会有这么一幕：在一片四面笼罩了网的空间里，狩猎者和扈从们或步行或坐车追逐猎物。壁画上还有鬣狗、豺狼和其他非狩猎目标的野兽。这是为了表明，这些野兽是意外落入了面积广大的网中[5]。这说明不管是不是猎物，动物的栖息地必定会受到狩猎活动的影响。

这种围而猎之的策略也被古罗马人采用。维吉尔笔下的埃涅阿斯和狄多曾在破晓时分到小树林去，扈从们已经临时搭建了围栏，围住了猎物。J.波鲁克斯的描述作为进一步旁证，证明了维吉尔所写情形的准确性；对用于大面积围住的网、用于填补缝隙

---

① 但截至19世纪，还没有发现对古埃及人乘车或骑马狩猎的情形的壁画，猎人总是以步行的形象出现。——原注

② 《圣经·诗篇》：“（可拉后裔的训诲诗，交与伶长。）神啊，我的心切慕你，如鹿切慕溪水。”笔者相信，希伯来语最后的“אַיָּל”（Ail）相当于古埃及语中的“ϵιοⲧⲗ”和阿拉伯语中的“ايل”，即“大羚羊”。——原注

③ 笔者长期在沙漠中和阿拉伯人居住，和他们一起在泉水边狩猎，这让笔者对古埃及猎手的狩猎方法有更深刻的理解。——原注

④ 检查网的状况的猎手被古希腊人称为“*λινόπτης, ὁ τὰ ἐμπίπτοντα ἀποσκοπού μενος*”。——原注

⑤ 孟菲斯的普塔赫特普墓中就刻画了这一场景。其中描绘的动物包括狮子和野狗等，地形以山地为主。——原注

的网，以及用于其他用途的网，他还进行了比较细致的区分。

较长的网被称为“迪克提斯”（diktys），这种网在使用的时候会竖立杆子若干，都是有分岔的，杆子之间连接着长度不一的绳索，便于在山川溪流等不规则地形处使用。这种网和壁画上描绘的完全一致。还有一种更小的网叫“恩霍迪亚”（enhodia），用于填补大网遗漏的空隙。还有圆形的兜网“泼达格拉”（podagra），使用时配有木钉和铁钉，用绳子拴在木柱上。这种网被用于捕鹿，与阿拉伯人时至19世纪仍在使用的网兜非常相似（应该是古埃及人发明的①）。因此我们可以断定，这种猎鹿网在古代应该是几个民族通用的。

根据J.波鲁克斯的记载，猎人及其扈从的着装少见白色或亮色，以免大老远就被猎物察觉。他们打猎时的衣物都是暗色的，最多遮到大腿或者膝盖处②，拉车的马也不会配备在其他场合会配备的华丽的装饰。

除了临时搭建围网，古埃及人沿着尼罗河流域建造狩猎公园和保护区，虽然面积相对有限，但打猎的感觉还是很好的。跟古罗马的“围场”（theriotrophia）一样，这些保护区饲养了大量野生动物。此外还有类似的鱼塘和禽鸟养殖场。鱼鸟等动物养肥后，会被端上餐桌。

猎人被聘请来监管这些饲养场，在每年适合狩猎的季节外出搜捕动物幼崽，带回来养殖。当然，保护区内的动物自己也会繁

---

① 各种网类猎具虽然常被用于捕鱼捕鸟，却少见用于捕猎走兽——通常都是用箭射，然后放狗叼。猎狗的脖子上都套着狗绳。截至19世纪，暂时还没发现古人驾车追逐猎物的相关例子，早期的猎人最多是骑马。——S.B.

② 见插图《把动物幼崽送去保育》。古埃及人在一般场合穿的裙子都会遮住膝盖。——原注

●把动物幼崽送去保育

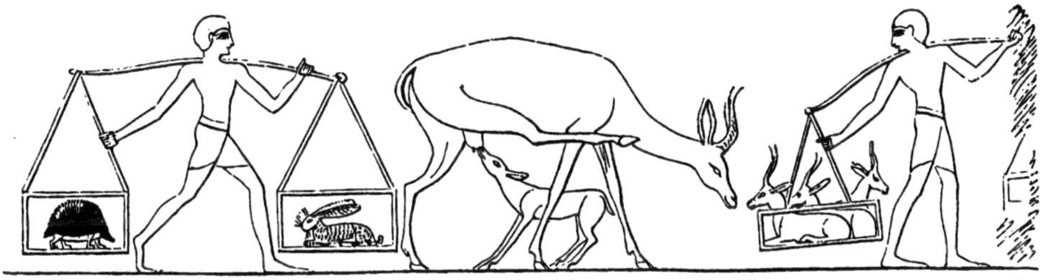

●羚羊等被古埃及人保育的动物：1抓着刺猬（a）和野兔（b）的人；2喝奶的小羊；3挑着三只小羊的人；d图案被抹去

殖。猎人会照顾它们，提高其繁殖效率。这一点通过古代墓穴发掘出土的文物得到了证实。管家会吩咐书记官将动物的数量登记造册，在每年开展资产清点时交给主人过目。

这样的动物相当于是在有栅栏的围场里被养大的，和在开阔草地被喂养的牛不一样，人们不会用烙铁在它们身上烙上特别的标记。在开阔草地上，不同主人的若干牛群常常相互混在一起，所以需要给它们的肩上烙上一些可识别的标记，可能烙的是主人的名字。可以参考下图了解相关过程。

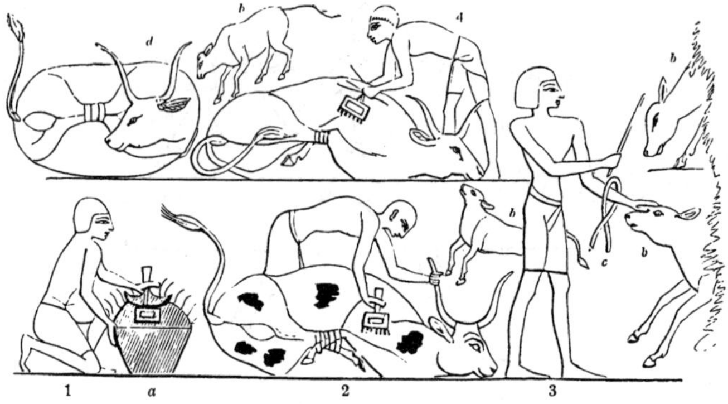

●用烙铁给牛做标记：1把烙铁（a）烧红；2、4用烙铁烫牛；3手中拿着拴绳，赶开小牛

原始时期的狩猎可不是什么娱乐活动。如果不从事农业生产或只过游牧生活，狩猎是维持生计必做的工作。同时，为了保卫自己的羊群乃至自己的安全①，牧羊人不得不设法杀死野兽。后来人的数量慢慢增加，生活方式也从游牧改为定居农耕，文明程度也不断提高，捕猎和杀死野兽的行为也就越来越少。野兽害怕人类，不得不把自己的巢穴搬到远远的地方去，人也就失去了追击它们的必要。因此，狩猎的娱乐性开始超过必要性并成为主流——有时打猎只是为了餐桌上多两道菜，有时猎人只是被埃及人、巴比伦人、波斯人等民族雇去打猎。

① 《出埃及记》："我不在一年之内把他们从你面前驱逐出去，恐怕这地变为荒凉，又恐怕田野间的走兽多起来害你。"（库云吉克和尼姆鲁德的雕像充分展现了狩猎的场景。——S.B.）参见1853年莱亚德（Layard）的《尼尼微和巴比伦》（*Nineveh and Babylon*）。亚述人有专门的猎狮队，古埃及的所有法老在狩猎上都投入了精力。第十一王朝的安特法（Antefaa）有成群的猎犬；图特摩斯三世也曾在尼尼微追赶大象；阿梅诺菲斯三世的石棺上记载了他在位十年中杀死了一百零二头狮子；图特摩斯四世记载了他在狮身人面像附近的狩猎经历和自己的梦境。见皮洛特《埃及考古学辞典》，第125页。——原注

在东方，狩猎被视为能彰显男子气概的运动，需要猎人有足够的勇气和敏捷的身体。狩猎活动本身对于强身健体和培养积极进取的气概也有好处。古代帝国的开国君主都喜欢把自己塑造为著名的猎人，他们会把房间墙壁装饰成与狩猎相关的主题，甚至用捕获的猎物来装饰他们的衣物和房里的家具。在历史上，米底人和波斯人都是出了名的狩猎民族，和古埃及人一样有广阔的狩猎保护区。作为猎物，野生动物都被封锁在里面。而王室的御用围场中除了羚羊，还有雉鸡、孔雀等鸟类，以及狮子、老虎和野猪等走兽。

在开阔的平原上狩猎时，古埃及人常让猎犬带路，自己驾车跟随，雇来的猎手（huntsmen）则步行跟随。有时候，乘坐车辆只是为了起掩护作用，古埃及人在必要时还是会下车，亲自分担一部分狩猎任务。扈从让猎犬做好准备，发现猎物就立刻放出猎犬。比较常见的场景是猎犬在广阔的草原上飞奔，古埃及人催动马匹牵引车辆全速前进，试图拦截猎物；发现猎物进入弓箭射程时，就会朝它们逃跑的大致方向射击。

猎狗有专人看管，此职在希腊语中被称为“*κυναγωγοί*”。在狭窄的山谷或开阔的平原狩猎时，如果需要放狗，猎人会采用逐一放出或成对放出的方式。如果步行狩猎，倚仗对地形的熟悉，猎人及其扈从会抄近路逼近猎物，一有机会就拉弓放箭，或者警惕地在沿途做标记（19世纪的现代阿拉伯猎人也这么做）。猎人和扈从基本上都会携带弓和箭。衡量一次狩猎活动成功与否的标准，就在于当晚他们带了多少猎物回家。

猎狗抓住猎物后，有的猎人会独自一人匆匆跑到捕获点，先把猎物的蹄子捆绑起来，然后把它扛在肩膀上，再用手牵狗，19

●猎手牵着狗，将猎物带回家

世纪的阿拉伯猎人还在这么干。不过，在这种场合，猎人通常不会单独行动，一些工作都由扈从代劳——发现猎物马上就将其抓获，装进随身携带的笼子里。猎人随身带着多少扈从，当然取决于狩猎地区面积的大小，以及猎人对可能捕获猎物数量的估计。有时，野山羊①、大羚羊或野牛一类的猎物被猎狗步步紧逼，退到难以攀登的高处，准备以锋利的犄角拼死搏杀②。如果这时猎人碰巧赶来，那么胜负的关键就在于他手上的那根长矛。

一种常见的情况是，如果猎人带着很多扈从在一片广阔的区域狩猎，就要分成几组。每组带一条或多条猎犬，发现动物就开始狩猎。有时，他们身边没有猎犬，只带一条小狗也可以，他们靠小狗嗅灌木丛搜索猎物。有时碰上大型猛兽，他们就在它周围

① 沙漠中的野山羊一般被阿拉伯人称为“beddan”或“táytal”，在尼罗河与红海之间的沙漠仍然常见。——原注

② 笔者在沙漠中生活的时候，偶然也见过一两次。——原注

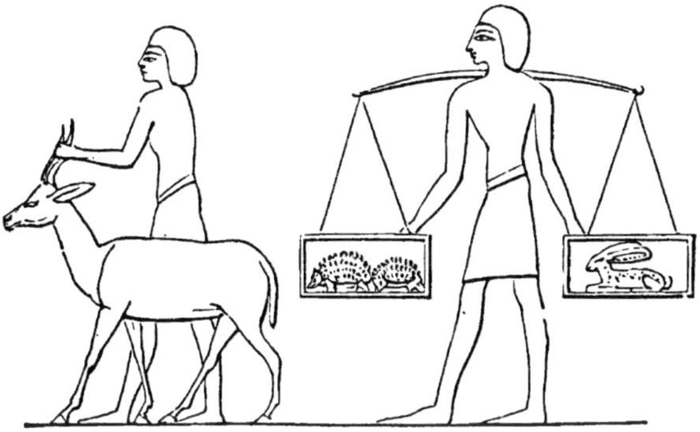

●猎物包括：羚羊、豪猪和野兔

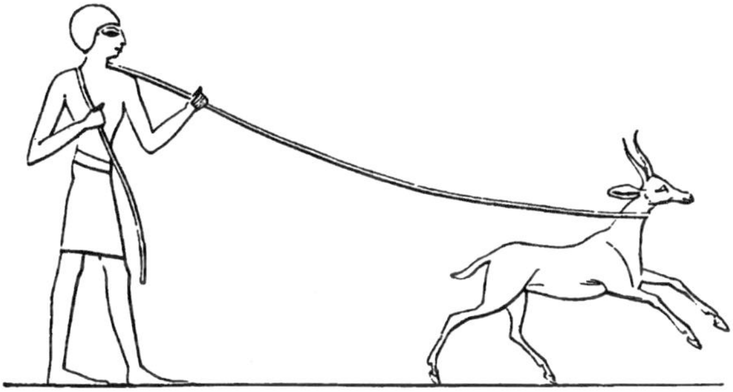

●抓羚羊

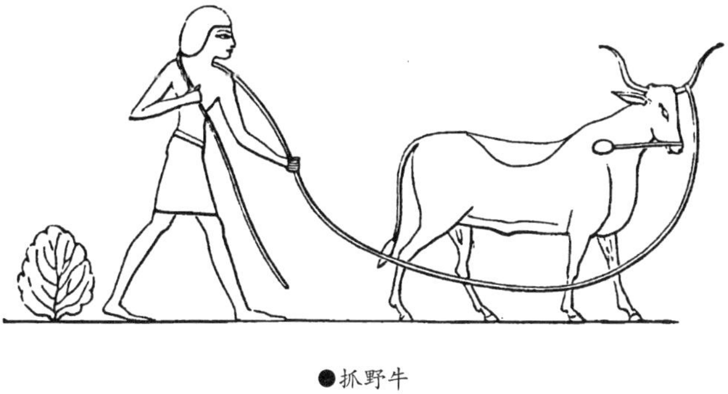

●抓野牛

设伏，准备用长矛对付它。

插图《抓羚羊》中的人在用套索抓羚羊。实际上，套索还被用于捕获其他猎物。投掷套索的时候猎人总是在步行，据此可以推断这是在设一种以活捉为目的的陷阱。如果不想活捉，猎人会对同样的目标猎物动用猎狗和弓箭。古埃及套索和南美印第安人使用的套索相似，但古埃及人不会边骑马边用。《抓野牛》中，抛出套索的人身后有灌木丛，据此我们可以推测此图是想表明猎人在动手前一直处于隐藏状态。

除了弓箭、猎犬和套索，古埃及人还带着接受过专门训练的狮子打猎。出于类似的目的，古印度人也会驯养猎豹，但没有迹象表明普通豹[①]或黑豹曾被用于打猎。狮子始终是古代人喜欢的动物。在古代，狮子经常被人驯养[②]，据说许多埃及法老在作战时都有一头心爱的狮子陪伴。这一点我们从底比斯和其他地方的雕像，以及狄奥多罗斯留给我们的文献中可以得知。

猎用弓和军用弓非常相似，且都有同样的金属箭头，可以从贝尼–哈桑、底比斯等地古代遗迹的壁画作品中找到案例。两种弓的拉弓方式也是一样的。不过，笔者注意到，猎人有时只把弓弦拉到胸前，而不是用更常见的好方法，即大力拉弦，将箭扯到耳畔。偶尔，猎人拉弓时还要捏一支或几支备用的箭，以便快速向逃命的羚羊和野牛射箭。

通过本章的插图，我们可以了解到古埃及人狩猎的主要目

① 根据爱德华·吉本（Edward Gibbon）的记载，巴亚捷一世（Bajazet I）手下有一万两千人专门负责他的狩猎事务，还有多种猎犬及被驯养用于狩猎的豹子（脖子上挂着珠宝装饰品）。——原注

② 笔者自己在开罗就见到过两三头被驯养的狮子。那儿的动物比起欧洲的更易驯养。——原注

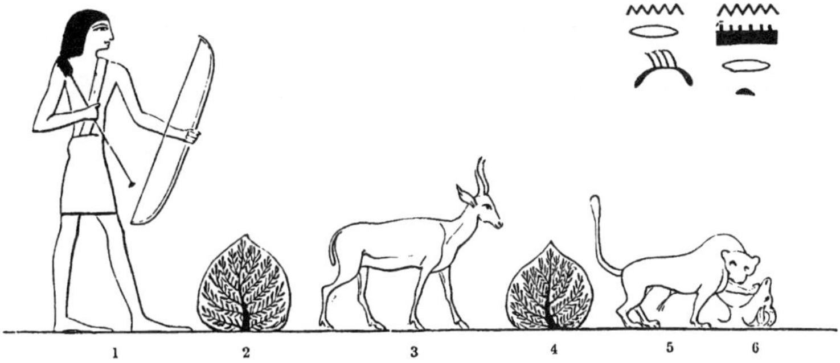

●有野山羊和狮子的狩猎图，铭文意思：“射翻瞪羚”（Net’er nerau）：1 猎人；2、4 树；3 瞪羚；5 狮子；6 野山羊

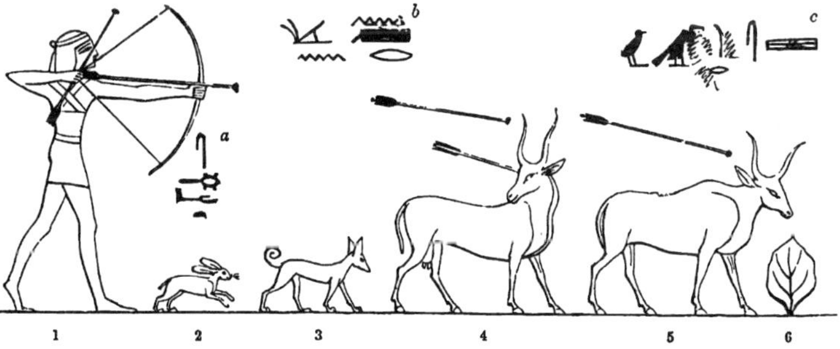

●猎人带狗（3）用弓射野牛：a 野兔（*Sχa.t*）；b “Net’er heben” 应该是狗的名字，但更有可能表示的是一种动作；c “S’es ter mut u” 动物名称

标[1]——为餐桌上增加美味佳肴。狐狸、豺狼和豹子也是猎物，但不是食物，人们追逐它们纯粹是为了寻求刺激，或者是获取皮毛，或者只是为了保卫自己的农场。此外，鸵鸟因其羽毛价格高昂，对猎人来说有很大的诱惑。古埃及人大量使用羽毛作为装饰，宫廷成员在正式场合都会穿戴鸵鸟毛服饰，就连鸵鸟蛋也被作为装饰和宗教用品购入，所以猎捕鸵鸟绝对可以得到丰厚的回报。鸵鸟蛋和鸵鸟羽毛都是古埃及人会要求被自己征服的民族进献的贡品。鸵鸟蛋会被如何使用，直至19世纪我们还是没搞清楚，但从埃及基督徒对鸵鸟蛋所持的偏见来看，肯定涉及一些迷信仪式。和如今科普特人在教堂中一样，古埃及人会把鸵鸟蛋悬挂在神庙中[2]。

在古雕像中，狩猎者常被塑造得非常雄壮，动物都被刻画得栩栩如生。尽管古雕像因自然或人为因素受到严重侵蚀，但遗留下来的部分仍然能彰显出古代艺术家的高超技艺。当然，古代艺术家不可能遵守现代透视原理的每一条具体法则，所以我们确定不了古代作品中人和野兽的距离对应到现实生活的具体状况，但猎犬和羚羊的动作看上去都活力十足。这表明古人简单几笔就能成功勾勒出动物的造型。

然而，古埃及人似乎没有专门在艺术作品中表现过野猪，这很奇怪[3]。野猪是埃及土生土长的动物，虽然穆斯林对猪有宗

① 说起豪猪，笔者没有在埃及见过这种动物。但意大利人吃豪猪，豪猪肉（食品）在罗马等地的市场均有销售。——原注

② 古埃及人认为鸵鸟蛋具有警戒的作用，当然还有其他的具体使用方法。戴尔安东尼奥斯（Dayr Antonios）的修士向我们保证，将灯芯穿过鸵鸟蛋壳，可以防止老鼠下来喝油。——原注

③ 《过去的记录》中提到了野猪。不过，所提内容主要还是和“注定失败

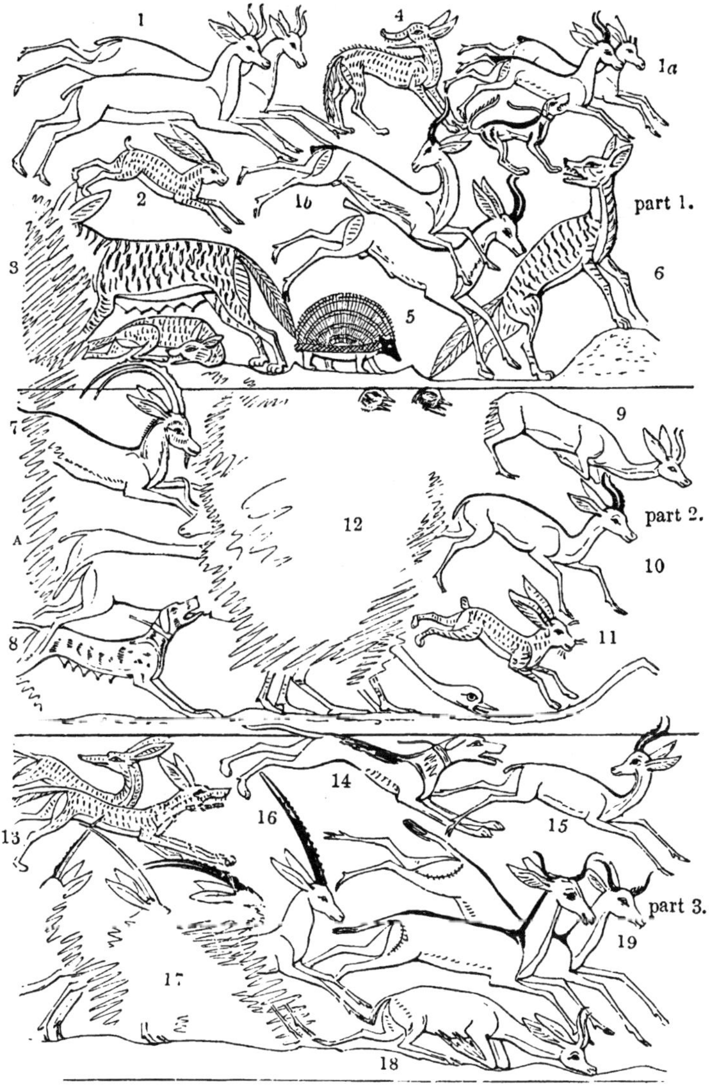

●底比斯大狩猎：A本为猎手弯弓搭箭，但画面已被抹去；1、9、10、15、18羚羊；2、11野兔；3母鬣狗和幼崽；4、13狐狸；5豪猪；6小山丘上的鬣狗，紧紧盯着猎人；7野山羊；8、14猎狗；12鸵鸟（被抹去）；16大羚羊；19野牛

教偏见，当地有很多居民其实都是吃野猪肉的。为什么遗漏了野猪？笔者也想不到，只能说恐怕野猪不常出现在古埃及人狩猎的场面中，所以无法刻画吧！狩猎一般都发生在尼罗河三角洲北部的低洼沼泽地和莫埃里斯湖畔，古埃及人有没有在底比斯狩猎尚不清楚。迪奥斯波利斯的雕像和壁画主要和上埃及附近的情况有关，而尼罗河三角洲和下埃及留下的纪念碑又太少，我们没把握说古埃及人是否在这些地方举行过大型狩猎活动。上埃及和下埃及的壁画中同样没有看到野驴，但野驴在底比斯沙漠中其实很常见。

雕像表现的不只是古埃及人在现实中的猎物，有一些纯粹就是想象力创造出来的怪兽。下面的插图展示了一些。这些怪兽充其量只会出现在纹章①上或者老普林尼的某些叙述中。

古埃及有狮身人面像，它作为王权的一种象征——在古埃及人看来，男人的头和狮子的身体结合在一起就是智力与体力的结合，所以狮身人面像（兽）就没有雌性的，这和古希腊不一样。除此之外，还有公羊头狮身像和鹰头狮身像，都是王权的象征。但带翅膀的蛇头狮身像和鹰头狮身像在作为符号的时候，被赋予的意义也是不同的。

从此处开始，笔者将向大家介绍埃及的一些野生动物。首

的王子”（Doomed Prince）有关，场景被设定在美索不达米亚及那哈拉伊那（Naharaina）。库云吉克宫殿的浮雕中也常常出现对野猪的刻画。野猪显然是被猎杀的姿态。——S.B.

① 一位奥地利贵族曾在维也纳问英国公使：“（公使的武器上饰有狮鹫和其他怪兽的图案）这些家伙在哪个森林里都能找到呀？”公使回答：“当然是在同一个森林里，就是那个有双头鹰（双头鹰图案常见于斯拉夫和东欧国家的国徽或旗帜，奥地利哈布斯堡王朝纹章上也有双头鹰。——译者注）的森林。”——原注

●在底比斯和贝尼-哈桑发现的怪兽造型：1 长翅膀的山羊；2 蛇头狮；3 狮鹫；4 一种狗；5 莲花尾鹰头母狗；6 狮鹫

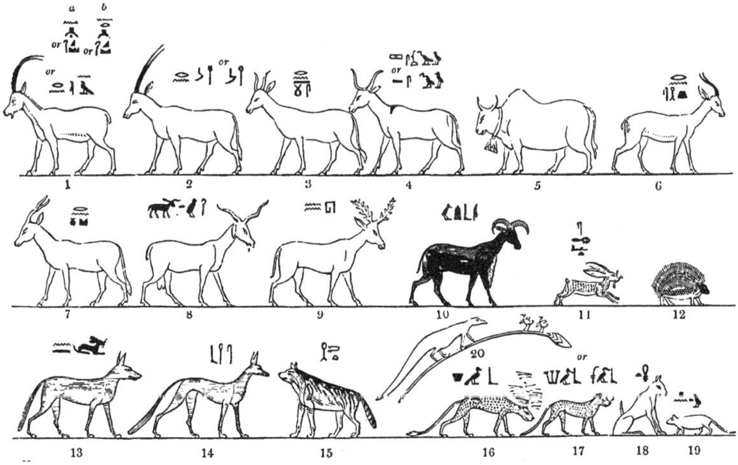

●古雕像塑造的各种动物：1 野山羊（na u heg）；2 大羚羊（ma het）；3、4 野牛（s'akas 或 s'ester 或 s'es mut）；5 瘤牛或印度牛；6 羚羊（kahas）；7 旋角羚（nu）；8 山羊（heg t）；9 公鹿（hann，可能指“Cercus barbarus”，即“巴巴里马鹿”）；10 名为“kebsh”的动物（abu）；11 野兔；12 豪猪；13 狼（uns'）；14 狐狸（sabu）；15 鬣狗（het-t）；16 猎豹品种（ba）；17 猎豹品种（haha）；18 猫（mau）；19 老鼠（pennu）；20 埃及獴；10 是红色的，“kebsh”是沙色的

先，可以说《古雕像塑造的各种动物》这幅插图中的很多动物如今仍然生活在埃及这片土地上。

大羚羊[①]（oryx）和鬣狗[②]（hyæna）源自埃塞俄比亚。19世纪，我们已经发现了一处对古埃及鬣狗的刻画。大羚羊经常出现在古雕像中，是被古埃及人驯服的动物之一，在他们建立的保护区内被大量饲养。

东非长角羚[③]（beisa）除了面部的黑色斑纹和一些小区别外，和大羚羊长相相似。还有另一种旋角羚[④]（addax），这种羚羊生活在上埃塞俄比亚（Upper Ethiopia），与大羚羊的主要区别在于它长着螺旋形的角。但这些特征似乎都没有在雕像中被表现出来。当然还有另一种可能，就是古埃及艺术家的表现力不充分，表现不出这种羚羊的显著特征，将其和大羚羊甚至野牛混淆了。

19世纪时，旋角羚作为羚羊种动物，在生物学家眼中也属于水羚[⑤]（defassa）。虽然这不是埃及原生的动物，但在非洲沙漠中可以找到，笔者相信在埃塞俄比亚东部也可以找到。这种动物的毛色呈红沙色或灰色，尾巴上有黑色的绒毛，肩高约4英尺。在一些壁画中，它们被画得很像牛。但很明显，古埃及人努力表现出其作为水羚的特征[⑥]。不过，有更多机会接触和了解这种羚羊的底比斯艺术家成功地让雕像看起来栩栩如生，比贝尼-哈桑的艺

① 也就是阿拉伯大羚羊（Antilope Leucoryx），见插图《古雕像塑造的各种动物》中的2和插图《底比斯大狩猎》中的16。——原注

② 应该是指斑鬣狗（Canis crocutus）。老普林尼在记载这种动物时应该用的是“chaus”，在一些版本中也被写作“chama”。——原注

③ 东非直角长角羚（Antilope beïsa）。——原注

④ 《古雕像塑造的各种动物》中的7可能就是这种动物。——原注

⑤ 学名为“Antilope defassa”。——原注

⑥ 见插图《底比斯大狩猎》中的7。——原注

术家创作的作品更令人满意①。

贝尼–哈桑壁画中的雄鹿长着树枝状的犄角，这种鹿在尼罗河河谷没有被发现过，但有人向笔者保证，在纳特龙湖（Natron Lakes）附近仍然可以看到这种鹿，尽管它不是当地和红海之间沙漠中的原生物种。

东部沙漠中常见的野山羊，最北的分布在卡拉拉山脉（range of Qalalla）和阿卜杜拉格山（Gebel Aboo-Durrag）（北纬29°30'），与阿尔卑斯山脉的“bouquetin”（羱羊）非常相似，在阿拉伯语中被称为“beddan”或“taytal”。“beddan”专指雄性，雄性很容易区分，因为它有胡须和向后弯曲的大角；雌性的角短而直立，几乎不比瞪羚的大，并且更小更轻。

“kebsh”，也就是野绵羊（wild sheep），常见于东部沙漠和原始山脉地区（北纬28°40'，指从尼罗河河谷的石灰岩山之后延伸到埃塞俄比亚和阿比西尼亚）。雌性野绵羊肩高在2英尺到3英尺之间，从尾巴到鼻尖的总长度略长于4英尺；但雄性野绵羊体格更大，并有更锋利的角。角根部直径约为5英寸，并向颈部弯曲。野绵羊全身覆盖着毛，就像许多埃塞俄比亚绵羊一样，喉部和前腿的大腿上都有长长的、下垂的鬃毛。这是在雕像中也被表现出来的一个特点，是它走到哪里都能被认出来的“身份证”。具体可以参见插图《古雕像塑造的各种动物》。

豪猪并非埃及本土的动物。除了在底比斯古墓壁画中仅见过豹子一两次，人们没有在上埃塞俄比亚发现豹子。这充分说明它们是被外国人连同当地的土特产一同带来的，无不被古埃及人视

① 见插图《猎人带狗（3）用弓射野牛》的4和5。——原注

为“稀罕物件”。希罗多德关于熊①和水獭②（otter）的说法是错误的。水獭的古希腊语译文显得不太确切，因为“ἐνυδρις”（enhydris）这个单词几乎适用于指称任何栖息在水中的动物。

古埃及的狼被认为“体形很小，还没有狐狸大”，这也是符合实际情况的。更值得注意的是，古埃及的狼的习性和其他地区的狼存在一个主要区别，即很少聚集在一起。笔者曾在埃及猎狼，但就连两只同行的情况也很罕见，通常只见到孤狼在平原上游荡。

索尼尼（Sonnini）关于埃及狼的结论是草率和错误的，歪曲了希罗多德的意思，认为吕高波利斯（Lycopolis）的圣兽 “不是狼，因为埃及没有狼，只有豺（jackal），希罗多德说埃及的狼几乎不比狐狸大，似乎就是很确凿的证据”。厄西乌特③（E'Sioot）山中甚至有古代狼的木乃伊。根据笔者反复调查，确定它是被当地供奉的圣兽，而古雕像也显示出狼绝对是当地原生的动物。吕高波利斯的古币上就有狼的图案和“lycos”这个词，意思就是“a wolf”，即“一只狼”。这就说明索尼尼的判断是错误的，既然在尼罗河两岸都发现了狼的痕迹，那么狼肯定就是古埃及土生土长的动物，和那些因为意外从叙利亚“流浪”而来的动物群落可不一样。

尼罗河河谷和两片沙漠中还有一种原生动物，这就是埃及野兔。这种野兔的特点是耳朵长，被埃及人在雕像中充分刻画了出

---

① 他说“熊是很罕见的”。——原注

② 可能指尼罗河巨蜥（Lacerta nilotica）。〔应该指埃及獴，阿米阿努斯·马尔切利努斯在文献中将其写为“hydrus ichneumonis genus”。——G.W.〕——原注

③ 《埃及和底比斯》第368页中对阿布尔菲达（Aboolfeda）等人对这个地名的错误讨论也有论述。——原注

来。不过，论耳朵长度，它比欧洲兔子的耳朵短得多。

对于埃及和欧洲常见动物的体形，德农[①]（Denon）所做的说明都还比较合理，其中一条我们在前面初步谈过一些，即埃及的野兔和狼比欧洲的体形小。

蹄兔[②]（wabber 或 hyrax）虽然是生活在埃及东部沙漠中的一种动物，但没有出现在雕像中，这可能是这种动物的习性导致的。因为古埃及人主要在山谷中狩猎，而蹄兔只在傍晚时分离开洞穴一小段距离，并生活在山脉中，那里生长着金合欢[③]（sedleh或acacia）。布鲁斯认为这可能就是《圣经》中的“沙番”[④]（Saphan），认为它是反刍动物是完全合理的。

在列举沙漠中的野兽时，我们可以注意到，在人迹罕至的地区或离尼罗河很远的地方很少能见到鬣狗和狼，因为这些地方没有食物。鬣狗和狼主要生活于离耕地边缘最远数英里的山区。笔者本人只在红海沿岸遇到过一次狼，即使在沙漠内部的水源地，也少有见到狼或鬣狗出没。

在古代，上埃塞俄比亚是否有狮子尚不为人所知，但实际上，狮子在当地和豹等肉食性[⑤]动物一样常见。当地有很多绵

---

① 即维旺·德农（Vivant Denon，1747—1825），法国艺术家、外交家、考古学家。——译者注

② 里昂·德拉霍尔德（Leon Delahorde）在《佩特拉》（*Petra*）中因疏忽而把这种动物称为“羚羊”。——原注

③ 学名为“Mimosa seyá”。——原注

④ 《圣经》中把兔子翻译为“coney”，但“coney”会咀嚼牛毛，兔子不会这么做，所以这是一种错误的翻译。——G.W.

⑤ 古埃及的沙漠中有两种神秘猛兽，分别是“aboomungár”（阿拉伯人说这种动物有一个尖尖的鼻子，像狼一样有能力，像豹子一样跳跃，也能像狗一样攻击牛群）和“sheeb”（相传这种猛兽有一个圆圆的头和蓬乱毛发的脖子），尽管笔者未能判明这两种动物究竟是什么。——原注

羊，这是食肉动物最好的食物，也让它们不大可能对人构成威胁。古埃及时期，在埃及沙漠中确实有狮子[①]，阿特纳奥斯曾提及哈德良（Hadiran）皇帝在亚历山大附近狩猎时打死过一只狮子，传说叙利亚和希腊以前也曾发现过狮子。

生活在尼罗河河谷及其附近的动物中，或许有必要提到埃及獴。埃及獴主要分布在下埃及和菲奥姆（Fyoom）。埃及人对这种动物很尊敬，因为它竟敢与蛇一争高下。埃及獴的进攻技巧令人称奇，当它发现敌人开始攻击时，就立即抓住其后颈，只要用力一咬就能将其消灭。阿拉伯人有传言称，埃及獴如果不慎被毒蛇咬伤，还会利用药草救自己一命。

笔者在这里没法认定这种奇闻是否真实[②]，只不过有一个阿拉伯人跟我信誓旦旦保证过，他曾观察过埃及獴和一条大毒蛇战斗的情形：只要埃及獴被咬了一口，就会跑到一种小植物旁，嚼碎一部分，将叶子渣敷在伤口上，然后返场继续战斗。为了确定这株植物的效果，这个阿拉伯人移走了这株植物，埃及獴果然因此而死，于是他就确定这种草药真的能治疗蛇毒。阿拉伯人虽然热爱真理，但他们总是放任自己的想象力凌驾于对真理的热爱之上，就像很多讲奇闻逸事的人一样，他们本来只单纯讲故事，结果后来自己倒沉浸其中并信以为真了。

埃及獴很容易就能被驯服[③]，在开罗一些建筑中经常能见到，它们被养在那里，行使猫的职责，也就是抓老鼠。但埃及人

① 见前文对于普塔赫特普墓的描写。——原注

② 印度人也有这种观念。——原注

③ 见插图《古雕像塑造的各种动物》中的20。下文插图《古埃及祭司狩猎》中甚至把它刻画成可以叼走小鸟的形象。——原注

并不喜欢这种动物，因为它还会对鸡蛋、家禽和食品进行“无差别攻击”——说起这个，笔者对自己养的埃及獴也有一些微词。

埃及獴喜欢吃蛋。凭借这一点，讨厌鳄鱼的人或许会喜欢它，因为据说它们吃掉了大量的鳄鱼蛋。鳄鱼多的地方其实少见埃及獴。笔者可以断定，埃及獴的主要敌人是蛇，在壁画中经常可以看到对獴蛇大战这一主题的刻画。古埃及艺术家清晰地刻画了埃及獴这种动物的习性，它们主要是在灌木丛中寻找其他动物的蛋作为食物，也会去鸟类的栖息地。

根据林奈双名法，野猫（wild cat）学名写作“Felis chaus”，常见于金字塔和赫利奥波利斯，但没有出现在古埃及动物壁画中。跳鼠[①]（jerboa，学名“Dipus jaculus”）也一样，在上埃及和下埃及的古雕像中也很少见到。

长颈鹿不是古埃及的原生物种，它的家乡在埃塞俄比亚，并且只在和埃塞俄比亚相关的古代记载中才会出现。每年，埃塞俄比亚人进献的贡品当中都会有长颈鹿，还有猿猴、稀有木材和其他特产等。

埃及人养若干种狗，有的只作狩猎用，有的被允许进入室内，有的则是用来遛的，还有的被相中作为宠物——竟是因为它“丑”，丑得别具一格。狗都是受到宠爱的，家养的狗如果死了，全家都会为其哀悼，狗死亡被视为不幸之事。

比较常见的两类狗就是狐狸犬和猎犬，还有一种短腿狗，和转叉犬其实还有点区别，但也是很受欢迎的宠物，在欧瑟特森一世时期尤其如此——可能是法老的独特品味决定了当时的时尚走

① 非洲的阿拉伯人以此为食，布鲁斯推测这就是《圣经·以赛亚书》中的“mouse”（老鼠）。——原注

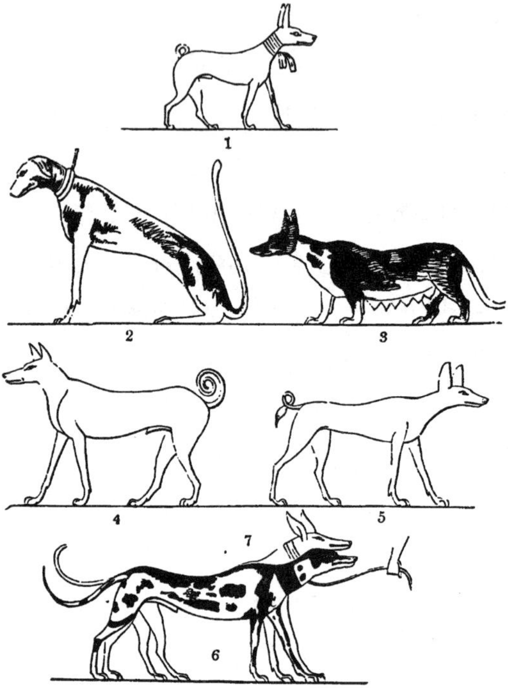

●古雕像上的各种狗：1 猎犬；2 獒犬；3 转叉犬；4、5 狐狸犬；6、7 两种灰猎犬

向。笔者在上埃及发现了几具狐狸犬的木乃伊，可以据此合理推定这是19世纪埃及雌性红野狗，这种动物在开罗等地的城镇很常见[①]。

① 在《圣经考古学会通讯》（*Transactions of Society of Biblical Archaeology*）第四卷第172页中，对雕像中不同种类的狗有所说明。安特法墓上刻画的狗像一条达尔马提亚猎犬。这是一种保留了狼的特征的狗，就像在中国北方发现的藏獒之类的狗一样。猎犬被称为“tasem”，普通的宠物狗被称为“uhar”；另一种被称为“uns’”的狗要么是狼狗，要么是像狼一样的狗，其实也看不出什么区别。还有一种狗被称为“uau”或“fuau”。在莎草纸文献中提到了两三百条这样的狗。在“注定失败的王子”的故事中，似乎提到了一条猎犬，可以猎杀野猪。——S.B.

●猪——这在古代雕像中可是非常罕见的：1母猪和小猪；2小猪；3野猪；a和现代鞭子相似的古代鞭子；b套索

牛羊数量很多①，猪虽然被认为不洁，但也是农庄中的一个组成部分，只是在雕像中的“戏份”极少。古埃及有若干种牛，有三种比较值得注意，即长角牛、短角牛和（印度）瘤牛。虽然长角牛和瘤牛应该不是埃及的原生动物，但到了19世纪，它们在阿比西尼亚和上埃塞俄比亚已经很常见②。

古埃及有很多的马和驴③。驴是驮畜，也被用于踹谷脱粒，在下埃及的用途更多。驴和今天的马一样，尽管体形不大但活力十足，耐力也很不错，养它们需要的投入却不大，所以在农业区被大量饲养。仅仅一个庄园主就拥有多达760头驴。

在古埃及，马的地位很高，甚至被用于出口。所罗门王曾以

① 根据狄奥多罗斯的记载，古埃及的羊一年剪毛两次、产羔两次（和现在一样）。荷马则说利比亚的羊一年产羔三次。——原注

② 甚至出现了不长角的品种。——原注

③ 第十八王朝之前并非如此。——S.B.

150舍客勒[①]的价格从在叙利亚沙漠中与埃及人进行贸易的商人那里购买马匹。

值得注意的是，在亚伯拉罕时期，骆驼就已经在古埃及投入使用，并且可能是古埃及原生动物。《圣经》明确指出，骆驼是法老送给总督的礼物之一[②]，但截至19世纪，骆驼的形象在绘画或象形文字中从未出现过[③]。但我们不能因为没发现相关图案和记录就觉得骆驼在埃及很罕见[④]，家禽的情况就可以给我们提供一个有力证据。在古埃及，总是有大量的家禽被饲养。然而，古代雕像中除了加冕仪式上被作为农业牲畜展示，几乎从未出现鸡或者鸽子的形象。鹅也是被反复提到的禽鸟，农场里饲养的鹅都要经过登记造册后把数据交给管家[⑤]。

关于饲养家禽的方式，以及人工孵化鸡蛋和鹅蛋的过程，笔者在旧作中[⑥]已经提到过，记述了科普特人代代相传的方法。

沙漠中的禽鸟、尼罗河畔的水禽，纷纷落入罗网和陷阱。有的人从狩猎中获得无尽乐趣，也有的人能通过出售猎物大赚一笔。

古埃及各阶层的人都喜欢捕鸟。捕鸟人和渔民都是大阶层下

---

① 《圣经》中的货币单位。——译者注

② 希伯来语“גמלים”对应阿拉伯语的“gemel”和“gemelim”。——原注

③ 莎草纸文献提到了骆驼的名字“kamalus”，参见夏巴斯《埃及人的远征》（*Voyage d'un Egyptien*）第220页。巴勒斯坦人吃骆驼肉，但当时的埃及人不吃。——S.B.

④ 笔者藏有一枚在努比亚发现的石印，上面粗略地刻着两只骆驼的图案，但还不确定它是什么时期的文物。——原注

⑤ 参见哈特曼博士（Dr. Hartmann）在杜米申（Duemichen）出版的《成果》（*Resultate*）第28页及之后的内容，这些内容对早期墓穴中的动物图案进行了说明。——S.B.

⑥ 参见《埃及和底比斯》第245—246页。——原注

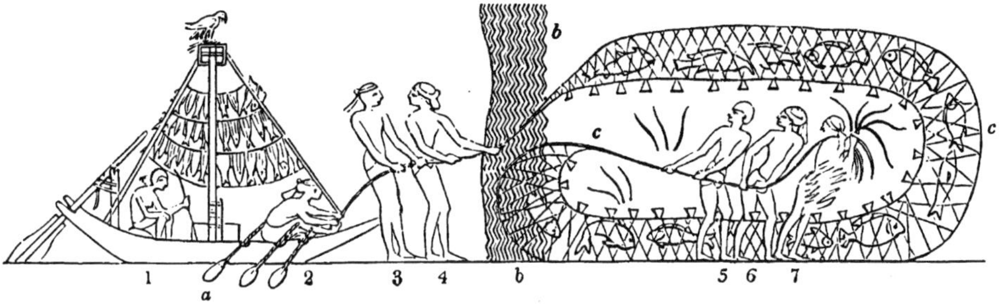

●捕鱼景象：a小艇，桅杆上有正在晾晒的鱼，顶部有一只鸢。鸢吃鱼的内脏，在掏出鱼内脏来的时候会发出凄厉的叫声，鸢吃鱼的场景在壁画中有所表现。考虑到拖网的情形，小艇应该离岸不远。b“之”字形波浪，象征水

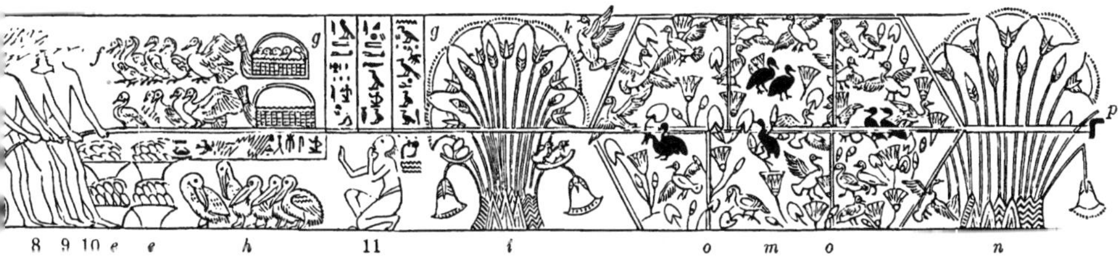

●捕鸟景象：8、9、10拉绳子，网有可能因此被拉破；11发出信号，要大家安静，悄悄拉绳子；p是绳子固定处；f、g和e是鹅和鹅蛋；h是鹈鹕；i和n可能是纸莎草

的分支，他们使用各种武器或者陷阱捕捉鸟或鱼[①]。

网是常用的捕鸟工具。网用框架绷紧，由两个大小相等的半圆形挡板组成，其中一个或两个都在共同的杆或轴上移动。陷阱设置好后，这两块挡板借助绳索（可能是猫肠线做的）保持打开状态，当鸟触及置于横杆中央的诱饵时，横杆就会滑向一边，使两块挡板倒下，从而困住鸟。

另一种方形的网似乎也是以同样的方式关闭的，但具体结构不同：方形网的框架横跨中心点位置，而其他形状的网的框架都是绕边缘而设。

至少兰普西尼图用来抓盗贼的陷阱就能体现出古埃及人设

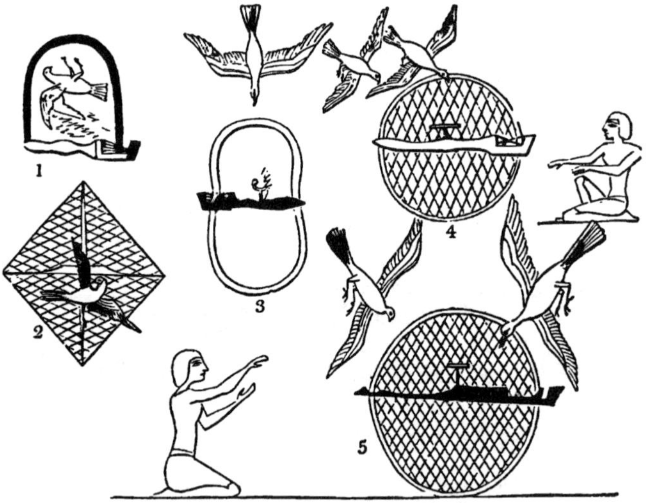

●捕鸟陷阱：1 陷阱关闭，鸟被困住，画中的网形被省略；1 和 3 陷阱内部画面被抹去

① 参见插图《捕鸟陷阱》及描绘捕鱼和捕鸟情形的插图。——原注

置陷阱技术之高超，因为其中一名盗贼落入陷阱，竟然无法打开它，他的搭档也无法放他出来。

古埃及人似乎没有大规模用弓箭射鸟，也没有使用投掷类武器打鸟，就算这些武器被园丁和农民拿在手中，也只是用来吓唬鸟而已。掷棍（throw-stick）得到了广泛使用①，即便不是专业猎人也可以掌握高超的投掷技术。扁平的掷棍受到的空气阻力很小②，专业猎手可以抛得又高又远。不过，捕鸟时，他们总是努力在灌木或芦苇的掩护下尽可能地接近鸟儿。掷棍的长度为1.25英尺到2英尺，宽度约为1.5英寸，上端略微弯曲。伯顿在底比斯发现过一根掷棍③，柏林博物馆收藏了一些掷棍，古壁画中也刻画了一些

●投掷棍捕鸟：1 掷棍者；2、3 掷棍者的姐妹和女儿；4 媒鸟④；5 命中目标

① 爱尔兰人也用掷棍捕鸟。——原注
② 就像澳大利亚土著使用的飞去来器（回旋镖）一样。——G.W.
③ 后来被大英博物馆收藏。——原注
④ 一种人工驯养的驯鸟，能够在人为授意下吸引野外其他鸟一起鸣叫，这样就方便猎人进行诱捕。——译者注

掷棍，都展现出了这种武器的大概模样。

外出狩猎的人通常是与朋友结伴而行，或带扈从同行。有时，狩猎的人狩猎时还会带上家庭成员，甚至是年幼的孩子。狩猎地一般选在沼泽地旁的林木中，或者自家地盘上因尼罗河泛滥而形成的湖泊旁。每当河水泛滥时，就是一年中野禽最多的时候。古埃及人坐在用纸莎草或各种芦苇制成的小船上，穿过水生的高大芦苇丛，努力不惊动鸟儿，据说，小船要么是由纤夫拖着前进，要么是用杆子或桨划着前进。出于宗教迷信，古埃及人相信鳄鱼不会攻击这种船[①]。当考虑到他们主要是在湖泊和内陆运河中使用这种船时，这就更说得通了，因为这些地方很少有鳄鱼出没[②]。

扈从们会帮忙收集猎获的猎物。猎人每甩出一根掷棍，旁边就有人递一根备用的给他。他们还常常带一只媒鸟。为了防止媒鸟逃走，他们会把雌鸟和装有鸟蛋的窝放在船上。

古埃及人有一种携带活禽的“好办法”：用绳把鸟喙绑在鸟脖子上，鸟腿、翅膀和身体也一起被绑起来，它们就飞不起来也跑不了。如果只捕到了一只鸟，他们大概就会这么做；如果捉住一大群，只要它们没有立即毙命，都会被关进方形笼子里。参见

① 普鲁塔克说：“伊西斯使用了一种由芦苇或纸莎草制成的船，以便更容易通过当地的沼泽。据说，鳄鱼从不攻击任何乘坐这种船的人。”——原注

② 见相关莎草纸文献中关于捕鸟人和船夫的记载。有记载称“捕鸟人航行到阿图”（Athus），此地是当时尼罗河三角洲的一处沼泽地。到此地捕鸟的人“可以得到个好价码，好到即使鹅和火烈鸟的捕猎难度超出了他的能力（他也愿意去）”。上述记载出自《过去的记录》，此文献中还有一段描写：“捕鸟是个辛苦活，捕鸟的人不知道眼前的‘鸟’竟然是努姆（Num）的化身。”努姆也就是水神。“鸟儿振翅飞到天上，天上传来声音，说让网子网不中鸟。神不会展现自己的真身，而捕鸟人的计划也不会成功。”——S.B.

●携带活禽的方式

插图《携带活禽的方式》。[①]

在古代雕像和壁画中，捕鸟人的身边还有一只惹人喜爱的大猫。它们抓着猎物，说明古埃及人也把猫当作能为自己叼回猎物的寻回兽训练，至少是专门训练来抓鸟的。有猎物的时候，猫就会被从船上放出，潜入水边灌木丛中。我们固然知道古埃及人善于驯养野生动物，但让猫下水为人寻回被击落的鸟儿，无论如何，我们都很难相信这样的事会发生。

猫也好狗也好，都是古埃及人喜爱的动物。这可以从古代文献中看出，他们保护猫，给死去的猫做防腐处理。希罗多德曾提及，古埃及人会因失去了自己的猫而忧心忡忡，就算猫是“寿终正寝”，家里也要为它哀悼，全家人会刮掉眉毛以示哀伤。如果是一条狗死了，主人甚至要刮掉全身的毛发。猫狗生病了，主人要尽全力照顾；猫狗被杀，哪怕只是意外，凶手都要以死偿命。

① 此处原文有“S.B.”字样。——译者注

就算平时如何忍受官员的压制也好，罗马帝国如何骑在自己头上大发淫威也罢——就算一个罗马人只是无意为之，只要他弄死了埃及人的猫，就会被杀了泄愤。

狄奥多罗斯说："古埃及人的宗教神圣动物观念是一种根深蒂固的迷信想法。他们坚信凡人见到这些生物都必须躬腰致敬。当时，托勒密（王朝）尚不是'罗马人拥立的国王'，意大利人还只是来到埃及的外地人，埃及人对他们只是讨好的态度。那时的意大利人刻意避免任何可能激起争端或导致战争的事情，因为他们害怕战争带来的后果，对方肯定会拒绝保持克制，犯事的人肯定会大难临头。"

19世纪的现代埃及人仍然喜欢猫[①]，甚至允许猫和自己共用一个盘子吃饭[②]，和自己的孩子玩。当然，古埃及人的房子里常常有着蝎子和各种爬行动物，他们之所以对猫这么好，主要可能是因为猫在对付这些"不速之客"方面的能力确实很强[③]。

19世纪的现代埃及人对狗就没那么好了，认为它们不洁，除非是部分马勒基教派（Malekee sect）的成员，否则狗都不被允许进入人居住的屋子，而如萨拉菲（Shaffiaees）和哈尼菲（Hanefees）那样的

---

① 埃及的猫狗比起欧洲的更容易被驯养，也更受宠爱，完全不可能成为不和谐的诱因（对于狗来说，可能是指狗的吠叫在宗教迷信上会带来不祥征兆。对于猫而言，可能是指有些欧洲人相信女巫死后会化身为黑猫，此外中世纪时期的传说认为魔鬼会把黑猫送给女巫当作仆人。而因为猎巫运动导致大量猫被捕杀，一定程度上也为鼠疫在欧洲的传播推波助澜。——译者注）。——原注

② 19世纪，这仍是穆斯林的一种习俗。——原注

③ 在古墓壁画中，猫偶尔会卧在人的椅子下面，像猴子和狗一样被抚摩。猫被称为"mau"，是布巴斯提斯（Bubastis）［或称巴斯特（Bast）］的圣物，是古埃及的阿耳忒弥斯神（Artemis），也是普塔的爱人和内弗阿图姆（Neferatum）的母亲。奇怪的是，早期古希腊人对此竟然一无所知。不过在古希腊，黄鼠狼的作用和古埃及的猫是完全一样的。——S.B.

教派，更是认为自己只要摸一摸狗就会被玷污。尽管猫和狗在现代埃及受到的待遇天差地别，但在古埃及，狗的名声似乎更好一点：古埃及人用符合东方寓言真正精神的语言来形容狗。虽然狗从人那里受到的伤害大多都被隐瞒，至少它们本来优点较少，但优点都被放大了。反之，猫所做的贡献却被大幅抹去，曾被赋予它的义务也不存在了。

如今，猫死了，埃及人不会再为它办葬礼或哀悼。不过，很多埃及人仍然认为虐猫杀猫是错误的，还有的人通过遗嘱给猫留下一笔财产，人们会用这笔钱在开罗的卡迪宫（Cadi's court）和汉卡里尔（Khan Khaleel）的集市每天喂养猫。

打猎用的网款式多样，其工作原理和一般陷阱基本相同，前面也大概讲过：由两边的框架组成，中间的网被绷紧。一端有一根短绳，古埃及人把它固定在灌木丛或芦苇丛上；另一端有一根

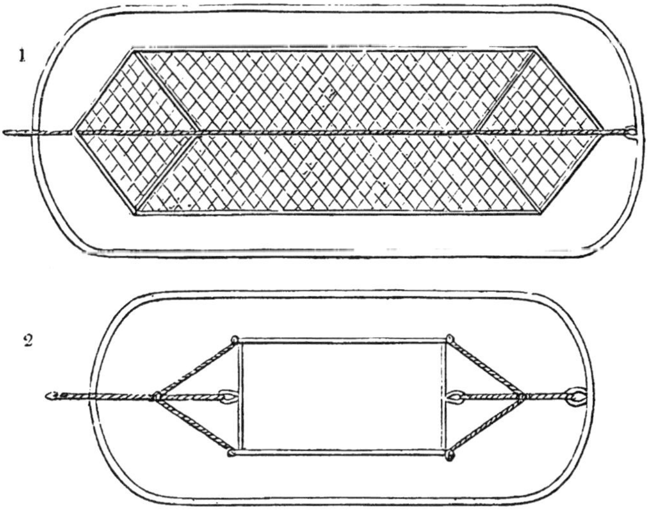

●捕鸟网

很长的绳子，一旦看到鸟儿在网内的区域觅食，捕鸟者就会拉动绳子，让两边的框架瞬间压下来，困住猎物。古埃及渔网与欧洲19世纪使用的渔网非常相似，但可能比这种现代渔网更大，需要更多的人同时操作。不过，需要多人操作的原因也可能是古代的收网装置不完善。

找到一个适宜的下网地点后（必定是一个有大量野禽栖息的地方），古埃及人就会按照上文所述方法下网，然后在合适的时机收网。其中一个人蹲在离下网点有一段距离的芦苇丛后，观察鸟儿来时的情况。他盯着网，并把手放在嘴边，示意其他人保持安静，并向那些拿着绳子的人招手，让他们做好准备。直到他看到下网范围内鸟的数量足够多，然后挥手，这就是收网的信号①。

这也说明“把手放在嘴边”相当于古埃及人的“安静”手势，而非一般观念中将食指放在嘴唇上②。关于安静手势，希腊人的结论是，年轻的哈波克拉特斯是沉默之神，因为他就是以这种姿态出现的③；而不管这种展现出来的姿态和神本身的性格多么不一样，都只是说明哈波克拉特斯非常年轻，无论是在古代还是现代，哈波克拉特斯都呈现出这种特点。

有些网是一体式的，直接沿框架展开；有的网附带菱形的零件；有的网的内部被一个椭圆形的环包围，上面有绳子与环相连。

19世纪，下埃及的现代住民抓鸭子一类水禽的方法可能和他

---

① 古埃及人称打猎用的网为“aat”，该词在古代文献中常出现。——S.B.

② 《圣经·约伯书》：“（王子都停止说话）用手掩口。”——G.W.

③ 不过，哈波克拉特斯并不会把手指放在嘴唇上。在众多哈波克拉特斯铜像中，其右手的食指总是放在下巴上而不是嘴唇边，可以认为他是指着嘴，而不是把手指放在嘴唇上。——S.B.

们千年前的古代先辈所用的方法相同[①]：每当尼罗河河水泛滥，古埃及人会神不知鬼不觉地爬到水边，把一个开了两个洞的葫芦（提供视野）顶在头上，游向毫无戒心的鸟儿，抓住鸟腿，突然把鸟拉到水下，然后绑在自己的腰上，可以在不惊动鸟群的情况下，短时间内抓获大量鸟。

古埃及人主要用网抓鹅、鸭、鹌鹑[②]及其他小型鸟类，并惯于用盐腌制，下埃及尤其如此。根据希罗多德的记载，古埃及人吃鹌鹑、鸭等小型鸟类时只用盐腌一下就行；他们还吃各种不被认为是神圣的鸟和鱼，都是烤着吃或煮着吃。虽然鹅在埃及人的食物中占了很大的比重，并且鹅的相关雕像比其他任何鸟类的都要多，但不能认为古埃及人只吃鹅而不吃其他鸟类。除了埃及盛产的家禽和鸽子，还有许多涉禽类和其他一些鸟类都被视为餐桌上的佳品，甚至被列入献给神的精选祭品。也许会有人认为，在像埃及这样的地方，用盐腌制鸟肉是很奇怪的。但希罗多德的说法在古雕像中得到了证实，一些捕鸟人似乎就是用盐腌制鸟肉，并将其放在罐子里保存的[③]。

除了禽鸟本身，古埃及商人还贩售各种鸟蛋，还在人工孵化鸟蛋后把小鸟卖给富人养，很多禽鸟都是这样孵化出来的。

古埃及雕像中展现了多种鸟类，但由于掉色、缺损，以及古代艺术家技艺水平较低等，我们没法总是根据雕像准确判定鸟的种类，除非它们的轮廓已经被塑造得比较明显。

---

① 印度人也这么做。——原注

② 莱诺哥路拉（Rhinocolura）的鹌鹑很名贵。犹太人喜欢鹌鹑。鹌鹑在尼罗河谷和沙漠中都很常见。——G.W.

③ 直到19世纪，风干的熏鹅还是埃及人餐桌上的菜肴。——原注

●古埃及鸟类图（部分），动物名称的写法均遵循古埃及文字的英语字母转写，特殊情况除外：1surut；2kannu；3s’s’a；4han.t；5st’eh；6amā；7seheh；8sa t；9ānheb；10kambet；11uat；12tent；13meruri；14i；15tenen t；16musa；17rus’au

当然，雕像中的鸟类也不是总要靠外形判断，其他方面或许还存在一些确切的判断依据。

古埃及雕像中出现的鸟类		
猛禽		备注
原用名	学名①	
Vultur Nubicus	肉垂秃鹫（Torgos tracheliotos）	古埃及和努比亚常见的大型秃鹫，常被绘于神庙的顶部，或被刻成雕像
Vultur percnopterus	白兀鹫（Neophron percnopterus）	白色兀鹫，俗称“法老的母鸡”（Pharaoh’s hen）
Aquila		鹰（eagle）
Falco cinereo-ferrugineus		萨维尼笔下的鸢
Fors		
Falco……（不明？）		神圣之鹰
Falco tenunculoïdes		普通褐鹰
Bubo maximus		角鸮
Strix flammea		白猫头鹰
Strix passerina		小猫头鹰

① 近代以来，在英语世界中，对生物的命名遵循“拉丁语学名加英语俗名”的双重原则。拉丁语学名的命名遵循生物学家林奈在18世纪发明的双名制原则，英语俗名则沿用英语中对相关物种的俗称。对比来看，英语俗名对物种的指称不够具体、精准，俗名一旦形成，便比较稳定。随着学术研究的推进，对某一物种的认识可能会被推翻，所以拉丁语学名可能经常改变。译者在翻译过程中便已经发现这个问题，故而尽量查证每一处拉丁语学名；如果有所变化，译者就在表格中附上能找到的最新版拉丁语学名；如果学名已经变更，并且因年代久远而无法查证变更后的学名，则以俗名为准进行翻译。——译者注

●接上表

栖木鸟类		备注
原用名	学名	
Lanius excubitor（灰伯劳）		亦称“大伯劳”（great shrike）或“屠夫鸟”（butcher bird）
Corvus corax		渡鸦
Corvus cornix（冠小嘴乌鸦）		亦称“冠鸦”（Royston crow）
Turdus viscivorus（槲鸫）		亦称“米塞尔画眉”（Missel thrush）
Alauda cristata	凤头百灵（Galerida cristata）	俗称“crested lark”
Alauda arenaria		沙色百灵
Upupa epops		戴胜（Hoopoe）
Hirundo rustica		家燕（swallow）
Alcedo hispida		普通翠鸟（common king-fisher）
（若干种）Fringilla		燕雀（finches）
鹑鸡类		备注
Columba turtur		斑鸠（turtle dove）
Pterocles melanogaster		“古塔”（Gutta①）鸟②
Perdix coturnix		鹌鹑（quail）
Otis Hebara（存疑？）		翎颌鸨（ruffed bustard）
Struthino camelus		鸵鸟

① 学名“Ptelocles melanogaster”。——原注

② “Gutta”是根据阿拉伯语音译而来，这种鸟听到响动，就会警惕飞走。——原注

●接上表

涉禽		备注
Ardea garzetta		小白鹭，哈塞尔奎斯特（Hasselquist）写作“A. Virgo”
Ardea cinerea		灰鹳（Grey heron）
（若干种）Ardea nigra		黑鹳
Numenius, Ibis		鹮（Ibis）
Platalea		篦鹭
Cheradrius armatus		黑胸距翅麦鸡（Spur-winged Plover）
Scolopax gallinago（普通丘鹬）		沙锥（snipe）
Fulica atra		白骨顶（俗称“common coot”）
游禽		备注
（若干种）Anser Ægyptius		埃及鹅
（若干种）Anas		鸭
Anas creca		水鸭（Teal）
Recurvirostra avosetta（反嘴鹬）		俗称“avoset”
Pelicanus onocrotalus		白鹈鹕

古雕像中还出现了许多其他鸟，但很难确定它们的具体种类，笔者将不对此做任何猜测，只介绍那些最常见、最好辨认的鸟。在底比斯和贝尼-哈桑的古墓中还发现了古埃及人塑造的蝙蝠的形象，甚至还有一些尼罗河河谷常见昆虫的形象，如有名的蝗虫、蝴蝶和甲虫，它们偶尔也会出现在狩猎场景中，或被视为宗教圣物。参见插图《古埃及动物图（部分）》。

● 古埃及动物图（部分）：1amā；2kannu；3āχα；4ārt；5ānbu；6sabu；7seheh；8suru；9bahu；10benka；11hutu em…；12tekai；13kapu；14t'ams；15—17āu（n）tu（a）t'au（p）utá（s）；18—20 其实就是蝙蝠，其中 19 古埃及名称是“tekai”，20 古埃及名称是“*staemχemu*”；21 蝗虫

●古埃及祭司狩猎，其中左半部分是捕鸟，右半部分是用鱼叉叉鱼：1 业余运动员掷棍；2 儿子为他拿着备用的棍和战利品；3、4 姐妹和女儿；5 另一个手拿战利品的儿子；6 媒鸟，巢在船上；7 叼走小鸟的埃及獴；8 用鱼叉（11）叉鱼；9、10 蜻蜓和蝴蝶；12 拿着鱼叉的姐妹；13 拿着鱼叉的儿子，他手上拿着一捆用水草绑在一起的鱼。猫似乎迫切希望人把自己放了，然后离开船潜入灌木丛。捕鱼和捕鸟的其实是同一个人，根据象形文字显示，这是阿蒙神的第三祭司姆特撒（Mutsa），他负责管理国库。伴随他的是姐妹巴提（Bati），以处女之身侍奉阿蒙神。姆特撒的儿子叫乌瑟哈（User ha）

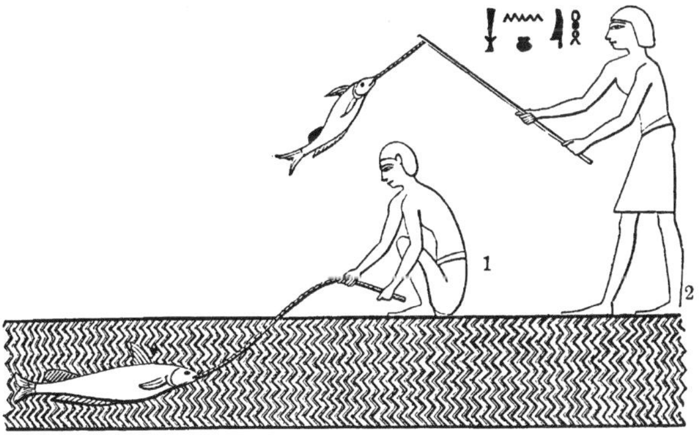

●抛竿捕鱼：这种鱼的名称是“shilbeh”或“arábrab”①。图中铭文“sénnu aha”意思是“两兄弟”或“两种钓鱼方式”

① 有可能是“African butter catfish”，即红线锡伯鲶。——译者注

钓鱼是古埃及人特别喜欢的一项娱乐活动，不过只在水产资源丰富的尼罗河钓鱼还不够，古埃及人还在自家院子里建造了宽敞的鱼塘，鱼塘设有水闸，相当于拉丁语中的“vivaria”。无论是用钓竿钓鱼，还是用鱼叉捕鱼，都令人感到高兴。垂钓的成果也会被端上餐桌。关于古埃及捕鱼活动，详见《圣经·以赛亚书》[①]和本卷插图《古埃及祭司狩猎》、《投掷棍捕鸟》和《钓鱼的埃及人》。

如前所述，渔夫算是古埃及社会阶层的一个分支，主要以捕鱼为业——不只用钓竿钓鱼，还用渔网。不过，如果在河岸边捕鱼，那就要用到钓竿，当然这也可能是因为这部分渔民买不起渔网。即便是在19世纪，也是比较穷的人在使用钓竿钓鱼，靠捕鱼为生，要么看技术、要么看运气。

跟19世纪现代埃及人一样，古埃及人的钓饵全都是就地取材，也不设任何浮子。我们在壁画中或许可以看到几只在水面上盘旋的昆虫，但其实这可能并非古埃及人自己放上去的，他们也不可能有我们19世纪的假蝇饵钓鱼技术[②]。当然，在尼罗河上肯定偶尔可以看到有昆虫浮在水面上。埃里安（Ælian）曾提到马里阿湖（Marea Lake）的一种鱼，叫“thrissa”。要抓这种鱼需要唱歌，并敲打用贝壳做的乐器“库洛塔拉”（Crotara），鱼儿会闻声起舞，“跳进”事先撒好的渔网中，让人“叹为观止、收获满满”。

有时，古埃及人还会使用一种比常见款更小的网（下方插图里的

① 原文内容：“在尼罗河旁靠打鱼为生的人都要哀哭；他们的鱼竿和鱼网毫无用处。纺麻纱和织棉布的人都要失望；纺织的人和其他匠人纷纷破产。”——原注

② 假饵是以塑料、金属或其他材料制成的类似小鱼、虾和虫类的小物件，形似天然活物，可以诱使鱼类上钩。——译者注

●钓鱼的埃及人：1 鱼；2 线；3 另一种鱼；4 池塘；5 垫子

那种），主要是在浅水中捕鱼用，两侧有连接杆①。渔夫双手握住其中一根，将其插入水面以下，然后等待鱼群经过时收网。这种网可能也用于打捞那些被鱼叉刺伤或被鱼钩缠住的鱼。

当渔夫使用拖网将鱼拉到岸边时，有时会有一艘船帮忙，捕获的鱼被放在船上，在一天的工作结束后，新鲜可食用的鱼就会被送去市场；其他的被剖开后腌制，挂着等太阳晒干②。

有些鱼被切成两半，悬挂在绳索上。古埃及人发现，空气的流动可以加速鱼肉的风干。有时鱼身被简单地用刀从头到尾剖

① 印度也用这种形式的网。在西班牙南部，有一种外形上高度相似的网被挂在船头的桅杆上：当船停泊在潮汐时的河流中，渔夫趁势下网。——G.W.

② 《学问赞》（*Praise of Learning*）中的书记官说：“我告诉你，渔夫这一职业比任何职业更辛苦。想想看，他不是在河边劳作吗？他终日与鳄鱼为伍，如果纸莎草丛减少，他就得找人帮忙；如果没有人告诉他哪里有鳄鱼，他一定会被吓个半死。”也有人这么说：“把父辈从水中拉出来；他们的命握在神的手中。”摘自马斯佩罗：《古埃及书信体》（*Le Genre epistolaire chez les anciens Egyptiens*），第48页，1872年。——原注

开，留着背脊把两面连接在一起。一般来说，古埃及人会取出鱼肠，去掉鱼头和鱼尾尖端，将剩余的部分放在阳光下暴晒。捕获的小鱼一般被装进篮子里，体形较大的鱼则被悬挂在一根杆子上，由两个或更多的人扛在肩上，或者干脆就被单独拿在手里、挂在背上或夹在胳膊下。笔者在厄苏安大瀑布（Cataracts of E'Sooan）和埃及的其他地方看到现代的渔民仍在采用这些方法。

不管是咸鱼[①]还是鲜鱼，在古埃及的底比斯等地都被大量

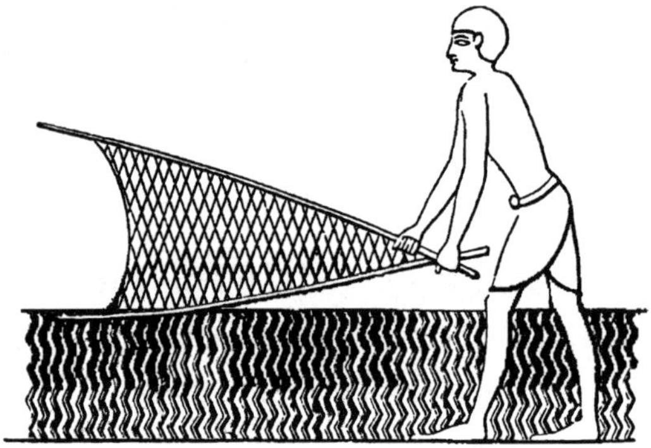

●一种圆口形抄网（landing-net）

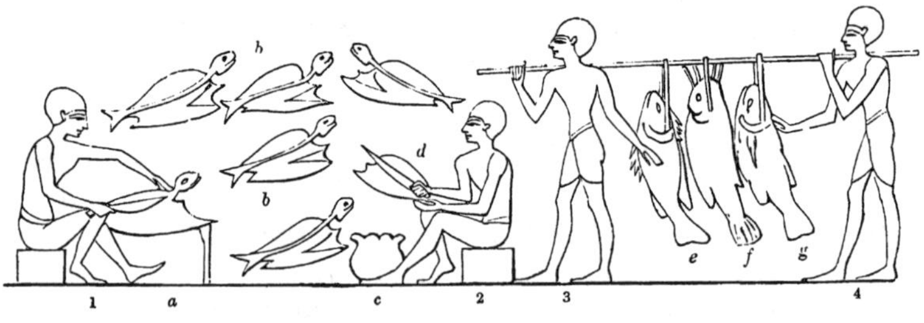

●带鱼来准备腌制：1、2中，a、b和d是被切开的鱼；c是罐子；3、4把鱼挂上杆子（e、f和g是鱼）

① "uhas"（"salted fish"或"prepared fish"，即"咸鱼"）经常在古代文献中被提及。——原注

食用①，对此我们可以从古代雕像和文献记载中发现一些蛛丝马迹。一年中有一个固定的时间段，也就是前文中所记载的每年第一个月的第九天②，古埃及人（祭司除外）都要在自家门前吃一条鲜鱼。这是一种宗教仪式，祭司虽然不能吃鱼，但在门口烧掉一条也算是履行了仪式。

在餐桌上，有的鱼③是尤其受到认可的，因为吃它可能对健康有好处，抑或它更加鲜美。说起可食用的鱼，我们可以列出一串单词，比如“búlti”“shall”或“sheelàn”“shilbeh”“arábrab”“byad”和“garmoot”等，可能分别对应19世纪时拉丁语学名为“Labrus nilotica”“Perca nilotica”“Cyprinus benni”“Silurus shall”“Silurus schilbe niloticus”“Silurus bajad”“Silurus carmuth”的几种鱼，当然还有其他品种。如果是被宗教视为神圣之物的品种，那么人当然是碰不得的，典型例子如叫“oxyrhynchus”“phagrus”和“lepidotus”的鱼。古代奥克西林库斯④（Oxyrhynchus）的居民甚至极端到反对把一切用吊钩吊上来的鱼端上餐桌，他们担心可以吃的鱼在这个过程中和“oxyrhynchus”的“神圣之血”接触，这就形成污染，本来可以吃的鱼都变得不能吃了⑤。

根据笔者的观察⑥，所谓叫“oxyrhynchus”的鱼实际上可能

① 可能对应J.波鲁克斯“τάριχη Αἰγύπτια”这句原文。——原注

② 古埃及人一年中第一个月的第一天对应我们现代的8月29日。——原注

③ 前文提到过，古埃及人针对具体鱼的品种起了很多不同的名称。古埃及语言中的“鱼”用一个泛指意义的单词“remi”表示。还有另一个单词，它是一种具体鱼的名称，用来指称任何不喜欢的东西。——S.B.

④ 又译“俄克喜林库斯”，是古埃及时期的上埃及城市。——译者注

⑤ 19世纪的上埃及居民仍然保有这种宗教迷信式的偏见。——G.W.

⑥ 见《埃及和底比斯》第336页。——原注

●三条大鱼：1 鲶鱼；2 长颌鱼；3 鲤鱼

就是19世纪的“mizdeh”或“mormyrus”，也就是有尖鼻头的长颌鱼。“oxyrhynchus”暗示“尖鼻子”这个信息。奥克西林库斯的科普特语名称写作“Mge”，也和鱼的名字相似，这是一个佐证。

“phragus”相当于我们现在说的“鳗鱼”（eel），可能古埃及人认为吃这种鱼对健康不利。作为禁止大家食用的最有效的方法，当然就是称其为宗教“神圣”动物。

截至19世纪，我们暂时还不知道古代的“lepidotus”[①]具体指什么，只能通过这个名字猜它“有鳞”（scaly）。19世纪的现代自然学家没有得出一个令人满意的结果，林奈认为这是一种鲤鱼（命名为“Cyprinus rubescens niloticus”），西卡德（Sicard）认为“lepidotus”对应的是“benni”，而其他人则认为“lepidotus”对应的是前文中的“búlti”或“gisher”。如果允许笔者提出一种猜想，这或许

① 现在，这个单词对应“鳞齿鱼”。——译者注

应该是指尼罗河中的一种狗鱼（kelb el bahr[①]）。食用这种鱼其实是对健康有益的[②]，但可能因为其外形的缘故，善男信女们会对它产生偏见，进而禁止食用这种鱼。笔者同样也不知道，19世纪最新发现的古雕像中没有这种狗鱼。

与在宗教中被奉若神明的四足动物（quadrupeds）一样，“oxyrhynchus”“phagrus”和“lepidotus”在古埃及各地受到的尊重程度不尽相同[③]。但普鲁塔克认为它们受到古埃及人的普遍厌恶。普鲁塔克还说，奇诺波利斯（Cynopolis）居民会吃“oxyrhynchus”，这种习惯成为奇诺波利斯和奥克西林库斯两座城市之间爆发内战的根源，当然这两座城也因内战而被罗马人严厉地处罚了。

“búlti”[④]显然是一种不太受欢迎的鱼，到19世纪仍被认为比尼罗河中出产的其他种类的鱼要差。上埃及和下埃及的古雕像中出现了各种各样的鱼，只是从形态来看不容易判断具体是现实中的哪一种，贝尼-哈桑等地甚至出现了鳗鱼和前面提过的“mizdeh”。这些鱼在古埃及的某些城市或地区被视为圣物，也有反其道而行之的。柏拉图曾提及尼罗河和王室占有的湖泊中养殖鱼的情况，但没有提及什么鱼被视为神圣的。

高明的捕鱼者都喜欢用双叉鱼叉，他们有时候会站在运河岸

---

① 可能是塞氏鳟（学名“Salmo dentex”）。——原注

② 在埃及，人们认为10月以后捕的鱼比夏季捕的鱼好。即便在冬天，如果吃河里的鱼，唯一对身体有好处的鱼是带鳞片的鱼。——原注

③ 在底比斯，有一种叫“latus”的鱼就受到顶礼膜拜。——原注

④ 详见插图《带鱼来准备腌制》、《钓鱼的埃及人》和《古埃及祭司狩猎》。——原注

边上，不过，更多时候还是搭乘平底船或纸莎草[①]制作的小船，悄悄地在湖泊或运河水面上滑行。大鱼都藏在荷叶底下，对人的到来一无所知。钓鱼和叉鱼都是古埃及上等人独享的娱乐活动——较穷的人使用渔网和鱼钩，只有以捕鱼为乐的人才用得起鱼叉。

鱼叉形似长矛，有两个倒钩，以单手或双手握持，可以刺出或者抛出，鱼叉底部还会绑一根长线，以免抛出后丢失，有的甚至还绑上羽毛以提升滞空性能[②]。有时捕鱼者没有专门的鱼叉，也会使用普通长矛替代。大多数情况下，用于捕鱼的长矛都用线绑住，以左手握持，线缠绕在卷筒上。19世纪时，很多沿海居民仍然在用这种方法捕鱼。南海[③]（South Sea）岛民的鱼叉有双叉、三叉和四叉三种样式，使用方式和灵巧性都可以和千年前古埃及人的双叉款式媲美。捕鱼者用这种工具捕鱼的时候，一般身边都会跟着好友和自己的孩子，以及一两个随从。这些人会帮助自己取下鱼，然后把抓住的鱼都穿在一块儿，以便带回家[④]。

我们在前文中已经提过很多次用莎草属植物造船的情形，因为这种植物的价值很高，所以其种植受到政府的垄断。虽然古代学者提到它有很多用途，但实际情况可能并没有那么理想。我

---

① 莎草属的植物有很多，我们一般会用“papyrus”或“byblus”进行统称，后面还会谈到。介绍几个相关的单词：“t’ama”的意思是“书、卷或制成品”，而“papyrus”是衍生自一个写作“pa apu”的单词。——S.B.

② 指留在空中的飞行或跳跃时间，滞空时间越长，鱼叉就能飞到越远的地方。——译者注

③ 这里指赤道以南的太平洋部分，也可以用作大洋洲的同义词，或者更狭义地表示波利尼西亚或波利尼西亚三角洲，不同于中国地理意义上的“南海”。——译者注

④ 参见插图《古埃及祭司狩猎》。——原注

们倒是可以大胆地把若干种类似用途的植物统称为“papyrus”或“byblus”，这样就比单纯认为只有一种专门的“纸莎草”被使用的可能性更高，因为相关的几种植物彼此确实长得很相似。斯特拉波曾明确指出：“尼罗河三角洲的下游是纸莎草生长茂盛的地区，出产的纸莎草有两种，质地一好一坏，好的被称为‘Hieratic byblus’。商人为了逐利，像种植枣树和香脂树一样，只把纸莎草种植在规定好的区域。物以稀为贵，整个社会受害了，但商人赚足了钱。”

斯特拉波还把沼泽地中天然生长的莎草属植物都称为纸莎草，他说：“看来，亚历山大附近并没有很多纸莎草，我们在当地没有发现这种植物。”

老普林尼等学者表明[①]，他们口中埃及多地的所谓纸莎草都是野生的。

因此，我们有理由相信，我们在文献中读到的纸莎草并非某种具体植物，而是对几种植物的统称。莎草（Cyperus dives）是一种可以长到五六英尺高的植物，在19世纪的现代埃及仍然被种植。笔者毫不怀疑，这种植物其实被广泛用于垫子、篮子、凉鞋部件、纸莎草船和其他物品的制造，而古时候人们把制造这些物件的原材料统称为“纸莎草”。当然，斯特拉波笔下的质地好的“Hieratic byblus”只被用于造纸。

古埃及的主要作物产出是粮食，没有广阔的牧场和成群的畜

① 老普林尼引述一份资料的话说：“能满足一切造纸所需的（植物）都生长在赛本努铁斯（Sebennytic）。”但他在另一处又说：“（另一个地方）没种植其他植物，种植的全都是造纸用的纸莎草。”老普林尼还说，在埃及其他地方也发现了纸莎草。——原注

群，因此，尼罗河的丰富渔业资源可谓是上天给予的馈赠。每当尼罗河河水泛滥，这种馈赠就连河谷内部最孤立的小村庄也能收到。河水泛滥的季节真是一年中得到额外收获的好季节。不管是古时，还是如今的19世纪[①]，泛滥期捕鱼的收获都很大[②]，令人相信了希罗多德的相关记载。古埃及的池塘有人工引水的，也有通过天然渠道汇水的。希罗多德不一定知道，不过他也没必要解释为什么一个池塘里突然就满是鱼了。这种时候，无论是小池塘还是河道中，都会出现同一种类的小鱼苗，它们没有什么特别之处[③]，都栖息于尼罗河中[④]。

希罗多德曾提及，莫埃里斯湖的渔业每年能带来大量财富，一年中有6个月时间是河流补给湖水，剩下的时间反之。而在湖泊补给河流的时期，渔业每天能给埃及王室带来相当于1塔兰特[⑤]的财富，约合19世纪的193英镑5先令[⑥]。在尼罗河补给湖泊的时期，渔业一天的收入最高也就20米奈[⑦]的水平，约合19世纪的60英镑12先令[⑧]。狄奥多罗斯认为，用自己的名字命名莫埃里斯湖的那位法老在指示挖掘运河的同时还设置了引水的水闸，建设了配套设施，并把每年从这里获得的收入赏给王后，用于购买珠宝、香膏和梳妆用品。这可不是一笔小钱，一天1塔兰特，一年

① 即埃里安笔下的“渔业丰收”（ἀμητὸς ἰχθύων）。——G.W.
② 米肖（Michaud）说曼扎莱湖的渔业年收入达到5600英镑。——原注
③ 西尔韦斯特·德·萨西用“Abd-al-latif”统称小鱼苗。——原注
④ 笔者曾经撒网抓过鱼，但收获后发现都是很常见的品种。每一条鱼的鱼刺有多有少，吃的人完全不知道自己具体吃到了什么种类的鱼。——原注
⑤ 古代货币单位名。——译者注
⑥ 也有人认为1塔兰特约合225英镑。——原注
⑦ 1米奈约合3英镑4先令7便士。——原注
⑧ 19世纪，1先令合12便士，1英镑合20先令。——译者注

收入就相当于19世纪的70700英镑[①]。这还不是王后们花销来源的全部，毕竟著名葡萄酒产地安提拉（Anthylla）的收入也要进献给她们用来买“服装”[②]——有这么多钱，也就没什么可抱怨的了。

笔者经常会注意到[③]，希罗多德混淆了莫埃里斯湖和运河，并且也借助老普林尼的帮助证明了水被从尼罗河抽出，注入如今名称写作“Birket el Qorn”的运河。在这里，笔者要啰唆之前曾坚持的一个观点，水是不可能从低处回到水位较高的尼罗河的，希罗多德的判断不是通过自己观察得出的结果，而是对埃及人所说的话的误解。下面的段落引自《埃及和底比斯》第358页：“希罗多德关于泛滥期结束后，水从莫埃里斯湖回到尼罗河的说法，不是在所有情况下都适用的，湖水水位比尼罗河在贝尼苏埃夫（Benisooef）的河岸低100英尺到120英尺。即便考虑到河流侵蚀和堆积作用的影响力，在希罗多德时代也不可能出现一个颠覆性的地理状况。除了借助运河，湖水不可能直接自然流回尼罗河。无论是古代还是现在，从运河河道乃至河口捕获的鱼都能带来不菲的收入，某些沿河村庄甚至还在进行水产养殖。如今的河水水位应该和古代差不多，这一点可以从湖边发现的古代浴场废墟看出。本书出版前早几年，湖水水位意外上涨，这只是大坝决堤造成的。唐维尔曾提出巴腾（Bathen）河道假说，但应该不现实。”

---

① 如果拿19世纪的数据与此相比，就显得古代的数据太过夸张。莫埃里斯湖养殖水产一年的收入约合210英镑。假如卖鱼所得为90皮亚斯特，其中，10皮亚斯特是用船成本，40皮亚斯特被交给渔民。19世纪，湖面上只有6艘船。——原注

② 希罗多德在此处的记载应该被翻译成“sandals”（凉鞋），阿特纳奥斯的记载则被翻译为“dress”（服装）。后来埃及被征服，波斯皇后继承了埃及王后曾经享受的这一待遇。——原注

③ 见《埃及和底比斯》第354页。——原注

直到19世纪，人们仍然能从莫埃里斯湖（或叫“Birket el Qorn”的运河）获得大量水产品，因此，菲奥姆（Fyoom）水产品市场无论是在量上还是种类上，都得到极大丰富。虽然种类相同，但品质肯定比从尼罗河里获得的水产品更好，这种品质区别可能是河水和湖水在盐度上的轻微差异造成的。笔者不相信，在古埃及时期，尼罗河和莫埃里斯湖的生物群落会完全不同，莫埃里斯湖的生物就是从尼罗河来的。根据狄奥多罗斯的资料①，当地出产的22种鱼尼罗河里都有。

19世纪的埃及政府将运河和湖泊的捕捞权授予当地富人，一般是科普特基督徒。捕获的鱼的处理方式和古代也相似，要么直接拿到市场上卖，要么腌制风干。当然，和古时相比，如今从事狄奥多罗斯记载过的这个行业（捕鱼业）的人的比例已经缩减了很多②。

阿拉伯人控制埃及以后鼓励养殖渔业，这个习惯可能是从前代掌权者那里继承的。不过这可能不是在他们第一次控制埃及时就推行的，因为阿拉伯史学家艾马克里齐（El Makrisi）提到，这是一种和古代某些策略类似的新想法，一直延续到今天。因为很有趣，我们从西尔韦斯特·德·萨西（Silvestre De Sacy）的《埃及和阿卜德阿拉提夫的关系》（*Relation de l'Egypte of Abd-al-latif*）第283页脚注中摘出如下段落：“首个将渔业纳入国库征税范围的官员是伊本-莫达比尔（Ebn-Modabbir），他为此专门设官，但他不愿意称主管官

① 底比斯的小村庄阿加尔特赫（Agalteh）每年向政府支付1500皮亚斯特（约合21英镑）作为运河捕捞费。——原注

② 狄奥多罗斯说：“他们称莫埃里斯湖出产22种鱼，捕捞的量也很大；虽然腌鱼工很多，但活儿还是干不完。”——原注

员为‘渔业官’——因为觉得叫这个名字不好听，便将其命名为‘渔业和种植官’。新征税得到了支持。为了获得捕捞权，人们在埃及各地任命专门的检察官、公证人和专员，他们专门在亚历山大各河湖、内斯–塔拉瓦湖（celui de Nes-tarawa）、杜姆亚特（Damiette）、尼罗河瀑布（les cataractes d' Oswan或Cataracts of the Nile）及其他湖泊和池塘征收此类税赋。此前，人们阻止水退去，让水流尽量汇聚在靠近河岸的一边，然后沿河设网捕鱼，将捕来的鱼用盐腌制后保存在瓶罐里，然后出售。这样出售的鱼很小，最长不会超过一根手指。如果不腌制，就烤着吃或炸着吃。”

古埃及人大量消耗鱼类，不仅是希罗多德等学者的文献指出了这一点，上埃及和下埃及的雕像也证明了这一点。《圣经》也提到了尼罗河渔民、水闸、池塘，以及犹太人对在埃及时可以随便吃到鱼的生活的怀念[①]。

作为渔猎活动，在上埃及的栖息地狩猎河马[②]是很有意思的，但河马在下埃及[③]很罕见——老普林尼认为还是赛特诺姆的河马多。在尼罗河上埃塞俄比亚流域很少见到河马，19世纪也是如此[④]。和贪婪凶狠的鳄鱼不一样，河马不总是对人充满敌意，但

① 《旧约·民数记》：“（我们记得）在埃及的时候不花钱就能吃上鱼（我们也记得有黄瓜、西瓜、韭菜、葱、蒜）。”——原注

② 阿拉伯语中的河马名为“Faras el bahr”，同英语“river horse”，在埃塞俄比亚语言中被称为“Yasimt”。——原注

③ 截至19世纪，在上埃及尚未发现过河马。——原注

④ 早在第四王朝和第五王朝时期的古墓中就有对河马形象的塑造，如果说河马没在当时的尼罗河口出现过，却在尼罗河流域被狩猎，这是不太可能的。河马被称为“khebem”或“bechem”，母河马被称为“teb”。位于孟菲斯的第四王朝时期的一座古墓中的文字“teb-t”其实指母河马。——S.B.

●拿鞭子的仆人

人们只要有机会还是想弄死它们，因为它们会在晚上破坏庄稼[①]，加上河马皮也确实值钱，可以做盾牌、鞭子、标枪和头盔。

鞭子（whip）在当地语言中同"corbag（或corbaj）"。在埃及和埃塞俄比亚，鞭子被用来抽单峰驼，或体罚犯错的农民。古埃及人可能也用鞭子惩罚犯错的农民，管家常常会拿一根这样的惩戒刑具。

底比斯雕像展现了狩猎河马与防御其攻击的方式。这种方式与19世纪的塞纳尔（Sennaar）采用的方式非常相似，即宁可在水中狩猎也不在岸上攻击。19世纪的现代埃塞俄比亚人只敢用鼓声把河马从耕地中吓走，或使用声音嘈杂的乐器。

《埃及和底比斯》第226页提到了抓捕河马的方法：猎人用长长的套索将它缠住，同时投出长矛扎伤它，再拉长、撕裂它的伤口。

"这种武器有一个宽大的平刃（a broad flat blade），侧面有一个倒钩，棍棒一端有一根很长的绳子，装在插入长矛棍棒一端木轴的缺口顶上，木轴和刀身连接在一起。猎人像投标枪一样抛出武

① 河马吃庄稼，这一点老普林尼和狄奥多罗斯说得没错。在偷吃庄稼这一点上，现今的河马反而比它们千年前的祖先愚蠢得多，可以参见老普林尼作品中古代河马欺骗猎人的方式。莎草纸文献中曾提到古埃及农业面临的窘境："毛毛虫吞噬了草场，野兽吞噬了其他东西。"这里的"野兽"写作"tebt"，就是指河马。〔参见C.W.戈德温于1858年编撰的《剑桥论文集》（*Cambridge Essays*）第250页。——S.B.〕——原注

●狩猎河马用的长矛

●长矛扎河马：猎人正向河马投掷长矛，他已经用另外三根长矛将其击伤，他左手拿着的绳子表明了这一点。当他把河马从水底拖到水面时，一个扈从努力在它的头上套上绳索。猎人的身后是他的儿子，拿着另一根长矛待命。鸟类受惊飞起，水底还有鱼和小河马，如此描绘是为了表明这片沼泽与尼罗河是相通的

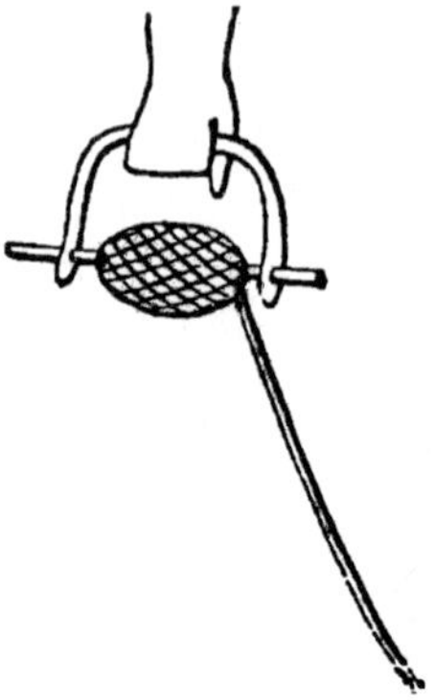

●仆人手中拿的卷筒

器，击中河马后，杆子会掉下来，只有铁枪头留在河马的身体里。河马在受到伤害后躲入深水区，这时猎人便投出套索。河马疲惫不堪，最终被缚住并被拖到船上。它稍一恢复就再次跳入水中，猎人再投出套索，重复几次后它就会完全精疲力尽。一只被捕的河马经常多处受伤，并被多条套索缠住。精疲力尽的河马最终被带到猎人的身边，猎人的扈从们对此丝毫不敢怠慢。”

底比斯有一些刻画狩猎河马这一主题的壁画，但不幸被农民和旅行者破坏了，只残存下猎人及其长矛的痕迹。汉弗莱（Humphreys）制作过相关主题插图[①]。

狄奥多罗斯留下了关于古埃及人狩猎河马的描述：“很多人一起上，手里都拿着铁标枪。河马一露出水面就被团团包围，瞬间就被扎得伤痕累累，然后被套索捆得严严实实。血染红了河水，河马因失血而失去了挣扎的力气。”

显然，和普通的标枪相比，猎用标枪多了一根控制猎物的绳子，19世纪埃塞俄比亚人使用的猎用标枪与之相似。有时，还有一根绳子固定在矛杆上，绳子穿过矛杆上端的一个凹槽——这可能是为了增强标枪的推动力，同时拉住有可能脱落的枪杆。与刀

① 插图《长矛扎河马》主角的名字叫安特夫，是个猎人。安特夫是第十一王朝的一个大姓，所以画作所属的墓穴大概也属于这个朝代。此人被称为“nem aa”，是世袭领主或总督的继承人。他对于在田间地头进行渔猎，用长矛扎死大河马之类的事情感到很高兴。他的儿子是一名王室书记官。——S.B.

刃相连接的绳子被缠绕在一个卷筒上，一般由扈从携带。卷筒的结构非常简单，一般是一个半圆形的金属环，起固定作用，还有一根在其中转动的杆，绳子或绳索就缠绕在上面。

鱼的一大用途是腌制后食用，或者直接送到市场上出售，另一大用途则是专门被用来喂养各类具有宗教意义的鸟兽，如猫和鳄鱼等。神庙建有自己的大型水利设施，有的水利设施也用于水产资源储备，并充当浴池，不仅养鱼，更为善男信女提供沐浴用水，还为各种宗教活动供水。

关于古代尼罗河中鱼的存量，以及传说中生活在那里的许多物种，可以这样推测：一些过去常在尼罗河下游地区见到的鱼，现在在第一大瀑布和第二大瀑布的位置处已经不复存在，相关品种可能就在狄奥多罗斯列举的22种之中。埃塞俄比亚人有时会带着鱼来到埃及，这些鱼可能是当时古埃及所没有的稀有品种①。

在古埃及，某些动植物曾经很常见，但到了19世纪，众所周知，它们只存在于埃塞俄比亚所在的地理纬度。比如鳄鱼，古代下埃及和尼罗河三角洲都有分布②；而如今，最北只有曼法鲁特（Manfaloot）附近才会有。河马在下埃塞俄比亚已经绝迹。本书出版若干年前，人们听闻，一只河马往下游荡到努比亚的第二大河附近，另一只河马甚至游到了杜姆亚特。无论是河马还是目击者，撞上彼此想必都非常惊讶，毕竟这是偶发事件。

在这种偶发事件中，野兽其实不太可能对人造成伤害，却还

---

① 我们已经提到过一些从美索不达米亚和其他地方带来的鱼。——S.B.

② 塞内卡（Seneca）说："在尼罗河的赫拉克里奥河口（这是最大的河口），滨海处的海豚和河口的鳄鱼发生了冲突，最后海豚赢了。"（斯特拉波和老普林尼的作品中也有记载。——G.W.）——原注

是受到了驱逐，尽管在河马真正泛滥成灾的地方，人们反而不会这样去驱赶河马。只要一般土耳其人或农民能弄到武器，他们就想“光荣地”消灭入侵的河马。同理，对于冒昧游到伦敦附近的鼠海豚，英国人也会让它们领教何为“骑士精神”。

河马曾经栖息在下埃及，而尼罗河三角洲的帕普利米斯城将河马作为和古埃及战神相称的宗教动物加以顶礼膜拜。

古埃及人不会把河马或鳄鱼当成食物[①]，但老普林尼确实提到了上述动物具有药用价值。普鲁塔克也告诉我们，阿波罗诺波利斯人（Apollinopolis）曾经吃过鳄鱼，但食用鳄鱼并不是普遍现象，只是在特定宗教场合表达人对恶灵的憎恶，而鳄鱼是恶灵的一个象征。在特定时间，人们会举行宗教仪式，仪式内容就是猎杀鳄鱼，尽可能多地杀，把尸体抛到神庙前，理由是恶灵就是这样躲避奥鲁斯（Orus）追击的。[②]

有的埃及人敬拜鳄鱼，有的则要除掉它们，这就是古埃及各地居民对同一种动物的不同看法的一个例子。

在古埃及的一些地方，鳄鱼格外受敬重，喂养它们的成本很高，给它们的食物都是各种肉类，比如鹅肉和鱼肉。人们为鳄鱼奉上宝石和黄金打造的耳环、手镯和项链等装饰，鳄鱼也因人类如此温和待它而变得非常温顺。鳄鱼死后，其尸体也按照最高规格进行防腐处理。底比斯人、奥姆比特斯人（Ombite）和阿尔西诺特人（Arsinoïte）表现尤其突出。曼法鲁特对面有一个地方叫马阿布

---

① 19世纪的现代旅行者偶尔会吃到鳄鱼肉排。鳄鱼肉排闻起来有一股难闻的麝味，河马肉更好吃一点。——S.B.

② 鳄鱼被称为“emsuh”，意思是“从蛋里面出来的动物”。各地人根据遇到的鳄鱼具体特征的不同，给这种动物取了很多不同的名称。——S.B.

德（Maabdeh），当地的石灰岩山体中开凿有大量石窟，里面有很多保存完好的鳄鱼木乃伊。

相反，阿波罗诺波利斯、腾提里斯（Tentyris）和赫拉克里奥波利斯等地的人对鳄鱼深恶痛绝，不放过任何消灭它的机会。由于长期的狩猎习惯，腾提里斯人非常擅长捕捉鳄鱼。据说，他们能跟着鳄鱼跳进尼罗河，强行将它拖到岸上。老普林尼等人记载称，腾提里斯人不仅自己这么做，还表演给罗马人看。斯特拉波记载过古罗马展出鳄鱼的情况，腾提里斯人的表现证明，他们真的了解鳄鱼：腾提里斯人把鳄鱼放入一个宽敞的水槽中，水槽一侧有一个人工建造的斜坡。表演者大胆地进入水中，用网把鳄鱼缠住，把它们拖到岸上后又放回水中。当时还有许多观众在旁边观看。

老普林尼观察到，尽管腾提里斯人不是什么强大的民族，但他们在与鳄鱼的交锋中表现出最大的勇气。他们甚至敢于单枪匹马地追赶鳄鱼，跳入河里游到鳄鱼背上，把一根棒子插进它张开的嘴里，这能把它逼到岸上。

老普林尼甚至认为，腾提里斯人仅用声音就能吓唬鳄鱼，迫使它们把吞下的遇害者尸体吐出来，由（失望的）防腐人员回收。但由于鳄鱼表现出旺盛的食欲，在吞下食物之前就把食物撕成了碎片，我们可以就此冒昧地提出一个可能性，即鳄鱼在腾提里斯人接近时就会放弃尸体。通常，鳄鱼的习惯是把遇害者尸体拖到岸边，然后在岸边撕碎，遇害者所穿的衣服则在水里就已经被剥掉了。

塞内卡称，腾提里斯人的勇敢行为源于他们的无畏天性。老普林尼的观察和现代人的经验都显示，鳄鱼是“在胆大的人面前显得胆小，最愿意攻击那些害怕它的人”。腾提里斯人的天资和身体都不算出众，但勇敢无畏，敢于跟踪鳄鱼，并通过陷阱阻止它逃走。捕猎鳄鱼时，死的只有胆小鬼，其他人都没事。

《埃及和底比斯》第409页记载：

鳄鱼其实不是那么凶猛的动物，见到人会躲避。19世纪，我们很少听说鳄鱼会吃人，除非有人站在河边，完全没有注意到身边有鳄鱼悄悄潜行过来。鳄鱼潜伏在水下，可以突然用强有力的尾巴击倒最强壮的人，一瞬间将人拖入河底，根本不给人抵抗的时间或机会。

老普林尼等作者[①]犯了一个常见的错误，即认为鳄鱼在水中视力不好。关于这一点，单从常识上就能认识到，一种主要以水里的鱼作为食物的生物，视力至少要和鱼差不多吧，水中的鱼应该不能被称为有缺陷吧！但希罗多德也不免犯这样的错误，认为鳄鱼在水中完全是盲的。

埃及出产两种鳄鱼，可以通过其颈部鳞片的数量和位置来区分。简要介绍一下，其中一种鳄鱼的鳞片前排有六片，后排是由四片大鳞片（在中间）组成，分成两行，其中最上面一行的两侧各有两片较小的鳞片。另一种是前排只有四片鳞片，其他八片的位置是这样的：四片鳞片位于正中央，排成两行，上面一行两侧各有一片较小的鳞片，第二行和下面一行的后面有两片鳞片，身体的第一行有六片鳞片，而前面介绍的那个品种在同样的部位只有四片。至于身体其他部位的鳞片，两个品种的鳄鱼都是一样的。

---

① 亚里士多德也认为鳄鱼在水中视力不好。——原注

虽然听说个别鳄鱼体形巨大，但一般来说鳄鱼最大也就18英尺或19英尺长。

希罗多德曾经详细介绍过鳄鱼的习性，并重述了一个大家都在讲的故事，即会有蜂鸟一类的小鸟进入鳄鱼的嘴里，帮鳄鱼除掉嘴里的蚂蟥。但尼罗河中没有蚂蟥，所以这个故事的真实性让人怀疑，更不要说鳄鱼口腔的特征让人觉得这是根本不可能发生的。鳄鱼没有舌头，一般情况下看不到它张嘴，除非是在吞咽食物。虽然鳄鱼睡觉的时候嘴会张开，但它的喉咙是小鸟接触不到的。

其他学者曾经提到历史上存在埃及獴物种入侵的事，但可能性同样不高。

笔者认为，如果鳄鱼趴在沙地上，就会有吃苍蝇的鸟在它身边飞来飞去，比如鸻。人一接近，鸻就会大声鸣叫，警告鳄鱼有危险。鸻很可能就是前面传说中帮鳄鱼吃蚂蟥的小鸟。

希罗多德和老普林尼观察到，鳄鱼蛋和大母鸡的蛋一样大，会被母鳄鱼埋在沙子里或河边的松土之中。在酷暑时节，鳄鱼会在岸上睡很长时间，张嘴对着风口，不难看出，它渴望享受新鲜空气。

希罗多德记载："古埃及人有很多抓鳄鱼的方法，有一种最值得注意：猎人把一块猪肉拴在钩子上，扔到河中央作为诱饵；然后站在水边，拍打一只小猪。鳄鱼被猪的叫声引诱过来，发现了诱饵，并吞下它，结果被钩子勾住。随后，猎人把鳄鱼拖上岸，第一步是用泥巴盖住它的眼睛，剥夺它的视力，使它无法进行有效的抵抗。"

古雕像中还表现了古埃及人用长矛扎鳄鱼的方式，他们能在它从浅水中穿过船底时击中。在19世纪的埃塞俄比亚，捕捉鳄鱼的方法是将一条狗作为诱饵绑在一根木头上，再在木头的中心系上一根绳子。当鳄鱼吞下狗后，拉动绳子，木头就会卡住鳄鱼喉咙，然后人们就把鳄鱼拖到岸上。

腾提里斯人曾经打死并吃掉了鳄鱼，结果导致宗教内战（religious feud）爆发，因为鳄鱼是奥姆博斯（Ombos）的神圣动物。在一次冲突中，双方均有多人受伤。腾提里斯人被打得落荒而逃，奥姆博斯人还抓了一个腾提里斯人当俘虏，据茹维纳尔所说，作为报复，这个俘虏被吃掉了。然而这种说法的真实性值得怀疑，即便那是罗马人统治下的堕落时代，吃人也不可能真的发生。诗人嘛，在创作上总是被允许有很大的自由。当然在更多的时候，他们都是采用严厉的讽刺手法写作。

●奥西里斯的神圣柽柳，树枝上栖息了贝努鸟（Beenu），或称凤凰（Phoenix）

第3章

艺术和（手工）制造业—玻璃—亚麻（仿制）—染色—绳索制作—纸莎草—皮革切割机—陶工—橱柜制造商和木匠—车辆和棺材制造商—箍桶匠—各种船—锡和其他金属—金矿—黄金作坊和镀金工艺

● 19 世纪的埃及帆船，远处是尼罗河畔大风吹起的黄沙

关于古埃及人在实用工艺领域取得的巨大进步，可以从现存考古遗迹中和古代文献中得到充分证明。同一时期的很多古民族可能还只有最原始的发明，但古埃及人已经有了很多发明创造，尽管这些发明一般被认为出现在更晚的时期。根据我们在19世纪对埃及古迹所做的时间上的测定，古埃及人的发明应该出现在犹太人滞留在埃及的时期，或犹太人出埃及的时期。

旅行者看着巨大的古埃及建筑遗迹，为古埃及人高超的建筑能力感到震惊。如果不被人为破坏，它们一定还能在时间的洪流中屹立更久，很多古建筑都能保存到今天。底比斯在历史上历经战乱，遭遇入侵和围城战，其古代建筑被彻底毁坏，已经认不出当时的面目。基督徒憎恨异教徒，穆斯林也憎恨异教徒，而对于石匠来说，古代神庙就相当于近在咫尺的“采石场”，他们只需付出很少的成本就能得到大量建材（石料）。以上就是古埃及建筑被损毁的原因。不过，虽然古建筑被损毁了很多，但保存下来的也不少，留存下的遗迹足以彰显这些建筑在古代的宏伟面貌，也彰显了古埃及人掌握的高水平技能和机械知识。

波斯人入侵时，古埃及被视为学问的宝库，但艺术水平已经远远比不上第十八王朝的时期。财富和奢侈品的存量增加的同时，人们对于雕像和建筑的审美品位下降了。不过，在这之后，在阿玛西斯等法老的统治下，古埃及人对建筑、雕像和绘画的资助似乎有所恢复[①]，就算说不上复兴艺术，也会在一定程度上阻

① 据说托勒密三世夺回了2500座被波斯人夺走的雕像。——原注

止其衰落。波斯人控制古埃及意味着古埃及艺术的进一步崩坏。虽然后来斯巴达人努力恢复古埃及艺术，但终究没有成功，因为纪念碑、艺术品和财富都已被运往波斯[①]，就连工匠都被带走了。国家和人民都被奴役、用来学习的艺术参照物或丢失或被损毁，就连引导审美品位、鼓励艺术创作的人都相继去世了。古埃及艺术因波斯入侵而受到致命打击，甚至连古埃及文明本身也开始沉沦，尽管它仍在徒劳地试图与不可逆转的大势做斗争。

在科学方面，古埃及人最著名的本领就是数学，但直到古埃及的财富和实力处于顶端时，他们的数学才能才充分展现出来，只要看看那个时期规模庞大的建筑就明白了。第十八王朝作为古埃及文明先进性的代表，该时期建筑物的尺寸比早期的大得多——此处特指第十八王朝的那些神庙和雕像，比起早期的纪念碑要大多了，这点可以从经拉美西斯大帝扩建后的卡尔纳克神庙的比例，以及底比斯平原上的阿美诺菲思坐像的尺寸看出来。门农尼乌姆神庙（Memnonium）中有一尊拉美西斯像，重约886吨；石材都从采石场沿锡尼河（Syene）运来，两地距离超过120英里。至少早在欧瑟特森一世时期，花岗岩就被作为石材从同样的地方运送过来，整块的花岗岩被直接打磨成纪念碑，我们认为这应该是约瑟时代的产物。而运输石材所需要的机械方面的技能，应该是在约瑟时代之前就被掌握了，可以通过孟菲斯附近的纪念碑式建筑物——金字塔看出来。从这些建筑物所用石料大小和建筑风格来看，其技术含量可能没有之后时代建造的同类建筑物高。早期，古埃及人好像没有体现出什么建筑才能，最多就是建造一些

① 狄奥多罗斯说："波斯人带走了大量金银珠宝。"参见莱普西乌斯于1866年所著《卡诺普斯双语法令》第19页。——S.B.

小型纪念碑。一般用途的建筑物尺寸也不大。如果动机不够充分，就极少大兴土木。人们拥有的建筑学知识多用于特殊场合。但后来，人们的财富和表现欲增加，随即扩大神庙的建筑规模。工匠们竞相制造巨型雕像、石碑等沉重的纪念品，想要通过增加大型装饰品的方式炫耀自己的机械知识。

古埃及人在雕刻质地坚硬的石头方面展现出令人称奇的技巧。古埃及工匠在玄武岩、正长岩和其他极坚硬的石头上竟然都能刻下象形文字，他们所采用的雕刻手段令人称奇，毕竟刀镌刻的深度常常超过两英寸。此外，古埃及人具有一定的艺术品位，这绝不是单纯的模仿，而是原创的。古埃及的艺术作品普遍被认为是古希腊人的艺术创造之源，他们对古埃及人的很多创作进行了完善。只要看到优雅的古埃及瓶子，精美的古埃及建筑装饰及房间里的家具，人们都会赞扬其巧夺天工。并且，无论古埃及人对宗教主题的表现和刻画多么异想天开，在被允许自由创作的地方，他们都展现出很高的审美品位。

当然在神庙中，必须遵守最古老的历史时期所制定的艺术规范，这样的艺术规范被习俗和宗教奉为神圣。以古老风格（行事）被认为是向神致以最高的敬意，古埃及的律法和宗教书籍中的仪式记载和最古老时期的一模一样，可能也是因为这个原因。很多民族都是这样的，无论语言怎么变，这些文献就是不变，所以土耳其的穆斯林不敢翻译阿拉伯语写就的《古兰经》，开罗人也不敢将其翻译成本地方言，英国人当然也会反对把《圣经》改成罗伯逊（Robertson）或休谟（Hume）的风格。

柏拉图和辛奈西斯提到了禁止在宗教题材上引入任何创新理念："普通人或者未经专门教育的人是不能从事艺术创作的，这些人有可能违反关于创作神形象的规定。”

不过，在家用装饰品方面进行这类创新是没有任何限制的，我们通过本卷和前卷相关插图就能知道，这极大地展现了古埃及人良好的艺术品位。我们常常认为古埃及的瓶子在艺术风格上学习了古希腊瓶子，殊不知其实是反过来的，古罗马和古希腊的瓶子上的那种装饰往往在古埃及文明最早的时期就已经存在了，是底比斯和古埃及其他地方最普通的天花板和瓶子的装饰图案。并不只是建筑才有优美的曲线，瓶子和家具也都有，后来古希腊人也效仿了这种装饰。

早在数千年前的欧瑟特森一世时代，古埃及人就已经学会吹玻璃了，这很了不起。其工艺也在贝尼–哈桑的壁画中有所体现——这是欧瑟特森一世及其直系继承人时期完成的作品，同样内容的作品在埃及其他地区不同时代的古墓穴中也有体现。

通过这些作品，我们可以了解到瓶子和送气管的外形，不过无法解释图案中那些绿色的熔融材料，不知道艺术家想借此表达什么。但如果有怀疑论者不愿相信这些堪称权威的壁画，认为这不能证明当时已有玻璃投入使用，不妨提醒他，其实在当时，表现釉面陶器的图像也很常见，它们表面的矾化物质与玻璃的质量相同①，这说明古埃及人肯定已经知道制造玻璃的方法和成分比例。可以肯定地说，公元前1500年左右的古埃及人已经开始使用玻璃装饰品。时任英国皇家海军上校的亨维（Henvy）是笔者的挚友，在底比斯发现的文物参见下一页下图中的3，与英国如今制造

① 釉面当然是玻璃材质的，但第十二王朝时期的标本材质以一种硬石釉为主。不过，当时的釉面也未必都采用这种材质。——S.B.

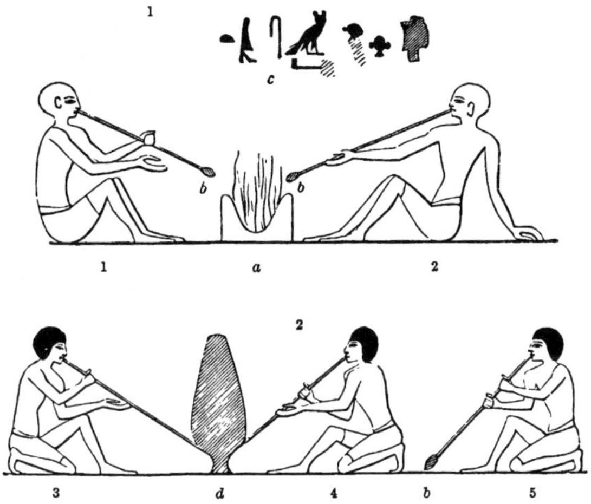

●送气管:1、2、5 玻璃材质的送气管；a 是炉子；b 是一端为玻璃的送气管（绿色）；3、4 对玻璃瓶子（d）吹气

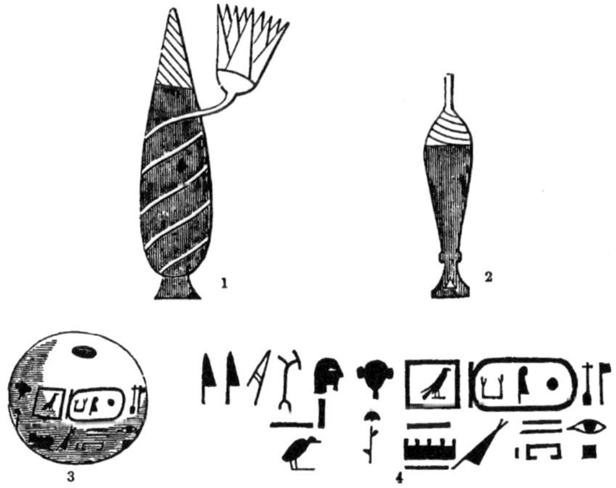

● 1、2 底比斯雕像上表现的玻璃瓶；3 亨维上校收藏的玻璃珠；4 左边珠子上的象形文字①，其中一段是一位王后的名字，她生活在约公元前 1500 年

① 转写成英语为“Hasheps”或“Hatasu”，其生平参见第一卷。这颗珠子上的铭文是“阿特尔女神爱的人，住在乌阿斯（Uas）”，以及其他一些无法解读的内容。乌阿斯就是西底比斯。——S.B.

的王冠玻璃数据相同[①]。

●第十八王朝时期的浅蓝色玻璃瓶，上面刻着法老图特摩斯三世的名字

上埃及和下埃及古墓中发现了很多玻璃材质的物品，其中一些在年代上无疑十分古老。因为从文字标志中看不出这些工艺品是哪个王室时期的产物，但如果确实如底比斯壁画中描绘的那样，是用来装酒的，那就是公元前1490年犹太人出埃及时制造的。[②]

然而，在如今19世纪的这几年中，因为偏见，人们不相信古埃及人已经熟知玻璃的制造，很多人甚至不相信古罗马人会使用玻璃，尽管庞贝古城的壁画与发掘出的文物都已经在这方面提供了确凿证据，而文物本身就是消除质疑的最好证据。有人质疑，恐怕罗马人在庞贝古城被毁之前还不会使用玻璃。也有人认为，即便当时存在玻璃，玻璃质量也很差。老普林尼的记载就算玻璃曾被弃如敝屣，但在19世纪，也被奉为圭臬，被拿来证明腓尼基航海家在比较晚的时期的

① 马斯基林（Maskelyne）教授检查过后，认为其材质是一种黑曜石，颜色是深绿色。另一颗同类珠子颜色为黑色和白色，应该是玛瑙珠子，但材质给人一种玻璃的感觉，被收藏在利物浦博物馆。——S.B.

② 19世纪已知最早的玻璃制品是一小块深蓝色的玻璃碎片，上面有第十一王朝的安特夫三世（Antef Ⅲ）的名字。另外，还有一个瓶子，形状类似古希腊陶酒坛，颜色为绿松石蓝，颈部和瓶身有装饰物和黄色的铭文。玻璃是半透明的，部分有线条装饰。已故的麦克唐纳少校（Major Macdonald）发现了许多第十八王朝以后的、第十九王朝时期的瓶子碎片。这些碎片是在西奈山（Mount Sinai）附近的萨伯特艾卡蒂姆（Sarbet el Khadim）古遗迹中发现的。——S.B.

发现——他们在海边点燃了火，并把炊具放在硝石块上，然后就发现了这样可以制造出玻璃。老普林尼不知道这事具体发生在什么时候，他提到提比略皇帝时代的技术改进，人们可能会认为，虽然当时有一种类似于玻璃的材质，但对这种材质的了解还不充分，只能被认为是罗马皇帝统治时期存在的一种东西。甚至有人认为屋大维皇帝在位时期的窗户是用透明的石头做成的，这种石头的产地为西班牙等地，被称为“Lapis specularis”，据此可知，当时对玻璃的认识肯定还不完善。

“透明的石头”其实就是滑石，一般来说都只用于建造富人住宅，或被用于制造轿子，总之是最高档的装饰品。没那么富有的人只用亚麻布、牛角或纸。

有人不同意古罗马人为了制造瓶子或装饰目的使用玻璃，但提的论据其实都很有限；而说玻璃是其他民族的发明，为此所提出的论据就更有限了。古埃及人从不认为在烈日下使用玻璃窗是必要的，但他们对于玻璃瓶子已经很熟悉了。底比斯、孟菲斯和亚历山大都出产品质精良的玻璃制品。罗马将埃及变成自己的行省之后，也让它成为自己的玻璃产地。亚历山大的一个玻璃制造商告诉斯特拉波，埃及有一种特殊的土，这是制造上等玻璃的必备原料。一个古埃及祭司曾经送给哈德良皇帝一些瓶子。当时，这些瓶子很受重视，只在重要场合使用。

古埃及人的玻璃染色技术也很高超，能用玻璃仿制紫水晶等宝石，某些技术直到19世纪仍未能超越它。这么说吧，我们现代欧洲在这些方面甚至还不如19世纪；虽然现代工人在相关技艺上有所改进，但还是做不到古埃及工艺那种程度。古埃及一些不透明玻璃的颜色非常花哨，似乎是经过精心设计制作而成的；从任何方向看，玻璃的色调和所采用的装饰都是完全一致的，就算被打破也是一样的。

学识渊博的温克尔曼（Winkelmann）已经注意到了古代玻璃的这种优良品质。笔者也已经看到了几件文物样本。温克尔曼认为，古人将玻璃制造的技艺提高到了比19世纪现代人更完美的程度，尽管对于那些没有见过古代玻璃制品的人来说，这可能是一种矛盾的结论。温克尔曼描述了在他作品发表前几年在罗马发现的两块古代玻璃，它们的质量一样好：

其中一块不足一英寸长、三分之一英寸宽，上面有鸟的图案，更像是鸭子，颜色十分鲜艳多变——与其说是写实风，不如说是水墨写意风。由于它是由不透明和透明的玻璃片拼接而成的，所以图案的轮廓十分鲜明，色彩美丽纯正，装饰效果非常令人满意，就算是微缩画画家用最精致的笔法，也无法更清晰地描画出其上鸟的圆眼球或颈部和翅膀的羽毛。这块玻璃有一部分破损了。最令人惊讶的是，其反面描画了同一只鸟，哪怕是在最小的细节上，反面的鸟和正面的也是完全一样的。因此可以得出结论，这个鸟图案的色彩渗透的厚度和玻璃片一致。从玻璃两面来看，这个图案都呈现颗粒状（granular）的外观，似乎是由单片拼接组成的，就像马赛克作品（mosaic work）一样。拼接技巧如此高超，就算用最好的放大镜都无法发现接合点在哪里。

起初，我们几乎完全不知道这块文物玻璃在当时是怎么被制造出来的。如果不是后来发现断裂处显示出与玻璃表面相同颜色的细丝的话，我们可能到现在都还被蒙在鼓里。因为有了前述发现，可以得出结论，玻璃上的图案是由不同形状的彩色玻璃片拼接而成的，各个玻璃片在受到适当程度的加热后，会熔融，进而接合在一起。笔者不认为古埃及人会花这么大的力气去制作一块只有六分之一英寸厚的图案玻璃，而可能通过拉出更长的玻璃丝（employing longer filaments），一次性制作出大量同类玻璃。因此这很可能是一块较大或较厚的图片上的一小部分。

还有另一块破损的文物玻璃，和上一段中讲的那块差不多，制作工艺也是一样的。我们看到，这块玻璃上有涡旋、珠串和花朵组成的金字塔形装饰，用了蓝底和绿、黄、白三种颜色。所有的细节都非常清晰，不至于混在一起，但就算是最敏锐的眼睛都无法看清涡旋图案的每一根微妙线条。这些图案都是连续的，贯穿整块玻璃的厚度，中间没有断层。①

古代玻璃文物中两件比较独特的样本都被带到英国，其中一件是亨维上校的（感谢他为本研究提供的贡献），另一件是霍格（Hogg）博士在埃及发现的②。

说回亨维上校的那块文物玻璃，它的质地和色泽都很精美，尺寸为约一英寸见方；底部为紫水晶色；中间是一个黄色圆形，周围有一圈浅蓝色带亮红色的边；再外侧的四边反射出浅蓝色的光泽，最边缘是白色的。在这个圆形图案周围，有一个明黄色的方形装饰（square ornament），每一边上都有开口，将装饰分成若干部

① 温克尔曼描述的玻璃是托勒密王朝后期的产物，不是埃及人在更早的时期制造的。这种玻璃产自亚历山大，用于制造小物品。由于古罗马的玻璃由埃及提供，罗马也有不少这样的文物。这种玻璃被制作成圆柱形或棒状，水平码放时，无论从哪边看，都能看到图案。——S.B.

② 表现了神座或王座的侧面，饰有羽毛或鳞片，和所有这些玻璃文物标本一样，是很后期的作品。——S.B.

分；四个角上各有一个精美的图案，像一片叶子，由一连串的细线（a succession of minute lines）组成，有绿色、红色和白色，最后两条环绕着绿色的中心点，在底部交于一点。一些线条的精细程度确实令人惊讶，而图案也很精细；色彩的鲜艳程度与整体布局的和谐同样引人注目。这种艺术制品在当时比现在更受关注，也更容易被理解。

制作这样的玻璃饰品不难，它们都是由一块块独立的方形玻璃片组成的，让明亮光线透过饰品，就能看出方形玻璃片的组成及拼接方式。我们能观察到热量让颜料在玻璃片上流动的痕迹，这是加热温度过高的结果。参见第四章插图《彩绘柱头》中的5、6和7。

古埃及一件玻璃制品的不同部分是分开制造的，然后通过加热接合在一起，而通过施加助熔剂，可以更有效地促进玻璃制品不同部分的接合。起初，每条彩色线（each coloured line）都是分开的，当调整到适当的位置时，通过热熔工艺接合在一起；温克尔曼看得很准确，这些彩色线接合后形成圆柱状或片层状（cylinders or laminae），依照前述工艺直接深入玻璃制品的表面。

一些考古学家确信古埃及人和腓尼基人很早就在使用玻璃，古代学者提到的“巨大的绿宝石”很可能是宝石的玻璃仿制品，现代积累的经验使这一猜测变得更加可信——基督教堂装饰中引人注目的所谓“珠宝”经常就是玻璃制品。比如，埃及迷宫（Egyptian labyrinth）中的塞拉皮斯巨像，高9肘（13.5英尺），长4肘（6英尺），宽3肘，饰有巴比伦国王送给埃及法老的绿宝石。此外，朱庇特神庙中的方尖碑高40肘（60英尺），宽4肘，饰有4颗绿宝石。

一些学者关于玻璃发明时间很早的观点现在得到了充分的

证实。无论最初的想法是源于腓尼基人，还是他们的邻居古埃及人，我们都有令人信服的证据证明，玻璃在三四千年前就已经被使用了①。

温克尔曼记载了古代人应用玻璃的不同目的。他认为，与19世纪相比，玻璃在古代的用途更多。人们一度只看到各种色彩在表层接合形成的外观，误把玻璃饰品当成真正的缠丝玛瑙（sardonyx）。他还列举了保存在罗马巴贝里尼宫（Palazzo Barberin）的花瓶，作为古人制造玻璃制品技术高超的另一个证明。这个花瓶现存于大英博物馆、被称为“波特兰花瓶”（Portland vase）的那件文物②。

第十八王朝早期，古埃及人已经深谙玻璃制造的方法，甚至还将它们染成各种颜色，从底比斯的墓穴中发现的文物就能充分证明这一点。古埃及人能成功地伪造宝石的丰富色调和光亮度③：绿色的祖母绿、紫色的紫水晶和其他昂贵的宝石都可以。在底比斯的珠宝商那里可以买到假宝石项链。这些山寨货通过以假乱真的外观来取悦佩戴者或欺骗陌生人。这种替代品可以部分

---

① 如果用玻璃制作，则需要非凡的技巧。——原注

② 韦奇伍德（Wedgwood）曾制作过一些仿制品。有一个蓝色玻璃瓶，上面装饰着白色的浮雕人像，用砂轮和雕刻工具进行了抛光和雕琢。它一面表现的是佩琉斯（Peleus）俘虏忒提斯（Thetis）的情景，另一面表现的情景则不详。据说，这个文物是在罗马附近的蒙特戴格拉诺（Monte del Grano）亚历山大·塞维鲁（Alexander Severus）皇帝的石棺中发现的——即使皇帝本人不是这座石棺的主人，石棺也是那个时期的产物，而这个花瓶是希腊或希腊-罗马（Graeco-Roman）世界（希腊—罗马世界是指在语言、文化、政治、宗教上受到古希腊和古罗马强烈影响的地理区域。这一范围几乎等同于地中海世界。——译者注）的作品。这是一件经常被讨论的古代文物。〔参见G.米林根（G.Millingen）的《未经编辑的古代纪念碑文》（*Ancient Unedited Monuments*）表A。——S.B.〕——原注

③ 塞内卡曾记载过，德谟克利特曾展示了抛光象牙和仿制宝石的方法，但这时，这种技术在埃及已经很普及了。——原注

缓解人们忌妒的情绪，满足人们对炫耀的需求。

老普林尼认为，最好仿制的宝石是祖母绿，并且仿造宝石比其他任何形式的行骗都有利可图，埃及更是在这方面最厉害的行家。斯特拉波记载①：“当地有一种土，含有唯一能表现出宝石多彩色泽的成分。”

如果我们没有从底比斯的废墟中发现大量更令人满意的实物证据，至少阿庇翁和西奥弗拉斯特提到的“绿宝石”应该是玻璃仿造的。这个例子也可以被用来说明这种仿造技术在法老统治时代就已为人所知。老普林尼认为，在他那个时代，埃及人在仿造宝石方面取得了如此大的成功，足以以假乱真，这是可信的。

在埃及各地，尤其是底比斯，我们看到很多珠子形状的古物。古埃及人把“仿制”这门手艺发挥到了极致，就连最常见的普通瓷器都有人用更廉价的材料仿冒。比如一件人物雕像，其实完全是用陶土烧制的，外面上了一层釉，虽然可能比直接用石料雕刻一个同款雕像的工序更复杂，却可以低价出售。仿制品雕像的唯一“缺点”就是它太轻了，但不管是用名贵材料做的正品还是仿制品，至少社会的各个阶层可以佩戴不同材质的首饰，都可以避免从时尚的潮流中掉队。

这不仅彰显了古埃及人在工艺技术上取得的长足进步，更标志了他们作为一个文明民族在生活方面取得的重大飞跃。在一个社会的奢侈和精致程度达到一定程度之前，人们对仿制品的需求是不会产生的，因为在那之前，社会底层成员还远不会生发出靠使用的物品模仿社会中富裕上等人的愿望。

---

① 参见布代（Boudet）在《埃及综述》（*Description de l'Egypte*）第四卷第213页的《论埃及产玻璃器皿》（*Sur l'Art de la Verrerie, ne en Egypte*）。——原注

古埃及人常用玻璃珠做项链，有时也做一种网状结构的工艺品，用以覆盖木乃伊的外壳。这种装饰品有多种不同颜色，使用各种各样的装饰小组件，就像19世纪那种装饰小珠子的钱包一样。古代的埃及女人和今天的淑女一样，会穿起这些珠子做装饰，同时享受这个过程带来的乐趣。

除了前文提到的情况，古埃及人主要还利用玻璃制造瓶子和其他器皿。我们经常能注意到，餐桌上盛酒的容器就是玻璃瓶子，客人偶尔还会用到玻璃杯[①]。有的古埃及棺椁是玻璃材质的[②]，有的石棺外面甚至会覆盖一层深绿色的玻璃，好在玻璃是透明的，所以可以看到刻在石棺上的雕像或象形文字铭文。古埃及人已经十分纯熟地掌握了这种工艺。一种制作方式是在石头上覆盖能够玻璃化的成分，然后让它受热，在一定程度上融化并扩散在物体的整个表面上。另一种制作方式是将石头浸入一种混合物中，以同样的方式进行玻璃化[③]。

像罗马人一样，古埃及人也用玻璃做拼贴画，各种颜色的小玻璃片被用于做饰品、神像、宗教标志，并被镶嵌在各种物体上——这种情况通常使用不透明的玻璃片。在这些玻璃制品中，有些色块亮得炫目[④]，因铜离子呈现出的蓝色鲜艳而清晰；其中

---

① 在古罗马，玻璃瓶子甚至能取代金银瓶子。——原注

② 据说，亚历山大大帝的遗体就是在亚历山大被安放进一座玻璃棺椁之中。〔关于古希腊的玻璃，参见亚里士多德《论问题》（*Problem*）和阿里斯托芬《云》（*Clouds*）。——G.W.〕——原注

③ 用于上釉的主要材料是前面提到的硬石，并且主要是给较小的物品上釉，如小杯子和人像等。——S. B.

④ 主要用于在墙上和其他地方镶嵌象形文字和人物。代表神之躯的部分是蓝色的，而代表凡人肉体的部分是红色的。象形文字表示的物体都有相应的颜色，白色、黄色、蓝色和红色都有。我们在泰尔艾雅候德赫（Tel-el-Yahoudeh）

一种红色可能来自矿物质，色泽就像古代葡萄酒的那种红，同时具备像玻璃材料的亮度，还表现出珐琅的质感。

在底比斯发现的许多古杯的色调设计都颇有艺术品位，也显示出古埃及人在制造瓷器方面的高超技巧。在研究类似的文物时，大家都相信古人在这一艺术领域拥有丰富经验。颜色混合和排列的方式、极富细节表现的线条、极高的精细度、张力很大的曲线，以及严格按照艺术家的设计展现出来的图案，都显示出古代工匠非同一般的功力，可见他们具备展现自己功底的手段。

古埃及瓷器也许应该被称为“玻璃瓷器”[①]（glass-porcelain），因为它兼具玻璃和陶瓷二者的品相，并且与由列奥米尔（Reaumur）发明的著名玻璃瓷器并无二致——此人在对不同品质的瓷器进行实验时，发现了将玻璃转化为在属性上与瓷器非常相似的材质的方法。

古埃及瓷器的底色通常是蓝色或绿色，呈现出一种均匀的质感和色调，在每个方向上都有其他颜色的线条或装饰，比如红色、白色、黄色、黑色、浅蓝、深蓝和绿色，或者艺术家选择使用的其他颜色。这些图案并不总是局限于表面，经常渗透入工艺品之中，有时渗过厚度的一半，有时则和熔融物质的厚度一致。在这一点上和中国古代的瓷器不同，中国古代瓷器的花纹或图案是附在瓷器表面的——考虑到这一点，笔者才采用了“glass-

---

发现了同类大型文物，它们可能来自一面古代墙壁。我们还发现了一些托勒密王朝时期的小神像。这些小神像主要塑造了伊西斯和尼弗泰斯，材质是含钴的深蓝色玻璃，都是作为项链挂件挂在脖子上的。——S.B.

① 关于古埃及瓷器，见伯奇于1873年所撰《古代瓷器史》（*History of Ancient Pottery*）第47页。制作这种瓷器的原料是白色的沙子，将瓷器稍加熔化后用彩色的釉料覆盖，但它不是真正的瓷器，实际上是一种辉石。——S.B.

porcelain”（玻璃瓷器）这个词。在某些情况下，等其他颜色上色完毕之后，器皿的表面还会叠涂一层黄色，然后再进行适当程度的加热。之后再装上把手、边缘和底座，并固定。这些附件的添加并非没有风险，许多器皿在人工操作时无意中就会被打碎。马提亚尔（Martial）在关于古埃及人的玻璃杯的一小段文字中提到了这一点[①]。

古埃及人懂得很多化学知识，对金属氧化物的使用十分到位，看看他们那个年代的玻璃器皿和瓷器的颜色吧。古埃及人甚至连酸对上色的影响都了然于胸，甚至具备19世纪棉纺厂上色的某些技术雏形，能让色调产生变化。

古埃及人在他们文明最早的时候就知道该如何切玻璃，第十八王朝时期的各种花瓶和柱子上已经有很多铭文和装饰图案，那些带有人物形象和浮雕装饰的玻璃器皿尤甚，用一个模具就可以铸造出来。有人认为，古埃及人不会切玻璃，直到17世纪初，布拉格的加斯帕·莱曼（Gaspar Lehmann）才首次在切玻璃这方面取得了成功，并从皇帝鲁道夫二世（Rodolph II）那里获得了专利。但老普林尼告诉我们，古人其实懂得玻璃切割技术。古人曾用过的钻石（金刚石）在今天也被用于切割玻璃。老普林尼说："石匠到处收集金刚石，将其镶嵌在铁柄上，可以切割任何东西，不管这东西有多硬。"

---

① 这段话以单词"Murrhina"开头，是马提亚尔《书信集》第十四节的内容。如果这是一个阴性的词，意思应该相当于"perfumed wine"，如果是中性则相当于一种被称为"murrhine"的杯子，在实际使用的时候简称为"murrha"。通过对比《书信集》第十三节和第十四节的内容，笔者认为这个词更有可能是在表示"Murrhine cup"。从内容来看，如果是出现在第十三节才可能表示"perfume wine"。——G.W.

当时，祖母绿和其他质地比较坚硬的宝石都被工匠成功切割。古人起初认为没法雕琢宝石，但他们很快就发现，金刚石能切割最坚硬的物质，老普林尼表示“所有宝石都可以用金刚石来雕刻”。

古埃及人切割玻璃和坚硬宝石的时候采用的具体步骤如今已经不为人知，但至少古代文物能展示出这些步骤达到的效果。古埃及人可能是通过与古印度人的交往懂得金刚石的性质及其作用的。下文中还会提到金刚砂粉和青石轮，它们也可能被古埃及人使用过。毫无疑问，犹太人跟古埃及人学会了切割和雕刻宝石技术[①]。

有的玻璃器皿外面套有柳条框架，和19世纪现代埃及人称为“大马干”（damagán）的东西很像。玻璃瓶有的大，容积可达1加仑[②]到2加仑；有的小，高度在6英寸到9英寸之间，这种小瓶子也被用纸莎草或苍术的茎秆制成的罩子保护起来，就像现代装佛罗伦萨油（Florence oil）的瓶子一样。还有一些玻璃瓶似乎部分被皮革包裹，和19世纪旅行时用来携带液体的瓶子一样。参见插图《各

① 犹太人雕刻的宝石包括红宝石（sardius）、黄玉（topaz）、红榴石（carbuncle）、祖母绿（emerald）、蓝宝石（sapphire）、金刚石、紫玛瑙（ligure）、玛瑙（agate）、紫水晶（amethyst）、蓝绿色宝石（beryl）、缟玛瑙（onyx）、碧玉（jasper）。另见《出埃及记》的相关描述：“（要在上面镶宝石四行：）第一行是红宝石、红璧玺、红玉；第二行是绿宝石、蓝宝石、金刚石；第三行是紫玛瑙、白玛瑙、紫晶；第四行是水苍玉、红玛瑙、碧玉。这都要镶在金槽中……”；“胸牌是四方的，叠为两层；这两层长一虎口，宽一虎口，上面镶着四行宝石：第一行是红宝石、红璧玺、红玉；第二行是绿宝石、蓝宝石、金刚石；第三行是紫玛瑙、白玛瑙、紫晶；第四行是水苍玉、红玛瑙、碧玉。这些都镶在金槽中。”——原注

② 1加仑约等于4.546升。——译者注

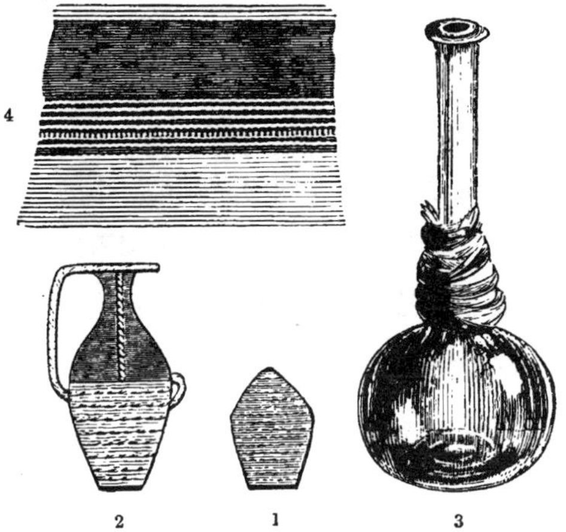

●各种玻璃瓶：1玻璃外面显然缝了一层皮革；2用柳条边框加固的玻璃壶；3覆盖着纸莎草层的玻璃瓶，像装佛罗伦萨油的瓶子一样；4一块带蓝边的布

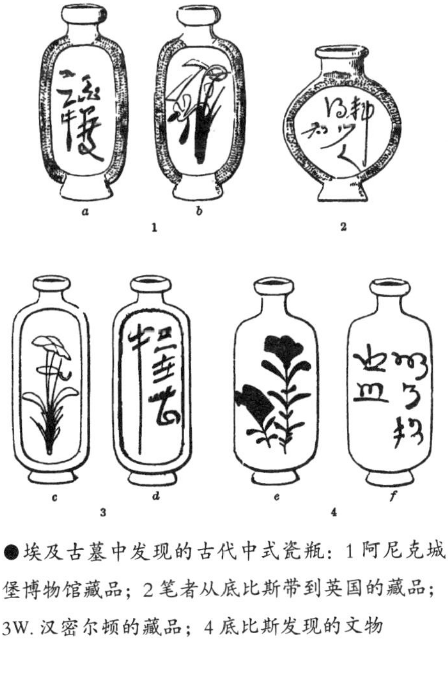

●埃及古墓中发现的古代中式瓷瓶：1阿尼克城堡博物馆藏品；2笔者从底比斯带到英国的藏品；3W. 汉密尔顿的藏品；4底比斯发现的文物

种玻璃瓶》[①]。

在底比斯古墓发现的很多瓶子中，有一些带有古汉语铭文，来自那个使用这种文字的遥远东方国度[②]，这真令我们感到惊讶。当然，这么一种猜测也是合理的，就是后来的一位访客在当地寻找更有价值的古代珍宝时，把这些瓶子遗落在当地了——但那些从底比斯古墓中发现的中式瓷瓶也可以被这样解释吗？笔者就见过几件，还带回英国两件[③]。罗塞里尼[④]也发现了一件，并记录在了文献里："有一座此前从未被打开过的古墓，（其中发现的瓷器）具体年代不详，从墓中雕像来看，应该是法老掌权时期的古墓，大概比第十八王朝稍晚些。"

位于泽西（Jersey）的博物馆中收藏了一件在埃及发现的古代中国瓷器。另有一件是由已故诺森伯兰（Northumberland）公爵在科普特购买的，现在被收藏于阿尼克城堡博物馆。此外，鲍恩夫人（Mrs. Bowen）拥有两件，W.汉密尔顿（W.Hamilton）也有一件。这些瓷器大约有两英寸高；一面是一朵花的图案，另一面是铭文。根据J.戴维斯（J. Davis）爵士的宝贵意见，其上（上述八件中的三件）铭文大意可以被这样解读："flower opens, and lo ! another year ."（花盛开了。

① 透明玻璃瓶，呈深绿色，有球状或圆锥形的瓶身和长颈，似乎跟拉丁语当中的"unguentaria"一样。其中一些玻璃瓶是在位于吉萨的第二十六王朝的墓穴中发现的。在不同的收藏品中也有一些这样的瓶子，瓶身更扁，呈白色或浅蓝色，可能年代更早。截至19世纪，已知最古老的透明玻璃文物是一件上面有萨尔贡名字的长细颈瓶，是公元前607年的物件。——S.B.

② 托勒密王朝于公元前305年建立，本书论述的是托勒密王朝以前的古埃及。也就是说，如果古墓中的古瓷器是从中国运来的，这些古瓷器可能是战国时期的物件。——译者注

③ 其中一件被大英博物馆收藏。——原注

④ 参见罗塞里尼关于古埃及纪念碑的研究作品第二卷第337页。——原注

啊！又是一年时光逝去。）

另一处铭文的大意被汤姆斯（Thoms）解读为："During shining of Moon fir-tree sends forth its sap ."（在月光的照耀下，冷杉树流出汁液。）

千年之后，树的汁液当然就会变成琥珀[①]了。不过，这些瓷瓶品质很差，可能出自制瓷技术尚不完善的时代。梅德赫斯特（Medhurst）向皇家亚洲学会（Royal Asiatic Society）提交的一篇论文可以证明，这些瓷瓶是由阿拉伯商人带来的。但从汉字风格来看像是3世纪的产物，而诗词的风格像是8世纪到11世纪的产物。19世纪时，我们了解到中国最早的瓷器是公元前2世纪时出现的。莱亚德（Layard）在哈布尔（Khaboor）旁的阿尔班（Arban）也发现了一个类似的瓶子。[②]

有的人会怀疑古埃及人是否在金银器上涂珐琅，就算我们在19世纪找不到这方面的直接证据，老普林尼也告诉我们"埃及人在银瓶上涂画阿努比斯（Anubis）"——注意是涂画而不是雕刻。

① 琥珀是松科松属植物的树脂化石，其状透明似水晶，色泽如玛瑙，能制成各种装饰品。——译者注

② 现在我们知道，这些瓶子属于一个并不是那么古老的历史时期。通过询问在开罗从事古物销售的阿拉伯人，普里斯（Prisse）发现，他们终于承认这些瓶子不是在墓穴或废墟中发现的，大部分瓶子来自红海一带与印度通商的库斯（Qous）、凯夫特（Keft）和科斯赛尔（Cosseir）。梅德赫斯特（出自皇家亚洲学会相关专家。——原注）对其中一些瓶子的铭文做了解释，称它们是公元7世纪和8世纪的诗人的诗句。J.戴维斯（J.Davis）爵士翻译的是"花开又一年"（Hwa kae yew yih neen，使用威妥玛拼音转写，但本书的威妥玛拼音和现行通用规则并不完全匹配。——译者注），是韦应物的诗句，可能作于702年到725年之间。另一处的诗句铭文是"只在此山中"（Che tsai tsze shan chung），在19世纪的英语世界被翻译为"Alone on mountain"（孤身在山中）（Alone on mountain，英国学者对诗意理解有偏差。——译者注），出自诗人贾岛（Keih taou），可能作于831年到837年之间〔见勒·布兰特（Le Blant）《瓷器史》（*Histoire de la Porcelaine*），192页及之后内容，1862年发表于巴黎。亦见插图《埃及古墓中发现的古代中式瓷瓶》中的d和2。——原注〕，也有人将其翻译为："few know it"（很少有人知道）。这些瓶子的形状很像清朝人的鼻烟壶。——S.B.

当时可能已经存在真的珐琅彩，很可能是先对青铜器进行一定程度的加工，然后将矾化的成分倒入中空的空间，同时对金属进行适当的加热；固化后磨平和抛光器物的表面。老普林尼等学者显然都知道涂蜡这一工艺，可能和给黄金涂漆的原理相同。老普林尼不能确定是谁发明了这项工艺，有的人认为是亚里士多德发明的，然后普拉克西特列斯（Praxiteles）完善了这一工艺。老普林尼认为，早在这之前，波利格诺图斯、尼卡诺和帕罗斯的阿奇西劳斯（Arcesilaus of Paros）就已经知道这项发明。希腊人、伊特拉斯坎人和罗马人觉得使用了这一工艺的餐桌装饰品很美观，十分重视它们，将其当作奢侈品。埃及成为罗马的行省后，每年向征服者缴纳的部分贡品包括来自孟菲斯和亚历山大出产的玻璃瓶。在阿玛西斯等法老登基时，埃及和希腊之间的交往一直保持着。埃及作为当时的艺术发源地，向希腊人和一些叙利亚部落提供其所需的艺术制品[①]。

伊特拉斯坎人是重商的民族，当时似乎和古埃及人也有贸易往来，在他们的墓穴中多次发现小型雪花石膏瓶和瓷瓶，从用料到艺术风格方面，完全就是古埃及风格。

老普林尼和马提亚尔等人口中的“萤石瓶”（murrhine vases）到底是用什么材料制作的，在19世纪还没有搞清楚。萤石瓶有各种颜色，颜色很均匀，甚至呈现出七彩色泽。卡尔曼尼亚（Carmania）出产的萤石瓶比其他地方的都要多。帕提亚（Parthia）和亚细亚也发现了萤石瓶，但埃及暂时还没有发现——这可能和氟石（fluor-

① 罗马统治时期的亚历山大制造了大量款式各异的玻璃，生产玻璃浮雕是很重要的一个方面。斯特拉波表示，亚历山大的沙子能生产质量很好的玻璃，以亚历山大作坊为代表的埃及作坊足可以和西顿的玻璃作坊竞争。——S.B.

spar）一样，是未在尼罗河畔发现的东西，这可能也说明了为什么古埃及人会仿造萤石瓶[①]。从老普林尼的描述来看，萤石和氟石是极相似的，但我们没有找到直接的实物证据，尽管他的这一主张算是一种最强有力的主张。古埃及瓷器上各种颜色的色条都是以波浪线排列的，似乎是在模仿萤石这种结晶物质的自然纹理，也许这就是古埃及人的萤石瓶仿制品。

很难说古埃及人是否使用玻璃来制造灯或灯笼，古代学者没有就这个问题给出直接信息，古代绘画也没有直接表现出灯、火炬或任何其他类型的人造光[②]。

希罗多德提到了一年中的某个时期，古埃及全国上下几乎都会庆祝的燃灯节活动，并将这种场合下使用的灯描述为“装满盐和橄榄油的小瓶子，灯芯漂浮在上面，并能燃烧一整晚”，但并没有表明这些“瓶子”是用什么材料制成的，尽管我们有理由认为它们是用玻璃做的[③]。

请看下页图，其实我们不确定图中人物手上具体拿的是什么，在19世纪要搞清楚这个问题显然还缺少很多线索。

古埃及人从最古老的时代开始就以制造亚麻布和其他布匹而闻名，他们的纺织产品被出口到外国，外国人也热衷于购买。上

---

① 参见阿里安《绕航红海》（*Periplus of tbe Red Sea*）。米底奈特哈布有大量玛瑙化卵石，显然是被人带到此地的（发现这些卵石的最近地点是努比亚），但这是什么时期的石头还不确定。难道这些卵石不是为了某种与艺术有关的目的而准备的？如果是这样的话，那它们就不可能是由基督徒带到那里的，它们一般都是在土丘的表面被发现的。——原注

② 一般来说，葬礼上的人物手持蜡烛、火炬之类的东西。——原注

③ 截至19世纪，在埃及没有发现比罗马占领时期更早的陶土灯，也没有发现任何可能被用来制作灯的玻璃器皿。古埃及人使用灯和油进行照明，这一点从神庙和纪念碑铭文中可以看出，但灯的具体形状并不清楚。——S.B.

●几名士兵，其中一名手里拿的可能是灯笼

埃及和下埃及的亚麻布、刺绣品、纱线和毛线在当时都受到追捧并被经常提及①。所罗门王就曾从埃及购买了许多这些商品，以及车辆和马匹。一直到罗马征服时期，彻米斯（Chemmis）都是著名的亚麻布纺织之城。

羊毛服装主要是底层人穿的，有时富人甚至祭司也穿，他们被允许穿一件羊毛纺织而成的、斗篷形式的上衣。但基于清洁的原则，上层人士被严格禁止穿羊毛内衣——他们非常努力地清洁和剃除身体上的毛发，他们认为采用动物毛制作的衣服是不适合穿的②。没有遗体被允许着毛料衣物下葬。就连笔者也已经注意

① 截至19世纪，我们发现的任何清单中都没有提到毛料，在拉美西斯三世时期的莎草纸文献中也没有提到毛料，但其中详细描述了为神庙献上的各种祭品。——S.B.

② 不过，我们在古墓中的木乃伊上还是意外地发现了羊毛——埋在托拉（Tourah）采石场的工人木乃伊上就包裹着羊毛；在金字塔遗迹中的一具木乃伊上发现了部分羊毛裹尸布，上面还有各种颜色的图案。然而，这些木乃伊的制成时间至今还不能确定。——S.B.

到，毛料衣服会诱生虫子，对身体有伤害。任何祭司不脱掉毛料衣服都不能进入神庙。

古埃及人纺织和使用的亚麻布数量多得令人吃惊。亚麻布除了用于剪裁衣服，还作为动物木乃伊的裹尸布。这就说明当时国内外对亚麻布的需求都很大，时刻都要保持大量供应。

在古埃及，包裹死者的遗体需要用到亚麻布而不是棉布，这一点我们通过实测得到了结论。19世纪的现代埃及，民众虽然普遍未受教育，但对这一事实坚信不疑；而“更文明”的欧洲人直到19世纪还觉得是用棉布包裹的——希罗多德得出的结论绝不容许推翻。从笔者自己的经验看，应该无一例外都是用亚麻布包裹的，但主流经验明显不站在笔者这一边，笔者也只能随大溜不情不愿承认“至少有一部分可能是棉布”。

借助功能强大的显微镜，乌尔[①]（Ure）、鲍尔（Bauer）和汤普森[②]等人对亚麻线与棉线的纤维性质做了精确研究。结果表明，亚麻线总是呈现出圆柱形，有通透性，像藤条一样有接头，而棉线则呈现出平带状，每条边缘都有下摆。因此，除了在棉花未成熟的情况下，实际上不可能混淆两者的纤维形状，而通过对木乃伊等其他案例的观测，人们发现了类似亚麻线的纤维结构，甚至都不是亚麻和棉线的混纺产品。这么一来，结论就很清楚了[③]。

这就涉及对于“byssus”到底为何物的讨论，不得不承认这是一大难题。希伯来语中的“shash”[④]在《圣经》中被翻译为

① 参见其《制造哲学》（*Philosophy of Manufactures*）第95页。——原注

② 参见其对木乃伊裹尸布进行的研究。——原注

③ 关于这方面的问题，1843年耶茨（Yates）的《纺织古代史》（*Textrinum Antiquorum*）第254页及之后的内容已经得出了比较权威的结论。——S.B.

④ 科普特语中为“shens”。——原注

“byssos”，英语中又写作“fine linen”（细麻布）。而“shash”这个词在19世纪的现代阿拉伯人中已经不被用来形容细麻布了，而被用来形容棉布①。这些单词在背后的同源语言中体现的相似性得到了证明，它们在含义上也是一致的②。希罗多德指称木乃伊裹尸布时用的词语是“byssine sindon”③，这说的肯定是亚麻布；对于棉布，希罗多德用了相当于“tree cotton”的词。类似地，J.波鲁克斯也将其和“byssus”做了区分，他认为“byssus”是印度亚麻的一种。“byssus”和“linon”这一组词的关系，其实就相当于英语中的“flax”（亚麻）和“linen”（麻布），这好理解④。

古埃及制造业确实也包括了棉纺织业，社会各个阶层都会穿这种质地的衣服。老普林尼表示，古埃及祭司在穿亚麻布衣服的同时特别钟爱棉布长袍，并且罗塞塔石碑上也特别提及了政府给神庙配置的棉布长袍⑤。希罗多德和普鲁塔克肯定亚麻质地的衣服是首选，因为在炎热的气候条件下，穿着亚麻布料很舒爽，利于保持身体清洁，何况宗教思想上的偏见也禁止祭司穿其他材质

---

① “byssos”引自埃及语言中的“hbos”，相当于英语中的“to clothe”或“clothes”。这个词理论上指的是“flax”（亚麻），但另外存在相当于“flax”的“h'mā”或“māh”。——S.B

② 其他例子包括，希伯来语中的“kussuf”相当于英语的“silver”（银），而阿拉伯语中的“kussub”相当于“gold lace”（金线饰带）等。——原注

③ 提到了“Sidon”，无疑就是指亚麻，可能是古埃及单词“shenti”的希腊化，指的是一种服装。——原注

④ “linen”（麻布）在希腊语中是“phōsōn”，意思是“粗糙的布”（coarse cloth）或“帆布”（canvas），可以用来制作毛巾或船帆；在古埃及表述为“pes”，可能是表明这种布料经过了特殊的制造（煮沸）程序。（见耶茨的《纺织古代史》第265页。——S.B.）——原注

⑤ 普鲁塔克：“这是指用于装饰宗教神像的那些法袍。”——原注

的衣物[①]——这里应该是特指内衣。当然，禁止穿棉布衣服或毛料衣物进入神庙的规定可能导致祭司只穿麻布衣服。后来，古希腊人和古罗马人引入伊西斯神宗教仪式，他们的信徒接受了这种习俗，主导神秘宗教仪式的人也会穿着亚麻布衣服[②]。

不管祭司受到什么限制，其他阶层成员应该是享受充分选择自由的。生前喜欢凉爽的亚麻衣服或柔软的棉布衣服都是可以的，只要死后用亚麻布当裹尸布就行[③]，这解释了最底层人死后的裹尸布材质。

古埃及人不仅把棉花用于服装制造，还大量用于纺织椅子和沙发的布套等各种用途。有一种纺织品是亚麻和棉花的混纺，J.波鲁克斯曾提起过，他指出，埃及出产棉花，人们用它纺布，有时“用棉花做纬线，用亚麻做经线”。犹太人被禁止穿羊毛衣服和亚麻布纺织的衣服。亚麻布服装是19世纪现代埃及人仍在生产的优质纺织品。

根据从底比斯墓穴中发现的少数图画，19世纪的现代人认为古埃及织布机的结构很原始，应该是生产不出古人所推崇的那种精美亚麻布的。这些图画是在较早的历史时期完成的，人们猜测后来这种机械得到了较大程度的改进。考虑到东方人竟然能以最简单的工序完成纺织这种最复杂的工作，我们对于埃及人简单的纺织工具也不会感到奇怪了。《圣经》中和古代学者笔下的“细麻布”很可能是在底比斯和厄勒提亚（Eileithyia）的古代绘画中展

---

① 希罗多德说：“祭司只穿亚麻袍子、用纸莎草制作的凉鞋。其他材质的衣服都穿，袍子也不能遮住脚。”——原注

② 因此，古埃及祭司亦称“穿亚麻布的祭司”（liniger sacerdos）。——G.W.

③ 19世纪的英国人死后穿羊毛服装下葬，这是为了鼓励本国羊毛产品销售而制定的政策。——原注

现出的那种织布机生产的[①]。这种布料得到了赞誉。研究过文物后，我们也觉得它值得赞叹，其触感可与丝绸媲美，在质地上也不逊于19世纪最好的纯棉细布[②]。

木乃伊裹尸布的质感一般都很粗糙。人们很少关注普通布匹中的线的编织和分布情况，汤普森先生检查了许多织物样本，他认为经线的数量总是比纬线的数量多，有时甚至多出四倍。此处引用他就这个问题所撰的小册子的摘录：

我们对于古埃及织布机的了解仅限于对木乃伊坑进行发掘得到的发现。利用现在的纺织品样本来推断古埃及人的纺织技术的特点，这是不合理的。如今，只有古代的布匹碎片保留了下来，而那些活人穿的美妙、昂贵的纺织衣物，以及底比斯引以为傲的古代纺织业和纺织技术，已经在很久以前就消亡了。然而，古代遗迹中有一些是值得注意的，其中一些是古代工场。看着工场遗迹，两千多年前埃及织工和染工劳动的场景仿佛跃动在我们眼前。

不管包人还是动物的遗体，裹尸布都是很粗糙的，尤其是那些贴身的布，一般都浸渍了树脂或沥青。表面或外侧的布则比较精细。有些裹尸布又粗又厚，非常像今天的麻袋；有些裹尸布的质感则像奶酪压榨机中使用的过滤布一样。但说实话，两种布料摆在一起，搞不好还真的会让人搞混。在培养外科医生的学院里

① 老普林尼认为是古埃及人发明了编制技术，阿特纳奥斯将发明者具体化为埃及人帕提米亚斯（Pathymias）。——原注

② 有些细麻布如此精细、轻柔，甚至被称为“编织的空气”（woven air）。——原注

有这些布的各种标本，其中有些是非常奇特的。

贝尔佐尼（Belzoni）给过笔者一块木乃伊裹尸布，其质地之精美、结构之奇特，都非常引人注目——这块布没有胶质或树脂，也没有任何形式的浸渍，显然最初是白色的。它很紧密、很结实，也很有弹性。经线和纬线的纱线都非常均匀，并且纺得很好。经线是双线，由两根细线绞合而成；纬线则是单线。每英寸布包含90根经线，而纬线只有44根。这些布料的细度（fineness），按照棉纱的方式估计，大约是每磅30根。

随后，对各种木乃伊裹尸布的研究表明，经线和纬线之间的差异根据不同的纺织工具而异，经线的数量一般是纬线的两倍或三倍，也有不少布的经线数量是纬线的四倍。一块每英寸含80根经线的布，其经线约为每磅24根，其纬线为40根；另一块含120根经线的布，其经线为每磅30根，其纬线为40根，还有一个纬线只有30根的版本。这些布料样品的经线数量分别是纬线数量的两倍、三倍和四倍。这种比例与现代布料不同，可能是古人在用手抛梭子时，插入纬线的难度和纺织工序的复杂性造成的。19世纪的印度人仍然这么做，此时健在的织工都还记得住普遍的纺织工序。

已故的萨特把在古埃及发现的一些木乃伊裹尸布送到了英国，这些布如今都收藏在大英博物馆。汤普森在博物馆见到了这些文物，做了这样的评论：

这些布料的精细程度各不相同，有的末端有流苏，有的边缘有条纹。

他还说："我看到这些布料的第一印象是，最好的那种是薄纱，印度制造的那种。我们从归于阿里安的作品《环绕埃里安海航行》（*Periplus of Erythrean Sea*）中得知，恒河畔生产的薄纱是印度出口到阿拉伯湾的物品，但鲍尔利用显微镜很快就发现这种布料不是棉布，无一例外都是麻布。这些布有的薄而透明，质地非常细腻。最好的似乎是由每磅近100股的纱线制成的，每英寸布有140根经线[①]、64根纬线。东印度大厦博物馆（East India House）里的一件薄纱标本是达卡织机（Dacca loom）纺织出的最好的布料，每英寸布有100根经线、64根纬线。但令人惊讶的是纱线的细度，虽然是手工纺织的，但每磅不少于250根，使这种布料具有无与伦比的韧性和轻盈性。

有些布的两端有流苏，其中有一种长约4英尺、宽约20英寸的围巾，两端都有流苏。每三根或四根线被捻在一起，形成一根结实的粗线；再把两根结实的粗线捻在一起，并在中间和末端打结，以防止破开，就形成了流苏。这条围巾恰如19世纪的丝绸披肩。

埃及布的边角一般都是精心纺织的，强度不错，很耐磨，布匹不易被撕裂损坏。坚固的布带能保证布片的两端不被磨损，这显示出古人在纺织工艺方面的先进性。一些细布和粗布的标本都以各种蓝色条纹为边，其中一些还与另一种颜色的窄线形成交替组合的图案。这些图案的宽度从0.5英寸到1.25英寸不等。有一种

① 根据最近的研究，最精细、质量最好的亚麻布经线有152根，纬线有71根，而较粗的种类经线有80根至120根，纬线有40根。——S.B.

七条蓝色条纹的款式，最宽的一条靠近边线，大约0.5英寸宽，后面是五条很窄的条纹，最后还有一条宽0.125英寸。如果这种图案不局限于布的边缘，在布的其他部分也重复出现，其实就成了19世纪的现代格子布。

其中一块最好的布的边缘有一个大约半英寸宽的小图案，主要是一条蓝色的条纹与三条黄褐色的条纹交替，形成一个简单而优雅的边框。布上的这些条纹是在织机上用事先染好的彩色纱线制作的。笔者无法确定黄褐色是用什么成分上色的，这种颜色因年代久远而褪色，上色程度不明显，所以下不了任何结论。笔者确信蓝色条纹的着色物质是靛蓝，但还是对这块布进行了检查：将布在水中煮了一段时间，丝毫不见褪色；用肥皂和强碱搓洗也没有对布产生影响；将硫酸稀释到不至于破坏布料的程度再浸泡，对布也不起作用；只有石灰氯化物才能逐渐使其褪色；将强硝酸滴在布的蓝色条纹上，条纹变成了橙色，布也被腐蚀了——没错，这就是靛蓝的化学性质。

希罗多德不知道这种染料，对其没有提及。老普林尼知道此染料，尽管他对其真实性质和生产史一无所知，但正确地描述了它的特点——受热时会散发出美丽的紫色蒸汽。如果当年给他作品加脚注的人懂得这个化学过程，给我们标注一条方程式，就会省去许多不必要的争论。我们从佩里普鲁斯（Periplus）的作品得知，这是一种从印度河上的巴尔巴里克（Barbarike）出口到埃及的染料，当地手工业者可能从很古老的时期就开始使用此染料。从我们提到的文物来看，很明显是这样的。

笔者收藏着一块古代布料，是阿伦戴尔（Arundale）从底比斯带来的，边缘是彩色的，是符合汤普森上述叙述的最好例子。这块布的质量很普通：每英寸布有经线96根，纬线34根。边框由一条宽带和六条窄带组成，呈蓝色，显然是用靛蓝染成的。最靠近边缘的那条带子宽一又二十分之一英寸，其他的带子都由两根线组成，沿经线方向展开——除最里面的那条带子，因为它由五根线组成。第四条和第五条带子之间的分界线跟其他部分的分界线有所不同，因为只有第四条和第五条带子中间有一根蓝线。布的其余部分呈常见的淡黄色调，见前文插图《各种玻璃瓶》中的4。汤普森这样评价："这种状态应该是来自为保存它而使用的一些收敛剂（astringent）。"

汤普森认为这块布料呈现出色淡如水的特点，尽管我们看不到单宁[①]存在的痕迹："在我检查过的布料样本中，无论是加入明胶、蛋清还是铁溶液，都没有产生任何沉淀。但加入亚醋酸铅后产生了一种雾，表明布里面有萃取物成分。"

也就是说，纺织此布所用的线从一开始就具有成品呈现出来的这种颜色[②]，毕竟布上呈现的蓝色没有改变。而带有宽大的染色边框的布匹更令人好奇，因为它们证明了绘画中的图案在现实中真的存在，第十六王朝和第十八王朝时代的织机纺织的布就长这个样子。这些布出现在厄勒提亚和底比斯的坟墓中。19世纪，努比亚人披着同样的带有蓝色边框的披肩，对此我们会感到好奇，好奇这些披肩是否在尼罗河流域制造的。

笔者在底比斯得到的另一块亚麻布，每英寸有152根经线和

① 植物细胞的单宁体中的一种防卫用化学成分。——译者注

② 犹太人也这样。参见《出埃及记》："凡是心中有智慧的妇女都亲手纺线，把所纺的蓝色、紫色、朱红色线都带了来。"——原注

71根纬线，颜色比刚才提到的布要深得多，也许如汤普森所想，是用红花[①]（saff-flower）提取的染料染的。之前提到的那块细麻布是浅棕色的。从每英寸布的540根经线（换句话说就是270根双线）就能看出它的质地[②]。当然，纬线的数量有限，为110根[③]。这表明汤普森先生的观察是正确的，即这种差异是纺织机器的不同造成的，因为即使在质量最好的布料中也可以看到这种差异[④]。

该布料样本的另一个非常显著的情况是，它上面布满了小人物和象形文字的图案，细节十分精良，令人目不暇接。布的任何部分都没有墨水渗漏的迹象，显然古埃及人了解可能会发生这种意外，已经做了预防措施。

老普林尼列举了四种不同的亚麻布，特别是在埃及被使用的一些品种，名称分别写作“Tanitic”“Pelusiac”“Butine”“Tentyritic”。他还在同一处提到了埃及的棉花，认为只有上埃及才会种植。他还说埃及种植的亚麻数量之所以多，是因为要向当时的阿拉伯和印度出口，并且古埃及织机生产的亚麻布的质量也远远超过其他地方生产的。

织网使用的线更是质量上乘，参见老普林尼记载：

其中有些织网的线很细，可以穿过一个人的戒指，但用这样的网足以包围整片树林。尤利乌斯·卢普斯（Julius Lupus）曾任埃

① 这是古埃及土生土长的植物吗？笔者至今仍有怀疑。——原注

② 19世纪某些优质布料每英尺只有经线160根、纬线140根。——原注

③ 埃及人不是用梭子来穿线，而是用一根两端带钩的杆子来穿线。参见相关插图。——原注

④ 在自己的作品中，赫西俄德曾经记载过如何制作一件冬季的保暖衣物。——G.W.

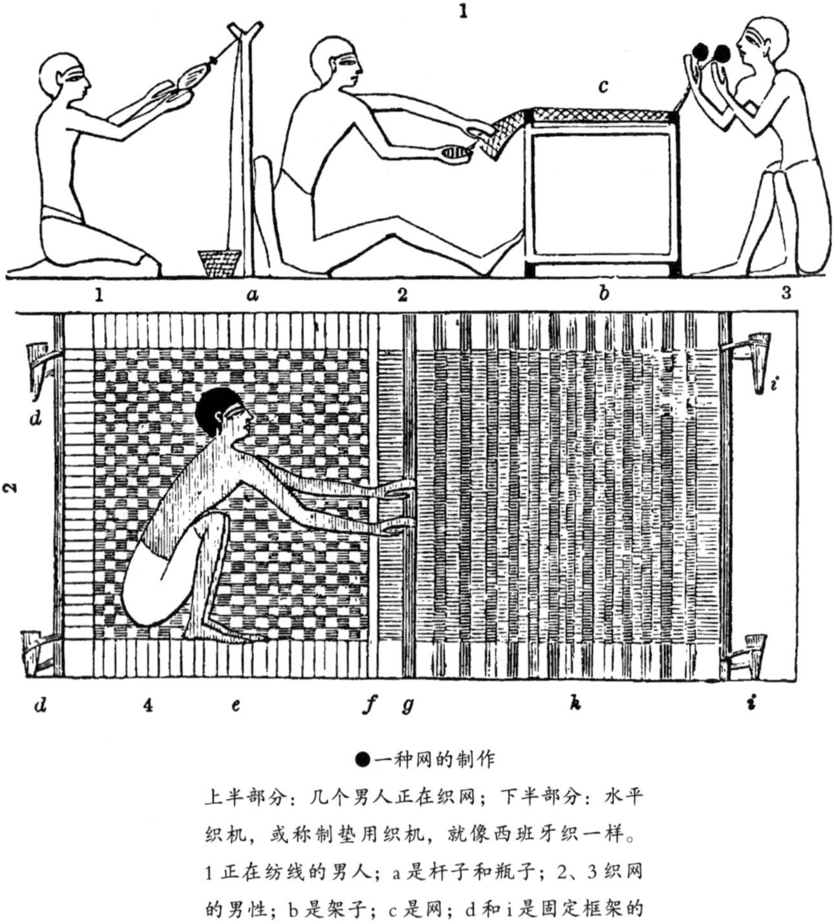

●一种网的制作

上半部分：几个男人正在织网；下半部分：水平织机，或称制垫用织机，就像西班牙织一样。1 正在纺线的男人；a 是杆子和瓶子；2、3 织网的男性；b 是架子；c 是网；d 和 i 是固定框架的钉子；e 和 f 是已经做好的部分；g 和 f 是纬线

●纺织机和框架上的布：1 下达命令；2 织布工；a 是框架；b 是纬线；c 是经纱；d 是框架；e 是锭子；f 表示配重；g、h、i 表示纺织机的一部分；k 是梭子；n、o 和 p 是经纱；l 和 m 是助手

及总督，后来死在任上，他就曾有一些这样的网。网上的每根绳子由150根线搓成——对于那些不知道罗德岛人至今在密涅瓦（Minerva）神庙中保存着的埃及法老阿玛西斯送给他们的亚麻胸衣（每一根线都由365根纤维搓成）的残片的人来说，是非常令人吃惊的。为了证明这是真的，曾三次担任执政官的穆提安努斯（Mutianus）后来为此还亲自到罗马城出面做证。这些织物之所以剩下很少的残片，其实就是被好奇的人们给摸坏的。

希罗多德也提及了这件胸衣，另一件是阿玛西斯赠送给斯巴达人的，后来被萨米亚人（Samians）带走了：

它是由亚麻布制成的，上面有许多用金线和棉线[①]绣出的人或动物的装饰图案。胸衣上的每根线都值得赞叹。这些线虽然非常细，但每根线都是由360根纤维搓成的。此衣的质量与这位法老在林德斯（Lindus）献给密涅瓦的祭品衣物相当。

许多埃及布料的图案看起来像是用织布机织成的，而不是染色或印花工艺，图案也很丰富，能与用针刺绣出来的图案相媲美。刺绣艺术在埃及很常见[②]。我们发现犹太人在离开埃及后，

① 《出埃及记》：“他们把金子锤成薄片，剪出细带子来，用巧设图案的做法，将金细带织进蓝紫色、紫红色和朱红色线的料子和麻丝里面。”——原注

② 《圣经·以西结书》：“你的篷帆是用埃及绣花细麻布制作的，这种布还可以用来制作你的大旗。你的凉棚是用以利沙岛的蓝色、紫色布制作的。”——原注

利用他们在那里学到的知识，制作了很多精美的工艺品[①]。

用于织物的金线据说是用锤子打出来的[②]，然后再磨圆。相传，火神武尔坎制作的网也是用锤子在铁砧上锻造出来的，这种网十分精细，众神也无法看清每个细节。老普林尼提到了用金线织成的“布”，这种纺织品有时真是纯金的，不用任何羊毛或亚麻布打底——阿格里皮娜（Agrippina）和赫利奥加巴卢斯（Heliogabalus）的服装，以及维利乌斯（Verrius）笔下塔奎尼乌斯·布里斯库斯（Tarquinius Priscus）的服装都是这种纯金纺织品。老普林尼说：“盲诗人荷马的时代就已经有彩色衣服了，当时其他地方的人从埃及租借凯旋时穿的长袍。弗里吉亚人率先想出如何用针织彩色衣服的方法。用金线织布是帕加马（Pergamus）王阿塔罗斯（Attalus）的发明，巴比伦人最出名的就是他们纺织彩色布匹的技术。”

我们不知道银线是什么时候开始被使用的，因为好像没在古代学者的著作中见到过，所以人们一般认为银线较晚才投入使用。其实不然，古埃及的第十八王朝已经开始用银线进行纺织——在底比斯，我们发现了图特摩斯三世时期的银线。银线可

---

① 见《出埃及记》：“你要给帐篷的出入处制作一个帘子，拿蓝紫色、紫红色、朱红色的线和捻的麻丝，用刺绣的方法来制作。”“院子的大门要有门帘，长20肘，要拿蓝色、紫色、朱红色线和捻的细麻，用刺绣工艺织成，柱子4根，带卯的座4个。”“给帐篷出入处制作一个帘子，拿蓝紫色、紫红色、朱红色的线和捻的麻丝，用刺绣的方法来制作……”“院子的门帘是拿蓝紫色、紫红色、朱红色线和捻的麻丝，用刺绣的方法制作的，长20肘，横面宽5肘，和院子的帷子相配。”“你要拿麻丝线间格编织内袍，拿麻丝布制作礼冠，用刺绣的方法制作长腰带。”“又拿捻的麻丝和蓝紫色、紫红色、朱红色的线，用刺绣的方法制作长腰带：跟永恒的主吩咐摩西所做的一样。”——原注

② 见《出埃及记》：“他们把金子锤成薄片，剪出细带子来，巧设图案，将金细带织进蓝紫色、紫红色、朱红色的线料子和麻丝里面。”——原注

能和金线是同时被投入使用的。一枚刻有欧瑟特森一世名字的古戒指上也有金线。

这种金线应该不是像19世纪那样从金属板上的孔中拉出来，而是靠打制并用锉刀磨圆的。但在底比斯发现的一些金线几乎能证明，古埃及人其实可能也熟悉拉丝工艺。尽管古代绘画中没有这一过程的任何描绘，但这不代表拉丝工艺在古代不存在。他们没有成功引进金属铸造和其他各种技术，但拉丝之类的技术还是有的[①]。我们有理由认为，拉丝技术首先是用最有韧性的金属来尝试的，也就是金和银；黄铜和铁则是在更晚的时期被使用的。这一点还可以从金属丝最初被用于装饰的可能性这方面来做进一步论证。一般来说，只要被称为“金线”，那就是纯金的，甚至到了后来的罗马帝国时代[②]也是如此。在赫库兰尼姆（Herculaneum）和庞贝古城废墟中，也没有发现任何扁丝（flattened wire）缠绕在丝线（silk）或亚麻线（linen threads）上的例子，更没有银丝或其他金属丝镀金的例子。埃及人在制造金线的技术上已经达到了很高的水平，这一点很明显，因为金线足够细，细到可以用来织布和刺绣。阿玛西斯献给神庙的亚麻胸衣非常精致，上面用金线绣出许多动物的形象，这就要求用于刺绣的金线一定要很细。

古埃及绘画中，有身份的妇女和神所穿的彩色衣服在图案风格上很像现代印花布。当然，古埃及人的衣服肯定是用亚麻布而不是花布制成的。从老普林尼的作品中，笔者意识到，古埃及

① 根据大英博物馆的相关藏品，图特摩斯三世时期的雷克马拉墓中的一幅壁画就描绘了金属铸造的情形。早在第十二王朝时，就出现了表示一个人用吹管吹气来熔化黄金的象形文字记载。——S.B.

② 奥勒留（Aurelius）皇帝在位时期可能还是如此。——原注

人已经知道酸会对染色效果产生影响，他们染布的工艺程序和现代工厂有异曲同工之处。他们还有一种很有趣的方法：布料本来是白色的，不直接上染料，而是先将布投入一种药剂中，这时布料颜色尚没有变化。然后把布料浸入加了染料的水池中，再拿出来，布料就上了色。虽然水池中只有一种颜色的染料，但布上呈现出若干种颜色，这种效果完全取决于前述药剂的配方。布上的颜色水洗不掉。我们知道，如果事先没有将布投入药剂中，而是直接将布浸入混有多种颜色染料的水池，最后布料的颜色不是多色的，只会是一团乱。

所以在染色前，布料肯定经过了特殊处理，即使用了媒染剂（mordant）。这种药剂能使染色均匀，还能改变色调。

直至19世纪，我们其实还是很难弄清楚作为媒染剂的、化学概念上的盐和酸到底是怎么起作用的：古埃及人真的掌握了它们的反应原理吗？还是说只是经验层面上的了解呢？在现代人正确解释这些化学品的反应原理之前，欧洲人对此已经有很长的应用历史了。法国工人首次使用“mordant”这个词语的时候认为，将待染物浸入盐水是为了腐蚀那些阻碍着色的东西，并扩大待染物的孔隙（酸在改变色调方面的作用是后来才发现的）。所以我们不能据此就说古埃及人有了现代意义上的化学知识，尽管他们的相关经验和对金属氧化物的使用技巧看上去确实是那么回事——不过，就算古埃及人从一开始对染色背后的化学变化一无所知，可能随着时间的推移，他们还是会去慢慢探究其背后的秘密的。

在古代，很多发明发现与其说是经过专门的研究思考后得到的，不如说是一种“妙手偶得”——在发现新事物方面，这种情况比较普遍；在发明创造方面，更是经常如此。如果某个长期的实践指向的都是固定不变的同一结果，就会激发人们的好奇心，并且在对知识的渴求及靠知识获益的渴望的驱动之下，对现象背后的原因进行探索。不过，在文明方面[①]取得的进展相对较少，提高研究水平的方法论更是长期缺乏。

这么说来，“古埃及人掌握一些基础的化学知识”这个结论还算是站得住脚的，至少是某些关于化学反应的知识。铜离子美丽的蓝色、各种当时已知金属的成分，以及对盐的不同化学性质的理解都能说明这一点。

古埃及人似乎都是手工纺纱线，纺锤的形象随处可见。纺纱主要是妇女的职业，不过，也有男人使用纺锤织布。希罗多德似乎还想透露这样的信息[②]：有些地区的妇女承担了其他地区的男人的职责，甚至能做生意，而男人则被关在家里织布。从19世纪现代埃及的情况来看，当然也包括其他地区，都有男性纺织工，但不能说这些男性放弃了通常观念中男性常选择的职业而选择了女性从事的职业。从古埃及画作中可以看到，男女纺织工都有，由此可见古希腊学者有时下的结论也太随意了。

希罗多德说：“其他国家的人在织布时将纬线往上推，埃及人则相反，把它往下压。”壁画上也是这么画的。但底比斯人如果纺织一块带有彩色边框的布料，似乎是把纬线往上推。他们还有水平方向工作的织机，这种织机在贝尼-哈桑等地也被发现了。

关于用象形文字描绘纺锤使用者的情况，有一点值得注意：科普特语中不断出现“sahi”这个单词，相当于“to twist”

① 可能暗指相对于自然科学的人文社会科学。——译者注

② 希罗多德和索福克勒斯（Sophocles）都下了这样的评语。——原注

（扭动）。纺织用的纺锤一般都很小，长约1英尺3英寸。我们在底比斯发现的几个纺锤，如今都被保存在欧洲的博物馆里[①]。它们一般是木制的，为了增加转动的动力，其圆头有时是用石膏之类的东西制成的。不过也有些纺锤是用芦苇或棕榈叶编成的，形似轻巧的辫子，染上各种颜色，并配有相同材料编织而成的环，并缠绕麻绳起到固定作用。

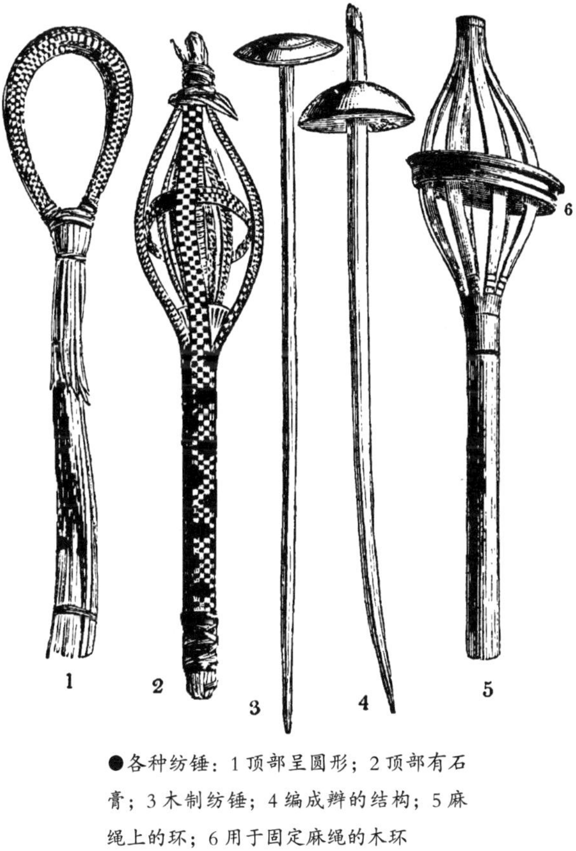

●各种纺锤：1 顶部呈圆形；2 顶部有石膏；3 木制纺锤；4 编成辫的结构；5 麻绳上的环；6 用于固定麻绳的木环

① 参见插图《各种纺锤》。——原注

除了纺锤的使用[①]和织机的形式，从墓穴壁画中，我们发现了亚麻的两个主要用途：贝尼-哈桑的壁画清楚地展现了在整个埃及都能见到的在方形坛中种植植物的方式（非常类似于我们的盐锅）、将秸秆搓成绳子的过程，以及制造一块布的过程。见插图《用亚麻做衣裳的过程》。

画中人用土罐倒水，可能是指植物的茎被切断后浸泡的过程。方形的空间表明它们被浸泡在不同的坑（pits）中，根据具体情况，有的坑放水较少，有的则较多。这更有可能是由于有一段要攀上顶部的台阶走，如果是在平地上就不会采用这种方式。

老普林尼这样论述植物茎秆被浸泡及敲打的过程：

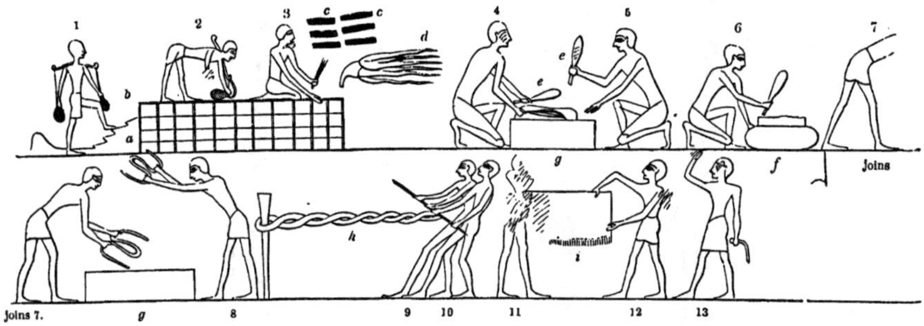

●用亚麻做衣裳的过程：a是台阶，走上坑的顶部；b是脚踏亚麻纤维的地方；c工人晾晒亚麻，准备敲打；d是刚切的麻秆；1用陶罐挑水；4、5用棍棒（e）敲打亚麻；7、8在g处敲打亚麻纤维，把这些原料做成纱线；9、10把纤维搓成绳；11、12织成布；13监工

① 在这些题材中没有出现普通的纺纱杆（distaff），但我们可以断定那时候有这种东西。盲诗人荷马提到了一个黄金的纺纱杆，是由住在埃及底比斯的波利波斯（Polybus）的妻子阿尔坎德拉（Alcandra）送给海伦的。——原注

植物茎秆先被浸泡在水中，再在太阳下晾晒，用重物压住，因为亚麻太轻了。然后反复翻动，直到亚麻完全干燥，之后在石板上用槌子敲打亚麻。“stupa”是指最靠近打击面的部分，质地比内部纤维要差，只用于制作灯芯。工人用铁钩子把它挑出来，直到把所有这些外部纤维全都去除，只剩更白更细的部分。做这种工作不会被看不起……亚麻被纺成纱线时，要在沾有水的硬石头上敲打抛光；当被织成布时，又要用棍子敲打，其质地在敲打的过程中得到改善。

他们还用一种梳子来分开和清洗亚麻的纤维，可能与老普林尼提到的铁钩相呼应。在底比斯发现的两把铁钩和一些毛巾，现保存在柏林博物馆。其中一把有29个齿，另一把有46个齿。

他们纺织的一些布的边缘上带有长长的流苏，这些流苏是由经线的伸出部分拧在一起形成的，并在末端打上一个或多个结，以防止散开。汤普森观察后称：“和现代丝绸披肩如出一辙。”

古雕像和其他已经发现的古物都完全证实了希罗多德的说法，即古埃及亚麻布片带有流苏，这是一种穿衣习俗〔这种服饰被称为“卡拉西里斯”（Calasiris）〕。衣服穿在身上，流苏会在腿上形成一个“边框”，但流苏衣服似乎并不普遍。当没有流苏的时候，衣边会折起来以防“散架”。参见《圣经·民数记》：“你吩咐以色列人，叫他们世世代代在衣服边上做

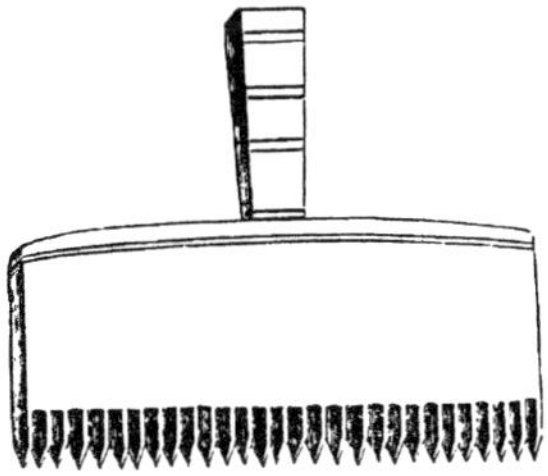

●木梳

穗子，再在底边的穗子上缝一根蓝细带子。”

除了织布的过程，古代绘画中还表现了木棒在纺织物表面上来回擀从而对面料进行平整或压延的过程。但从古代墓穴中发现的一些细麻布的外观来看，我们可以推测，有时为了这个目的会施加更大的压力，这只能通过机械或金属材质的棍棒来实现。

为了使亚麻布在洗涤后变得平整，埃及洗衣妇使用木棒捣衣。其中一些木棒实物在底比斯被发现，长6英寸，由柽柳木（tamarisk）制成。

古埃及人是用地毯的。根据狄奥多罗斯的说法，这些地毯是为宗教神圣动物铺设的。盲诗人荷马也注意到，地毯是一项很早就存在的古代发明。古埃及人的地毯是羊毛的，但我们无法判断其质量，因为古代墓穴中发现的地毯碎片保存得非常不完整。在底比斯还发现了一些羊毛制品，看起来确实很像地毯。有一小块古代地毯被带到了英国，为海伊（Hay）所有。笔者还注意到他从底比斯和埃及其他地方收集了宝贵的古代图画。

这块地毯长11英寸，宽9英寸，和今天的许多地毯一样，是用亚麻绳上缝毛线的方法织成的。地毯中间有一个白衣男孩的形象，上面还有一只鹅，绿色背景上的象形文字的意思是“孩子”。绿色背景的周围是由红色和蓝色线条组成的边

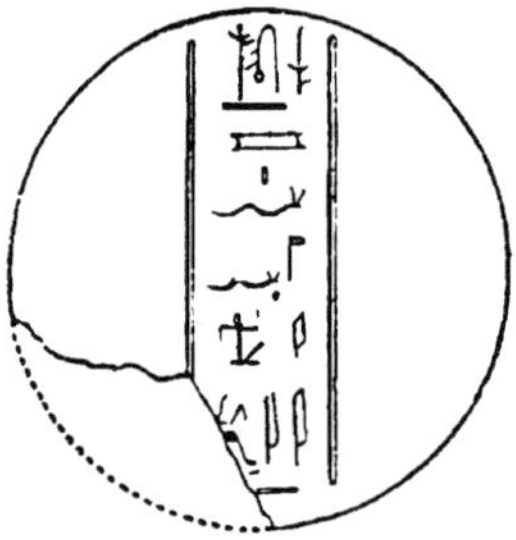

●木线圈和线，铭文写作“Ai”（世袭法老），是个人名，属于第十八王朝时期的物件

框；其余部分由黄色填充，上面和下面有四个白色的人物（两边各一组），有蓝色轮廓和红色的装饰。地毯的外边框是由红色、白色和蓝色线条组成，上面有一个花哨的设计，该设计顶部为三角形，一直延伸到地毯边缘。不知道这是什么时期的文物，但从外观看确实是古埃及风格[①]。

普鲁杜勋爵（Lord Prudhoe）告诉笔者，他在都灵（Turin）博物馆看到了一些精纺亚麻布文物。[②]

古埃及的线很细很细，准备使用时被缠绕在中心有凹槽的线圈上（线圈由木头、瓷器等材料制成，多为木制，因为更轻更实用）。有时，这些线圈上刻有象形文字。从莱顿博物馆收藏的一个线圈来看，拥有者的名字有男有女，名字就象征着使用者，或者说是所有者的身份。

笔者注意到，亚麻被用来制作各种绳索。普通绳子一般都采用枣树的纤维制作，就像19世纪时一样。在上埃及和下埃及的考古发掘中，发现了许多这样耐用的麻绳文物样本。

在位于底比斯的一座图特摩斯三世时期的古墓中，有壁画展示了扭动皮条的过程，由于它可能与制作绳索的过程相同，就在此适当地介绍给大家。

四根皮条的末端被插入并固定在一个空心管子里，从管子的一侧伸出一根横杆，横杆上有一个沉重的金属球；扭动皮条的人用右手握住管子，一边向后走，一边借助金属球的推动力将管子旋转起来。管子的一端有一个环，环上有一个带子，带子环绕

---

① 应该是古罗马或古希腊统治埃及时期的文物，不是法老统治时期的。——S.B.

② 原著中此处有“S.B.”。——译者注

着这个人的身体，支撑管子并使其自由活动。环在一个转轴上转动，以防止带子本身发生扭曲。

管子的另一端有一个人坐在地上，或坐在一个低矮的三脚凳上，不时去松开皮条以防止彼此纠缠。在他身后还坐着另一个人，此人用常见的半圆形刀把皮革切成条状，同时把它翻转过来；这表明我们所说的圆形切割（circular cut）在早期阶段就为古埃及人所知，采用这种方式可以从一块皮革上切割出最长的皮筋，之后把皮筋绑成一个圆环[①]。参见下文中的相关插图。

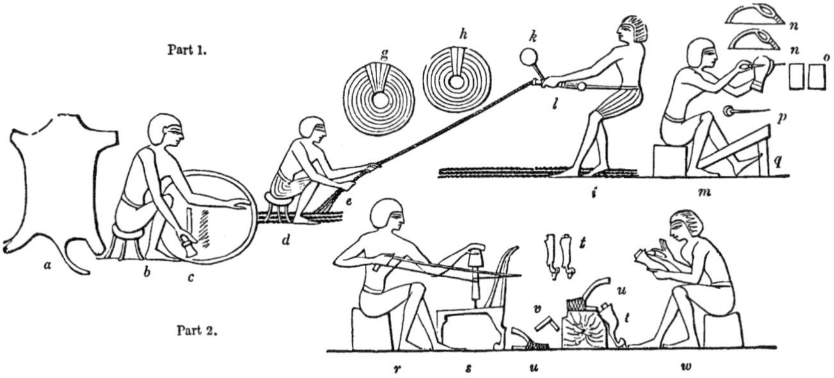

●皮革的处理

第一部分（上半）：a是作坊里挂着的兽皮，暗示了主人的工作；b表示切割一块圆形皮革；d、g和h表示把皮条捆好挂在作坊里；k是配重，给予l管更大势能；m是鞋匠，在凉鞋的鞋底上穿孔，皮条从孔中穿过；o是制造好待切的皮革；n是准备安装的皮条；p是锥子；q是架子

第二部分（下半）：s表示在椅子上钻孔；t是椅子腿；u是黏结剂；r是木匠的作坊；w表示安装椅子腿，或者将它抛光

① 这让人想起狄多买地建设迦太基的典故。（买“牛皮大小的地块”，实际上用剪开的牛皮圈了一大块地。——译者注）——原注

的确，有些人认为这种作品的主题是绳索制作；但左边的皮革和右边的鞋匠构成了一个连续的画面，这足以证明古埃及人在为凉鞋和其他类似的目的制作皮条。

还有亚麻绳渔网，可渔可猎[①]。一些在底比斯发现的这类文物被收藏在欧洲的博物馆里。编织网的针是木制的，也有尖头铜针，其长度在10英寸到11英寸之间。

筛子通常是用绳子编的，有些质量较差的筛子是用细草或芦苇编的（这与埃及人用于制作书写用笔的芦苇非常相似，并且经常和书记官用于记事的石板一起被发现）。巴黎博物馆里保存着这种筛子的标本，古代绘画也表现了它们是用前述材料编制的。事实上，古埃及人最先使用的可能都是比较简陋的版本，因为表示筛子的象形文字参考的就是这种简陋版筛子的形象。

古埃及人在造纸方面的技艺并不亚于纺织精致亚麻布的技艺，名声也很响。制作纸张的植物，也就是现代植物学家所说的

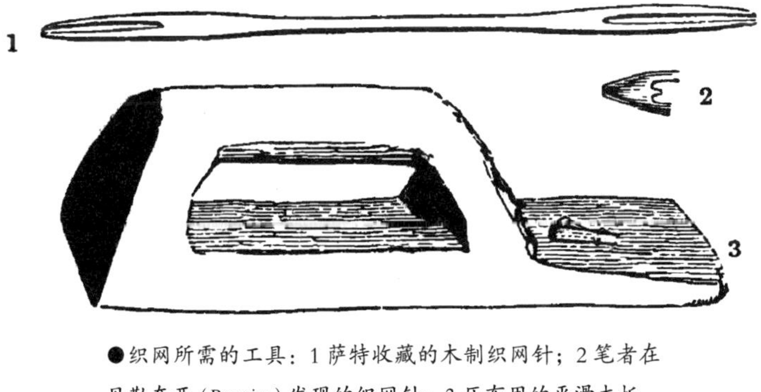

●织网所需的工具：1 萨特收藏的木制织网针；2 笔者在贝勒奈西（Berenice）发现的织网针；3 压布用的平滑木板

① 《圣经·以赛亚书》：“使用梳好的麻造物的人，以及织白布的人，都必羞愧。”——原注

纸莎草[①]，主要生长在下埃及的沼泽地及尼罗河泛滥后形成的浅水溪和池塘中——在这些地方，古埃及人重点栽培这种植物[②]。

通过垄断纸莎草贸易，古埃及政府获得了巨大的利润。尽管我们经常提到用纸莎草一类的材料制造独木舟或简陋的双桅船、篮子、凉鞋部件、船帆，以及用于制造其他常见物品，但很明显，和斯特拉波明确指出的一样，这里所提及的“纸莎草”有好几个具体的品种[③]。

用这类材料制成的纸的质量如何，取决于植物的生长情况和所选取的茎部部位。笔者发现，许多保存下来的莎草纸在质地和外观上差别很大。它们一般都很脆弱，难以展开，直到逐渐暴露在蒸汽或英国潮湿的气候环境中才会变得柔软。还有些纸非常脆，似乎是经过人工干燥过。

然而，当我们考虑到它们长期与水分隔绝，就不会对上埃及干燥气候所产生的影响感到那么惊讶了。同时还要注意到，我们的绘图纸在埃及放个几年后也会变得干燥，脆得一叠就破。事实上，那些没有暴露在同样高温下的莎草纸，在下埃及不那么干旱的气候下，也能保持柔韧。笔者从孟菲斯带来的一张纸就证明了这一点——它仍可以弯曲而不会断裂。从纸上的象形文字的风格来看，这张纸确实是法老掌权时代的，并且值得注意的是，它显示了发现莎草纸的城市名称——“Menofre”，即“Memphis”

① 古称为“pu apu”。单词“tufi”似乎也是纸莎草的意思，经过初步制造后的纸莎草被称为“t’ama”。——S.B.

② 《圣经·以赛亚书》：“尼罗河畔的草田、沿尼罗河所种的田地都必干枯。庄稼被风吹去，归于无有。”——原注

③ “纸莎草”在英语中写作“papyrus”，在拉丁语中写作“byblus”，在希腊语中写作“bublos”。——原注

（孟菲斯）。

莎草纸是这样被造出来的：去掉纸莎草茎秆的外皮，露出茎秆内部，然后纵向切成薄片，将这些薄片依次码放在一块平板上，用一种胶水粘在一起①。向这种混合物施加适当程度的压力并让它充分干燥，就能造出莎草纸。当然，纸张的宽度取决于切片的长度，纸张的长度取决于水平方向连续摆放的切片的数量。虽然宽度有限，但理论上可以造出无限长度的莎草纸。

19世纪，莎草纸已经不再被使用了，取而代之的是用亚麻布和其他材料制成的纸。但叙拉古（Syracuse）的骑士萨韦里奥·兰多利纳·纳瓦（Saverio Landolina Nava）等人仍然在继续制作这种莎草纸。纸莎草这种植物仍然生长在叙拉古附近泉水形成的小河旁，莎草纸也作为有趣的标本提供给旅行者。笔者见过一些这样的小纸片，制造仍遵古法，但成品质量比古埃及的差很多，这可能是由于在胶合之前就对茎部切片进行制造，或者是由于植物纤维本身质地较粗，所以纸的表面上不时出现一些斑点，而在埃及古墓中发现的纸片上没有斑点。老普林尼这样描述造纸的过程：

纸莎草生长在埃及的沼泽地，也就是尼罗河泛滥后留下的死水潭，深度一般不超过两肘。这种植物的根有一个人的手臂那么粗，它的三角形的茎（triangular stalk）不高于10肘（15英尺），自下而上向顶部逐渐变窄；顶部的花序没有种子，除了用来装饰神像，没有任何其他用途。古埃及人用纸莎草的根做燃料，或编制各种器皿，甚至用纸莎草造小船，用它的外皮制作船帆、垫子、衣服、

① 罗马人把纵向放置的纤维片称为“stamen”。还有一种交叉码放的方法被称为“subtemen”，呈现出布匹经纬线的形状。——原注

被褥和绳索。纸莎草生食熟食皆可，只吞汁液。他们用纸莎草造纸时，会用到一种针，以把茎分成薄片……

所有的薄片都放在桌子上，并不断用尼罗河水润湿。尼罗河水又稠又黏，就像一种黏稠的胶水。[①]首先，造纸工在一个平面上水平铺上一层纸莎草制成的纸，使其与另一层横向放置的莎草纸相交，然后将拼起来的纸一起压紧，再挂在阳光下晾干，最后两层纸结合为一张纸。一般来说，一根纸莎草的茎最多能切20张薄片[②]。

不同种类的纸在宽度上有所不同。最好的是13指宽的纸；书写象形文字的纸只有11指宽；法尼亚（Fannian）纸[③]有10指宽；圆形莎草纸有九指宽；赛提克（Saitic）莎草纸更窄，只有一根棒槌（mallet）的宽度；商业用纸只有6指宽。除了宽度，在纸的品质方面，人们还特别注重细度、厚度、白度、光滑度……当纸比较粗糙时，就用野猪牙或贝壳来打磨；但如此一来，写在纸上的文字就更容易被擦掉，因为墨水不太容易渗透进被磨得光滑的纤维之中。[④]

老普林尼认为，纸莎草在亚历山大大帝时代之前都没有被用来造纸，这是一个误解，因为我们已经有了实物发现。在公

① 尼罗河水质确实比较黏稠，虽然老普林尼对其有误解，但没必要对他求全责备。——原注

② 人们在研究莎草纸时可能会对其成分的制造存疑。有可能连续切割成圆形，以便用一根茎制成一张大纸，就像中国人生产宣纸时采取的那种模式。——S.B.

③ 以人名命名的品种，此人在罗马城有造纸工场。——原注

④ 老普林尼还对莎草纸做了其他研究。——原注

元前2000年甚至更早的时期，用莎草纸写字已经是司空见惯的事情。①

对于莎草纸一直到什么时候还在被普遍使用，19世纪时尚无定论。有证据表明，直到7世纪末，它还在被零星使用，后来被羊皮纸取代。查理大帝掌权时期已经完全使用羊皮纸写公文，莎草纸在这个时期已经被彻底取代了②。

不过，其实羊皮纸在更早的历史时期已经被发明出来。在公元前250年左右，帕加马国王已经开始用这种纸写字。这位国王渴望收集足够的藏书，建立能和亚历山大大帝图书馆媲美的图书馆。这招致托勒密王朝的忌妒，古埃及人决定不再向帕加马提供数量足够的莎草纸，于是帕加马人就改用羊皮纸，并以帕加马的国名为其命名，长期称为“帕加马那”③（Pergamena），这种纸是由绵羊和小牛的皮制成的。将羊皮制造的称为“羊皮纸”，将牛皮制造的称为“犊皮纸”（vellum）或许更准确。在拉丁语中，“vellus”是“一

---

① 莎草纸的宽度在不同时期各不相同。第五王朝的莎草纸最古老，宽6指；第十二王朝的莎草纸也是6指宽；第十八王朝的莎草纸宽一般为13英寸左右；第十九王朝的莎草纸有9英寸宽和11英寸宽的款式；第二十王朝的莎草纸宽达14.5英寸。托勒密王朝时期的民间契约书所用的纸宽约11英寸，而罗马时期的希腊莎草纸宽达12.5英寸至14英寸。莎草纸的颜色因其年代不同而不同，最古老的莎草纸颜色最深，但有些莎草纸的颜色要浅得多，并且质地更细、更柔滑，甚至相对较早历史时期的莎草纸也是如此。到了第二十六王朝时期，一些莎草纸的颜色是浅白色的。——S.B.

② 876年，教皇约翰八世（John VIII）的诏书还是用莎草纸写的，这说明莎草纸的使用一直延续到9世纪。莎草纸在意大利一直被使用到12世纪。截至19世纪，已知最晚的莎草纸文献是教皇帕斯卡二世（Paschal II）的诏书，大约是1100年的作品。——S.B.

③ 古代碑文显示，皮纸的使用早于莎草纸。第四王朝和第五王朝时期的一些莎草纸文献上就提到了皮纸。大英博物馆就有一件这样的特殊皮纸藏品，是用白色的皮革做的，可能是牛皮纸或羊皮纸，比前面提到的帕加马王朝使用的皮纸还要早好几百年。——S.B.

张皮”的意思，而“vitulinum”是“小牛”的意思。

古埃及以官方名义垄断纸莎草及莎草纸，从而导致这些商品因稀缺而价格骤升，穷人买不起。除了葬仪、贸易和公文，很少见到用莎草纸书写的官方文件；这种纸实在是太稀有了，稀有到官方也常常不得不抹掉原有的字迹，重复利用莎草纸[①]。

如果不是很重要的记录，古人一般都用碎陶片、石头、木板和皮革碎片作为记录的载体。参观纪念碑的规定、军人假期的记录、账目和各种备忘录一般写在碎陶片上；艺术家在神庙或墓穴中作画，先在一块大石灰石平板或涂了一层薄薄的灰泥的木板上打草稿。甚至连葬礼仪式的部分内容也被刻在方形的石头上、涂灰泥的木板上或皮革上。有时，皮纸被用来代替莎草纸，以同样的方式给死者陪葬。这都是早期对高价莎草纸的替代办法。但截至19世纪，在底比斯发现的古代皮纸都很少。

社会不发达的时候，人们用各种材料进行书写。如石头、砖头、瓦片、铜和铅等金属（板）、木板[②]、树叶和树皮[③]，以及动物的肩骨，都被当作文字的载体。罗马人长期使用涂有蜡的木板及莎草纸[④]，他们以前也曾使用过树的内皮和亚麻布片来书写

---

① 莎草纸似乎可见于所有官方、民事和法律用途的文献中。但现今发现的大多数莎草纸是为木乃伊制作的，其葬礼用途显而易见。不过，也有一些莎草纸被用于记载其他主题的文字。19世纪发现的在钙质石片和陶器上留下的铭文数量相对较少，希腊语中的“ostraka”一词被习惯性地用来指这种铭文。——S.B.

② 这些木板上覆盖着墨水能渗透进去的釉面成分。在埃及人使用莎草纸很久之后，他们还在开罗的学校中普遍使用这类木板，见卷一相关插图。——原注

③ 被称为“liber”，同拉丁语当中的“（一本）书”。——原注

④ “paper”这个词就是衍生自“payrus”。同理，“bible”或“book”实际上衍生自“byblus”或“biblus”。——原注

文字[①]。

许多东方人仍然在树叶上或木板上写字，而在阿拉伯语中，“巴拉卡”（Baraka）仍然表示“树叶”和“纸”。

最早期的阿拉伯人把诗歌作品写在羊的肩骨上，从埃及获得莎草纸之后，就用烫金的字在纸上写诗，即所谓“悬诗”[②]（Moallaqat）。这些阿拉伯人在亚洲和非洲大搞军事征服，对从当地夺取的科学技术加以利用甚至改良。在叙利亚、阿拉伯和埃及制造的羊皮纸的颜色和精致程度可与19世纪的现代纸媲美。羊皮纸很快就替代了莎草纸，当然后来羊皮纸被用棉（cotton）和丝（silk）造的新型纸替代，这种纸叫“Carta bombycina”，被蒙特法孔（Montfaucon）证明至少在公元1100年就已经存在，最早诞生于9世纪初。从叙利亚传入西班牙后，这种绵纸被称为“大马士革纸”（Carta damascena）。据说，在埃斯库里亚还保存有一些写于11世纪的绵纸手稿。

谁最早用亚麻造纸是19世纪时一个值得讨论的热点问题。古代中国人用各种植物纤维造纸的历史很悠久，他们的高超技术令人钦佩（公元95年）。爱德华·吉本这样说：“可靠证据显示，纸张最早从中国进口到撒马尔罕（Samarcand）的时间大概是在公元652年[③]；麦加（Mecca）在710年发明或引进了造纸的技术。”在这么早的时期就有用亚麻纤维制成的纸了？这值得怀疑，并且截至19世纪，我们还没有确切的证据表明亚麻纸在11世纪之前就被人

① 约公元前440年的事。——译者注

② 阿拉伯贾希利叶时期一批著名长诗的总称，被认为是该时期阿拉伯文学的精华和代表。——译者注

③ 有人认为应该是704年，但19世纪已知最早的阿拉伯语纸文书实物大概是950年的作品。——S.B.

所知，萨拉森人（Saracens）应该也是不知道的。正如可以预料的那样，摩尔人（Moors）很快就把这种纸引入了西班牙。据说埃斯库里亚图书馆（Escurial library）里有12世纪时用这种纸写的手稿[①]。

在同一时期，棉麻混合纸似乎是更常被使用的。直到15世纪，亚麻纸在大多数欧洲国家仍然很罕见。早在1312年，亚麻纸就在如今德国所在的地区出现了，这一点有文献证据。一封大约在1315年从德意志写给休·德斯潘瑟（Hugh Despencer）的亚麻纸信函被保存在威斯敏斯特的教堂里。这封信甚至连水印（water-mark）都与今天的信很相似。

直到16世纪末，英国才开始制造纸张。最早的纸只是一种粗糙的棕色纸，与现代阿拉伯纸非常相似。而阿拉伯人在造纸方面的技能，就像他们在许多艺术和科学方面的技能一样，已经被传给了曾经几乎不为他们所知的人。1690年之前[②]，伦敦没有制造过书写或印刷用纸。当时，英国每年要从法国和荷兰进口价值近10万英镑的纸张。

鞣制和制造皮革也是古代制造业的一个重要分支，古埃及人在这方面表现出了很高的技术水准。正如笔者已经注意到的，皮革工人是古埃及第三阶层的主要分支之一。在底比斯的利比亚（Libya），城市中有一个专门给他们居住的区域。

---

① 有人怀疑在1270年之前是否存任何亚麻纸手稿，但埃斯库里亚图书馆所藏《希波克拉底箴言》的阿拉伯语版本在时间上最早可以被追溯到13世纪初。——原注

② 斯佩尔曼（Spelman）在英国建立了第一家造纸厂，伊丽莎白一世因此授予他爵位。威廉·莎士比亚在其作品中，让角色杰克·凯德（Jack Cade）对萨伊勋爵（Lord Say）说了这样的话（1450年）：“我们的祖先除了乐谱和账簿，没有其他书籍，你却建立了造纸厂，使印刷术得到了应用，这与国王、他的王冠和王室的尊严背道而驰。”但这不能作为权威文献被引证。——G.W.

皮革几乎无法抵御潮湿、土壤中的盐分或过度干燥的环境，因此希望古代皮革制品完好无损保存到19世纪是不现实的，更别说判断其质量水准了。但在底比斯发现的木乃伊身上所使用的带子的精细程度，以及上面印制的图案的精美程度都能体现古代皮革工艺水平之高超，其中一些印有大约在犹太人出埃及时期统治埃及的法老的名字①。

底比斯古墓彩绘上刻画了古埃及人的多种职业：他们制作皮鞋、凉鞋、椅子、沙发（包括沙发皮和座位部分）、弓盒，以及战车上的大部分物品。竖琴也用彩色皮革装饰，盾牌和许多其他东西都用各种方式包裹皮层②。古埃及人还制作了用来装水、酒和其他液体的皮袋。正如笔者已经注意到的，在皮袋内侧涂上树脂的习惯是后来才有的，古埃及人甚至会在双耳罐内侧涂树脂，只为让树脂涂层对酒的香味起作用③。

古代雕像中展示了腌制兽皮的部分过程；《圣经》④中提到了给兽皮染色的过程，这无疑是犹太人从埃及学来的。在一个例子中，工匠把兽皮浸入一个可能装有水的瓶子中，把它泡在里面，准备用石灰去毛。这个去毛过程与今天埃及和其他国家的去毛过程非常相似。阿拉伯人更倾向于用生长在沙漠中的一种植物的刺鼻汁液来去毛，因为用它去毛更迅速，并且对皮本身也更好。

---

① 第二十王朝时期的木乃伊身上就有这种精美的皮具，这类木乃伊中已知最古老的（截至19世纪）是拉美西斯十三世的木乃伊。之后的古代王朝，有浮雕的皮带被继续使用，直到公元前525年左右。——S.B.

② 在古埃及语言中，和“leather”对应的单词用英语字母转写后是“tehad”，对应“hide”（未经人工处理的皮革）转写成“anem”。——S.B.

③ 皮革也可以用于制作剑鞘。大英博物馆收藏了古埃及的皮帽及皮围裙。有时，皮箱和皮袋都用于收纳莎草纸和各种工具。——S.B.

④ 《出埃及记》提到了“染红的公羊皮、海狗皮、皂荚木”。——原注

这是一种萝藦科植物，学名写作“Periploca secamone”。它的茎部含有一种白色的汁液，很像乳汁。茎被擦伤后，白色的汁液会流出来，味道非常刺鼻，溅到眼睛或受伤的皮肤上会很难受。这种植物必须通过缠绕在灌木上来支撑自己。它的茎干似乎偶尔也被古埃及人用来做装饰，就像常春藤一样。但没有证据表明，古埃及人曾用它来处理皮革，尽管他们似乎非常了解这种生长在沙漠和尼罗河流域的植物的特性。我们倾向于认为，底比斯的古雕像展现了皮革匠的行业，我们能看到他们在捣碎某种东西，但由于画得不够清楚，所以无法确定他们是在捣碎植物汁液，还是石灰、盐或其他什么东西。

根据阿拉伯人的记载，首先将皮革放入面粉和盐中三天，清除掉里面的所有油脂和杂质；再把植物的茎用石头捣碎，放入水中，让水浸泡皮的内侧。待动物毛发脱落后将皮晾晒两到三天，整个去毛过程就完成了。

在底比斯古墓中经常可以看到对拉伸或弯曲皮革的方法的展现。神奇的是，古埃及人在3000年至4000年前使用的半圆形刀，正好与我们现代的理发师的刀相似。

与其他行业一样，制革工使用的工具既不多也不复杂，甚至给人一种工具不足的错觉。19世纪，我们看到中国、印度，以及别国的工匠处理皮革时，同样使用简单工具：半圆形刀、一种凿子、普通的锥子（在底比斯发现了与之相似的物件）、

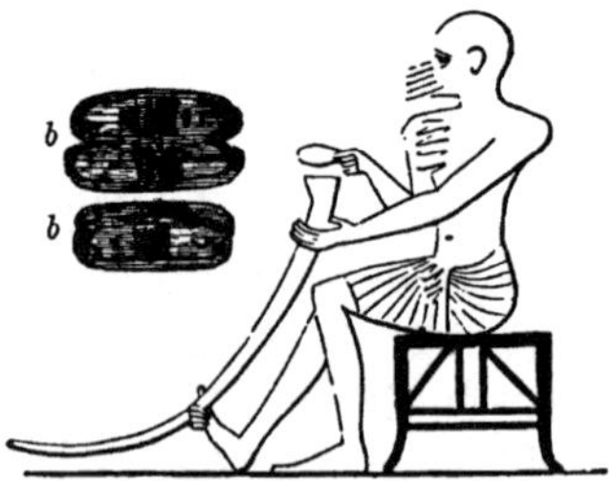

●制革工切割皮带：b是作坊中捆好挂着的带子

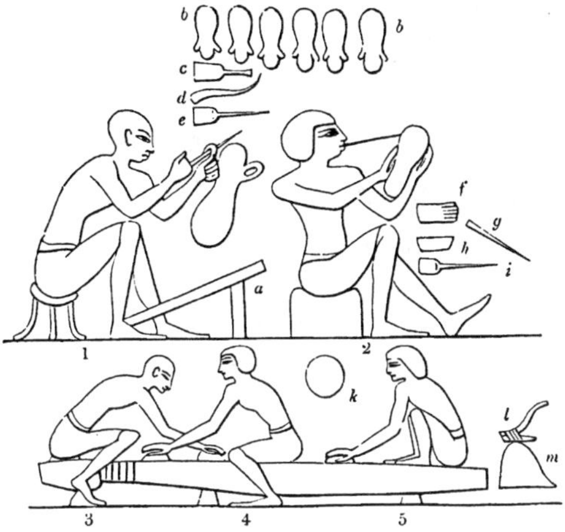

●制鞋工和抛光石柱的人

上半部分：做凉鞋的鞋匠；下半部分：抛光石柱。1用锥子纳鞋底；2用牙齿咬着线打结；b是作坊里挂着的凉鞋；c、d、e、f、g、h、i、k、l是各种工具

打磨皮革的石头、切割台、弯刀、牛角和其他一些工具，这些就组成了鞋匠的小作坊的全部。而那张制好的皮革就是制革行业的标志，和做好的鞋子及其他物品挂在一起，成为吸引顾客的招牌。

在埃及一些地区，城中的商店可能和开罗、其他东方城市的商店类似：一般来说，商店是一个方形的房间，房间的前部开放，有可落下或滑动的百叶窗，晚上会关闭。货物放在架子上或挂在墙上，路人可以看到。店面前部一般有高高的座位，店主和顾客就坐在上面谈生意。无所事事闲人经常在这里一待几个小时，他们没有那么多东西要买，只是凑凑热闹而已。

在古埃及绘画展现的许多东方的奇特习俗中，有一种是穿鞋时用脚趾夹住皮革或其他材质的带子，由于脚趾始终没有被鞋子束缚得太紧，所以能保持其充分的灵活度和柔韧性。还有一种奇怪的，可以说是原始的习俗，即在缝制鞋子时用牙齿咬着拉紧皮筋，可以从图特摩斯三世时代的画中看到。

可能和今天一样，古埃及小店外就是路边摊，开放给食客吃东西，这种习俗被希罗多德记录了下来。

在东方的城镇，如果没有王室或君主的镀金铭文的庇护，贴在店铺里的图文也不会明示店主所做的买卖。人们认为，只要看到摆出来的商品，就足以知道店家在做什么生意。人们还在墙上张贴宗教经文或神的名字，这些文字每时每刻都见证着奸商欺骗客人的行径。人们对此习以为常，并不觉得这有什么不协调，尽管欺骗行为很明显与宗教的教义相悖，甚至可能是亵渎宗教教义。19世纪时也没有发现任何直接证据可以表明古埃及人会在店铺中贴上店主的名字，以及对所从事行业的描述，尽管象形文字的存在暗示古埃及人可能有条件这么做。古代雕像上出现的具体人名不多，这很容易解释，因为出现的象形文字不是指向作为个体的人（商户），而是为了指称作为整体而存在的整个行业。

我们可以认为，古埃及店主最有可能展示的是自己从王室获得的庇护。君主的名字经常以最显眼的方式出现在他的棺材上，以及墓穴绘画中。法老的名字出现在个人物品上，最普通的物品上也标有类似于王室象征的圣甲虫（scarabaeus）符号。但古埃及人是否会在店铺标识语中明确给出商人的名字和所属行业，这很难确定。事实上，一些城市为特定行业的人划分出专属区域，区域里的居民根本没有必要多此一举。

皮革的多用途性，以及古埃及人对皮革的大量消费[①]，使皮

① 许多古埃及人认为动物皮毛很有价值，以皮毛、牛和斗篷作为运动会的奖励，古希腊人也有同样的习俗。——原注

革需求远远超过了埃及的皮革产能，因此埃及人从外国进口皮革，他们向亚洲和非洲被征服的部落征收的部分贡品就包括兽皮，如豹子、狐狸和其他动物的皮。底比斯古代绘画中经常出现这些皮，它们被放在埃及法老的宝座前，和金、银、象牙、稀有木材及每个被征服国家的各种贡品一块儿出现①。

处理皮革要用到合欢树的豆荚，在古埃及，很多地方都有这种植物。木材和树胶也很珍贵；沙漠中的醋栗（Rhus oxyacanthoides）的树皮和木材很可能也被用于处理皮革②。

很多男女都从事清洗各种布匹和其他物品的工作。这些人的职业构成了古代雕像的众多主题的一部分。然而，这些很可能只是染工这个职业的一个分支。笔者已经注意到古埃及人在给布匹上色方面所具有的技能。

陶工的从业人数要多得多；在底比斯和贝尼-哈桑的墓穴画像中可以看到混合黏土，以及翻转、烘烤和抛光瓶子的所有

① 《圣经·列王记》：“因为（所罗门）王有他施（Tharshish）的船与希兰（Hiram）的船一同航海，三年出航一次，装载金银、象牙、猿猴、孔雀归来。”另见阿特纳奥斯记载的呈送给托勒密二世的贡品。希伯来语中的“孔雀”（peacock）写作“tokiim”，从“tokii”演化而来。在泰米尔（Tamil）语中，孔雀被称作“Tokii”，当地是孔雀的原产地。猿（Apes）在希伯来语中被称为“kofm”，在泰米尔语中被称为“kap”，在埃及语中被称为“toij”。在埃塞俄比亚语中，长尾猴被称为“kef”。在印度教徒居住到南印度之前，泰米尔语就是当地的语言，在所罗门时代甚至更早的时代就已经在当地使用了。19世纪，讲泰米尔语的原住民部落仍在原地居住。在古埃及语中，猴子（monkey）被称为“qaf”，和希腊语“kebos”都被认为出自梵文。但切普斯陵中就有“qaf”这个词了，这说明这个单词比梵文更古老。猿被称为“ben”，犬面狒狒（Cynocephalus）被称为“āāni”，都是埃塞俄比亚和索马里（Somalia）呈给埃及的贡品。——S.B.

② 主要使用生长在沙漠中的合欢树，但这些树生长在离尼罗河流域都很远的地方。——原注

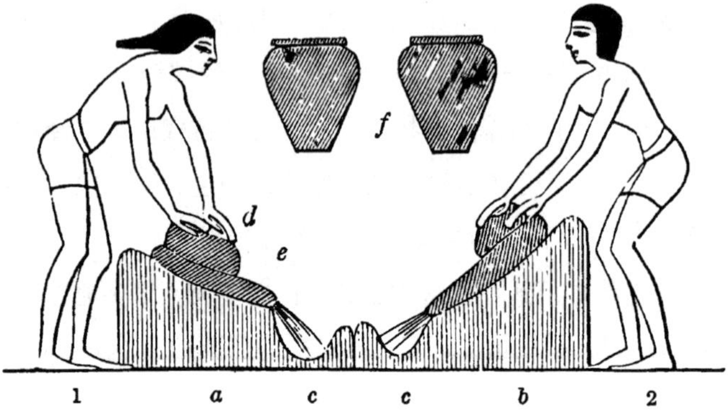

●倾斜的平面及流入中央水槽的水

过程。

古埃及人经常用脚踩黏土。在黏土被适当加工后，他们用手将其捏成大小合适的块状，然后放在轮子上转动。从古代绘画中的情况来看，轮子的结构非常简单①，用手就可以转动。瓶子的各种形状是在旋转过程中用手指拨弄出来的。如果要制作把手，就制作好之后再黏上。在用火烘烤之前，用木制工具或金属工具刻画出各种纹饰，并将其晾干。这些器皿先是被放在木板上晾干，之后被工匠小心翼翼地排列在托盘中，并扛着送去烧。

许多常见的古代瓶罐和锅子与19世纪时埃及制造的瓶罐和锅子非常相似，这一点我们可以从古代绘画及从古墓或古镇废墟中发现的文物瓶罐看出来。从科普特语的词汇量来看，器皿的外形有多少种，就有多少用于指称它们的词汇。科普特及其附近地区一直以制陶业闻名，当地发现的黏土特别适合于制造用来冷却水

① 有些人认为陶轮是阿纳查西斯（Anacharsis）发明的，但斯特拉波指出，在荷马时期，这种东西就已经存在了。——原注

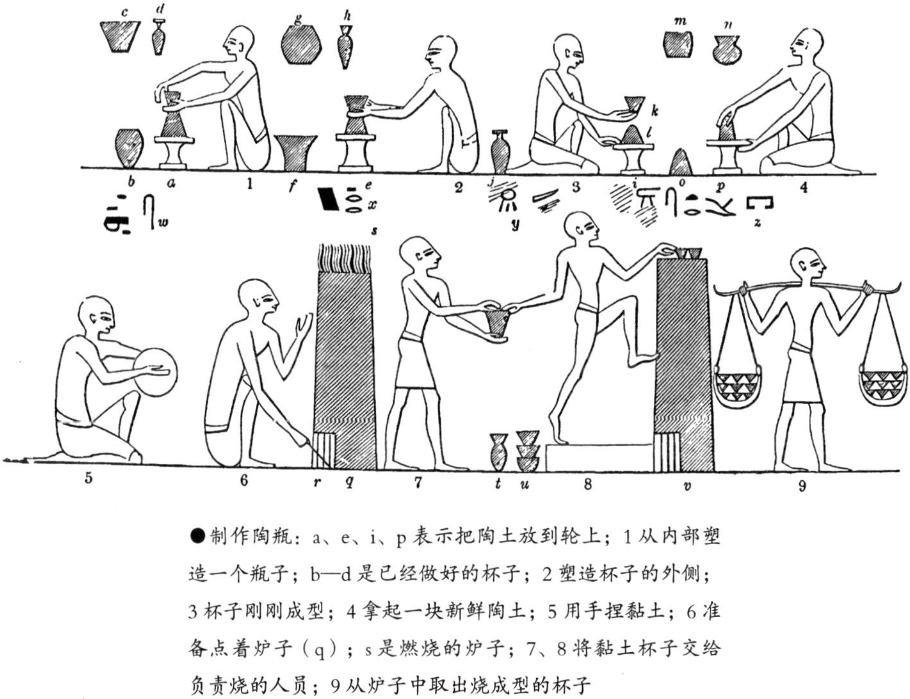

●制作陶瓶：a、e、i、p 表示把陶土放到轮上；1 从内部塑造一个瓶子；b—d 是已经做好的杯子；2 塑造杯子的外侧；3 杯子刚刚成型；4 拿起一块新鲜陶土；5 用手捏黏土；6 准备点着炉子（q）；s 是燃烧的炉子；7、8 将黏土杯子交给负责烧的人员；9 从炉子中取出烧成型的杯子

的多孔瓶；如今奎内出产的“巴尔达克”（bardak）瓶是这类瓶子的典型代表[1]。

19世纪巴尔达克瓶的形式是从古代传承下来的，这一点从土丘中发现的文物碎片（这些碎片表明，古代城镇和村庄的遗址确实存在）及许多保存完整的瓶子文物中不难看出。当地一直流传着这样一种说法，即现代制瓶工艺源自古代[2]。

截至19世纪，我们尚无法确定，制作陶器用的轮子具体是什么时候发明的，老普林尼的判断应该是不准确的。从古代雕像保存的情况来看，这种工具在约瑟来之前就存在了，而那时连雅典城都没建成呢。

老普林尼在这方面所犯的错误何止这一处？他觉得很多其他民族的发明创造都来自希腊人，包括宝石切割技术，该技术也被这样归功给底比斯的卡德摩斯（Cadmus）。还有希腊人说，公元前600年[3]底，米利都的泰勒斯（Thales of Miletus）通过教古埃及人用物体影子的规律来测量金字塔或其他物体的高度，反过来启迪了他长期追随的埃及老师[4]。犯了言过其实的错误固然可以被原谅，对希腊人的虚荣心我们付之一笑就可以了——他们假装向自己的埃及老师展示了自己的某项发现，而埃及人作为对天文学和数学

①　“pottery”（陶器，制陶工艺）这个单词用古埃及象形文字写作“”（qarreh），这个叫法被传承至今。——原注

②　美杜姆金字塔（pyramid of Meidoum）附近的一座古墓穴涉及陶质容器相关的内容，该墓穴应该是第二王朝时期的。在萨卡拉金字塔（Pyramids of Saqqarah）的墓室残骸中，有很多手工制作的小瓶子，年代为第五王朝。莱普西乌斯还提到了另外一些用红色陶土制作的小陶瓶，均为第四王朝和第五王朝的物件。——S.B.

③　老普林尼说：“当夹角达到45度时，影长和塔高相等。”——原注

④　古希腊艺术家曾去埃及学习，如今意大利艺术家也去埃及学习。——原注

如此娴熟的民族，当然也能看穿。但现代学者还在如此以讹传讹，这就让人感到诧异了[①]。

古埃及人在金器、银器、瓷器和玻璃瓶的制造方面表现出了很高的品位，而当他们用陶土制作普通用途的瓶子时，一些瓶子的造型却缺乏优雅感。在韦奇伍德[②]用带有古典韵味的陶瓷器取代古老的陶器厂生产的丑陋产品之前，现代陶瓷器皿的生产水平也就和这些古代的次品差不多。虽然上埃及的黏土特别适合制作多孔瓶，但还是不足以制造质量媲美古希腊和古罗马的瓶子。古埃及人的良好品位也没有像古希腊人的品位那样扩展到所有阶层。古埃及人使用的从井中或尼罗河中取水的瓶子往往是非常普通的，远不如雅典妇女带到卡里尔霍泉（fountain of Kallirrhoë）打水的瓶子。

虽然古希腊人的许多有用的知识和许多早期的艺术创造都要归功于古埃及，但他们很快反超古埃及人并有所改进，最突出的方面莫过于制陶工艺。[③]

---

① 与此相对应的是，他们自己的语言（their own language）中衍生出的外国名字（foreign names），如“Isis”这个希腊语单词，表示“知识”，这不是一个孤例。——原注

② 韦奇伍德是一家英国陶瓷公司，由乔书亚·韦奇伍德创立于1753年，是英国工业革命时代设立的工厂之一。——译者注

③ 古埃及陶器的用途很广，陶工因此获得了充足的就业机会。家中的陶器（双耳罐，未上釉器皿，或抛光器皿）主要是用于盛放葡萄酒、油，以及盛放其他液体的瓶、壶和罐子，一般尺寸较小，还可以用于盛放各种食物和其他东西。这些器皿外壁有时会刻上所装东西的名称，器皿口用泥塞住，再用亚麻布带固定。还有陶碟（paterae），这是一种盘状物，以及各种小陶瓶（unguentaria）。其中一些瓶子通常用蛋彩涂上颜色，并涂上一层釉，主要装饰是在瓶身周围画上带子，或在瓶颈画上斑纹或棋盘纹，偶尔也加点其他简单的装饰物，没有复杂的设计。在较晚的时期，一些瓶子上出现了贝萨的图案。当然，我们不可能确定这些小陶瓶的所有具体用途。所有行业都会用大规格的瓶子：罐状

古埃及社会中一个人数众多的阶层是木匠和橱柜工人。古埃及绘画对他们的工作有大量描绘。除了枣树、棕榈树、梧桐、柽柳和合欢树，古埃及本地生长的可作为建筑或装饰木材的树种很少，出产的量也不大。枣树和棕榈树（作为木材）的主要用途笔者在前面已经提过了。制作棺材、箱子、桌子、门和其他需要大而厚的木板的物品，制作神像和木雕时，主要使用无花果木。仅从在古埃及墓穴中发现的大量无花果木来看，显然古埃及人种植了大量无花果树。除了用作木材，无花果树所结果实是埃及人非常喜爱的。在宗教观念中，无花果树和鳄梨树成了名副其实的宗教神树。

柽柳木被用来制作工具把手、木锄及其他需要质地坚硬且坚实木材的物品。金合欢木被用来制作船的木板和桅杆、昂贵的作战兵器的把手，以及各种家具用品——在古埃及的许多地方，特别是在孟菲斯和阿比多斯（Abydos）附近，都有大片金合欢树林，这

瓶盛放各种液体，高脚壶盛放葡萄酒或从尼罗河打来的水；油和药物放在罐子里；化妆品放在带嘴的壶里；葡萄酒、蜂蜜和牛奶通常放在宽口容器里，就像罗马人用的那种“ollae”一样。黏土制陶的生产状况因地制宜，因时而异。古埃及人能使用的最好器皿是具有密封蜡（sealing-wax）颜色、经过抛光处理、外观透明的那些，其中一些器皿的形状非常优雅，仿照人或动物的形态制作。古埃及陶工做得最好的是装饰瓶，上面涂有玻璃釉，是专门放在梳妆台上的，有蓝色、绿色，还有其他颜色；其中包括刻有铭文和人物图案的小瓶子，形状各异（参见罗塞里尼相关作品）。此外还有半球形的碗或小碗，莲花形的高脚杯，水滴形的花瓶，用来盛放硬石的瓶子，以及第二十六王朝时代的烧瓶，还有一些是以山羊、刺猬等动物为造型的瓶子——这些都是埃及的陶瓷器皿。古埃及人在其工艺水平最巅峰的时代烧出来的美丽的蓝色器皿，其美丽程度时至今日仍然是无与伦比的。除了家用物品，陶工制作了砖瓦（tiles）、模具（mouldings）和其他可镶嵌的物品，用于建造建筑物和墓穴，并为送葬者提供了很多用于装饰木乃伊的戒指、珠子和号角，还为墓室制作了大量的殡葬用罐子和雕像（见伯奇于1873年所著《古代瓷器史》第15页及之后的内容）。——S.B.

些树林至今仍然存在。除了提供木材，金合欢的价值还在于它的豆荚及树干和树枝中渗出的胶（现在被称为阿拉伯胶[①]）。这种胶可用于制造皮革，非常有用。19世纪的现代埃及人也很珍视这种树。在阿拉伯语和古埃及语中，“sont”一词被用于描述这种相思树。

埃及有各种细分品种的合欢树，其所产出的木材用途十分广泛。此外，还有沙枣树，俗称“Eqleeq”，学名“Balanites Ægyptiaca”。沙枣树有很多种细分品种，其木材被古埃及木匠大量使用。如果为了制作木制装饰品，或为了制作棺材、门和箱子，古埃及人会采用来自外国的木材。他们从叙利亚进口雪松和杉木，从埃塞俄比亚和亚洲的被征服区域征收乌木等稀有木材——算是一项税赋，这些木材每年由被征服部落的酋长亲自送来。

箱子、椅子、桌子、沙发和其他家具经常用乌木制成，并镶嵌有象牙；梧桐木和槐木被贴上薄薄的一层稀有木材来装饰，有时这层装饰不是采用拼贴工艺而是镶嵌工艺。埃及人喜好炫耀，学会了给普通木材涂漆，使其展现出稀有木材外观的技术。该技术在今天仍被普遍采用。通常，在一层薄薄的灰泥上涂上想要的颜色，把这层灰泥平稳地铺在事先准备好的木头上，而在这一涂层上画的各种细节和纹路表明了他们打算仿造的木材的特征。

木匠常用的工具有斧头、锛子、手锯、各种凿子（用木槌敲打）、钻头和两种刨子（一种类似于凿子，另一种显然是石制的，用于打磨木材表面，之后进行抛光，抛光工具可能也是石制的）。还有尺子、铅锤、直角尺[②]、装有钉子的皮袋、磨刀石等，这可能是当时人们使用的工具的集

---

① 其他几种合欢树也出产这种树胶。——原注

② 见第六章开头部分。——原注

合。笔者已经注意到，古埃及人房间里的一些家具，都是橱柜制造商生产的，一些家具的精细度堪称完美。笔者也不能不提到在法老时代就已经投入使用的燕尾榫技术（随处可见，就不特别说明了），或者用宽大的针（broad pins）或硬木舌（tongues of hard wood）将两块木板贴合在同一平面上的工艺，这种设计尤其特别，展现了古埃及人对物品经久耐用的要求和重视。关于这些工具，可以参见本卷和第一卷的各种插图。

19世纪的现代木匠会把小圆钉水平地钉入木板边缘的相应部分，然后把两块木板连接在一起，形成一个整体。但古埃及木匠做得更多：使用约两英寸宽的平销，在木板相互贴合后又用圆销或木钉垂直穿过木板，钉在每个平销上，这样就能有效地防止接头开裂——现代的箱子要是接头处开裂了，用胶水也没法粘起来。在将木头锯成适当的尺寸后，主要就用锛子①这种工具。从19世纪技术并不很熟练的木匠用锛子制作的小物件的精细程度来看，我们可以对锛子在技术精湛的古埃及木工手中怎么使用形成一些概念。这一点在古代雕像中有所体现②。

底比斯出土过很多古埃及工具，包括锯子和凿子之类的。

① 在古埃及，锛（adze）要承担现代工具中的刨子（plane）的所有任务，这种工具不是埃及人发明的。每个锛或其他工具都有自己独特的名字。莱顿博物馆收藏的古代石碑上就刻有锛的图案及其名字，名字写作“Anup”或“Anubis”，其他工具也有自己的名字。古埃及人会根据自己的具体需要使用不同种类的锛，如木材的整理、造船或造弓箭等。见夏巴斯所著《古代史研究》（*Etudes sur l'Antiquité historique*）第74页。有些锛有木柄，有些有铁刃。——S.B.

② 锯子（saw）的古称是“bes”，锤子（mallet 或hammer）的古称是“*menχa*”。除此之外，凿子（chisel）古称为“sheneb”，手锯（hand-saw）古称“tefa”，刀（knife）或锛被称为“ant”，锛又被称为“nu”，刷子（brush）被称为“sa.t”，直角尺（sqaure）被称为“neter aft”，等等。——S.B.

这类工具的金属头部都是青铜的，手柄则是用槐木或柽柳木制作的，头部和手柄之间的连接方式令人惊讶——很可能用的是牛皮筋！也有一种可能，在古墓中发现的一般只是工具模型或未完工的样品[①]。当时的人可能认为，这种陪葬品只要能摆个样子就行，没必要真的用牛皮筋把头部和手柄绑起来后，再用钉子钉死[②]。但这些文物中显然有一部分有被使用过的痕迹。

古雕像中还常常出现钻头，这也算是人类使用的最早的一批工具了。古埃及钻头和19世纪现代埃及的钻头在外形上十分相似。古埃及凿子的用法和19世纪现代埃及凿子的用法也差不多，也要用木槌敲打。工具两端有时是平的，有时是圆形或椭圆形的。在底比斯考古发现的古代工具文物如今都被保存在欧洲的博物馆里面。凿子[③]的手柄是用槐树、柽柳等木材制作的，刀片是青铜制的。就斧头来说，具体任务不同决定了要使用不同宽度的斧刃。造船的工匠，以及制造大型框架的工人一般就会用到斧子。当然，斧子也是必备的伐木工具。

古埃及人没有双片（横截）锯（double saw），可以说他们的砍伐方法是原始且不完善的。不管木头有多粗，都只能用一只手锯开。因此，为了把一根木头锯成木板，古埃及人会把木头（如果不是非常长）直立在两根杆子之间，牢牢地固定在地上，用绳索绑住，或像用钳子夹住一样用销子固定。

木匠有很多工作，其中一种是表面镶嵌，在底比斯的雕像

① 在底比斯就发现了这么一套工具模型，模型的刀片比真实工具的刀片要薄。——S.B.

② 在英国发现的石制和铜制手杖很可能是以同样的方式被固定在手柄上的。见相关插图。——原注

③ 夏巴斯举了很多这方面的例子。——原注

中也有体现。图特摩斯三世时期这种工作情形就被记录下来——笔者认为图特摩斯三世就是犹太人出埃及时期的法老，当时的工匠已经可以将一片红色的稀有木料粘在黄色的梧桐木或其他普通木材上。在两种木材混放时，工人为了区分出质量较差的黄色木材，会有意把凿子固定在黄色木材上。工匠旁边摆着工具，还有一个盒子或小箱子，由各种颜色的木料镶嵌、贴面制成。作坊的同一区域还有另外两个人，其中一个人在石板上用石头磨东西，另一个人在用刷子涂胶水。参见插图《镶面和黏结剂的使用》。

也许有人会猜想这里要表现的是清漆（varnish），但应该根据火上的锅、胶（水）的状态，以及前面提到的工人贴合两块木板的相关内容得出结论。同时，这也证明，早在三千三百年前，胶水已经被发明出来[①]——这当然不是唯一证据，据考古发现，有几个古代木箱是用胶水固定连接处的。

底比斯的古代壁画中经常出现各种盒子、神龛、家具和橱柜

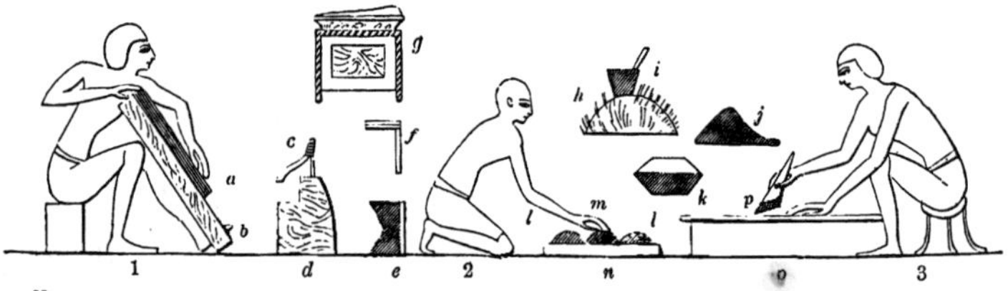

●镶面和黏结剂的使用：a和b是两块不同颜色的木头；c是插入一块木头的工具锛；e和f是19世纪现代木匠仍在使用的尺子和直角尺；g是盒子；2研磨过程；i是火上的胶水罐子；j是黏结剂；3涂胶过程

① 罗塞里尼认为这是在表现上色的过程，但罐子被火烤着，里面不可能是画笔，尽管插图《镶面和黏结剂的使用》中的2可能是罗塞里尼想法的来源。顺带一提，小普林尼曾将胶水、锯子、斧头、铅垂线、螺旋钻的发明都归功于一个叫达斯达鲁斯（Dasdalus）的人。——原注

类制品，其中许多制品造型雅致、制作精良。笔者注意到一些装小饰品和药膏的盒子、木勺等小东西。此外，在底比斯发现的一些古代盒子中还配有奇怪的铰链[①]替代品。

各种款式的古埃及匣子配备盖子，参见插图《各种匣子》。其中8的盖子分为两部分，只有一部分是活动的，可以打开，主要靠转动底部的两个小插销，像开门一样打开。必要时可以利用顶部旋钮固定在一起并且密封，方式与前相同。

如果没有贴面或镶嵌稀有木材，那么匣子的侧面和盖子就会被涂上颜色。那些准备放入墓里当随葬品的盒子，出于纪念死者的目的，人们通常会在上面写上葬礼的铭文，或者画上宗教主题的图画，以表示这是死者家人的供品。

我们在底比斯发现了几个古代盒子，大英博物馆收藏了一些以前属于萨特的盒子，其中一个因镶嵌了色彩鲜艳的象牙片而引人注目。该盒子是乌木做的，涂成红色和蓝色的象牙镶嵌在盒子侧面和边缘，盖子也有涂色象牙装饰。盒子里面有一个类似于前面提到的“铰链替代品”（a substitute for a hinge），横杆的背面（back of the cross-bar）被切割成一个尖锐的边缘（a sharp edge），与盒子末端的相应凹槽（corresponding groove）吻合；两个旋钮（球形把手）（knobs）被固定在顶部和前面的通常位置（usual place）。许多盒子的盖子都可以沿着凹槽滑动，就像19世纪的现代小彩盒一样，本书中也有相应的插图。其他盒子的盖子通过沿着边缘开口，使盒盖和盒身尺寸匹配。还有一些盖子利用后边的销子转动实现开盖合盖，就像前文提到的长柄盒那样。在打开一个大箱子时，古埃及人经常

① 大英博物馆的藏品匣子铰链和19世纪现代鼻烟壶比较相似。整体呈圆柱形，在背面的上部有一个鸽尾造型。——S.B.

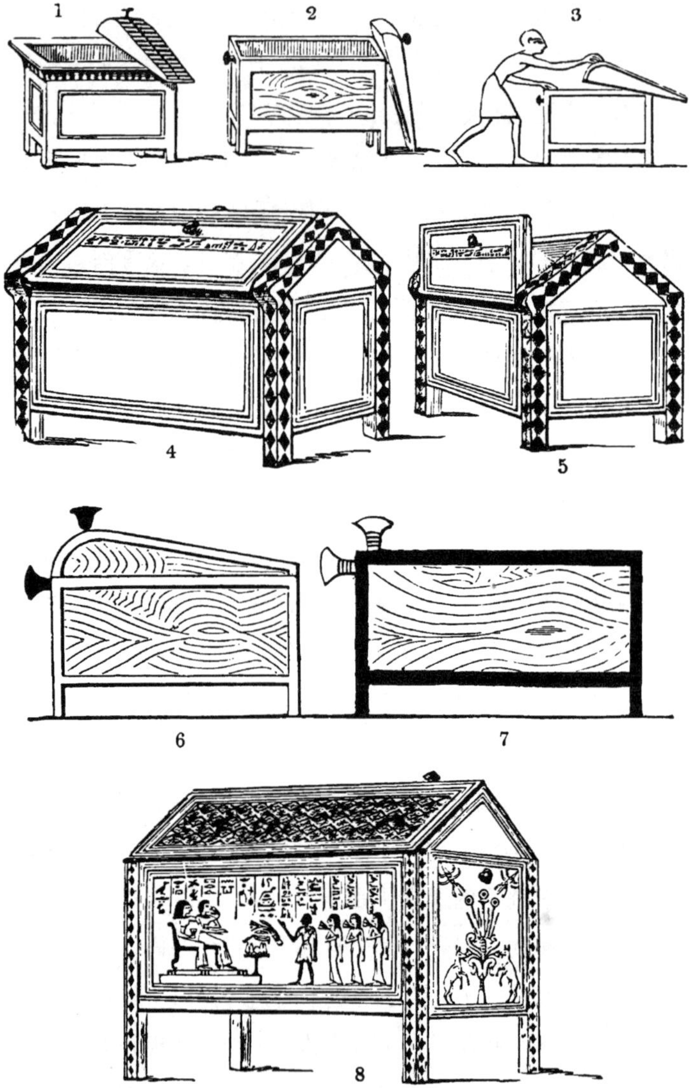

●各种匣子：1、2 盖子打开时匣子的样子；3 底比斯壁画中男人打开匣子的状态；4、5 萨特藏品中呈现打开状态的彩绘盒子；6、7 底比斯壁画中的匣子；8 阿尼克城堡博物馆收藏的匣子，发现于底比斯古墓

先把盖子向后推，然后把它侧过来横在箱子的宽边上，或者放在一旁。那些规格更大的箱子的盖子在打开时都会被完全拿开放在一旁。

古埃及还有轮工、棺材师、箍桶匠，这种划分不仅显示了阶层的分化，也体现出系统的劳动分工，是一个民族文明进步的一种证据。

前文已经介绍过，古埃及战车的车体是木制的①。除了战车之外②，还有长途旅行用的车，这是牛拉的。从大英博物馆的一些藏品来看，古埃及人会让骡子拉车。1827年人们在底比斯古墓中发现了这种骡子拉的车辆。古雕像上没有表现，不代表就没有骡子拉车的习惯③。对于骆驼来说，情况也是差不多的，一部分人认为古埃及文明最早时和骆驼没有关系，但我们已经提过，在《圣经》中，埃及法老已经把骆驼当作礼物送给亚伯拉罕了。

牛车与马车在外形上非常相似，但两侧似乎是封闭的，使用相同的驾驭用具，牛车由两头牛拉动。牛车车轮有六根辐条，外出时偶尔会配备一把伞，伞固定在从车的中心或后部竖起的杆子上。牛车的缰绳与马车的一样。除了车夫，有时还有一个仆人跟

---

① 古埃及战车大都是双轮，只在19世纪发现一例是四轮的。四轮车被认为是弗里几亚人（Phrygians）的发明。——原注

② 古埃及人似乎是在第十八王朝时期才开始使用战车，大量战车都是从利比亚、叙利亚或美索不达米亚进口的。研究图特摩斯三世编年史可知，战车是用山毛榉木制成的，并加上金银饰物，涂上颜色作为装饰。战车有两个轮子、六根辐条，没有座位，但可以容纳三个人站立，有时底部还会铺上地毯。车夫双腿垂下坐着。车体或外部框架涂上了漆，也许还镀上了金或银。车杆由皮绳连接。此外，战车的两侧还有用于放置弓和箭的筒。（见皮洛特所著《埃及考古学辞典》第123—124页。——S.B.）——原注

③ 在努比亚找到过这样的例子。另见第二章。——原注

●乘牛车出行的埃塞俄比亚公主，头顶有伞盖，3是仆人，4是车夫

着。仆人走在牲口前方，也许是边走边给牛喂食[①]。

上面插图的乘车者是埃塞俄比亚公主，她要穿过上埃及到王宫所在的底比斯，但不确定她是正准备和阿美诺菲思三世的弟弟结婚，还是只是觐见法老。埃塞俄比亚人向古埃及人献上了大量贡品，可能也和本国公主去了埃及有关。车夫和仆人是埃及人，可能表示此行所用的物资是埃及人提供的，就像之前统治者派人迎接雅各及其家人时一样。《圣经·创世纪》中的词语“plaustra”是指马车[②]，是古埃及常用的出行工具，斯特拉波拜访腓莱时就乘坐过。

古埃及人还有轿子和当轿子用的有顶棚的框架，可以放在船上，坐在里面就不会被晒到。这种出行工具主要也是由木匠制

① 古代人的住所旁没有道路，出行用的车辆也很简陋，但他们还能翻山越岭，令人啧啧称奇。——原注

② 即“带轮马车”，希伯来语写作“עֲגָלוֹת”（ageloot）。——原注

作的。

和现代一样，古代的开罗等地有一种舂工，用大石臼捣碎各种物质。如果捣舂的活儿不方便在家做，主人就让仆人把盐、种子等东西带到舂工这里来。这些工人使用的杵和臼均与19世纪现代埃及人使用的高度相似，砸的手艺也是一样的：两个人交替用双手举起沉重的金属杵，杵的落点指向臼的中心。而现在的臼一般是由一大块花岗岩或其他硬石头制成的，被挖出狭长的管状凹陷，深度略大于长度的一半。臼里面的东西在充分捣碎后，被取出并用筛子过筛，筛出较大的颗粒，重新捣碎一次。这个工作过程与当今开罗一些人从事的职业如此相似，以至于大家一看就认得，也坚信这种习俗流传自古代，保持至今没有改变。

古埃及人主要用皮袋和陶罐装水与其他液体，也就没有必要用木桶。无论是古代还是现代，埃及气候炎热干旱，本就不适合使用木桶。木桶如果放着不管，很快就会开裂。古埃及人肯定不

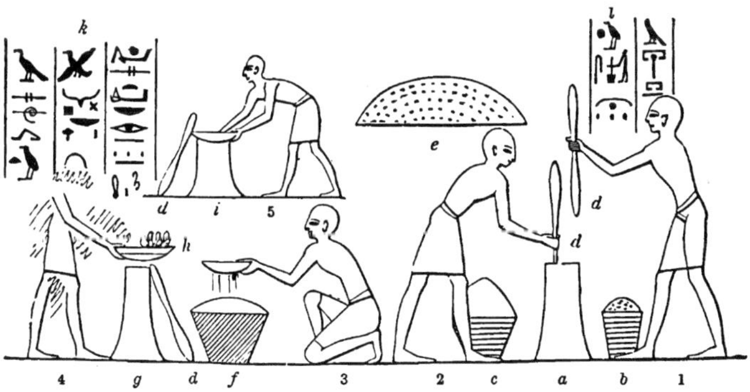

●用金属杵捣碎各种东西：a、g、i是研钵；d是杵；1、2用杵捣研钵里的东西；3、4过筛；h表示重新捣碎较大的颗粒；k处铭文的意思是“加快工作，利用所有食材做出面包”；l处铭文的意思是“在仓库中捣碎粮食……”

是普遍使用木桶的。箍桶匠[①]最多只会用这种技术制作一些盛粮食的木制量具，用木箍或金属箍固定。这些古代木制量具和现代埃及的同款量具差不多，尽管看起来更像是现代常见的小木桶或酒桶[②]。

在贝尼-哈桑发现的壁画刻画的农业场景中就有一个小桶，它被摆放在农田尽头处的一个架子上。起初笔者认为这是一个农民用来装水的桶，因为画中的农民正在往桶那里走，让人想到荷马史诗中描述阿喀琉斯盾牌那一幕时给农民送酒的相关内容。但相对来说，还存在另一种可能，那就是这个桶可能也是一种量具，用来称量待播种谷物的数量。

很多工人都被雇来制造棺材、盒子、木质人偶和其他丧葬相关物品。我们可以统称这些人为“木匠”。但负责丧葬仪式的送葬者和木匠不是同一阶层的，他们姑且被算作祭司阶层，虽然等级不高。葬礼的仪式十分复杂，参与者众多，没有任何一个人敢说自己能一个人完成所有仪式。在葬礼所涉及的仪式中，一部分是最高等级的祭司主持的，另一部分由等级很低的祭司主持。据说，在葬礼上，入殓师最受重视，而那些解剖死者尸体并取出肠子的人受到了羞辱和蔑视。

造船的人分为两个独立的阶层。其中一个是木匠的分支，另一个是用芦苇编织篮子的篾匠——这个阶层的从业者众多。

这样造出来的船都不大，有的只是一个独木舟，用于捕鱼。

---

① 开罗的箍桶匠都是希腊人。——原注

② 老普林尼认为桶是由居住在波河岸边的高卢人发明的，瓦尔罗（Varro）和科鲁迈拉（Columella）也曾提及过。图密善（Domitian）皇帝时期，罗马开始使用桶。当时，桶都是摆放在室内的。——原注

造船的原材料以水生植物为主，将纸莎草①或苍术的茎带绑在一起。船非常轻，有些船非常小，很容易从一个地方运到另一个地方。老普林尼提到了埃塞俄比亚船——从水中取出后，可以肩扛着穿过激流——也许就是用类似的工艺制成的。

斯特拉波描述称，在锡尼大瀑布处，古埃及船竟能安然无恙通过。围观者很惊讶，纷纷看着船夫得意地展示自己的撑船技巧。经克理索（Celsus）确认，这是用纸莎草造的船。

古代学者们经常会提及由纸莎草造的船。在描述伊西斯寻找奥西里斯尸体的时候，普鲁塔克写道："乘坐纸莎草制成的船，穿过长满藤蔓的地方。"②因此，人们认为，出于对奥西里斯的敬畏与尊重，人们相信搭乘纸莎草船的人不会被鳄鱼攻击。就连摩西都曾坐在用苇秆做成的船里，上面满是造船时用的黏液和沥青。从这里我们也就搞清楚了，为什么植物茎秆造的船不会透

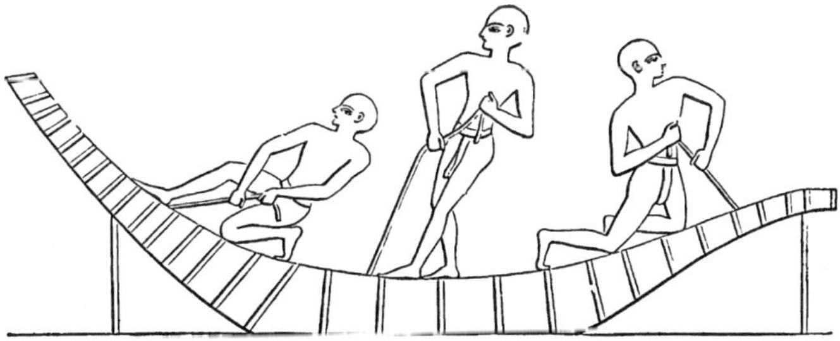

●纸莎草造的小船

---

① 与造纸使用的不是一种纸莎草。——原注

② 《出埃及记》的原文如下："后来，不能再藏了，就取了一个蒲草箱，抹上石漆和石油，将孩子放在里头，把箱子搁在河边的芦荻丛中。""bulrush"在希伯来语中的对等词是"גֹּמֶא"，而英语版《圣经·以赛亚书》中的"paper reeds"在希伯来语中的对等词是"עָרוֹת"。——原注

水。当时的古埃及人肯定知道沥青是什么东西，因为我们发现了实物证据，而希伯来语中的“zift”，其实就是阿拉伯人在19世纪时使用的沥青。

老普林尼曾提及“用纸莎草造的船”。纸莎草这种材料用于制造船帆、窗帘、垫子、绳索，甚至是织布。另外，他指出，古埃及的纸莎草、灯芯草和芦苇都是造船原材料。

《圣经·以赛亚书》再次提到了“芦苇做的船”；卢坎曾提到用纸莎草制成的带子捆绑东西；西奥弗拉斯特[①]曾提到用纸莎草制成的船，以及用纸莎草的皮制成的帆和绳索。纸莎草这种原料完全有可能造得出小船，底比斯、孟菲斯和其他地方的古代雕像表明，纸莎草船仅仅在尼罗河泛滥期用作捕鱼船。也有人用纸莎草造独木舟。在尼罗河三角洲的湖泊和运河，这种独木舟被经常使用。

有一种被斯特拉波称为“佩克顿”（pécton）的运输工具，帮助他渡过尼罗河，到达腓莱岛。它“很像柳条做的”。从斯特拉波作品的原文中，我们看不出这是用带子捆绑芦苇而制成的小船，还是希罗多德笔下的“欧西尔”（osiers）——亚美尼亚人造的一种船，外裹牛皮，可顺流而下直接漂到巴比伦[②]。

亚美尼亚式船用于顺着幼发拉底河的水流方向运送货物。货物到达巴比伦后，船就被拆散，外面包覆的兽皮被挂在专门运输的驴子身上，商人在返回的时候走陆路。参见相关描写：

---

① 《圣经·以赛亚书》：“差遣使者在水面上，坐蒲草船过海。先知说，你们快行的使者，要到高大光滑的民那里去。自从开国以来那民极其可畏，是分地界践踏人的，他们的地有江河分开。”——原注

② 古代不列颠人（Britons）的木箱一般都用柳条搭建框架，外面蒙了一层兽皮。（古代文献中还提及了一种在泛滥期的运河上使用的船。——G.W.）——原注

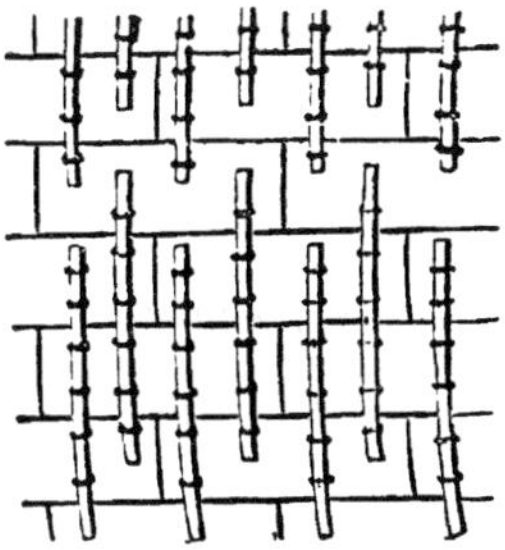

●一种造船法，后文还有类似插图

“船呈圆形，看上去像个盾牌。看不出哪边是头哪边是尾，中间空出部分用稻草填上。”

“船有大有小，最大的载重超过五千塔兰特。”

这种船和希罗多德笔下的在埃及制造、用于尼罗河水运的船不太一样，因为埃及造的船的外形和一般船没有多大区别。

希罗多德还说：“古埃及货船使用的是一种带刺植物加工成的木材，跟昔兰尼（Cyrene）的‘lotus’有点相似。这种植物的汁液也是一种胶。一般来说，从这种植物上砍下约两肘长的木材，像码放砖块一样排好。造船的程序是这样的：用坚固的长钉固定木板，再用纸莎草制成的带子绑紧固定。龙骨上安装单片船舵，用荆棘木做桅杆，用纸莎草皮做船帆和索具。这种船除了能被强风带动，其他时候只能靠绳索拉才能移动。下河的时候，沿着栏架（hurdle）把船放下河。栏架是用柽柳木制成的，用芦苇连在一起。还有一块大概重两塔兰特的石头。栏架浮在水面上，船头对准栏架；船头用石头固定。船被湍急的水流带下河[1]，船身拖着石头，起到引导方向的作用。古埃及人有许多这样的船，其中一些能承载几千塔兰特的重量。”

这种特殊结构的船确实很有可能在古埃及被作为货船使用，但它真能承载几千塔兰特吗？这令人生疑。上埃及和下埃及都有

① 19世纪的埃及人泛舟顺流而下时，在轻舟的船身系上石头，水中不再放栏架之类的东西。——G.W.

壁画，可以证明大船是用木板制成的，要用到锯子、斧子、钉子和销子等工具。和19世纪的现代大船一样，这些船也有宽敞的船舱。

直到19世纪，尼罗河上航行的船还是用合欢木造的。工人像码放砖头一样排列木板，似乎是将几根长木桩之类的东西和木板紧紧捆在一起，再在船身内部做进一步固定。如果要在船舷上加建上层建筑，人们还在用和古代类似的方法。大船要靠钉子和螺栓固定各部分组件。我们可以在古代绘画中看到，画中的工人把钉子和螺栓打进事先钻好的洞里。还有一种完全由纸莎草制成的小船或独木舟，用纸莎草制成的带子捆绑在一起，也就是《圣经·以赛亚书》中提到的“芦苇船”。这些船并不能运载大量货物，更不可能像老普林尼所说的那样，渡海到锡兰的塔布罗班岛（Isle of Taprobane）。在科姆艾阿合马（Kom el Ahmar）发现的一幅壁画中，有一个乘帆船的人的形象。这里的船帆有可能就是用纸莎草皮做的，并且似乎像古代中国船上的帆那样能被折叠起来。船队桅杆是双层的，这种设计在第四王朝和其他早期王朝时期的大船上很常见。到了第十八王朝和第十九王朝时期，船帆上偶尔会出现彩色装饰。埃及人会造帆船并不令人吃惊，因为他们在很早的时候就以制造亚麻布和其他布匹而闻名，他们还向腓尼基出口帆布[①]。我们在贝尼-哈桑和底比斯发现了古人制作船帆绳索的过程。在墓穴中还经常发现古人用棕榈树的强韧纤维制作的绳索。这种绳索可能是在埃及使用得最普遍的一种，直到19世纪，它在埃及仍然非常常见，就像印度利用椰子树的纤维制作的绳索

① 《以西结书》：“你的篷帆是用埃及绣花细麻布制作的，可以当作你的大旗。你的凉棚是用以利沙岛的蓝色、紫色布制作的。”——原注

●大船，帆是彩色的，上有刺绣

一样。

大船一般都配备一个单舵，沿着船尾横梁看，就像长长的桨，很多其他国家或民族曾使用的古船也是这样的。很多古埃及船是双舵，舵被安装在靠近船艉的位置，有时安装在投射武器的炮台或船艉支柱的位置，以该位置为支点转动。较小尺寸的船一般配备双舵。有一艘船的一侧配有三舵，仅此一例。船舵和船头一样，都装饰有眼睛图案。截至19世纪，地中海沿岸地区的船仍装饰有眼睛图案，甚至清朝的船也有这种图案，但一般来说这种图案似乎只在葬礼相关场合出现。希罗多德在埃及的时候，船一般只配一根桅杆。但因为当时长而直的树木比较稀有，所以人们可能会怀疑船是否用沉沉的棘木（acantha wood）支撑，而人们早就知道，在当时的埃及，杉木不可能被用来做桅杆。早在第十八王朝时期，各种罕见的木材就从遥远的异域被进口到埃及，和本地出产的梧桐木一样在日常生活中得到广泛应用。船体有时甚至是用冷杉木板制成的。古埃及人应该是知道这种木材是适于建造桅杆的。在第四王朝、第六王朝等早期王朝的时代，船会使用两根桅杆，后来因为过于笨重便放弃了一根，在第十八王朝，甚至第十二王朝建立后就不再使用。在埃及，逆流而上拉纤的习俗直到19世纪还在沿用。19世纪的现代船夫在驾船顺流而下时会利用石头来减缓船速，也就是将石头悬挂在船尾，并把船头前挂着的柽柳木筏卸下。希罗多德曾提及一个划船方法，与其说是为了帮船提速，不如说是通过在水中加入一个有浮力的“大家伙”（a large and buoyant object），好让船走一条笔直的航线。划船的人累了就休息，任由船顺水往下漂流，这时船就有可能被水冲得偏离航向，而前面提到的将石头悬挂在船尾就是为了阻止这种情况的发生。已故切斯尼（Chesney）上校在文献中提到的一种划船方法，在19世纪的幼发拉底河上仍然很流行：

说起“kufah”这种圆形的河船，在顺流而下的时候都自带配重，让配重浮在前面，水底再拖一块两塔兰特重的石头。埃斯库罗斯早在希罗多德之前就把“kufah”当作指称古埃及船的专有名词，欧里庇得斯（Euripides）将其当作外来语使用。之后，“kufah”成了“πλοῖον.”的一种变体。“Baris”一度被错误地认为是来自“Bai”，即“棕榈树枝”①。笔者曾经提出过假设，“Baris”实际上是“Boat of the Sun”的意思，也就是“太阳之船”。但“Oua”和“Ua”表示“船”，那是和“Baris”完全不

① 《圣经·约翰福音》：“于是，他们拿着棕树枝出去迎接他，欢呼着赞美上帝！愿上帝赐福给这个奉主的名而来的人！愿上帝赐福给以色列的君主！”所谓“棕树枝”实际上是“棕榈树枝”，在希腊语中写作“τὰ βαΐα τῶν φοινίκων”。——原注

同的词，希腊人在写的时候还会加个字母“β”。普鲁塔克等学者都采纳了“Baris”这个单词。古埃及有一种带舱的船，被斯特拉波称作“thalamegus”或“thalamiferus”，一般是行省总督一级的大官视察上埃及的时候才乘坐的。有一种船与这种带舱船的形制相似，被用在“亡者之湖”（Lake of the Dead）上举行宗教仪式。另有一种小船也有船舱，至少有个遮阳篷，专供古埃及上流社会人士娱乐之用，都是靠仆人在岸上拖着前进的。古埃及所有大船都有船舱，船身也很高。就连一般的商船也配备有船舱，足以装下牛和各种货物。19世纪时尼罗河上的船就有点不一样了，一些运粮船只能在尼罗河泛滥期间航行，额定载荷2000奥尔德卜（ardeb）到4800奥尔德卜不等，约合10000蒲式耳到24000蒲式耳。古埃及战船一般不大，至少这是第十八王朝和第十九王朝早期的情况。这个时期的战船一般是单排桨，有二十桨、四十四桨甚至五十桨等几种不同类型，类似于古希腊人的“pentekonteroi”，即“长船”，以及直到中世纪还在使用的那种划桨战船。但有个别战船的尺寸真是出奇的大，比如狄奥多罗斯笔下辛努塞尔特用雪松木制造的、献给底比斯神的战船。这艘船的长度大概在420英尺到478英尺之间。托勒密四世曾命人造了一艘船，长约478英尺，宽约38肘，高约83英尺，从龙骨到船头共有五十三桨，可载400名水手、4000名桨手和近3000名士兵①。根据阿特纳奥斯记载，另一艘同时期的大船长约300英尺，宽约30肘，高近30肘。

托勒密四世所拥有的大船比当时任何国王的都多，他有两艘三十桨船、一艘二十桨船、四艘十四桨船、两艘十二桨船、十四

① 其他学者的著述中也提到了四十桨和五十桨的船。——原注

●葬礼用船

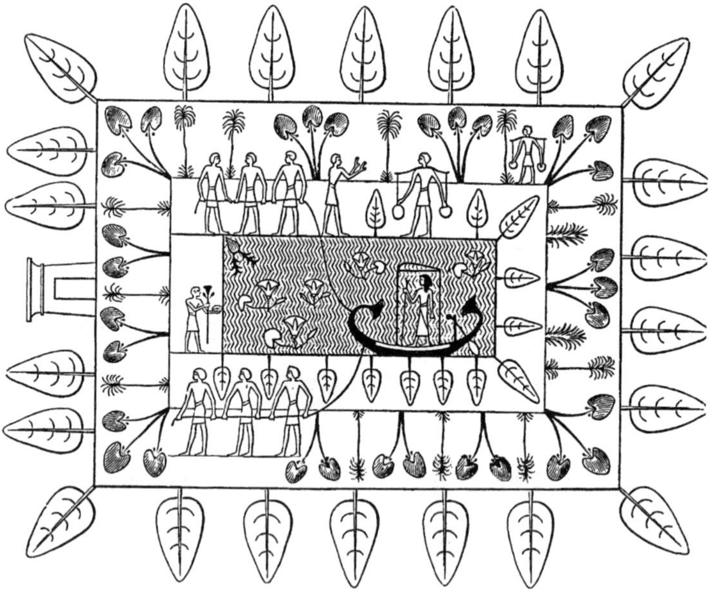

●壁画上绕着池塘航行的娱乐用船

艘十一桨船、三十艘九桨船、三十七艘七桨船、五艘六桨船、十七艘五层桨船、三十多艘四层桨船和三层桨船……

根据阿特纳奥斯的记载，托勒密四世曾经收到一件来自希律的礼物，是一艘二十桨的船。奇怪的是，希腊、亚述、埃及和罗马的古代纪念碑上刻画的多层桨战船并不多，一般都是单层桨，至多双层。一幅罗马壁画显示三层桨的船仅有一艘，尽管当时大多数战船实际上都是三层桨或五层桨；当然，这些来自老普林尼和希罗多德的话也不是非信不可。在一些情况下，尽管埃及人可能会搭乘用芦苇等植物制作的小船和独木舟①，但我们相信，除此之外，埃及人还有精心建造的坚固大船，用于河海贸易及重型货物运输。不过，埃及人即便已经算是胆略过人、技术熟练的航海民族，也不会冒险驾船前往印度②，更不会搭乘用纸莎草做的船和腓尼基人的海军船队作战③。

用纸莎草皮制作的船帆被认为和古代中国的船帆很相似。古代中国的船帆和威尼斯的卷帘一样可以折叠。但埃及壁画中似乎只有一艘船有这种船帆，所以，尽管前文花了很大篇幅来介绍，我们也无法相信一个以制造亚麻布和其他布匹而闻名的民族会选择像植物外皮这样不完美的替代品制造船帆；尤其是，他们还要

---

① 19世纪时也有，只是相比古埃及时期小了很多。——原注

② 我们在埃及发现了大量印度古董，说明当时两地是有交流的——比如菠萝，我们在古墓中发现了釉面陶器的菠萝模型，其中一个为理查德·韦斯特马科特（Richard Westmacott）爵士所藏。（一般认为阿拉伯人引进这种瓶子盛水银，因为人们在瓶中发现了残留的水银。还有人猜测，这是一种古代的火药瓶，甚至可称为“手榴弹”。——S.B.）——原注

③ 这是阿普利斯时期的事情。——原注

向腓尼基出口这种纸莎草皮帆布①。狄奥多罗斯和希罗多德都提到过辛努塞尔特在阿拉伯湾建造的船队。狄奥多罗斯认为这支船队有四百艘船，并且辛努塞尔特是埃及船队的缔造者。希罗多德只认为辛努塞尔特是首个命令船队入海的统治者而已。但当时埃及的贸易和海岸线必须有海军船队的保护，这就反驳了希罗多德的观点，同时暗示古埃及在很久以前就有海军船队。当时斐洛特拉斯港（Philoteras）和阿拉伯甚至印度进行贸易。

老普林尼认为，最早在古埃及造船的是达那俄斯，他后来移居古希腊，还把造船技术带到了古希腊，在此之前，古希腊人所谓的船其实就是木筏。有人认为是特洛伊人和迈西亚人（Mysians）发明了船，在和色雷斯人作战的时候乘船过海②。从第十八王朝的雕像中可以看出，当时就已经有后来阿玛西斯等法老在位时期常见的载重货船了。各种古墓中的图案中都有这种船。金字塔附近的墓穴中出现的同类物品是第十六王朝和欧瑟特森一世之前时期的③。

早在第四王朝时期的雕像中，我们就见到了船。船是埃及这样的地区文明发展的必需品，主要用于运输。著名的第五王朝乌那（Una）铭文中提到了战船，还描述了奴仆为梅伦拉（Merenra）法老的金字塔夏内弗（Shanefer）运送石头的过程——运输队伍由6艘

① 《以西结书》：“你的篷帆是用埃及绣花细麻布制作的，可以当作你的大旗。你的凉棚是用以利沙岛的蓝色、紫色布制作的。”〔利物浦博物馆（Liverpool Museum）里有一张这样的帆，将数张布绑在一起，像威尼斯卷帘（Venetian blind）一样拉起来，这显示出这种帆确实被使用过。——S.B.〕——原注

② 克莱门斯认为利比亚人阿特拉斯（Atlas）是第一个造船航海的人。——原注

③ 这里面分别有阿玛西斯时代和阿莫西斯时代的雕像，但在象形文字中都是以“Ames”一词呈现。笔者将其区分开，与曼涅托的著述呼应。——原注

运输船、3艘拖船、3艘长船和1艘战船组成。乌那还表示，他命人在17天内为运送石头新造了一艘长90多英尺、宽35英尺的运输船，速度非常快。除了大帆船，埃及船中还包括宗教事项要用的驳船。莎草纸文献中提到了第十八王朝时期工匠维修船的事项，都是用洋槐和雪松的木材作为修补材料；还有关于图特摩斯三世和拉美西斯三世命人在尼罗河畔用洋槐、雪松和其他木材建造驳船的描述。古埃及人使用的杉木主要来自叙利亚。

聪明的商博良①猜想，人们在厄勒提亚发现的一些象形文字证明，当地一个墓穴的主人是“奥卜施奈（Obschne）之子阿赫摩西斯（Ahmosis）”，此人是“水手或领航员之主”，是“陪法老到埃塞俄比亚征收赋税的人”，后来又“在图特摩斯一世在位期间掌管船队”。如果这一点可信，也就证明笔者前面说过的一条是有道理的，就是古埃及海军船队存在了很长时间。辛努塞尔特和其他的古埃及法老在阿拉伯湾和地中海地区装备的战船跟这些早期“先辈”相比有什么改进，我们可以从厄勒提亚古墓绘画中得到证据——在阿莫西斯（Amosis）时代，尼罗河上的普通民用船在结构上比希罗多德所提及的那些船要好很多。

在尼罗河上航行的各种船的结构因具体功能而异。独木舟要么靠杆子撑，要么靠木桨划，不配桅杆或船舵，也没有大型帆船中常见的那种船舱。划独木舟的人给人感觉像是坐在平坦的甲板上，占据了从船头一直到船尾的空间。从船头到船尾的空间都算是“甲板”。他们挥动木桨时是用推的，这和一般船的桨手的划桨姿势不太一样。是否有桅杆并不完全取决于船的尺寸，因为有

① 见他从埃及发回的信。——原注

些小型渔船，尽管只有三四支桨，但也配有桅杆和船帆，而某些运载牛和重物的大船反而不配桅杆。古时，在尼罗河上游，偶尔有埃及人在蜿蜒的河道行船；只要风向有利，他们就会扬起船上的风帆。这种习惯可能和19世纪的现代埃及人一样。古埃及人在航行时可能也不用船桨。如果风向不利于航行或无风，他们就会拜托别人在岸上帮自己拉纤。

古埃及人沿着河流一直航行到最南端，到了最南端就不再需要帆了。这个时候，桅杆（mast）和桁（yards）都被拆下放在船舱顶部或临时桅杆（temporary mast）上。这种桅杆上有一个分叉的顶点（forked summit），19世纪时各种有桅杆、靠划桨推动的船上仍然有这种设备。在最南端，风一般都是从西北吹过来，这样的话，船下水时很少会使用帆。而强风中的桅杆和绳索都会对航行造成很大阻碍，只靠船桨是无法让船往前航行的。

大船体积庞大，只靠船桨是推动不了的，只能保留桅杆和帆，同时顺波漂流。只要河道足够弯，就可以利用风力让船动起来。在尼罗河水泛滥期间，河水较深，只有在这个时候，运粮船才能动得起来，其他时候只能闲置，还得盖上垫子防日晒。这算是尼罗河上比较特殊的一类船，在古代雪花石膏雕像（sculptures of Alabastron）上有相似的造型体现。考虑到船舱尺寸、大篷，以及没有船桨等情况，这不是普通的小船，得靠粗大的缆绳才能系泊。

右图是厄勒提亚一座古墓中的图画。我们看到船顶有一个像是轮子一样的东西。人们经常错认为它和帆[①]相连，以便提升航行性能或者有其他目的。但认真看过后就会发现，这个轮子其

① 本卷还有一幅插图，船上挂着帆，也载着类似的车辆。事实上，这两幅图显示的是同一艘船的挂帆或落帆的状态。——原注

●桅杆和船帆都被拆下，船上载着车辆和马匹

实是船上运输车辆的轮子，因为年代太久远，图案有一部分被损毁，所以很难看出来。船体前端的船舱主要用来装要运送的马匹。此图不仅显示了古埃及贵族从一个地方到另一个地方旅行时，一路上物资充足，是有多么舒适，也从另一个侧面暗示了尼罗河上曾有庞大的古船航行。

大船一般有一个舵，小船在船尾有两个舵。大船的船舵在一根横梁上的两个凸出的头之间，以一根短柱或桅杆支撑，并以此为中心活动。小船的舵也差不多，只是这种船舵以一根杆或一个环为轴心转动，分别悬挂在两侧的船舷上，舵手通过拉绳子操舵。船舵由一个长而宽的桨叶（blade）和更长的手柄组成，其外形显然是模仿船桨，当时还没出现采用固定船舵的船。为了方便船舵的运动，并避免木材之间相互摩擦，造船工在桅杆和桁间铺了一块牛皮，19世纪的现代埃及船也保留了这种设计。

船桨在外形上是一根长长的圆柱木棍，连接一块椭圆形或圆形的平板。在19世纪，恒河和阿拉伯湾的桨手仍在使用同样的船桨。船的舷侧可能会开出洞口，船桨从洞口伸出去，要么就是被直接固定在舷侧。桨手有站姿、跪姿或坐姿等几种划船姿态。除了划桨，还有拉纤——即使在19世纪的现代埃及等国家，这种划船习惯也一直存在。

航行的时候，通常有一个人手拿长杆站在船头，每隔一段时间就试一下水的深度，以免船搁浅。尼罗河的浅滩都是流沙沙滩，其位置多变不定，就连最厉害的领航员也有可能马失前蹄导致搁浅。如今，尼罗河上的船夫仍然采取同样措施，用长杆试水深。

我们在底比斯的古墓中发现了一些粗糙的模型，这为古埃及造船的具体方式提供了有效证明。古埃及人可能不给船装什么龙骨，以便规避浅滩，即便搁浅了也很容易转移。如果模型和实物船真的完全对应，那他们使用的其实就是平底船。19世纪，在尼罗河上航行的船有小型龙骨，船身中心区域凹陷的部分尤其如此。船搁浅时，船夫就会放下船舵，让船身离开浅滩——一般来说，这样做是有效的，除非瞬间产生的冲击力过大，或船夫忽视了搁浅的警示信号。

在古代，帆一直是方形的，帆的上方和下方都有桁。19世纪的现代船帆则不一样，唯一采用方形帆的是一种较轻的船。这种船专门用于把石头从采石场运到包括开罗在内的各个城市。其他船的帆呈矩形或三角形，这是为了让船能在尼罗河水位较低处迎风航行。船帆的面积很大，除非航行到海拔较高的河岸，否则就无法得到侧风的助力。但使用这种帆有一个很大的缺点，就是事故率奇高。

古埃及船的船舱高大而宽敞，但相较于19世纪现代船“舱宽等于船宽”的格局，古埃及船的舱室只占船体中心的一部分。桨手坐在两侧的木椅木凳上，身前或身侧开有小门，里外都用显眼的颜色做了很多标记。直到罗马人实际控制埃及很久之后，这种船体设计仍被沿用。638年，阿拉伯人入侵埃及，哈里发奥马尔的将军阿美尔带兵到了尼罗河畔，看到河上停泊的彩绘大船，感到十分震惊。

古埃及人最喜欢的图案之一是莲花。莲花图案经常出现在家具上、房间天花板上，还有其他一些地方，在船舵叶片上也很常见，和眼睛的图案一起反复出现。而眼睛图案被认为最适合装饰在船艏。直到19世纪，在一些国家或地区，比如印度，眼睛图案仍被用作装饰①。我们甚至看到，在马耳他和地中海其他港口停靠的小船，甚至远在加的斯湾（Bay of Cadiz）以北的小船都在船头装饰了眼睛图案，这与古埃及小船相同。同时，古希腊人在他们的小船、盾牌和其他物品上也会装饰眼睛图案。在意大利的古花瓶上可以找到许多类似的眼睛图案，这些花瓶是定居该国的希腊殖民者制造的。

古埃及人跟古罗马人不一样，会在船艉船艏添加装饰物，然后在装饰物旁撑起一根杆子，上面挂着丝带或旗帜。有时也会在船舵附近架起杆子，上面挂上流苏，或在船艏附近竖起旗帜。一般来说，船艏附近的旗帜上都画有宗教动物②等各种和宗教、王室有关的标志。有时桅杆顶端还有羽毛神龛（shrine of feathers），该神龛象征的神会保佑他们航行无虞。③

① 也许会有人会说，眼睛图案只会出现在为死人送葬的船上。——G.W.

② 古希腊的单词“*usχ*”与之对应，尽管这个单词指代的船的旗帜不在船艏附近。——原注

③ 宗教用船和驳船上一般都带有该船所敬拜的神的头像及相关青铜饰物。所以与阿蒙–拉（Amen-ra）神有关的宗教船上有公羊头、圆盘（disk）和“*παράσημον*”项圈（collar），与伊西斯有关的宗教船上有女神头像和项圈。——S.B.

古埃及船和古印度船在某些方面有惊人的相似之处，比如船艏外形、船舵的原理和结构、船舱、风帆、铜制眼睛形饰物、侧面舷窗……看到恒河上的那些船，就会不由得想到底比斯古墓画中的尼罗河古船。

关于古埃及战船，我们在第三章已经讨论过，文章中讨论的战船直到拉美西斯三世在位时期才出现。在这一时期，海军船队的战船图案首次出现在古代雕像中。这种战船在外形上和库云吉克纪念碑（monuments of Kouyunjik）上刻画的亚述巴尼拔的双桅船很相似，但从未见过这种战船有超过一排的船桨，尽管这种战船早在第六王朝时期就开始被使用了。当时，它们被派往尼罗河，用于护送那些从努比亚运送石头和其他材料到下埃及的货船。当时，已经有船开始悬挂风帆了。第二十王朝时期的战船已经有了很大的改进，船艏跟古罗马战船的类似，两侧有高高隆起的舷墙（bulwarks），以保护船员免受跳帮的敌军及其投掷类武器的伤害。腓尼基战船会在船身外侧挂上士兵的盾牌，为船员提供额外防御。古埃及人在作战的时候会在战船主桅杆附近安排一个弓手。有时战船的风帆是收起的，可以靠桨手划桨，撞击敌船。从插图《作战时收起帆的战船》中可见，船上不仅有己方官兵还有敌方俘虏，这体现出一种人道主义精神。俘虏的名称被写作“Pulusatu”，可能是佩拉斯吉人（Pelasgi）或非利士人（Philistines）。此图中的战船有二十桨，但可能并非所有的船桨都在插图中被表现出来。早在修建金字塔的时代，古埃及人就拥有最多五十二桨的战船了。至于大型战船的船舵，某些情况下需要多达六个人进行操作。女法老哈塔苏（Queen Hatasu）派遣战船最多的有三十桨。古代和现在一样，人们会给船起名字，当时被用来对付牧羊人王

●作战时收起帆的战船：a是船艏上层建筑，是弓手的战位；c是弓手和领航员d的战位；e是保卫桨手的掩体；f是顶部的投掷兵

朝的战舰被冠以“牛犊”（Calf）、“北方”（North）和“孟菲斯阳光”（Memphian sunrise）之类的名字。这些船的船艏有天鹅造型的装饰，配备双层甲板。有的划桨帆船不设风帆或桅杆。女法老哈塔苏还有一种单层甲板的划桨帆船，也可能是驳船，上面设有座位和神龛，添加了造型为伊西斯头像、阿托神牛、门图-拉和野山羊的装饰。从顶部看，一些船是无覆盖物的①，船员要睡觉的话，肯定是睡在甲板下方的船舱里，可以将船舱作为参照物判定船舷的位置。划船的人或站或坐，划船时甚至还会挨监工的鞭子。有一些比较大的船，都是由船长本人或者领航员负责瞭望，他们手持棍棒，将其插入水中试探水深。货船要么根本不设置

① 参见杜米申于1868年在伦敦发表的《埃及女法老的船队》（*Fleet of an Egyptian Queen*）。——原注

帆，要么桅杆和帆桁不总是竖起，放倒的桅杆和帆桁由若干柱子支撑，为桨手提供保护。为了运货，货船配有货舱和网兜。有时，四杆船桨被绑在牛的脖子上，牛被安排在船艏划桨。这可能是为桨手提供助力，也可能是以畜力代替人力。

除了战船，大型划桨帆船在设计上都差不多：几乎都有一根像梯子一样的单桅杆，还有一张帆，桅杆后方视情况设置船舱，当然有的也不设船舱。大船还有装饰性的遮阳篷，是用菱形花纹布（diapered cloth）或编织篮子（basket-work）制成的。这样的船，和19世纪的游艇比较相似。小一些的货船和19世纪的驳船相似。妇女偶尔也会当舵手，或者陪同船主一起在船上工作[①]。货船被称为“乌史克赫”（uskh），有“宽阔”的意思。战船被称为“门施”（mensh），有“长”的意思。

更小的艇被称为“巴里”（bari），具有通用性，配备桨手的

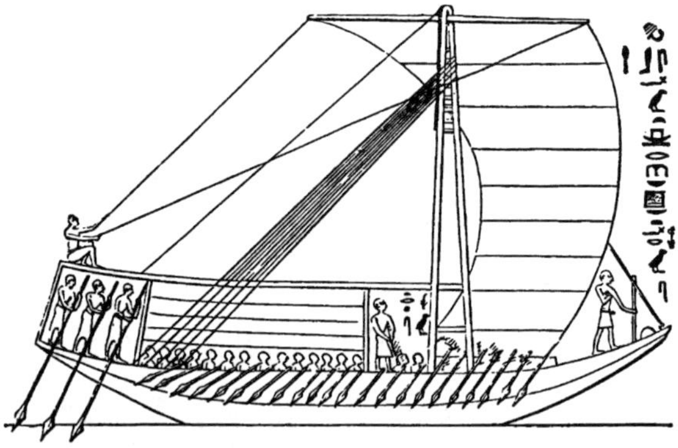

●四十四桨大船，明显配备有纸莎草风帆、双桅杆，图上还能看到桨手

① 参见杜米申于1868年在伦敦发表的《埃及女法老的船队》。——原注

数量更少，少到一人的情况也存在。像这样的小艇，一般都由纸莎草制成。有的小艇起到拖船的作用，靠纤夫拖拉前进，但这可能只是偶然发生的情况，一般来说船都是由船桨驱动的。

小艇当中有一些被用于运载亡者。木乃伊被安放在停尸架上，上面另外覆盖一个顶棚。除了水手，小艇还要另外搭载送殡者及祭司。关于船，有若干种不同的术语，例如海船就会用“seket”或“at”之类的名称。

宗教仪式上使用的特定船艇及驳船会根据具体的节日被分别请出来，祭司会用架子和杆子把这样的船扛在肩膀上。在塞提一世献给阿蒙-拉神的位于卡尔纳克神庙的厅堂中有这么一件雕像，文献中是这样记载的：

该雕像用外国黄金镀金，镶嵌宝石，饰有青金石。它闪闪发光，像日出一样照亮河流。雕像被运回底比斯，人们都夹道表示欢迎。

关于第十八王朝王后厄阿—赫特普（Aah-hetp）的棺椁，我们在其中发现了非常别致的纯金划桨帆船模型——船身是纯金的，上面的桨手雕像是纯银的。除了桨手雕像，还有舵手雕像、拿着棍棒和斧头站在中间的人像，以及通过喊号子保持划桨节奏的人像。这个模型被放在有四个轮子的小车上，通过它，我们知道在很早的时候，一艘船上就需要大量人手，也了解到古船在陆地上是如何被运输的[①]。有时候还会有一个拿喇叭的人站在船头，负

① 见皮洛特《埃及考古学辞典》第87页。——原注

责给出一些信号，知会其他船不要挡住自己船的航线[①]。

莱普西乌斯的《死亡之书》（*Todtenbuch*）中提到，《仪式》（*Ritual*）一书第九十九章中给出了一艘船不同部分的古埃及专有名词和现代英语名称的对照：

古埃及语	现代英语
maχen	Boat
mena	Pole
χerp	Keel
haut	Prow
apt	Hold
χα	Mast
αnn.t ḳar	lower deck
buta	scuttle-hole
huta	Sail
s'tet tut	Haulyards
matábu	Pump
ukai	planks 或 pegs
sars	seat 或 deck
hen	Rudder
tep	keel

截至19世纪，我们暂时没发现古埃及船存在两头都有船舵的例子，尽管某些古代国家或民族可能用过这样的船。同样，我

① 参见杜米申于1868年在伦敦发表的《埃及女法老的船队》。——原注

们也没发现古埃及船使用过数量超过一个的桅杆或船帆，这一点和特洛伊战争时期的希腊战船很相似。有时，单舵船的船舵不是装在船底凹槽里的，而是用绳子悬挂在船艉处。这种船舵悬挂法仅限于宗教仪式用船使用。在目前保存于柏林的古代模型和底比斯壁画中都能看到同类例子。参见插图《尼罗河上运输牲畜用的船》。

据希罗多德所述，古船的桅杆使用刺桐木或合欢木制成，但因为这种木材的植株树干和树枝不够长或不够直，所以显然希罗多德犯了个错误。19世纪的人回想古代，很容易得到“古埃及人应该更喜欢枞树”的结论。古埃及人很了解枞树，每年都有大量的枞木木材从叙利亚进口到埃及。船的木质甲板、肋骨和龙骨都是用金合欢木制成的。据老普林尼所说，金合欢木长期泡在水里也不会腐烂，所以适合造船，而19世纪的现代经验也充分证明了这一点。桅杆底部被放进一根结实的横梁里，横梁宽度和船宽相当；横梁由支撑物支撑着，并和支撑物固定在一起，支撑物和船

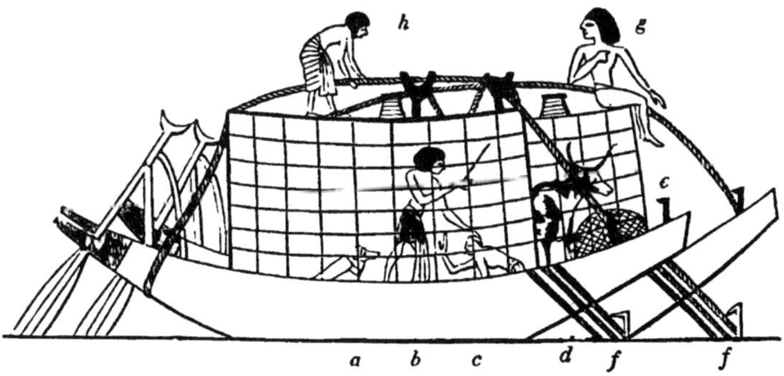

●尼罗河上运输牲畜用的船：f表示用木桩和绳子固定船，船舱中有监工用鞭子抽打船工；a是狗；后侧的船上有奶牛和装着干草之类货物的网兜；顶部的两人正在用绳子把两艘船绑到一块儿

底之间保持一定距离。船艏、船艉和船舷上固定了许多坚固的支架，桅杆的安全性得到了进一步保证，同时分担了它所携带的重物和风帆本身给船体施加的巨大压力。[①]

笔者留意到，战船上的帆被收起来以后，桁被留在高处不动。但实际上，在尼罗河上航行的船的帆顶部和底部都有桁。帆在被收起的同时，桁也会被取下放好，等待下次再用。如果和插图一样，帆上有很多绳索，那这个收帆的过程一定极其烦琐。上桁被放下之后，帆被夹在上桁和下桁之间，外面用一根绳子绑好。

我们不确定古埃及人是否会通过滑轮来升降帆和桁。桁显然很大，有两个独立的部分组成，有时中间有五六根吊杆支撑，非常牢固，整理帆的人可以站或坐在上面。桁上还会挂几根绳索，19世纪的现代船上也有类似的设计，设计目的可能和古代一样。不过，古埃及人对滑轮应该不是一无所知，笔者确实倾向于相信滑轮被应用于船的设计上。当然，古埃及人的图绘得并没有那么细致，在图中没有恰当地做标记。实际上，我们曾发现过一个埃及滑轮，现藏于莱顿博物馆。当然，这个滑轮具体是什么年代的确定不了，只知道它应该是用来汲水的。滑轮的滚筒部分是冷杉木制成的，侧面是柽柳木制成的，还有用枣树纤维搓成的绳子。

很多帆上都是有彩绘的[②]，有凤凰、花朵等各种装饰图案。有的帆上有格子或条纹装饰，19世纪也有类似的装饰。在古埃

① 各种支撑部件被固定在船舷上，这和希罗多德的表述对应，也和现代尼罗河的船一样。也就是说，在古埃及，缆绳是被固定在船外侧的，而古希腊人则把缆绳固定在船内侧。——S.B.

② 有海军将领称，15世纪的欧洲船员会在帆上涂画自己船的船徽。——原注

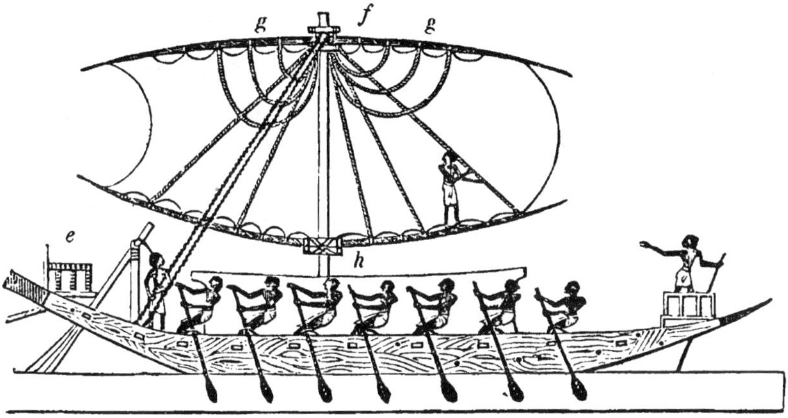

●在底比斯发现的展现帆桁形式的古船：g是桁；h是桅杆；f是小洞，绳子由此穿过；e是艄楼

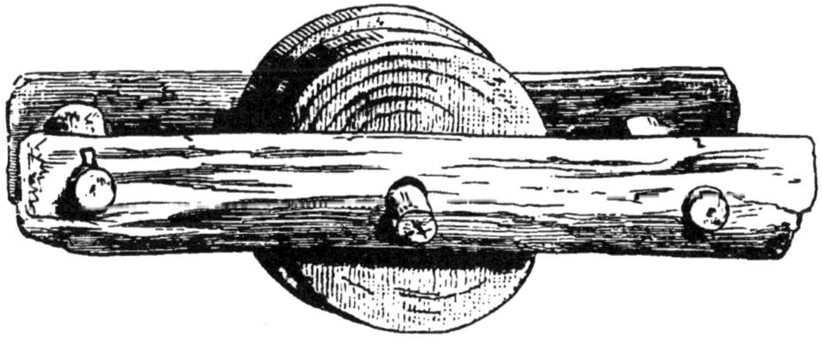

●滑轮

及，船帆使用带刺绣图案的亚麻帆布制作。这种帆布似乎真是专属制作帆的材料，就连泰尔人（Tyres）也买，但使用者似乎只限于法老和贵族，而普通帆只是白色的。据老普林尼所说，罗马“三巨头之一”的安东尼（Antonius）和克里奥帕特拉七世在亚克兴（Actium）海战中乘坐的船的独特性在于其紫色的帆，这是有特权的人才能使用的。老普林尼表示，最早给船帆染色的是在印度河上行船的亚历山大大帝，但从底比斯壁画可知，古埃及人早就这么做了，至少在比亚历山大大帝早900年的拉美西斯三世时代就已经如此。

船帆的图案，不管是画上去的，还是绣上去的，都完全取决于创作者的想象力。同一个君主的帆上有很多不同的图案，一般来说，最适合的图案是凤凰。如果霍拉波罗（Horapollo）所说的属实，那么凤凰图案象征着长期不在国内的远行者的回归。而在宗教节日期间航行在尼罗河的专用船，会根据宗教仪式的性质和船所属神的属性，给帆装饰恰当的宗教符号。帆边缘有结实的边框防止其受损，边框被涂上一种固定的颜色。同样出于止损的目的，工匠也会在帆周围缝线。古埃及的一些船似乎很大。狄奥多罗斯曾提到一艘雪松木船，这是辛努塞尔特献给底比斯诸神的。这艘船长420英尺。罗马皇帝卡利古拉（Caligula）为了把一座方尖碑运到罗马，命人在一艘大船里装了12万配克[①]的扁豆作为压舱物。托勒密四世命人造过四十桨的船。船长420英尺，从龙骨、船艉最高处起最多可以安排七十二桨。船上配置桨手4000人，士

① 配克（peck），古代体积单位。在测量干燥固体时，1配克相当于2加仑。——译者注

兵近3000人[①]，另外有400名水手。阿特纳奥斯也提到过这艘船，说它长420英尺，宽38肘，设有40个桨手凳。船艏距离水面高53肘，配有4个舵，船桨长30肘，最长的船桨长38肘，桨柄用铅块固定以便于操作。此外还记载了很多细节。这艘船配有桨手4000多人，陆战队员2850人……阿特纳奥斯还另外提到了一艘航行于尼罗河的船，也由托勒密四世命人建造。

截至19世纪，对于人类航海起源的问题，我们暂时提不出一个令人满意的猜想，也不知道是哪一个民族率先进行这种尝试的。显然，人类航海技术的进步经过了一个缓慢的过程。最早的海船是不完善的。原始的货船不过是把若干树干捆绑在一起，再在上面铺块木板组成木筏。据老普林尼所说，这是古人首次在红海[②]使用的木船。老普林尼认为，在达那俄斯之前，无人造船，彼时只有木筏，但这一观点不正确。即便是严格意义上的船被发明出来很久以后，仍有人在使用木筏，甚至用木筏来载货。在河流和其他内陆水域，木筏仍然得到使用。在很早之前，人们在中空的木头等材料外面覆盖兽皮或刷上沥青，如此也制造出了船。文明的进步激发了人类的发明天分[③]，这对于那些了解到发展商业能增强自身优势的文明来说是必要的。关于航海和制造海船，

① 见普鲁塔克所著《德米特里传》（*Life of Demetrius*）。老普林尼表示这艘船配备50个桨手凳，他另外提到托勒密二世命人建造的、配备40个桨手凳的大船。——原注

② 最早的腓尼基人来自红海一带，最终在地中海沿岸定居。——原注

③ 大英博物馆收藏了一件王室海军专属船匠的雕像，该雕像是用花岗岩制成的，显然是第四王朝时期的物件。雕像人物坐在凳子上，左手拿着造船工具，左肩扛着刀具。这个船匠曾经在王室担任高级职务。见《埃及画廊、门厅观赏指南》（*Guide to Egyptian Galleries, Vestibule*）。——S.B.

背后的推动因素其实有很多[①]。

住在海边的人可能会被好奇心驱使，想到邻近岛屿去看看；当然也可能受野心驱使，会穿过狭窄的海峡入侵属于异族的领土——这是老普林尼对特洛伊人进行观察研究后得出的结论，但更有可能的是，其实渔业才是航海技术诞生的主因，同时，渔民也是这门实用技术发展的主要推动者。起初，有的人只在河流上航行，后来驾船冒险在海上航行。经过多次航海，他们对自己的经验有了信心，就开始绕着整个海岸航行。等到后来航海技术发生了革命性的进步，大胆的航海家就开始敢于在看不到陆地的海域进行探索。

站在19世纪的高度，我们了解到古埃及人去希腊建立殖民地的尝试，这恐怕是他们历史上最早的海上航行。不过，最值得被称道的航海民族是腓尼基人，他们的航海技术和冒险精神比其他民族都强。为了寻找锡，他们甚至能航行到如今英国沿海地区。

辛努塞尔特和拉美西斯三世的船队历史十分悠久。法老尼科[②]曾经派腓尼基水手驾船进行探索，以确定非洲大陆的形状。在巴托罗缪·迪亚士（Bartolomeu Dias）和瓦斯科·达·伽马（Vasco da

---

① 古埃及船的两侧常绘有象征性的眼睛，一般来说画的都是荷鲁斯（Horus）、图姆（Tum）或者舒（Shu）的眼睛，这三位都是古埃及主要的太阳神。为什么画他们的眼睛，至今尚不清楚。法老统治埃及时期，战船仅有一排桨；腓尼基人在西拿基立（Sennacherib）（约公元前701年）时期发明了双排桨船；之后三排桨船也出现了。公元前610年，法老尼科命人在红海之滨的船坞里造了类似的船，让人驾着这些船驶过自己的运河——他命人开凿的运河足以允许两艘相向而行的船同时通行。在波斯占领时期和托勒密王朝时期，古埃及的战船一直都是三排桨船。在萨拉米斯（Salamis）海战时期和亚克兴海战时期，参战的古埃及船队都是由三排桨船队构成的。——S.B.

② 老普林尼还提到了参与这次航海的其他民族的成员。——原注

Gama）生活的时代之前约2100年，古埃及人已经到好望角走了一个往返。当然，直到罗盘被发明出来①，导航技术才变得完善。航海家原本只能通过观察星星来确定方向，这种技能基本属于“看天吃饭”；罗盘发明以后，人们终于可以通过精确计算方向进行航行了。

泰尔遭受攻陷，亚历山大建成以后，古埃及终于成为著名的商业国度、东方的一大帝国。古印度人将积攒的财物带到贝勒奈西（Berenice）、米约斯霍尔莫斯及红海的其他港口。后来，埃及成为罗马帝国的一部分，帮助把物资分配到罗马帝国的各个地方。埃及人长期受益于这种航海优势，直到葡萄牙人开辟出绕好望角到达印度的优势航线为止。

我们不清楚为什么锡在古代价值连城。腓尼基人认为，能冒巨大的风险通过远洋航行去寻找锡，就算埃及等地出高价收购锡，且这些地方的金属冶炼技术都很发达，这种冒险还是难以想象。盲诗人荷马认为，锡和其他金属（尤其是铜）的单质能形成硬度更高的合金，可用于制造护腕、阿喀琉斯盾牌、铠甲的连接部分等防具，以及各种家具与装饰品②。荷马在写作时使用的单词

① 古代中国人很早就开始使用罗盘了。罗盘可能在1290年左右由马可·波罗（Marco Polo）外传，比所谓发明者阿马尔菲的吉奥亚（Gioia of Amalfi）早了12年。负载石（load-stone）不同于西奥弗拉斯特提到的“Magnetis”［见《论石头》（*On Stones*）第73页］，赫西基奥斯（Hesychius）对此也有自己的解释。普鲁塔克称，曼涅托对负载石也做了记载。——原注

② 即便是在古罗马，也没有发现纯铜的器皿，一般都要镀锡，少数镀银。我们在埃及、希腊和意大利都发现了一些镀金器皿。迪奥斯科里德斯（Dioscorides）提到过镀锡的锅炉，此人应该是安东尼和克利奥帕特拉七世的医生，或者生活在皇帝尼禄时代。老普林尼也留下了对铜器镀锡的讨论。——原注

“kassitéros”实际上和阿拉伯语当中的“kasdeer”[①]是一样的。东方人称呼锡时使用的单词应该是来自古代腓尼基人。

截至19世纪，我们还没办法确定腓尼基人首次到英格兰沿海寻找锡的确切时间，有的人认为大概在公元前450年到公元前400年之间，但这种金属在多年前就被使用了，我们可以通过在底比斯和埃及其他地方发现的青铜[②]器物和工具看出。但我们不能推断古埃及人在其所处时代就已经知道英格兰的锡矿矿山[③]，他们可能是通过和古印度人的交往搞到了锡。腓尼基人则在发现英格兰有锡这种矿藏之前，就从西班牙[④]和印度搞到了锡。

《以西结书》说：“他施人知你有各类货物，就做你的客商，拿银、铁、锡、铅来换你的货物。”

这说明，泰尔人从一个叫“他施”（Tarshish）的地方搞到了各种金属。不管他施这个地方是在阿拉伯[⑤]还是在印度海岸，至少此地都是用来交易来自印度的商品的。先知哀叹泰尔城的陷落，虽然这是记叙公元前588年左右事情的作品，但至少也涉及了贸易往来的相关情况，这种贸易往来肯定在更早的时期就已经存在了[⑥]。

---

① 希腊语单词“κασσιτέρος”古今的重音部分是一样的。当然，笔者认为，没必要纠结古希腊语单词的重音是否和现代希腊语单词一样，也没必要去讨论这些重音标记的来源。——原注

② 青铜是铜和锡的合金，黄铜是铜和锌的合金。——原注

③ 1791年康沃尔矿山出产了约3000吨锡，其中2200吨以每吨72英镑的价格在欧洲市场出售，剩下800吨以每吨62英镑的价格在印度和清出售。——原注

④ 西班牙和葡萄牙的矿山出产的锡很少，萨克森（Saxony）和波西米亚有一些锡产量。马六甲（Malacca）的锡矿产量很高。——原注

⑤ 布鲁斯认为这可能是摩卡（Mokha）。——原注

⑥ 约伯提到过奥菲尔（Ophir）的黄金，这可能是古埃及和古印度长期交往的证据之一。——原注

腓尼基人可能长期卖给古埃及人锡，这可能早于古埃及人从西班牙和英格兰进口锡的时期。这种贸易交流具有十分悠久的历史。腓尼基人似乎比其他民族更早了解阿拉伯和印度沿海的情况及物产，有人甚至认为腓尼基人渡过红海，到叙利亚沿海去定居。

约瑟刚到埃及时，埃及已经有很多印度的商品，以实玛利人把香料带到埃及出售就是一个例子。在底比斯发现的紫水晶、赤铁矿①和青金石等②（大概是图特摩斯三世及其继任者生活的时代）证明，这种贸易往来一直在进行。

虽然这不是最早使用锡的文本证据，但据说公元前1452年，以色列人第一次从米甸人（Midian）手中夺取了这种战利品。《以赛亚书》中提到的“要被排除的杂质”实际上就是用“锡”（tin）这个词指称的。《以西结书》也记载：“人子啊，以色列家在我看来都是渣滓，都是炉中的铜、锡、铁、铅，都是银渣滓。所以主耶和华如此说：‘因你们都成为渣滓，我必聚集你们于耶路撒冷。人怎样将银、铜、铁、铅、锡聚在炉中，吹火熔化③，我照样也要发怒气和忿怒，将你们聚集在城中，熔化你们……’”

这至少算是关于锡的最早的正式文本依据。

很多古代学者都提到腓尼基人发现的某些岛屿，它们因出产了大量的锡而被给予一个统称，写作“Cassiterides”。据推测，这些岛屿现在被称为锡利群岛（Scilly Isles），并包括康沃尔

① 在西班牙、意大利、德国和英国都能找到古时贸易往来涉及的铁矿石。——原注

② 也许还有菱角矿这种矿石。——原注

③ 希伯来语中指称“锡”的单词写作“בְּדִיל”（bedeel）。——原注

（Cornwall）海岸的一部分[①]。斯特拉波说，腓尼基人对这些出产锡矿的岛屿严格保密，他们的船继续从加德士（Gades）（今加的斯）出发寻找锡。尽管罗马人在后来的一段时间里费尽心思想要查明腓尼基人掩藏的锡矿秘密，并试图从中获利，但没有成功。

腓尼基人不惜一切代价试图保卫自己在锡矿贸易中的垄断地位。曾有罗马战船试图跟踪一艘腓尼基商船，商船主宁愿驶进浅滩和罗马人同归于尽，也不愿意泄露锡矿的秘密。罗马人没有预料到这一点，结果船毁人亡。腓尼基商人生还回国，并得到了城邦给予的重金奖励。

老普林尼留下了关于来自大西洋某些岛屿的锡矿的记载，他指出这些锡矿[②]实际上是在路西塔尼亚（Lusitania）和加利西亚（Gallicia）发现的。狄奥多罗斯和斯特拉波注意到，在西班牙和卡西特里德岛[③]（Cassiterides）发现锡之后，这些矿藏被从如今英国的海岸带到了马赛（Massilia）。

腓尼基人如何看待他们那个时代的西班牙，就像后来的西班牙人如何看待自己所处时代的美洲一样。在阅读狄奥多罗斯和其他学者的著作时，读者都会感到震撼——对当地矿区出产的巨大财富感到震撼，也对腓尼基人和当地土著的相处状况感到震撼，这同欧洲殖民者和美洲大陆原住民之间发生的事情很相似。

斯特拉波说："西班牙全境矿藏丰富……金、银、铜、铁如此之多，没有第二个地方能与之相比。就算只是奔涌而下的河

① 贝克曼（Beckmann）和博莱斯（Borlase）也持这种观点。——原注

② 贝克曼在《发明史》（*History of Inventions*）第四卷第10页和第20页中怀疑老普林尼提到的"stannum"和盲诗人荷马所说的"kassitéros"就是指锡。"stannum"是什么直至19世纪仍不明确。——原注

③ 老普林尼认为卡西特里德岛位于伊比利亚凯尔特（Celtiberia）的沿海。——原注

流，也能为我们带来黄金。黄金沉降在河床之中，有的被冲到沙滩上，被人发现。”

波希多尼[①]对产出很多贵金属的地方产生的想法，比征服美洲的那些殖民者脑中的想法还要疯狂。

腓尼基人用陶器、油、盐、青铜器等低值商品交换金、银、锡等其他贵金属，这和后来的西班牙人如出一辙。有时，腓尼基人的船上已经装满货物了，他们干脆就把船锚的铅壳剥下来，顺手换成了银制的。

我们不确定的是，在古埃及文明最早期，古埃及人是否真的了解锡这种金属。我们在大金字塔的通道中发现了一个弯弯的小东西，它是一个铜疙瘩，显然是工具或者武器手柄末端的部分。19世纪，我们在泰尔艾雅候德赫（Tel el Yahoudeh）发现的其他工具也是铜的，但青铜器肯定要用锡来制造。沃克兰对柏林博物馆收藏的文物中的五件进行分析，发现里面的铜、锌、铁比为85:14:1[②]——考虑到这些文物当初不是用金属单质制造的，那就表明古埃及人是了解锡的。事实上，虽然古代铭文、莎草纸文献和其他史学文献中提到了多种金属，但我们不能确定这里面是否有锡。在有些金属名单中，有一种物质被排在铅之后，这也许就是锡[③]。后来，古埃及人了解了锡单质的形态，木乃伊侧部切口

① 波希多尼（Posidonius，前135年—前51年），古希腊斯多葛学派哲学家、政治家、天文学家、地理学家、历史学家和教育家。——译者注

② 参见帕萨拉夸（Passalacqua）于1826年在巴黎出版的《目录》（*Catalogue raisonné*）第238—239页。——原注

③ 象形文字写作“”（t'ehi），这在哈里斯（Harris）莎草纸文献中被提到过，里面囊括了拉美西斯三世献上的祭品清单〔见《过去的记录》卷四第69页〕。雷克马拉（Rekhrnara）的墓中有一些金属锭或金属板，其颜色和铅相似。——S.B.〕——原注

上摆着画有象征眼睛的板子就是一个依据。弯曲板子时，它能发出一种独特的声音，这是锡这种金属所独有的。

古埃及人的金属加工技能及技能进步都是从成功铸造合金的过程中获得的。正如格洛古埃特（Groguet）观察到的那样[①]，古埃及人铸造的金属牛犊雕像提供了进一步证据。另外，摩西能点燃金属，将其磨成金属粉末，这也是一个证据，他只有在埃及才能学到这门技术[②]。《出埃及记》这样记载："（摩西）又将金属铸成的牛犊雕像用火焚烧，磨得粉碎，撒在水面上，叫以色列人喝。"

法语中形容这个点燃金属的过程为"savant"，被认为是"金属加工中最难的一个环节"。

格洛古埃特这样补充说："摩西是如何把金属制品烧成粉末的，这让学者们感到很困惑。尽管很多人提出过猜想，但那些猜想都不切实际。后来一位经验丰富的化学家解决了这个难题。我们如今使用酒石酸（tartaric acid），古埃及人当时使用一种叫泡碱（natron）的物质，两种物质能起到同样的作用。摩西让以色列人喝下这种粉末，寓意埃及人明白这么做的后果，他就是要通过重罚迫使古埃及人服从，因为这样喝下去的东西味道很不好。"

自古以来，人们都将黄金视作珍宝，把黄金当作一种奢侈品。法老让约瑟穿上细麻布制成的衣服，再在他的脖子上挂上金链。[③]《出埃及记》中有这样的记载：

---

① 参见格洛古埃特的作品《法律、艺术和科学的起源》（*Origine des Lois, des Arts, et des Sciences*）。——原注

② 格洛古埃特犯了一个错误，锡的冶炼并不是冶金中最困难的。锡比铅更容易熔化，锡的熔点是420° F，铅的熔点是550° F。——原注

③ 赠送一个人不同的衣服，用以标示他们获得的身份等级，这在东方仍然是存在的。——原注

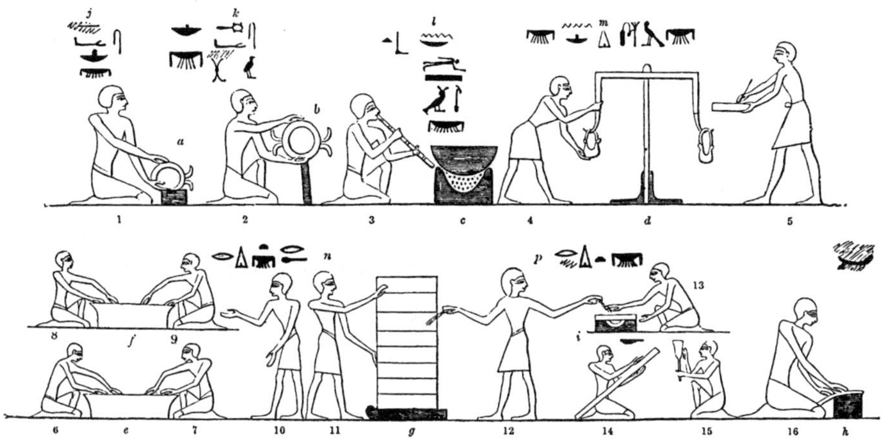

●古埃及金匠：1、2制造珠宝；3吹风烧旺炉火，以便熔化黄金；4称量黄金；5书记官；6、7、8、9淘洗黄金；10监工；（剩下的部分都和黄金的制造相关）古代铭文：j表示打磨黄金；k表示打造金项圈；l表示熔化黄金；m表示登记造册；n和p表示拨给黄金

每一个以色列妇女要到邻居的家里，并向埃及妇女索取金银、首饰和衣裳。以色列人要把这些东西给儿女穿戴，这样就把埃及人的财富都带走。

以色列人照着摩西的话去做，向埃及人索要金器、银器和衣裳。

亚伦（Aaron）对埃及人说：“去摘下你们妻子、儿女耳上的金环，拿来给我。”埃及人就都摘下他们耳上的金环，拿来给亚伦。

大量贵金属被加工成女性饰品，当然我们的证据并非只来自《圣经》。在底比斯和贝尼-哈桑发现的古雕像、大量的瓶子、珠宝等文物都显示，早在很古老的时期，古埃及人就已经在贵金属加工领域取得了巨大成功。

黄金的雕刻、蚀刻及镶嵌宝石的方式等几项技术在很早的时候已经为人所了解，并在《圣经》[①]中被提及。我们在埃及也发现了很多文物样本。

商博良就“gold”的象形文字来源给出了很好的解释，“金”的象形文字主要是由洗金属的碗、过滤金属的斗、滴落的水三者合一组成的，这展现了制造工艺和被冶炼的金属。

当然我们也不能指望只靠出土文物就能揭示古埃及人到底是怎么使用这些工具的，以及他们的技术水平如何。“吹管”一图也提供不了太多信息，但我们看着这些文物，也多少能产生一些

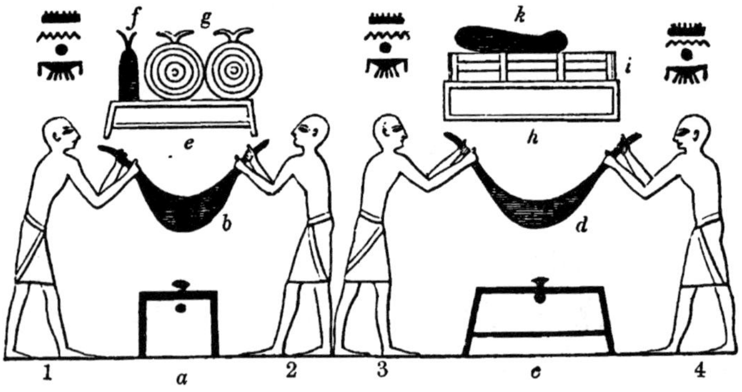

●金匠：f和g是各种珠宝首饰；象形文字读作“*menχ neb*”，意思是“金匠”或“以黄金为谋生手段的人”；1、2、3、4用布包筛选黄金；a和c是架子；e是架子；h是盒子；i是垫子；k所示不详

① 《出埃及记》：“他们就说：‘以色列人啊，这是领你们出埃及的神！’”“他又做院子；南面，就是向南的方向，用捻的细麻做院子的幔幕，宽100肘。幔幕的柱子有20根，柱座有20个，是铜做的；柱钩和横柱闩是银做的。”——原注

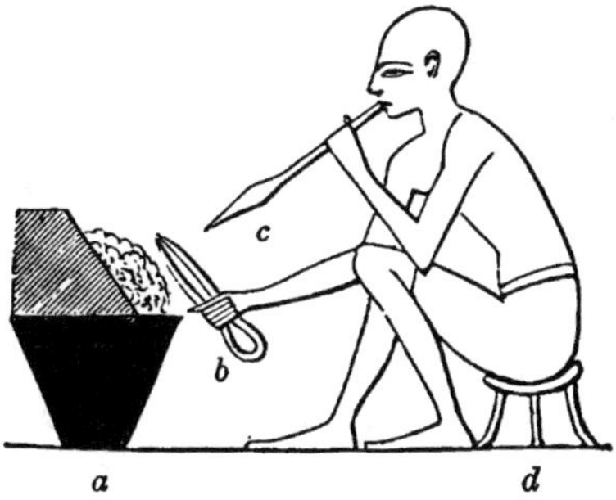

●吹管：c是吹管；a是炉子；b是钳子；d是工匠。图中还有一个特别设计的，可以锁住热量，减少热量流失的炉子

联想。柏林博物馆收藏了一批古埃及文物炉，口部直径接近5英寸，深度也差不多5英寸，和19世纪的普通小炉在外观上相似。

从亚伯拉罕时期就有提及的古代耳环、手镯和珠宝来看，在很古老的时期，冶金技术在亚洲、埃及就已经为人所知。盲诗人荷马[①]注意到，这些地区的工人技术高超，能制造金属武器、精美瓶子、镶嵌或装饰有金属饰物的物品。盲诗人荷马对阿喀琉斯使用盾牌的描述表明，当时的人非常了解加工铜、锡、金和银的技术。他提到的工艺需要的技术可不是一般工匠具备的。史诗作者荷马应该亲眼见过这些工艺，否则不会做出上述描述。

19世纪已经发现的古埃及金饰包括戒指、手镯、手链、项链和耳环等，多半是欧瑟特森一世和图特摩斯三世时期的物件。在同一时期，金银花瓶、雕像和其他金银制品、嵌有黄金的银制品和嵌有贵金属的青铜制品也很常见。除了使用本地矿场出产的矿藏[②]作为原材料，古埃及人每年还向亚洲和非洲被征服的行省征收金银和金银制花瓶作为贡品。

① 如西顿人制造的银杯和格劳库斯的铠甲。——原注

② 狄奥多罗斯曾提到古埃及产量为3200米奈的银矿，但笔者不知道这些矿藏的具体位置。——原注

笔者常常能看到很优美的古埃及花瓶，不管是黄金打造的还是其他材料打造的，造型都很优雅。很多其他种类的文物也是一样，比如拉美西斯三世陵中的金篮子，外形上比较像现代欧洲用来装面包的篮子。①

在贝尼-哈桑发现的壁画上描绘了洗矿、冶炼、借助吹管熔化金属的过程，以及制造金属装饰品、称量金属质量、计算金属数量，此外还刻画了金匠的其他职责。但正如人们设想的那样，这些壁画只能展现一个大概，无法向我们展示更多技术层面上的细节。

古埃及金矿虽然被阿伽撒尔基德斯和后来的学者提及，阿拉伯哈里发们也投入人力物力去开采，但关于其细节，长期以

1　　2　　3

●拉美西斯三世陵中的金篮子：1装饰了怪兽图案；2装饰了山羊和植物图案；3刻有王室成员的姓名的铭文

① 古埃及文物的铭文中出现了各种黄金制品的名称，古埃及文字中对应"gold"（黄金）的单词在很久以前就出现了。第十二王朝的时候一定消耗掉了海量的黄金，第十八王朝时期的贡品记录也表明各个被征服的民族向古埃及献上黄金和其他贡品。拉美西斯三世调拨黄金给埃及主要城市和神庙，这在莎草纸文献上有详细记载。黄金被分为若干等级，有"金矿石"（gold ore）、"平衡金"（gold of balance）、"最高质量黄金"（best gold）、"质量稍次的黄金"（gold of second quality）和"白金"（white gold）（白金显然是被称为"electrum"的银金，和银是有区别的）。黄金主要来自埃塞俄比亚，银主要来自当时的亚细亚。——S.B.

来一直不为人所知，其具体位置也才在几年前由利南（Linant）和博诺米确定下来。这些金矿位于比沙利（Bisharee）沙漠，或者像艾德塞（Edréesee）和阿布尔菲达（Aboolfeda）所说的那样位于比加[①]（Bigá），从德洛（Derow）向东南方走大约17天或18天就能到。德洛位于尼罗河畔，比考姆翁布（Kom Ombo），即古“奥姆博斯”的海拔稍高一点。

利南和博诺米以旅行者的身份，在当地见到了古阿拉伯（Cufic）人的葬礼铭文。从铭文日期来看，当地的矿场是在951年和989年被开采的。“951年”实际上是哈里发莫斯图克菲·比拉赫（Mostukfee Billah）在位的第五年，也是法蒂玛人（Fatemites）到达埃及的前不久。“989年”实际上是法蒂玛王朝的哈里发阿齐兹（El Azeez）在位的第十四年。

这些矿藏得到了长时间的开采，但最后被放弃。根据阿布尔菲达在《埃及综述》第86页的描述，开采黄金的收入不足以弥补投入的人力物力成本。穆罕默德·阿里（Mohammed Ali）检查了送来的矿石样本，没发现有什么值得开采的价值。

上述金矿的基质是石英。古埃及人在尼罗河以东的沙漠中十分勤奋地寻找这种金矿，尽管笔者不记得在此处的任何原始山脉中看到过这种未经矿工仔细检查的石英矿脉。一部分石英总是从裂缝中被挑出来，敲成小碎片。在从科普特（Coptos）到科赛尔（Kossayr）的道路上靠近青铜矿的一个地方，石英矿脉的开采规模一度非常庞大，矿工房舍林立，还有一座镌刻有托勒密三世姓名、摆着其雕像的小石神庙。矿工们在这里居住的时间很长，这

① 写作“بجه”（Bigah或 Begga），这是比沙利阿拉伯（Bisháreen Arabs）人的自称。——原注

点可以通过在这里发现的大堆碎陶器得到证明。这个山谷因此得名佛科赫尔谷（Wadee Foakheer）。笔者不认为他们住在这里的理由仅仅局限于从角砾岩采石场采石，并将石材加工成各种石制品，采石场离当地3英里。笔者在当地河流的几个拐弯处数了一下，共有1320间小屋，容纳的工人数远超采石场实际需要的人数。这似乎展现了古埃及人的淘金目标，表明他们在这里成功找到了黄金，尽管数量可能远少于更南边地区的矿场。

阿布尔菲达说金矿位于艾阿拉加（El Allaga或Ollagee），但根据博诺米记载，这些矿藏的主要地点厄什拉尼布（Eshuranib或Eshuanib）在距离阿拉加谷（Wadee Allaga）约3天路程的地方。笔者特别感谢博诺米对矿区的描述，摘录如下：

根据狄奥多罗斯所说，挖掘方向“取决于发现矿石的地层的方向，相应地，各种井的位置也不同”。可以根据对厄什拉尼布废墟的描述来了解一些情况，比如古埃及人使用的工艺及金属提炼的过程。根据利南的测量，挖掘出来的矿物主要藏于180英尺深的地下。开矿导致当地的地形出现了狭窄的斜沟，斜沟沿着岩石分布区向下延伸了很长一段距离。山谷中靠近比较容易挖掘的地方有几座石屋，石屋是使用开凿石山留下的边角余料建造的，墙都不高于人的胸部。这应该是矿工或者守矿人住的①。这些石屋靠近峡谷中的急流，对面有一排房子，大约300间，距离矿区很近，里面住的都是工人，他们受雇把石英敲成小碎片。碎片大概只有豆子那么大，被递给用“手磨”的工人，由他们进一步磨

① 人们发现，沙漠中的其他采石场和矿山中都有类似的小屋。——原注

碎。“手磨”类似于19世纪磨谷物的石磨，是用花岗岩制成的。在古代，几乎每间房屋中都有一座“手磨”，时至今日，有的还是完好的，有的已经损坏了。

石英就这样被打碎成粉末，被放在斜面上清洗，所使用的蓄水池都是用就地收集的石料建造的。我们一般会在斜面附近发现白色小土丘，这都是古代开采工作的残留物。除了小屋遗迹，还有两座大型建筑，建筑物角落设有塔楼，是用该地区普遍存在的坚硬黑色花岗岩建成的，这些花岗岩很有光泽。山谷里有许多树木，在河床海拔较高处有一个岛，或者说，是一处孤立的河岸（isolated bank），我们在上面发现了许多墓碑，有些碑文是用古阿拉伯语书写的，与在厄苏安发现的墓碑非常相似。

以上是博诺米跟笔者谈的关于阿拉加金矿的事情。因为狄奥多罗斯对采矿和提取黄金过程的描述很有趣，笔者也摘录一些奉送给读者。

狄奥多罗斯记载说，在矿场工作的矿工主要是战俘和被判处苦役的罪犯，这些人都被脚镣束缚，必须长时间劳动。看守十分谨慎，避免他们找到机会逃跑。同时，为了防止看守产生同情心或疏于职守，统治者都让不懂埃及语言的外族军人担任矿场看守。

这种看守制度是由托勒密王朝及其晚期的法老引入的，还是从很早以前起就一直推行的，现在很难说得清楚了，狄奥多罗斯只是把他所在时期的状况介绍给读者：

土地自然是黑色的[①]，中贯大理石[②]的脉络，呈现出白色，熠熠生辉。埃及法老把臭名昭著的罪犯、战俘，哪怕是蒙冤受害的人[③]都发配到矿场，让他们戴着脚镣长时间劳动。外面的看守都是讲另一种语言的外族士兵，矿工根本不可能靠言谈跟他们搞好关系或引起他们的同情，所以完全没有希望逃掉。

含有黄金的泥土变硬了，就马上点火让它软化；时机合适的时候就用铁镐将其打碎。有一个工程师负责检查和选矿，指引矿工去砸。最强壮的矿工只靠一把凿子就能直接劈开坚硬的大理石。如果要在地下打竖井，就顺着光照亮地底显现出的轨迹来施工，这样的轨迹不会是一条直线。

为了在完全黑暗的环境中看清眼前环境，矿工会在头上佩戴固定的矿灯，根据岩石的性质（nature of the rock）给自己的身体涂色（having their bodies painted）。如果要切割石头，石头可能会纷纷砸下来，这时后面还有监工发号施令，甚至用鞭子抽逼着工人往前挖。工人身后跟着一些小男孩，专门负责捡拾敲下来的石头碎片，拿到外面去。三十岁以上的人被雇来用铁杵在石臼中把一定尺寸的石块敲到只剩扁豆大小，然后妇女和老人被要求将这些小石头放入排列成一长排的磨盘中，每个磨盘配两到三人，将石头磨成细粉。

矿工被人轻视，到了衣不蔽体的程度。只要看一眼，就觉得他们可怜。哪怕是病残者都没有休息的机会，老弱和妇女更不用说。只有无尽的工作，只有催促工作的皮鞭，直到工人最终承受不了然后倒下。矿工们总是觉得不如立刻死掉就好了，他们觉得

① 石英矿脉处的岩石是一种泥质片岩。——原注
② 他说的显然是矿石基体，也就是石英。——原注
③ 也就是被诬告的人。——原注

死了都比继续这样遭罪强。

石块被磨成粉，然后就被运走进行最后一步工序。工人把石头粉末铺在一张略微倾斜的宽桌上，然后把水倒在上面，揉搓石头粉末，直到所有杂质都被分离，随水流走，留下较重的颗粒。这种操作往往要重复进行，工人用手轻轻揉搓石头粉末，然后用细海绵将无用的杂质吸出来，直到只剩下纯度较高的黄金。然后，其他工人按黄金的重量和尺寸将其分别带走，并将这些黄金与固定比例的铅、盐、少量锡和大麦麸一起放入土坩埚中，用黏土封好，在炉中连续烧五个昼夜。之后让其冷却，然后打开坩埚，这时里面只剩下纯金，当然相比入锅前会有少许损耗。

这就是古埃及人提取黄金的办法，走完一整套流程要付出巨大的努力。我想，大自然告诉我们，既然黄金这么不容易得到，那么保存黄金应该一样困难，会让人很担心。挥霍黄金虽然很快乐，但也会有难过的时候。①

---

① 参见《过去的记录》《关于金矿的古代铭文研究》（*Les Inscriptions des Mines d'Or*）和《塞提一世相关古代铭文研究》（*Une Inscription historique de Seti I*）。第十二王朝时期，找矿和挖矿等工作都被记载在了文献里。欧瑟特森一世在位时期的王子（也是埃及军官）阿美尼（Ameni）表示，他曾经负责将从矿山开采出的黄金送到科普特去。第十九王朝时期的莱德西耶赫金矿位于一个叫阿巴斯谷（Wady Abbas）的地方，此地开展了大规模的开采工作，我们在当地的神庙发现了一份开采记录。我们还在库班（Kuban）发现了重要的古代铭文。库班位于尼罗河东岸，对面有达克赫（Dakkeh），亦称“孔特拉-普赛尔齐斯”（Contra-Pselcis）。塞提一世时期的铭文提到了神庙组织工人采矿和部分矿井开采出的矿藏。根据库班的古代碑文记录，当地建造了一座蓄水设施，为矿工和其他一些骑驴穿越沙漠到矿山去淘金的人供水，这是拉美西斯三世时期的事情。出于同样的目的，塞提一世命人钻了一口约190英尺深的井，但没有真正找到水。后代法老往下又钻了12英尺，终于找到了水。都灵莎草纸文献都记载了这些金矿的地形图和平面图、王室纪念碑、（水）井、矿工的房屋，以及通往竖井的道路。——S.B.

黄金刚刚开始在古代社会被使用的时候，神像、装饰品等各种物品都是用纯金制造的。但金单质太软且容易磨损，必须加入其他金属形成合金予以硬化，这也节约了金的使用量。随着加工经验不断累积，人们发现黄金的延展性很好，可以在物体的表面镀金，这样一来，无论是青铜、石头、银，还是木制物品的表面都可以镀金，展现和纯金打造的同款物品一样美丽的效果。

镀金起初也会使用数量很多的黄金，但随着金属加工经验的不断积累，金的消耗量大大减少。很多古埃及文物表面施有一层金箔，包括欧瑟特森一世时期的一座纪念碑。当然，有些制品在镀金的时候，外面包的金层还是很厚，但这不是因为工人技能不足，而是因为本来就是这么设计的。图特摩斯三世时代早期，古埃及人加工黄金的技术已经很成熟了。

古埃及人掌握镀金技术的时期[①]，刚好和犹太人在埃及滞留的时期重合，因此，对于镀金工艺，《圣经》也有所提及。摩西制作的皂荚木约柜[②]外面包裹的就是纯金，《圣经》中还提到了金属铸造器物的内容[③]。镀金技术有可能是在埃及的犹太人发明的，也有可能是埃及人很久以前就懂得相应的冶金技术，因为我们在19世纪也确实发现了能证明这点的文物证据。

---

① 老普林尼曾经提到“lycophoron”，这是一种能够让金和木结合在一起的物质。——原注

② 又称“法柜”，是古代以色列民族的圣物，“约”是指上帝跟以色列人所订立的契约，而约柜就是放置了上帝与以色列人所订立的契约的柜子。——译者注

③ 《出埃及记》：“要里外包上精金，四围镶上金牙边。还要铸4个金环，安在柜的四脚上，这边两环，那边两环。”——原注

我们不知道古埃及人是怎么一锤一锤敲出金叶来的，但从底比斯发现的一些做工很精细的文物来看，和欧洲人处理羊皮纸的方式相同。也许在加工金子的过程中，古埃及人还使用了从动物肠道中取出的一些膜。

欧洲人起初会使用小牛皮造的纸代替羊皮纸进行打金工序。17世纪初，德国的金匠从牛内脏中割取了高质量的薄膜[①]，发现他们可以打制更薄的金片。这种工艺直到19世纪仍在继续使用，我们称为“打金皮”（gold-beaters’skin）。

贝克曼[②]说：“大概是在1621年，当梅伦尼（Merunne）向人们展示巴黎金匠可以把一盎司黄金打成1600片金叶，覆盖多达105平方英尺[③]的平面时，引起了轰动。1711年，德国人打制出的薄金片在巴黎投入使用的时候，列奥米尔（Reaumur）发现，一块立方体金块〔长、宽、高均为5线[④]（line）半〕如果打成薄金片，其覆盖面积可以从27平方线提升到1466.5平方英尺。延展性相比一个世纪前提升了近50%。”

底比斯古代墓穴中发现了很多镀金青铜花瓶、各种工具、小饰品、雕像、玩具和其他金属和木头物品。木乃伊的脸上常常覆盖着厚厚的金箔，画布和木棺也用大量金箔作装饰，就连亡者的尸身在缠上绷带之前也被镀了金。除此之外，各种奢侈品和展示品、内殿高耸的墙壁上的雕像、巨像的装饰品、神庙门及众多大型纪念碑的一部分同样镀了金——法老麦策里努斯的女儿的墓穴

① 参见兰切洛蒂（Lancellotti）在1636年的著作中提到的“肠皮”（pelle del budello）。——原注

② 参见《发明史》第四卷中对镀金的论述。——原注

③ 1平方英尺约等于0.093平方米。——译者注

④ 1线约等于0.003米。——译者注

中的木制母牛像、努比亚卡拉布希（Kalabshi）神庙的雕像、阿玛西斯赠送给昔兰尼的密涅瓦女神像及狮身人面像都是镀了金的。

19世纪，人们认为，金[1]比银更早投入使用[2]。《圣经》作为西方人现在可以接触到的最古老权威的史学文献，它提到在最古老的时代，金和银都会被使用，何况后世考古还发现了古老时代的银戒指[3]。据说亚伯拉罕非常富有，拥有牛、银和金[4]，把银当货币用[5]，买下了以弗仑（Ephron）的土地与洞穴[6]，一共花了四百舍客勒。

在交易中收货币的话，依据的一定是货币的质量[7]，古埃及人和希伯来人一直都采用这种习俗，其他东方民族直到很晚的时候也开始采用，直到更晚的时候，出现了政府强制使用的某种货

① 老普林尼认为是卡德摩斯发明了黄金加工的工艺。——原注

② 显然，在埃及，银比金更晚投入使用。银曾被称为“白金”，象形文字写作“”（white gold）。“白”（white）被称为“het”，“金”（gold）被称为“noub”，表示“白金”的时候一般使用“Noub-het”，直接用“het”也可以。“Hat”同样也可以表示“白”，主要被用于形容牛奶的“（乳）白”。希伯来语中的“白”写作“לבן”，“lebn”也因此可以被用来表示“奶”（milk）。——G.W.

③ 阿尼克城堡博物馆中收藏了阿美诺菲思三世的一枚银戒指。古代的银制戒指和其他饰品比金制同类物品更不常见。——原注

④ 《圣经·创世纪》：“亚伯拉罕是富翁，拥有许多牲畜和金银。”但根据戈盖（Goguet）最近的研究成果，银被作为货币使用是等到亚伯拉罕从埃及返回后才有的事情了。——原注

⑤ 在希伯来语中，“כסף”（silver）是常被用来指称“钱”（money）的单词，和法语中的“argent”一样。（同威尔士语中的“arian”。——G.W.）——原注

⑥ 《圣经·创世纪》：“亚伯拉罕同意，就按照以弗仑在大家面前说出来的价钱，用当时商人通用的秤称了400块银子给他。于是，以弗仑在麦比拉，在幔利前面的那块地，包括那块田和其中的洞，田中和四周所有的树木……”——原注

⑦ 《圣经·约伯记》：“智慧不是黄金可买得的，也不能用白银衡量它的价值。”——原注

币，将之取代。当约瑟的弟兄们发现钱回到了自己的口袋之后就回到埃及，他们的口袋“（和之前一样）装得满满的”。而底比斯壁画经常也会表现人们在市场上买货的时候称黄金的情形。后来古埃及引入金环和银环作为货币[①]，这种习俗一直存在，直到托勒密王朝又引入了金币、银币和铜币为止。

托勒密王朝诸王并非最早把铸币引入古埃及的人，实际上在波斯占领时期，在冈比西斯二世和大流士一世在位时期的埃及总督亚良德斯（Aryandes）就仿造他主子铸造的“达利尔斯”（Daries）私铸银币，为此被判处死刑。老普林尼不确定古埃及何时开始铸币，希罗多德认为吕底亚人（Lydians）是首个把金银铸造成钱币的民族。在公元前560年左右，罗马君主塞尔维乌斯·图利乌斯（Servius Tullius）开始铸造铜币[②]，在上面印上绵羊图案。“绵羊”在拉丁语中是“pecus”，因此这种货币被称为“pecunia”。公元前512年，雅典开始铸造银币。第一次布匿战争之前（公元前269年），罗马也开始铸造银币。有人则认为，是阿尔戈法老菲顿（Phidon）在公元前895年首创度量衡，并且开始铸造银币[③]。

事实上，在铜币上印上绵羊图案，也与古代把绵羊当作一般等价物的习惯相吻合。在埃塞俄比亚和达尔富尔（Darfoor），人们认为一匹布的价值和一头成年绵羊的价值相等，约合当今60英

---

① 古代中国和古代日本也使用铜钱，铜钱中间也有孔，所以可以用一根线穿成一串。（印度将其称为“le”或“cash”。——G.W.）——原注

② 李维（Livy）认为，第纳里乌斯（Denarius）银币首次出现于公元前337年，金币直到公元前207年才出现。——原注

③ 帕萨尼亚斯（Pausanias）指出，在斯巴达王波吕多洛斯（Polydorus）的时代，金币和银币都还未出现。波吕多洛斯于公元前724年驾崩。而根据荷马史诗，特洛伊战争的时候金银币尚未出现。可以通过读荷马史诗了解当时的人是怎么买酒的。——原注

镑，也就是希伯来语中的“kesitse”[①]。笔者曾经听说，一个埃塞俄比亚人说绵羊是他的“弗洛斯”（floos），该词也是“钱”的意思。在科尔多凡（Kordofan），人们仍在使用铁货币，这种货币长得像一个宽箭头或鸟的翅膀。每个硬币的面值是1帕拉（para），40帕拉合1皮亚斯特（piastre），100皮亚斯特相当于1英镑，又被称为“卡沙沙”（kashasha）——有些硬币面值一样，但在具体质量上可能有点差异。

古埃及人不使用这样的货币。而有证据表明，古希腊人作为一个民族存在很久之前，货币相关的度量衡就已经出现，这说的是菲顿之前的希腊。

用来称黄金的天平和普通天平略有不同，其做工肯定更精细，一般来说都是宽底座上立起一根直杆，顶部有一根可动的横梁，用销钉将直杆和横梁连接在一起。横梁的两端有钩子，挂着布袋，就把黄金装在这里面称。

一般来说，大天平看上去像是一块扁平的木板，由四根绳子系在横梁末端的环上。较小的天平是青铜制的，笔者曾在上埃及发现过一个。这个小天平直径1.5英寸，发现的时候，它的3根绳子已经断了。

让天平达到平衡的原理简单且巧妙。横梁穿过一个环，环悬挂在横梁上方与横梁平行的一根水平杆上。环大到足以让横梁自由移动，这样就能显示天平是否平衡。当把货物从一个天平中取出而将砝码留在另一个天平中时，环还能起到防止横梁倾斜的作

① 参见《钱币学会会刊》（*Proceedings of Numismatic Society*），1837—1838年，第231页。——原注

用[①]。环的下部固定了一个小砝码，用手触碰砝码，砝码会自然地悬挂在环上，这就表明砝码的重量是合适的，而无须再另外观察横梁。有时，天平顶端有狒狒造型的装饰，这是托特神，也就是月亮的象征，掌管度量衡、时间和文字。另外，笔者发现，只有在审判死者的场景中，正义女神才与天平有联系。

站在19世纪的角度看，古埃及所有的天平只有一个工作原理，在底比斯或贝尼-哈桑的壁画中，我们似乎没有看到过运用秤杆原理的天平。笔者自己得出的结论是，秤杆天平应该是罗马时代才出现的。[②]

当然，古埃及人有另一种天平，一边挂物品，另一边挂小铅锤达成平衡。还有一种天平，老普林尼认为是代达洛斯（Daedalus）的发明。这种天平已经被证明，至少在与约瑟同期的欧瑟特森一世时期，就有埃及人使用了。

一般的物品都是用铜制作的，包括武器、瓶子、雕像、仪器和各种工具、家具，以及许多其他物品。甚至凿石头用的凿子，还有各种木匠工具都是铜制的。人们普遍认为，铜和青铜[③]投入实际应用比铁要早。据说，土八该隐[④]（Tubal Cain）是这个行业的“祖师爷”，但铁制工具被认为应该是犹太人出埃及之后才出现的，有人甚至怀疑希伯来人口中的“巴兹尔”（barzel）铁其实可能不是铁。

---

① 较大的天平被称为“*maχa*”，而可以拿在手上的小天平也在纪念碑上出现了。直到罗马控制时期，铁砝码才在埃及被使用。在埃及，我们不时发现很多古代的青铜砝码和铅砝码。——S.B.

② 这是很明显的，只有那时才出现了3种不同尺度的砝码。——S.B.

③ 在纯铜中加入锡、铅、铝形成的合金。——译者注

④ 《圣经》中的人物，也是传说中以色列人打造铜铁利器的始祖。——译者注

根据阿伦德尔大理石碑（Arundelian Marbles）上的记载，特洛伊战争爆发前188年，也就是约公元前1370年，人们就对铁有所了解了。但赫西俄德（Hesiod）和普鲁塔克等学者都认为，古人了解并使用铁应该是在特洛伊陷落之后。但盲诗人荷马清晰地提到了铁的具体用途，都已经说出“铁在水中淬火”这样的景象了。对此，亚历山大·蒲柏（Alexander Pope）有诗云：

军工锤炼在浅滩，
战斧锋利剑光寒。
金属淬火响叮叮，
贯穿入眼作此音。

这是波吕斐摩斯（Polyphemus）眼睛被利器戳入时[①]的记载。巴珊王（King of Bashan）的铁床架算是人类最早使用铁的权威物证，据说这是公元前1450年左右的物件。

塞拉西鲁斯[②]（Thrasyllus）也认同阿伦德尔大理石碑上的记载，认为在特洛伊战争之前，铁肯定就已经为人所了解，或者比特洛伊战争还要早一百多年，大概是公元前1537年。另外，也有人认为，古希腊神庙的供品中有些是铁制品，这说明铁在当时价值很高，只有几种特定用途。我们在一些古墓中会发现古人佩戴的铁环饰品，但这些东西的制成年代已经很晚，当时铁已经被普遍使

① 在荷马史诗《奥德赛》中，奥德修斯及同伴为逃出独眼巨人波吕斐摩斯的巢穴，用计戳瞎了他的眼睛。——译者注

② 克莱门斯说，塞尔米斯（Celmis）和达马努斯（Damanus）首先在塞浦路斯发现了铁。——G.W.

用了。笔者收藏了一个这样的铁环，上面有哈波克拉特斯的形象，无疑能断定这是托勒密王朝时期或者罗马统治时期的物品。老普林尼留意到，在他那个时代，铁变得流行起来，铁制品引起了一定的关注。

早在莱库古（Lycurgus）时代，铁的重要性还没有那么高。当时斯巴达的立法者禁止引入金银，并且限制斯巴达人用铁。普鲁塔克断言，当时的人们可能形成了一些关于铁价值的概念，一辆两头牛拉的车所运的铁只需要10米奈就能买到。

巴比伦被劫掠之前，犹太人似乎已经熟悉了“巴兹尔”铁（比较常见）、来自北方的铁，乃至钢。约伯时代[①]的人已经对铁链有所了解，摩西还曾提到过铁炉。

然而，也有观点并不认同当时的人已经开始用铁[②]，主要论据之一就是矿石冶炼难度大，将其熔成可锻造的状态并非易事。同时，对于铁的特点和性质的探索需要一个过程。在当时，具有更好延展性的金属更不可能被使用。金、银、铜很容易形成合金，只要利用单一的工艺，这些金属就能方便地被用于各种用途。制造铜器所需的主要技术关键在于引入的其他金属的比例和质量。

罗伯逊在《亚美利加》（*America*）第四卷第125页中这样说：“在岩石裂缝、山的两侧和河道中能找到纯度最高的金、银、铜这三种金属，所以最早被人发现并投入应用。但深深造福人类的铁从来没有以完美的单质形式被发现过。而相比于金、银、

---

① 《圣经·约伯记》：“铁从地里挖出；铜从石中熔化。”（《圣经》英语译本的原文是“Iron is taken out of the earth, and brass is molten out of the stone.”这里的“brass”实际上是指“copper”，均有“铜”的意思。约伯时代并非我们想象的那么遥远。）——G.W.

② 老普林尼认为制铁技术是神话中的独眼巨人发明的，赫西俄德则认为是克里特岛的伊戴·达克提里（Idaei Dactyli）发明的。——原注

铜矿，人类要承受两倍火力和加倍艰苦的过程，才能从掺有各种杂质的铁矿石中得到可用的材料。在完善冶铁技术前，人类早就熟悉了对其他金属的加工利用，并靠这些金属征服地球上的一切。”

在艺术和科学刚刚起步的时代，铁的加工难度很大，因此长期以来，铁的价值显得不如纯铜乃至青铜。但能否假设存在这样的民族——很先进，掌握了金属加工技术，并且不是古埃及人。这样的假设恐怕是不客观的。我们没有证据表明古希腊人和同时代的其他民族了解了铁的用途，我们推想，当时这些民族应该是不懂得用铁的。虽然这些古代民族经常使用青铜制造的武器与工具，但不足以证明其了解铁。毕竟希腊人和罗马人即便在铁已经被普遍了解的年代，还在大量使用青铜铸造器物。

在此给出青铜在铁之前被普遍使用的另一个论据：“~匠”（-smith）这个表述源于希腊语，虽然可被用于指称铜匠或铁匠，但其本意只是“铜匠”（coppersmith）。反过来，拉丁语中的“ferrum”①，意即“铁”，常常和刀剑之类的单词联系在一起，即便在最古老的时期也是如此。伊特拉斯坎人总是利用铁铸造刀剑等进攻性武器，利用铜制造防具——关于这一点，有一个比较合理的理由，就是铁能更容易砍透质地较软的金属。如果早期罗马人确实制造过铁剑，这说明他们应该是从意大利邻居那里接受了这种习俗②。

---

① 如果认为“barzel”发源于“bers”，即迦勒底人和叙利亚人语言中的“穿孔”，那么“ferrum”可能也是从“ferire”（打击）演化而来的。——原注

② 在伊特鲁里亚古墓中发现了铁剑。无疑，意大利民族很早就开始使用铁兵器。亚述人在公元前800年左右已经开始用铁。——S.B.

学者们研读了浩如烟海的文献，一些人断言，一般来说，古代民族只使用铜和青铜制作器物；另一些人则断言，在最古老的时代，已经有人开始用铁。当然，在19世纪，这个问题还有进一步讨论的必要。如今发现的带有早期法老姓名的铁武器极少，但如果就此说古早时代只有青铜武器，似乎也不能令人满意。青铜是会分解的，尤其是长期置于亚硝酸盐的环境中①。除非我们全盘了解古埃及人使用青铜工具的方式和目的，否则发现再多的青铜古文物意义也不大。毕竟在人类已经普遍了解铁之后②，古希腊人和古罗马人还在制造各种青铜器。青铜之所以被广泛地应用，主要是因为它的冶炼加工工序更便利，并且在当时，它比铁更易获得。当然，铁以化合物的形式分布在全球各地，比铜的分布更广泛，但这些化合物并不一定都是易于提取利用的。笔者知道的古埃及铁矿仅有一座，在埃及东部的沙漠，位于尼罗河和红海之间一个叫哈马米（Hammami）的地方，是我的朋友伯顿发现的它。1822年，伯顿到该地去，发现该地的铁矿石呈现出红色的色泽。

埃塞俄比亚的铁资源比埃及丰富很多，反过来说，希罗多德认为铜是稀有金属，这是正确的。但他说当地的囚犯会被用金镣铐锁住，这点我们不敢轻易附和。

长期以来，古埃及人是否用铁，到19世纪为止都是广受争议

① 希罗多德曾提及建造金字塔的时候所用的铁器。霍华德·维斯上校（Colonel Howard Vyse）发现的铁块嵌在大金字塔的两块石头之间，它可能是在建造金字塔时被放置在那里的，或者可能是在阿拉伯人拆除金字塔时被强行夹在石头之间的。在任何地方，和铜等金属相比，铁保存的时间都短很多。但除了实物，能证明古埃及人用铁的更好证据是存在的。——G.W.

② 参见贝克曼《发明史》第四卷中关于早期用铁的论述。——原注

的学术热点问题。人们在大金字塔的一处通道中发现过一块薄薄的锻铁碎片，在卡尔纳克神庙的狮身人面像①下发现了一把弯刀的铁刀片。最近，人们在金字塔附近发现一座破碎的青铜雕像，是拉美西斯时代的。通过雕像可以发现，有铁丝穿过砂芯，以便雕像主体能立在一处椭圆形台座上②。其他铁制品还包括带有象牙把手的铁头锛③。当然，随着时间的推移，古埃及文明发展到后期，埃及人会使用铁，这是毋庸置疑的。人们在罗马占领时期埃及的门搭和棺材中发现了铁钉，使用铁钉的位置原本都是用木塞的。我们发现，在法老统治埃及的时期④，已经有两个单词被用来形容铁，分别是“baa en pe”和“ba nu ta”，意思分别是“天上的金属”和“大地的金属”——“天上的金属”或许是指陨铁。除此之外还有另一个单词，它的意思可能是“钢”，但至今还不能确定。法老图特摩斯曾经收到叙利亚人和腓尼基人的铁制物件作为贡品。

底比斯古墓中的画向我们展现了屠夫磨刀的场景。屠夫们的围裙上挂着一根圆棒，这就是磨刀的工具。这可以用于了解拉美西斯三世陵的壁画中所绘的青铜武器和铁武器之间的区别：在拉美西斯三世陵的壁画中，青铜武器被涂成红色，铁武器被涂成蓝色，而在底比斯古墓的画中，屠夫的刀也被涂成蓝色。从这一点可以看出，在法老仍控制埃及的时代，埃及人已经很熟悉铁的使用了。

---

① 1874年《大英博物馆埃及厅游览指南》（*Guide to Egyptian Rooms*）第38页，序号5410。——原注

② 鲍德里（Baldry）藏品。——原注

③ 见德威里亚（Devéria）《埃及考古杂谈》（*Mélanges d'Archéologie égyptienne*）和夏巴斯《古代史研究》。——原注

④ 参见莱因德（Rhind）《底比斯古墓》（*Thebes, its Tombs*），第218页。——原注

犁、锄头和叉子等常见农具一般都是木制的，外观和材料都很朴素。犁铧有时可能是用金属制成的，锄头的刀片也是由金属制成的，不过，是否有铁头农具尚不确定。

赫西俄德说：“男人们用青铜农具锄地，当时的人们还不知道铁为何物。”

我们也不能确定，赫西俄德把金属农具的材质限定为青铜是不是客观的见解。

我们在埃及发现了几把文物锄头，它们如今被收藏在欧洲的博物馆中，从外观上看只是简单地把刀片插入把手中，用一根绳子绑起来。这些文物锄头的外观和展现农耕场景的墓穴绘画中所刻画的锄头完全一致，这说明这是古埃及最常用的木锄头——不用说那时候，到了19世纪也一样。

柏林博物馆收藏了一件小铁锄头文物，具体年代不详。因为它和19世纪已知壁画所描绘的锄头的造型存在本质差异，我们也无法从中得到任何推论。

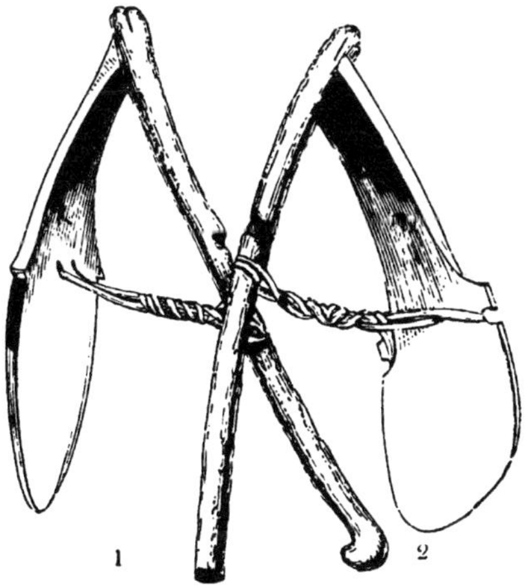

● 1 弯把木锄；2 直把木锄

前面说过，铁没法保存很长时间，古埃及时期的铁器可能保存不到现在。考虑到加工的方便性（从目的角度来看，古埃及人更偏向于用铜而不是铁），所以铜作为一种金属被使用的可能性其实更大。在下文，笔者将向读者呈现使用青铜制雕刻工具刻石头的方法。我们很难确定，在矿山和采石场里，青铜工具主要有什么用。有时，在凿开石头时，工具本身会裂开，这是阿伽撒尔基德斯对开采金矿的描述，正如笔者有理由相信，在为建造底比斯古墓而切割石灰岩时也会出现这种情况。我们在石头碎屑中发现了一把青铜凿子，它一定是古代的工人无意间遗落在那里的。方尖碑和其他花岗岩纪念碑上的象形文字雕刻得格外精巧。古埃及人使用的所谓古代钢（steel）与19世纪的现代钢一样，都经过了高强度的回火。对此，作为远古历史的旁观者，我们感到很惊讶，并且我们觉得，就算是现代艺术家，在某些方面也无法和这些古代人相提并论。

古人雕刻石头的时候，部分作品下刀的深度超过两英寸，即便是边缘和最小的细节，也能呈现出和其他部分一样的清晰度和准确性。笔者亲眼看到过一座高高的法老浮雕，该浮雕是花岗岩盖子上的装饰，距离地面9英寸。当然，如果一口咬定该浮雕不含铁，只用了青铜材料，那就没什么好说的了。而站在19世纪的角度，我们也可以大方承认，古埃及人的冶金技术在某些方面是在我们现代人之上的，他们一定有可能设计出了一种尚不为我们所知的石刻方法，比如制造一种铜合金，让铜这种金属具备雕刻花岗岩、玄武岩乃至类似硬度石料的功能。笔者尚且不知道，在19世纪会有什么人想把一块埃及花岗岩切开或者穿个孔；想必大家都会立刻大方地承认，我们现在最好的钢制刀头对着这样硬的石料，只要转一小会儿就不得不再次回火[①]（retemper）。法国工程师曾经花大力气从卢克索拆除方尖碑。方尖碑的部分底座已经被侵蚀了，他们就从受侵蚀处入手，但也就只能切进去不到两英尺深。这说明在拥有先进工具的现代，要想重现古埃及人曾掌握的工艺技术也是很困难的，尽管这在古埃及人做过的事情中还不算是困难的。壁画中被用于切割石材的工具是不是青铜材质，这就很难说了[②]。

也有人这么设想：花岗岩刚从采石场被取来的时候，质地会稍微软一些，比起已经完工的方尖碑更容易下刀雕刻，所以理论上，在这个阶段加工的话，工作量会少很多。但从实践角度来看，这个设想会被推翻，因为方尖碑这样的纪念碑常常是在竖立起来一百多年后才被雕刻上文字和图案的。比如，在某些方尖碑上，后来刻上去的象形文字的线条，有时比最初雕刻上去的文字和图案还要深，并且更精美。也有人认为，花岗岩在某些状态下，用凿子凿的话，雕刻效率会更高，但即便如此，也不能解释古代工具凿石头的深度，更没法表现出古埃及人的工艺优势。

① 感谢R.韦斯特马科特（R.Westmacott）爵士提供的资料："花岗岩算是最坚硬的材料了，一般都用各类镐进行加工。工具的耐久度取决于其具体外形，越钝的工具就越耐用，在使用时越不容易过热。将螺栓〔一般都用强回火铁（strong tempered iron），直径约0.75英寸〕插入花岗岩断裂部分的跳孔，一般来说，螺栓可以抵御高温连续工作半小时，很少能坚持更长时间。在给石头开洞的时候，有一个人负责拿着螺栓并不停转动，另一个人则挥舞重锤敲打。直径较小的工具一般都是铁制的。一般来说，如果敲打的点不能固定在同一处，估计敲不够300下就要换新工具。雕刻家通常使用由泡钢（blister steel）或铸钢（cast steel）制成的工具，当这些工具的温度上升到一定程度就把它们浸泡到冷水中。木匠的锯子等工具都是用最好的铸钢做的，在油中回火。"——原注

② 因为在每次落锤的时候都要转动石材，所以必须确保留出一定尺寸的石料。从高度来看，大概是从人的肩膀到腿那么高。——S.B.

所以，我们在19世纪能得出的结论是，古埃及人雕刻石头的效率不是由原材料本身的硬度决定的，他们一定为此付出了巨大的努力，并且因自己采用的非凡方法取得了很大的成功。

对“古埃及人雕刻大理石”的指称，英语中通常会使用强调在木、石或金属上刻下文字和艺术图案的“engrave”，而不是强调把石料塑造为立体人像的“sculpture”。从加工的细节来看，我们可以认为，古埃及人采取了“engrave”这种雕刻技术，在某些情况下，他们还使用了砂轮和钻头。古埃及人恐怕已经知道如何使用金刚砂[①]，这并非不可能，因为当时已经发现了这样的物质。如果这能被证实，就可以解释为什么古埃及花岗岩和玄武岩纪念碑上的象形文字历经千年，仍然光洁锐利。同时，这也能解释为什么古埃及人不喜欢用铁而偏爱青铜，因为金刚砂和青铜明显更容易结合在一起，并且雕刻工具中的金刚砂成分越高，雕刻的效果就越好。出于类似的原因，现代人更偏好软铁而非硬钢工具。

结合象形文字雕刻的情况，上述内容足以解释古埃及人在雕刻时倾向于使用青铜工具的原因。但采石场为何也使用青铜工具？我们尚不知道，铜和哪种金属形成的合金能把硬度提升到采石所需要的程度。如果是使用锡之类的金属，加入过多的话会导致合金太脆而无法使用。笔者研究了在底比斯发现的凿子，意识到情况并非如此。在该铜锡合金凿子中，锡的含量达到5.9%，这样的锡比重远远达不到让合金工具易碎的程度，并且保证了合金工具能切割石头。如果切割石头的效果取决于合金工具的成分配

① 在当时，金刚砂很可能已经被用于花岗岩的切割。相关文物的切割部分发现了铜的氧化物，这让一些学者感到惊讶，也让这个设想更具现实性。——原注

比，那么保存至今的古代工具就会和它最初被制造出来的时候一样有效，因为成分配比没变，凿头仍然锋利如初。

这种青铜工具到底怎样才能具有切割石料的功能呢？我们必须承认，在青铜工具外面一定要加上某种保护套，或者必须承认，古埃及人似乎拥有某些我们完全不熟悉的金属硬化或青铜回火的技能。前文提到的文物凿子的长度在9英寸到9.125英寸之间，最大直径1英寸，最大宽度0.7英寸，质量为1磅12盎司，外形上类似于欧洲石匠至今仍使用的那种凿子。

在底比斯和埃及其他地方，我们发现了青铜花瓶、镜子、武器和工具等物件。这展现了古埃及人在合成金属方面的技能。他们用多种方法①混合铜和其他金属，改变青铜的成分。甚至有一种秘方，能让青铜或黄铜刀片②具有一定弹性③。正如我们注意到的柏林博物馆中收藏的那些匕首。这种秘方应该就是锤炼金属的具体方法及正确的合金配方。

古埃及青铜有一个显著特点，就是不怕空气的侵蚀。直到19世纪，很多当时的青铜文物仍然光滑闪亮，即使被埋在土里很长时间。它们之所以呈现出氧化的外观，是因为在气候潮湿的欧洲展出。

不知道古埃及人具体是从何时开始用青铜铸造雕像等器物

---

① 就合金成分比例而言，最早和最晚的希腊青铜器大致相同。有时会出现少量银，但这应该是与锡一起意外混入的。〔见乌尔博士（Dr.Ure）《艺术和制造业词典》（*Dictionary of Arts and Manufactures*）中关于“铜”的章节。——G.W.〕——原注

② 19世纪的人对已发现的古埃及青铜器进行了检查，它们的平均锡含量为20%。——原注

③ 没有直接证据表明古埃及人知道黄铜器具，也没有分析表明19世纪已发现的古埃及铜制品中存在锌。笔者收藏了一枚看上去是黄铜材质的戒指，但它含有的有可能不是锌而是金。——原注

的，贝尼-哈桑和底比斯的壁画，以及金字塔附近的墓穴画都没有透露出这一点，而这些壁画都是重要的权威资料。奇怪的是，在与埃及人的贸易、艺术和职业相关的众多主题作品中，我们找不到任何和青铜铸造相关的作品。不过，上述关于青铜的论述是比较实际的，不能因为纪念碑没有记载就认为这种技术在当时不可能存在。

很多青铜雕像的制作年代都很古老，但没有任何古代文字证据，所以无法具体考证。不过，笔者坚信第十八王朝以前就有青铜雕刻技术，可能存在大量欧瑟特森一世等法老时期的青铜雕像。

在论及金属铸造技术的时候，帕萨尼亚斯（Pausanias）提到培尼乌姆（Pheneum）和阿尔卡迪亚人的谣传：为了找回失去的马匹，尤利西斯（Ulysses）寻求神的干涉，于是捐建了一座尼普顿（Neptune）雕像，帕萨尼亚斯还做了如下补充：

事实上，他们（同一时代的埃及人）给我看了一段文字，这段文字出现在雕像基座之上，主要内容是出资招募能照顾动物的人。但对于这些人的话，我并不全信。关于尤利西斯为尼普顿·西皮乌斯建造雕像的事，没人能说服我相信。那个时候，人们还不知道熔化金属并将其浇铸在模具中的技术，制作雕像就像制作衣服一样，是连续、分块的，实现不了“一次成型”，就像笔者曾经论述的至高天神朱庇特像一样。事实上，腓莱乌斯（Philæus）之子洛库斯（Rhœcus）和泰勒克勒斯（Telecles）之子狄奥多罗斯[①]都是最早雕

① 老普林尼写道：“此人对石刻技术的贡献是，制定或创造了这个行业相应的规则（rule）、等级（level）、器械（turner’s instrument）和要诀技巧（key）。”——原注

刻雕像的人，他们都是土生土长的萨默斯人。狄奥多罗斯给波利克拉特斯戒指上的绿宝石刻了雕饰。

自古以来，萨默斯人就以石刻技能闻名。公元前630年，昔兰尼建国。在这之前，萨默斯人为朱诺神庙做了个青铜花瓶，上面有狮鹫装饰。这装饰是由三个大青铜人像托举起来的。伊特拉斯坎人常常制作铜像，这种雕像技艺在罗马城建立之前就很常见了。罗慕路斯（Romulus）打下卡梅里乌姆（Camerium）之后，缴获了一辆四匹马拉的青铜战车，据说他曾经把自己的雕像放在了这辆车上。

老普林尼认为，黄金的发现和冶炼应该归功于卡德摩斯。此人到希腊的时间应该是公元前1493年，但这个技术其实很早之前就被埃及人知道了，包括那些被认为是由腓莱乌斯之子洛库斯和泰勒克勒斯之子狄奥多罗斯发明的技术。

有些人认为，希俄斯岛的格劳库斯（Glaucus of Chios）是贵金属冶炼技术的发明者，吕底亚国王（king of Lydia）阿吕亚泰斯（Alyattes）曾将他制作的银花瓶献给德尔斐（Delphi）神庙。根据希罗多德的说法，德尔斐神庙的祭品是当地所有祭品中最漂亮的，材料主要是铁，外面镶嵌黄金。但帕萨尼亚斯的描述与这种观点相反，他明确指出："阿吕亚泰斯献给德尔斐神庙的花瓶由几块铁板（plates of iron）组成，像台阶一样彼此相接，最顶部的一块往外有少许弯曲。花瓶的外形像一座塔，底部最宽，向上逐渐收窄。每一层之间不是用钉子或针（nails or pins）固定的，而是采用了简单的焊接工艺。"

其实，古希腊人也是懂镶嵌工艺的。虽然阿吕亚泰斯那个花瓶的底座没有使用这项工艺，但这不影响他们掌握相关技术并对高脚杯等物品进行加工。加工工艺颇简单，在铁器上雕刻各种装饰图案，然后在刻出的窄线状凹痕中填入金或银（某些情况下，可能还用了焊接工艺）；或者单纯用锤子敲打，然后在表面进行打磨和抛光。

“damascening”（大马士革钢产法）这个词虽然一般只限于指称铁或钢的镶嵌工艺（因为此词的含义参考了现代大马士革钢产法所制剑刃的样本），但同样可以引申为指称任何金属加工工艺。例子有很多，比如，在底比斯和其他地方发现的雕像和各种装饰品中，出现了许多青铜器物镶嵌金银的例子。坚硬的石材也采用这种加工方式，在刻出来的凹痕中填入金或银。如今，土耳其人和其他东方民族普遍采用这种工艺，来制作钩针、匕首的手柄，以及琥珀器上的石饰。但这具体是从哪一历史时期开始的，笔者认为没有必要刨根问底。

在希俄斯岛的格劳库斯之前，就已经有金属焊接技术了。虽然在底比斯发现了金和铜材质的瓶子，制作技术和帕萨尼亚斯提到的花瓶底座差不多，但公元前1490年图特摩斯三世在位时期也存在类似的瓶子。这些瓶子被证明是由一个个金属板组合而成的，正如帕萨尼亚斯所描述的，这些金属板相互交错或重叠，有时还用金属带连接。其中有一个金花瓶就是采用这种组合连接工艺制成的，外形典雅精美。

至于对精细度要求不高的物件或物件中人眼不可见的部分，古埃及人会在焊接时加入铅。我们不知道这种做法是从什么时候开始的，但它肯定晚于发现锡的时间。在这方面，老普林尼说得对，用铅来焊接必须加入锡，还要用油（19世纪用树脂），否则焊接

●图特摩斯三世时期的瓶子，有金属板装饰。上方的铭文是“黄金”的意思，也就是瓶子的材质：1罐子；2高脚杯；3有小花等装饰图案的瓶子；4小花装饰图案

无效。笔者知道，最早的铅焊金属标本是伯顿的锡杖，但不知道它具体是什么时候的文物。

在掌握冶炼矿石、制造武器和金属工具的时代之前，人类就直接用石器。猎人使用天然锐利的燧石作为武器，将其固定在手柄上或者苇秆末端，这成了当时猎人的“刀和箭”——直至19世纪，一些蛮族还在这么干。

在文明出现之前的一个时期，这个时期距今已经很遥远，古埃及人可能也在这么干。我们发现，即使古埃及人改进了各种武器，即使他们的制造技术攀上了巅峰，他们仍然偶尔使用石箭来打猎，直到第十八王朝为止。长期的习惯使他们偏向于使用最初的芦秆燧石箭，以及硬木尖头箭，这都是原始习俗传承至今的体现[①]。

那些更具威力的人采用木杆铜头箭，战争中更是无一例外都使用这样的箭。但古埃及人是在什么时候让武器质量整体上一台阶的，这恐怕不好说。因为这肯定是在文明早期，早得实在没有什么遗留下来的古代文物能为我们提供实证。

很明显，在古埃及文明的早期，古埃及在技术方面就已经很

① 我们不知道古埃及人具体从什么时候开始使用青铜箭头，因为19世纪发现的古代箭头上没有具体日期和铭文，有的甚至能被明显地判定为古希腊甚至古罗马时期的，尤其带有三刃头的那些。更早期的箭头都是木制或石制的。——S.B.

先进了。第十八王朝建立之后盛行的一些发明创造，其实在欧瑟特森一世时代（也就是约瑟时代）就已经存在了。亚伯拉罕到埃及时，埃及文明已经发展得很好了，我们对此不该有所怀疑。

埃及公民上街一般不携带武器，士兵如果不执行任务时也会主动放下武器，这是埃及文明发展和社会进步的有力证明——在本作讨论的历史时期，这些习俗都已经悉数被采用。很多情况都表明，至少在公元前1800年，埃及的土地上就已经存在文明。孟菲斯金字塔是在大洪水发生后三百年内建成的，贝尼-哈桑的古墓是在大洪水发生后六百年左右凿建的，并且这些墓穴中的壁画是以一个高度文明的民族的艺术和礼仪为主题的。我们发现，大洪水发生与建造这些金字塔和古墓间隔的时间并不比从19世纪到伊丽莎白一世和亨利三世的统治时期间隔的时间长。

出于对代代相传的古老习俗的尊重和宗教方面的考虑，古埃及人会使用石刀。根据希罗多德的记载，死者被送去做遗体防腐处理的时候，遗体上通常会被用“埃塞俄比亚的石头”（Ethiopic stone）划一个口子。只从“Ethiopic stone”这个表述来看，不知道具体用的是什么，但大概可以推测是指燧石。这个推测很可能是事实，因为很多人都把燧石当刀子切东西。我们在底比斯古代墓穴中发现过几把燧石刀，这也算是实物证据。希罗多德提及，其他一些地方的“Ethiopic stone”是指花岗岩，起“Ethiopic stone”这个名字是因为埃塞俄比亚花岗岩产量很丰富。而燧石之所以得此名称，可能因为它的颜色是黑色的。

在古埃及墓穴中发现的刀具有很多被保存在欧洲的博物馆中。刀具一般分为两种，一种刀刃宽而平，一种则窄而尖。柏林博物馆保存了几把古刀。窄而尖的刀具应该是被用来在身体侧面划出切口的，目的是取出肠子，为前文提到的防腐做准备。古埃及人对与宗教有关的早期习俗有强烈的偏爱，他们在与神有关的问题上很难引入新习俗，故而，他们保留这些原始的工具，用于对死者进行防腐处理这种神圣的仪式，对此，我们并不感到惊讶。[①]

① 古埃及人对石制武器的使用是19世纪的一个学术热点（见夏巴斯《古代史研究》第328页及之后的内容）。当然，在有据可查的最早时期之前，古人肯定就已经在使用石制武器了。海特·刘易斯（Hayter Lewis）教授在佐威艾阿里安（Zowet el Arrian）金字塔——该金字塔应该建成于前六个王朝中的某个时期——发现了一把精美的小石锯。欧洲博物馆中所藏的各种石刀都是由火蜥蜴石（pyromachous silex）制成的，呈浅褐色而不是深色，这样的刀具经常被放在木乃伊附近的篮子里。我们在墓穴中也发现了燧石的碎片或切片。此外，我们在第二十二王朝（公元前9世纪）的一座坟墓中发现了疑似石器时代的箭镞；还有其他叶形的碎片，显然也是武器。我们在西奈半岛（peninsula of Sinai）的埃及神庙等地都发现了大量的燧石工具，其中有石锤，也有已知的深色硬石刀，以及火蜥蜴石匕首刀刃。——原注

●燧石刀：1 燧石刀，也可能只是燧石薄片；2 燧石刀

第4章

古埃及人的艺术风格—早期法老的名字—切普斯等人—神庙雕像的主题—颜色—浮雕和凹雕—绘画—砖砌金字塔—拱门—采石场—大块石料的移动—风箱和虹吸管—服装—假发—女人的裙子和珠宝—眼（线）—洗浴—医护人员—（宗教）还愿品

●普撒美提库斯一世（Psammatichus I）时代萨卡拉（Saqqára）古墓的石拱门，在拱门顶部的左边和其他位置都刻有文字，所刻文字是法老的姓名

前面说过，古埃及人不允许宗教人物的造型出现任何创新——不去改进，也不模仿自然，标准的模式都被规范固定下来。对古埃及来说，艺术和约束艺术的规则总是一成不变的。

起初，古埃及浮雕似乎只是对自己的前身，也就是绘画的模仿。浮雕试图展现神的形象、宗教标志和其他主题。绘画是在一个平面上描摹出简单的轮廓，然后涂上颜色，把细节表现出来。随着时间的推移，这些形象被工具刻在石头上，然后将多余部分切掉，这样浮雕就做成了。这是一种在石头上表现图像的尝试，埃及纪念碑上所有浮雕显然都体现出同样特征，这也很容易就解释了浮雕在人物图案方面排列不完美的原因。

由于缺乏构思，尤其是缺乏相应的组合知识，古埃及人的相关作品无法形成那些能真正表达含义的组合。每幅作品都是由彼此孤立的部分组成的，这些部分根据一些一般的概念被拼贴在一起，但没有形成和谐统一的整体，也没有达成某种预设的效果。人的脸、整个身体及其他相关元素都是以同样的方式组成的，由单独的创作者视情况逐一拼接在一起：眼睛、鼻子和其他面部器官拼在一起组成了一张脸；但这张拼接而成的脸完全表现不出什么感情和激情。无论是在激烈的战斗中冲向敌人的方阵，还是在阴森的神庙中平静地献上香火，不同场景中的法老面孔都是一样的形态，并且毫无生气。有时，明明刻画的是人的侧身，却像画人的正面一样画上双眼。一般认为，这是在侧面图中加入人的正面面部特征。这是很常见的表现手法，并没有考虑到人的头部位置的变化。

人像的衣物也是如此：首先画出人物，然后加上衣物，衣物不是作为人像整体的一部分，而是作为人像的附属品。古埃及人只根据画中人物具体的服装或主题产生对应的认知，没想区分表现士兵或祭司所需的独特的艺术效果。画一个人物根据的是这个人物的角色，一幅画的每一部分都是相关负责的画师构思的，并在需要时拼接起来，完成整体构图的任务。建筑物的墙壁（即要作画的地方）被准确地用方格划分出区域后，就在上面画人物，遵从这种机械的安排。人物的四肢被生硬地拼接在身体上，前面划定的方格规定了要画什么及在哪些区域里作画，无论作品所展现的图案的具体形状如何，都要服从这种规矩。

根据狄奥多罗斯对古埃及雕像的观察[①]，一个人像身体的不同部分可能是由若干艺术家共同创作的。大家事先商定人物的风格和姿态，把各个部分拼在一起形成整体。

只要重视传统的制度继续存在，古埃及画像除了人物的比例，不可能有太大改变。拉美西斯二世统治时期，所绘人物变得更加修长，但人物的相貌和特征仍然保持不变。据此，柏拉图在《法律篇》第二卷中说："一万年前的图画和雕像，从任何方面来看，都不比现在的好或差。"

事实上，古埃及人长期受到同样规定的约束，这些规定禁止在美术创作上做出任何改变。随着时间的推移，埃及成了罗马政权的行省。在罗马统治时期，埃及人建造的纪念碑上的浮雕也是

① 笔者认为古埃及雕像实际上是一体的。当然，狄奥多罗斯举的例子是萨默斯的阿波罗像，这是泰勒克勒斯和狄奥多罗斯在萨默斯和以弗所制作的，这个雕像就是由两个部分拼接而成的。——原注

这样——一切都还是古埃及风格，并且成品很粗糙。如果说埃及人当时确实试图更精确地完善细节，那也只是在简单朴素的基础上增加了些许装饰。这清楚地表明了当时的人在审美品位上的不足，这是艺术堕落导致的必然结果。

在当今艺术作品的构图中，需要考虑三个要素，即一个主要动作、一个主视角和时间层面的一个瞬间。作品中各部分的比例是否和谐，是靠透视来调节的。但在古埃及雕像中，这些基本要素都被忽略了：集中展现主要人物，其他一概不予考虑。主要人物巨大的身形尺寸表明，自己是中心，其余的都只是附属品。其他任何人物即便同样显眼或与主要人物大小一样，也仍然处于从属地位。创作时将这些人物塑造得大一些，只是为了便于进一步展示与作品中的英雄有关的场景。

古墓穴的绘画在表现与私人生活、行业景象或人的礼仪、职业有关的主题时，被允许有更大的自由。观察古埃及画中人物的位置，偶尔可以看到一些透视的原始迹象，但这种最早的尝试不完美，在埃及人看来，符合透视法则的构图未必美观。这就是一种习惯的力量，即使开始模仿自然、尝试写实，遵循传统风格的作品有时也比画得更像的作品要受欢迎。

底比斯神庙中的一些绘画作品展现了战斗场景，其中一些刻画了君主追击逃敌、用剑砍倒敌方首领、拉弓射箭，以及御马拉车，碾过尸体的场面。画中人物精神振奋，而武器的位置让观众对人物的动作产生了清晰的联想。但我们同样观察到，这样的风格不完美且缺乏真实性。画中人物空有动作但没有情感，没有展现出激情，人像的五官也缺乏真实感和生命力。也就是说，画中的人物在机械地做着动作，无论采取什么姿势，视角都是一样的——同样的人体轮廓，肩部画在前面，其实就是拼在人物整体上的一个独立部分。

限于这样一种传统的绘画模式，古埃及艺术家达不到同时期古希腊艺术家的创作水平——古希腊艺术家不受这种传统偏见的束缚，被允许模仿自然之美。在带来感官刺激这一方面，古埃及艺术家的作品更不可能达到那种形成审美品位、唤起心灵诗意的程度，他们的想象力受到限制，被迫满足于模仿已经摆在他们面前的模型，没有新的概念被激发出来，当然也没人要求他们这么做。

在描绘动物方面，古埃及艺术家们似乎没有被限制在同样的僵硬风格中，但人的才干一旦被压制，就很难指望他们做出任何巨大的努力来提升，更别说取得成功了。观察这些动物图案，同样可以看到将部分拼接成整体的尝试，和人物图案一样。古埃及艺术家很少尝试画人或动物的正面，即使画了也还是那种拼在一起的样子。然而必须承认，一般来说，古代绘画对动物的特征和形态的表现还是可圈可点的，动物躯体的各部分即使是组合拼接的，也显得比较真实，并且描画肩膀和人体其他部位的时候是没有画动物那样的自由度的。笔者不否认，在底比斯陵墓壁画刻画的狩猎场景中，羚羊和许多野兽被赋予了强大的生命力和活力。德·斯塔尔夫人（Madame de Staël）认为，“古埃及画师在捕捉和刻画动物形象的时候很传神，展现出天才的一面”，对此，笔者很赞成。

古埃及艺术家表现人和动物轮廓的方式是最原始的，维持着艺术在古埃及出现时最初的样子，可以参见大英博物馆的一些史前时期文物。未开化的民族最初的尝试也仅限于此。这种古早的艺术风格长期占主流地位，直到古埃及艺术家的才干最终将其取而代之。不过，这种古早的风格简单易懂，连认识最浅薄的人也能看出它要表现什么，理解起来不费力。尽管陵早绘画的限制很多，但可以对各个元素进行简单的组合。在现代埃及，未受教育的农民如果看到欧洲的绘画，会立即被底比斯古墓壁画一类的绘画吸引，尽管他们很少能够区分出画上的人和动物。相比之下，他们就是没法理解——无论说什么都不能诱导他们理解——现代绘画中那些因画面透视而被遮住的身体部位或表现阴影（特别是在描绘人体方面）的技巧，他们认为这是一种“减少、遗漏”。

浮雕可以被认为是最早的雕像类型。浮雕起源于绘画，绘画中的画像作品是一个民族急于纪念自己的胜利、法老登基或法老的美德，以及与本民族历史有关的其他事件的原始记录。人类心智的模仿能力的最初应用就体现在绘画上，但进展缓慢，新生的艺术（如果可以这样称呼的话）在拥有描绘真实事件和模仿再现生活场景的能力之前经历了好几个阶段。起初，对长矛、剑、弓或其他武器的粗略描绘体现了人对事物和行动本身的理解，这种描绘实际上就是一种象形文字。随着时间的推移，人们尝试画出了己方士兵和倒下的敌人的轮廓，而带领他们取得胜利的君主的英勇事迹也被简单描绘和记录了下来。

随着艺术家创作技巧的提高，对题材进行单纯的寓言式表现（allegorical representation）被扩展为描述性表现（descriptive kind），艺术家还尝试对英雄进行此类表现——他们画下英雄的战车和他指挥的军队，以及逃跑敌人的模样。最初，这些表现几乎都只是简单的符号，而现在有了更高级的表现形式和鲜明的绘画特征。古埃及人所有的历史记录都具有类似的性质，而这些图案插画是书面文件的替代品。事实上，绘画和雕像早于文字出现。我们发现，即使在古希腊，“描述”“绘画”“雕刻”“书写”等词都是用同一个词来表达的，该词用英语字母转写为“graphein”。

由于缺乏文字，难以描述一个人的职业及其光荣事迹，所以早期的古埃及人将一些可能表明死者身份的物品与其遗体一起埋葬。比如，士兵与他们的武器一起埋葬，工匠与他们使用过的工具一起埋葬，船桨被放在水手遗体的上方，各种祭具或者他所服侍的神的标志被放在祭司的墓穴中。19世纪，我们尚未发现那个时代的任何铭文。部落酋长的遗体被简单地埋葬在一个土丘下，有时土丘上会放置一根粗糙的石柱，但石柱上面没有任何文字。后来的人会将一个有象征性意义的标志粗略地刻在石头的平整表面上，该标志与之前提到的早期历史记录有同等性质。

诗歌或歌曲缓解了缺乏文字导致的不便，记录了历史事件的细节；而传说和故事则出于民族自豪感，精确且热情地传承了征服者的光荣成就和过去的历史。诗歌是伴着音乐朗诵的，因此，朗诵诗歌往往就是在吟唱颂歌。法律也是以类似的方式被记录的，正如亚里士多德所指出的，“Nomos”这个词既表示法律，也表示歌曲（song）。

雕像的出现比建筑的出现要早得多。一个简单得甚至有点简陋的小屋就可以满足一切居住需求。古早的人类长期居住在这样的房子里，直到某天终于开始寻求发展一些并非生活必要的东西。

建筑物完全是人类心灵构想的产物，自然界中没有现成的模型可供复制。构思一种理想的、有美感的建筑需要巨大的想象力，此外还要对建筑各部分进行适当排列组合，并且判断建筑物整体是否能达到一种全新的、超出已知经验范围的和谐。但人类模仿既有事物和记录眼前所发生的事情的愿望——换句话说，将对事物和事件的印象从他自己的头脑转移出来，呈现给他人——在社会的每个阶段中都是很自然的。思想创造出的果实是令人满意的，落实到建筑上就是对建筑各构件的相对位置的安排，以及建筑师自己想法的表达，尽管具体案例可能并不成功。

前面提到，古雕像产生的第一个原动力就是人类记录具体事件的愿望，第二个原动力则是宗教。起初，人类简单地找一截圆木、一根石柱就将其视为神像[①]。后来，这种简单的神像渐渐被塑造成人形。在创造它的人眼中，人形是最崇高的形象。以人形神像代替就地取材的简易神像，其纪念意义巧妙地被希腊语名词“*kίων*”保留下来。帕萨尼亚斯认为，“古代的所有雕像都是木制的，埃及出产的那些尤是如此”，但这一定是在非常古老的时代才会存在的。有这么一种可能，在古埃及艺术的萌芽期，古埃及人基本就是把木头柱子当成神像，偶尔会在神庙里摆上几个雕刻的木人神像，这个习俗一直持续到后来的法老掌权时代。

阻碍古埃及雕像艺术发展的一个重要原因是雕像的姿势一成不变，总是在塑造静态人物，或者只要求四肢伸直，不去表现人物的动作，当然也就没有一丝生气。也就是说，雕像只是雕像本身，没有被赋予艺术作品应有的生命，在这一点上，希腊雕像与之完全不同。每一个古埃及士兵的雕像都呈现出完全一样的攻击和防卫姿态；古埃及没有摔跤手的雕像；除了法老陵中的一座，也没有掷铁饼者的雕像；拳击手的雕像表现不出男性的矫健、活力和肌肉动作；女性雕像也完全展示不出属于这个性别的美丽、

① 见卢坎对马赛神像的描写。——原注

感性和优雅——最终都是为了做出来的成品符合同一个不变的模型。在古埃及，人的雕像就只有区区几个固定的表现模式而已。

无论男女，坐像都是双手放在膝盖上或横抱在胸前；跪像有时会托举一个小神龛或宗教标志；立像则是双手直接放在身体两侧且垂到大腿，一只脚微微迈出，仿佛是要走路，但腿没有分开。

群像是罕见的，一般不超过两个人物，并且是夫妻关系，呈现为坐在同一个座椅上的姿态，或互相握着对方的手，或把手臂放在对方的腰上或肩头上。偶尔，主角是坐着或站着的，其他年轻的家庭成员或晚辈则以小比例尺寸被刻在两侧。坐像通常是靠在椅背上，双手举到下巴处，身体的大部分被衣物覆盖，只有双手露出来；或者是坐在椅子或宝座上，双手垂到大腿；更稀有的坐姿是盘腿坐在地上，展开并阅读一卷莎草纸文献。跪像的姿态是双膝跪地，双手垂在两侧，或把神龛、祭坛等物品端在跟前。一种立像的姿态是左脚向前，双手垂在两侧，拳头有时紧握，其中一个拿着圆柱形的卷轴，或折叠的腰带或餐巾，如果是神或被神化的法老的立像，则拿着象征生命的物件。另一种立像的姿态是将一只手收回到胸前，拿着权杖或其他标志物[①]。木乃伊的形象一般被用于表现神灵或死者，裹着绷带，双臂交叉放置，拿着徽记或其他物品。这些雕像的背后往往有一块矗立的石碑或石板，在某些情况下类似于方尖碑，这与雕像是相连的，一并立在一个方形基座上。在上述例子中，雕像两腿之间的多余石材也被保留着。个别雕像的头发基本都披到肩上，或者从头部中央开始有规律地排成鬈发。眼睛、睫毛和眉毛从面部中央向左右耳侧延

① 参见1857年格里顿（Gliddon）《人类的土著种族》（*Indigenous Races of Mankind*）第98页及之后的相关内容。——原注

伸，眼皮像贝壳一样（eyelids shell-like）。耳朵的孔（hole of the ear）与眼睛的瞳孔在一个水平线上；嘴唇有鲜明的标记，有点像努比亚人；胡子则是传统样式。总之，埃及人像呈现出外形纤细、五官平静的特点，看不出感情或情绪。浅浮雕（bas-relief）和凹浮雕（cavo-rilievo）要优先塑造侧面轮廓（profile），使之更清晰地呈现在观众眼前。各种附属于人像的装饰因制作时间、身份等级和所处环境的区别而各有不同。①

温克尔曼说："埃及人的脚与希腊人的脚不同，埃及人的脚更平更宽，并且脚趾完全伸直，脚趾关节和手指关节一样小，脚趾长度依次递减，小脚趾也不像希腊人那样弯曲。"

末尾一句话是合理的，符合观察得到的结论。画像中的埃及人的脚趾长度上没有依次递减，第二根脚趾总是最长的，和实际情况一致，为什么一致前面已经解释过。如果古埃及人的创作才能没有被迷信思想束缚，他们很可能创作出更好的作品，对真实人体的模仿最终会帮助古埃及人在艺术方面赶上他们在其他方面的进步②。

不管经历外敌入侵还是其他什么意外，都无法改变古埃及人

---

① 见《大英博物馆埃及厅游览指南》第15页到第18页。——原注

② 本书写到这一节，我们通过第三王朝及随后王朝的精美雕像，切实体会到埃及雕像艺术的卓越性，以及它在早期王朝时期所达到的高水准。事实上，雕像家是按照一定的等级制度依次展开工作的，这种制度在不同时期存在差异，但它只影响最终作品的尺寸比例，而不影响创作方式。最古老的规则可以追溯到第三王朝，要计算人物雕像从脚底到头顶的实际高度，需将每二分之一英尺或三分之一英尺计算为一份。这一规则在第十二王朝时发生了变化，将人像按高度分为十八个部分，每个部分四分之一英尺，这一规则一直持续到第二十二王朝，超过六分之一英尺的部分不计。从第二十二王朝起，盛行第三种规则，把人像从脚底到头顶分为二十一个部分。虽然这种变化不是很大，但它表明，古埃及的艺术不是完全墨守成规的。——S.B.

对陈规的推崇。即便希腊人和罗马人先后征服了古埃及，但在古埃及，任何偏离既定习俗的行为还是不被容忍。即便在对外交流中学到的东西在艺术水准上多么高超，或对自然的模仿多么惟妙惟肖，也无法被古埃及人接受。托勒密王朝开始后，古希腊艺术在古埃及广为人知，古埃及艺术家本来也有机会借由这一最佳参考系得到改进；但与希腊人的交往实际上并没有为艺术创作带来任何变化——当阿德里安希望向他最喜爱的安提诺乌斯（Antinous）表达宗教敬意，并为其造一尊雕像时，还是只能按照古代定下来的规矩办。

在古埃及，绘画和雕像的总体特征一直保持不变，并且被全国各地普遍采用，就连基督教的统治已经确立了，每个古埃及艺术家都还在不断地遵循这种模式。但我们还是有理由认为，在那个漫长的时期，始终有几种风格被从外界引入埃及，古埃及艺术家的创造才能在一定程度上还是有所发挥的。因此，对于柏拉图的断言，我们要从普遍性角度去理解它，即埃及人之所以遵循一成不变的传统形式，是为了世世代代都能准确表现埃及人眼中的“人类在理想状态中的美”。这无可厚非，但每一个看惯了埃及绘画的人都很容易察觉到，在古埃及艺术的最巅峰时代，在拉美西斯大帝及其父王在位时期，在托勒密时代等不同时代所创作的绘画之间还是存在差异的。如果不去模仿自然，创作出的作品难免会失真。更早时期的雕像在轮廓造型和雕刻手法上体现出的优雅和大胆，都表明这些雕像是当时最厉害的艺术天才的作品。

古埃及的方尖碑上的象形文字体现出的也是同样的事实。在建筑方面，拉美西斯大帝命人建造的神庙优雅宏伟、比例和谐、风格简洁，远远超过了之前或之后的任何时代建造的神庙。另外，不可否认的是，欧瑟特森一世时代和第十八王朝初期的埃及艺术得到了极大的发展，那个时代出现的纪念碑因其品位、简约和细节的对称性而受到现代人的赞誉。如果说图特摩斯三世时期的建筑中出现了一些独特的创新，那也只能归咎于当时建筑师的“一时任性”，而不能看作当时整体的建筑风格所发生的变化。这一点笔者将在下文中提到。

贝尼–哈桑墓穴的壁画肯定比拉美西斯时代或第十八王朝早期的绘画差得多，但欧瑟特森一世时代的其他一些纪念碑上的象形文字的风格（如赫利奥波利斯的方尖碑）表明，在那个遥远的时期，雕像技术已经有了很大的进步。如果古代浮雕能保留下来多一点，我们可能会发现更多的文物来证明当时艺术家的高超技巧。

欧瑟特森一世是和约瑟同时代的君主，在公元前1740年左右登基。他登基之前的绘画或雕像作品很少被留存下来。金字塔附近的墓穴，以及笔者在恰斯尔厄西法德（Qasr e'Syfd）附近发现的那些墓穴在年代上肯定比贝尼–哈桑墓穴的石窟要早。砖石的风格，以及在那里发现的法老的名字表明，恰斯尔厄西法德一带的墓穴是生活在苏非斯及其直接继承者时代的人的，年代大约是公元前2090年到公元前2050年，比亚伯拉罕到达埃及的时间早了一个多世纪。根据笔者的推测，亚伯拉罕到达埃及的时候，埃及的统治者是阿帕普斯（Apappus）。

很明显，矗立在大金字塔前后的石墓是在大金字塔开工后才建的；即使没建完，也是同一个时代的建筑物，它们所处的位置与大金字塔一致①。而那些在同一地点的岩石上雕凿出的作品并

① 值得注意的是，孟菲斯被称为“金字塔之地”，埃及象形文字写作“Menefer”，科普特语写作“Memfi”“Manfi”“Membe”“Panoufi”“M

不是更早时期的产物，这可以根据雕刻风格和同一个法老的名字来判断。

在这些名字中，我们显然看到了“Suphis”（苏非斯），其象形文字可转写为“Shufu”或“Khufu”。这个名字很容易通过添加希腊语中的“s”[①]后，转换为“Suphis”或“Cheops”之类的词。但正如笔者已经注意到的，很难说这些墓穴及其墓主人具体是哪个时代的，更不太可能判定其具体的建造次序。我们也无法确定本段介绍的古代名字是否都指代同一个苏非斯，还是说后者其实是另一座金字塔主人的名字——这座金字塔主人的名字“Sen-Suphis”表示“苏非斯的兄弟”[②]，这两人大概是生活在同一时代的两位法老。

西奈山中也出现过带有象形文字的方形旗帜。如果这些旗帜

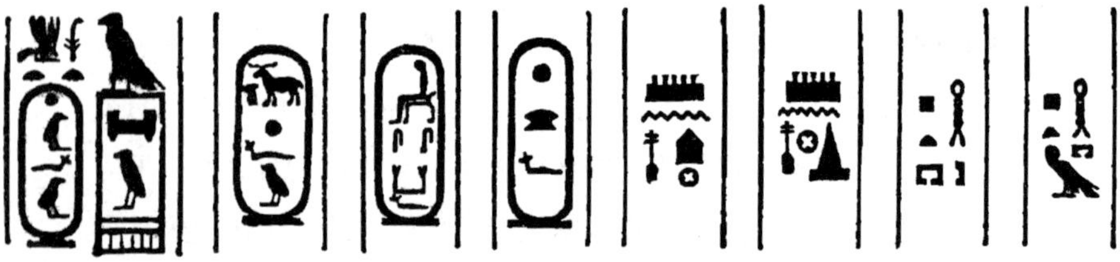

●古代象形文字铭文：1象形文字铭文，名称转写成英语为“Shufu”或“Suphis”，下同；2转写为“Numba-khufu”或“Chembes”；3转写为“Asseskaf”或“Shepeskaf”；5、6转写为“Memphis”；7、8“Memphis”或“Ptah-eī”，指普塔的住处

efi”。实际上，这些词语可能源于“Ma-n-nofri”，意思是“好住处”，用普鲁塔克的话来说是“好人住的天堂”。孟菲斯还有一个绰号，即“普塔的住处”（abode of Pthah）。见插图《古代象形文字铭文》。——原注

① 笔者对此已经有所注意。——原注

② 这个表述现在已经被学者抛弃，改称为“苏非斯二世”。——原注

被发现存在其他名称，很多问题就能得到解释。因为正如笔者其他作品所述①，这些旗帜其实与法老有关，而不是与神有关。商博良在自己的作品②中表达的观点与笔者相左，后来他改变了观点，这一转变在19世纪得到了史学界的普遍认可。

墓穴中出现了其他一些名字，从年代上看，也属于非常古老的时期。虽然无确切文献证据，但可以断定这些名字是苏非斯及其兄弟的直接继承人。有时这些名字前面会加王室头衔，当然有时也没有。有时似乎还加了“祭司”这样的头衔，就像在切诺博西翁（Chenoboscion）发现的那些名字一样。不过，根据三个名字的排列顺序，能大体确定这三个名字表示的法老的统治顺序。在同一墓穴的另一部分，这三个名字出现的顺序又不一样，“（Sen-）Suphis”出现在另外两个名字之间了。详见插图《象形文字铭文中的古埃及诸法老姓名（转写成英语的模式）》。

我们在萨卡拉还发现了其他的早期古代墓穴，厄西乌特的一些石窟可能在欧瑟特森一世登基之前很早就已经出现了。我们在萨卡拉古墓穴中发现的名字比较简约，也体现出其悠久的历史；在厄西乌特的石窟中发现的名字好像是古代君主的，但我们在卡

① 参见《象形文字材料》第7页中列举的象形文字作品例子：“我承认自己与扬博士和商博良的观点完全不一致，纪念碑图案中鹰下面的方块（有时是公牛和手臂，有时是其他的装饰）并不是指神，而是指法老，因为纪念碑上写着他的名讳。我是这么得出自己的结论的：每当一位法老抹去前任的名字，并以自己的名字取而代之时，这个方块里的象形文字也会被抹去和修改。这些文字不可能指神，否则同一座纪念碑上包含其名字的献词和其他雕刻图案也会改变。我们同样发现，在同一座神庙中，所有不同的法老名字前面都有一个同样的方块，一般认为与该神庙供奉的神有关，但事实并非如此。”在《埃及和底比斯》第5页中，“*κρατέρος Ἀπόλλων*”就是法老的意思，即具有太阳神格的法老。——原注

② 《象形文字系统简介》（*Précis du Système hiéroglyphique*）第152页。——原注

尔纳克神庙找不到对应的文字。

除了金字塔中的名字，切诺博西翁石窟中也有名字；这些名字年代久远[①]，如果不考虑金字塔及其附近的墓穴，它们的价值足以和埃及的其他任何古墓穴及纪念碑媲美。这些名字是按照时间顺序排列的，其中一个名字被某一位法老抹去，以自己的名字替代。这些名字的头衔不是法老而是祭司，但名字外面有椭圆形的圈，这是王室的象征，其他该有的身份标志也都有。这些名字中的第一个就是笔者提到的被抹去的那个，读作“Ramai”或“Maria”，即“被太阳钟爱的人”。还有一个“Papi”，这个名字在古埃及历史上也出现过。根据曼涅托的说法，这是牧羊人王朝时期祭司阿美诺菲思（Amenophis）父亲起的名字[②]。

上文的“Papi”作为法老，有几块与他有关的带文字的石板和纪念碑[③]被保存下来。在科赛尔道路旁的石山上，“Papi”和“Ramai”作为两个名字，出现在同一处古碑文中。据其他文献显示，“Ramai”在位时间为十六年。值得注意的是，两个法老的形象为他们坐在宝座上，分别戴着象征上埃及和下埃及的王冠，这说明两人是同时代的君主，分别在底比斯和孟菲斯掌权。或者说，“Papi”实际上是“Ramai”的音译，两者指代的都是同一人，见右图。

“Papi”[④]是谁？这是埃及史研究发展至今，一个被长期争

① 详见《埃及和底比斯》第401—402页。——原注

② 见科里（Cory）在《古代残片》（*Ancient Fragments*）第176页提供了宝贵的记录。——原注

③ 大英博物馆就收藏了一件。——原注

④ 也被写作“Pepi”，在古希腊，埃及第六王朝的法老的名字写作“Pheops”或“Appapus”。——S.B.

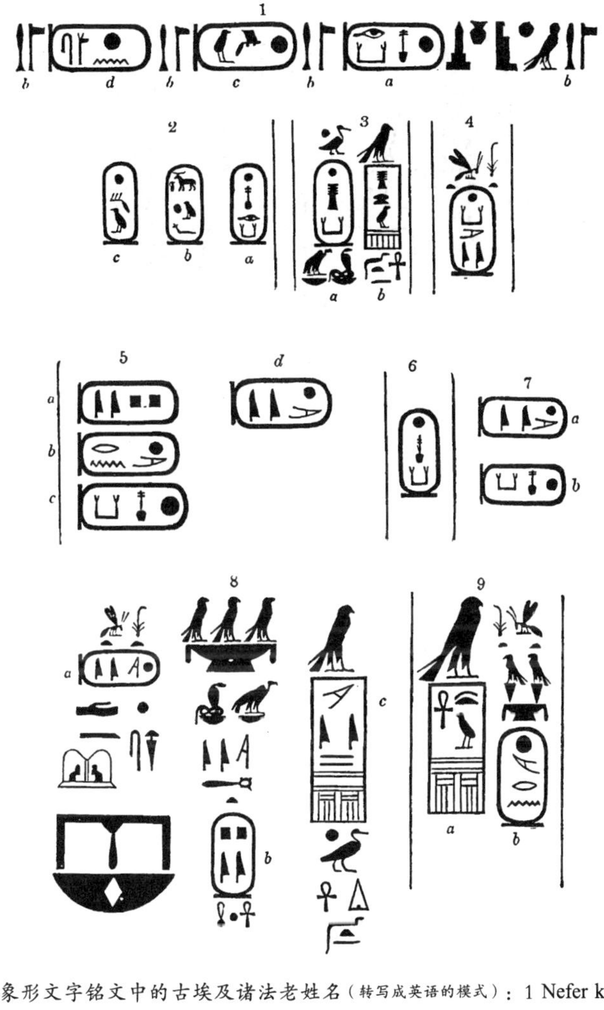

●象形文字铭文中的古埃及诸法老姓名（转写成英语的模式）：1 Nefer kar ra ar，Ra amakhu，Ra en user；2 Ra amakhu， Khnumba Khufu，Nefer kar ra Ar，这是在金字塔附近的古墓发现的；3 在萨卡拉和西奈山被发现；4 “Rameri Ka”发现于厄西乌特附近；5、6 发现于切诺博西翁；a 似乎是在 d 的基础上被刻的，a、b、c 按顺序排列；7 “Pepi Nefarkara”是在西奈山附近的马加拉谷（Wady Maghára）发现的；8 转写为“Pepi”； 9 “Merenra”是在科赛尔道路附近发现的；1 中 b 的文字还表达了“祭司”的意思

●法老像。两位法老分别戴着象征上埃及和下埃及的王冠，图中的象形文字转写成英语是“Ramai”和“Papi”，即两位法老的名字

论的学术热点问题。在谈及底比斯和埃及其他地区的法老联合起来共同对付牧羊人王朝时，曼涅托应该是暗指“Papi”所在那个时代的王朝。一些编年史学者试图提出这样的假设，就是多位法老同时在古埃及的不同地区统治，这样就可以解释古埃及法老世系表为什么那么长，代表学者如约翰·马沙姆爵士（Sir John Masham）。虽然在历史早期确实是这么回事，但从阿梅斯和阿美诺菲思时代开始，上埃及和下埃及的统治权就集中在一个人手里了。“Ramai”看似是被“Papi”抹去名字的人，但“Papi”的行为实际上更有可能是把两个头衔合并为一个头衔。美尼斯是整个埃及的共主，这一点似乎已经被普遍接受。后来，国家分裂，而这是王子喜爱父王新建的城市，于是搬迁宫廷导致的。

在关注这些古老的名字时，笔者有必要重复曾经说过的一句话，即在音译名称之外再加一个名词的习惯在历史早期并没有被引入。对于美尼斯和其他许多法老来说，只需要用椭圆形把名字圈起来，外加法老、世界之主或其他带王权前缀的称号。因此，“Ramai”和“Papi”可能确实是不同的法老，两人都有自己的象征王室的椭圆形标志。如果这两人真的是同一个人，这可能就是一个古老时期的典型例子，因为从这些名字出现的石窟和纪念碑的外观，以及与继任法老有关的许多附带事实来看，这些名字的古老性是毫无疑问的。

“Papi”的象形文字也可以被读作“Apap”或“Aphoph”①，或者曼涅托和埃拉托色尼笔下的“Apophis”或“Appapus”，这几方之间可能是彼此有关系的。后面两组名字指称的法老所处的历史时期是苏非斯时代之后的一百年，和“Papi”所在的时代高度吻合。承认了这一点，我们就算是掌握了亚伯拉罕到达埃及时期雕像风格的一种确凿物证。

在卡尔纳克神庙诸法老房间（chamber）中及其他名单（lists）中，我们同样可以看到“Papi”和“Remeren”这两个名字。

对上述姓名背后的古埃及法老进行细致的研究，有望证明他们处在绘画艺术和雕像艺术不发达的时期——比第十八王朝更不发达。在金字塔附近和切诺博西翁一带的墓穴之中，我们发现壁画和雕像都在表现完全一样的农业生产场景。通常来说，底比斯墓穴中也有对此类场景的刻画。通过比较可知，两组不同的墓穴之间隔了五六百年。比起欧瑟特森一世时期的作品，这些墓穴中的作品质量差得多，切诺博西翁墓穴中的作品尤其如此。但我们必须宽容一些，毕竟这些地方上的工匠比起底比斯和孟菲斯的艺术家肯定还是稍逊一筹的，贝尼-哈桑的绘画也是一样。

① 转写成拉丁语为“maximus”，在科普特语中，它的意思是“巨人”。——原注

从金字塔墓穴中可以看到，比起第十八王朝的艺术品，墓穴中的同类艺术品的风格大不如从前。苏非斯、欧瑟特森一世、塞提一世及拉美西斯大帝等标志性人物生活的历史时期相当于古埃及艺术从平庸走向卓越的历史关键节点。拉美西斯大帝之后，古埃及艺术发展渐趋停滞。因为继任者的统治比较平庸，雕像艺术的发展几乎没有得到任何鼓励，也没什么能提升艺术家水准的可能。被前代法老征服的亚细亚各行省的叛乱激起了拉美西斯三世的野心。得益于此，古埃及人的艺术天分被再次激发出来。当时，古埃及内忧外患不断，古埃及人的才能在这个过程中得到大发展。毋庸置疑，军事上的成功同样会让艺术受益。而纵观埃及历史，拉美西斯大帝建立的战功最大，其在位时期，艺术方面的成就也极高，没有任何其他法老能与之相比。

一旦凯旋，拉美西斯三世就要求艺术家们创作雕像和绘画作品以纪念自己取得的胜利，底比斯恢宏建筑的墙壁上也要留下自己的胜利记录。拉美西斯三世时期的雕像作品的优美程度，唯有拉美西斯二世时期的作品才能与之相比，在风格上更是与同时期其他类型的作品迥异。只有真正了解古埃及艺术创作的人，才能真正了解这种创作的不足之处。为此引用《埃及和底比斯》第61页及以后的相关内容，帮助读者了解拉美西斯三世位于米底奈特哈布的宫殿和神庙中的艺术作品对拉美西斯三世功绩的记录：

东面或东北面的墙上（宫内）有壁画。壁画上，拉美西斯三世坐在宝座之上。宝座上有狮子、老鹰和狮身人面像[①]作为装饰。

① 作为法老的象征。——原注

其身后站着象征真理和正义的神[①]，他们都张开翅膀。拉美西斯三世的十二个王子[②]抬着神龛。官员们[③]站在拉美西斯三世旁边，挥舞着旗帜，旁边还有宗教神职人员。后面有六名王子，再后面是两名书记官和军事阶层提供的扈从，拿着凳子（stools）和王座的台阶（steps of the throne）。

画面上还有一队人，包括四个王子、手持圣扇的人和军队中的书记官。几个人身后跟着一支部队。六名官员手持权杖和其他王室标志走着。另一队人中有一个书记官大声朗读他手中展开的卷轴的内容，跟前站着两个王子和贵族两人，分别来自军事阶级和祭司阶级。队尾有一个点燃熏香的祭司[④]，他转头走向神庙。还有一支配有小号、鼓、双管和其他乐器的合唱团。

在接下来的画面中，法老走下王座，亲自站在阿蒙-拉神像前主持祭礼。他戴着头盔，献上祭酒和熏香。祭坛上摆满了鲜花等供品。神像旁边陪着手持圣扇[⑤]的官员。接着，神像被二十二名祭司抬上装饰华丽的轿子。祭司后面的人则负责抬桌子和祭坛。神像前方有被宗教视为神圣动物的白色公牛，神像后方，法老头戴象征下埃及王权的帽子，步行跟随。除上述游行队伍以外，作为仪式的旁观者，王后也身处画面之中。她的面前，一个书记官正在展开卷轴。一名祭司转身给白色公牛上香，另一名祭

① 指女神，此处体现出女神同时庇佑真理和正义。参见笔者《象形文字材料》第45页。——原注

② 可以通过他们头饰上的徽章加以区分。额外露出的一绺头发暗示他们作为儿子的身份。——原注

③ 也许是“Pterophori”。——原注

④ 商博良认为此人是“王长子”，实际上不是。——原注

⑤ 有的圣扇大如伞盖，有的圣扇小似苍蝇拍。时至今日，基督教教皇仍然会用到圣扇。——原注

司身后跟着一个长长的队伍。队伍中的人拿着各种旗帜、图案和其他神圣的标志，最前面的人拿着法老祖先的雕像。

上一段表现的是法老的加冕仪式，画面上的象形文字翻译过来就是“佩戴上埃及和下埃及王冠”。鸟儿飞向四面八方[①]，似乎是在向各方神宣布新法老登基的好消息。这就是此次宗教仪式的意义，它不光是一次凯旋仪式。拉美西斯三世首次戴上王冠，罗塞塔石碑上的部分记载也印证了这一点。

再往下看，下一个分区的绘画是这样的：主持仪式的人宣读了一段长长的祈祷词，其上方的象形文字记录了祈祷词内容。法老再次戴上头盔，用金镰刀割下六个谷穗[②]，并由祭司将谷穗献给神。法老祖先的雕像和白色公牛陈列在神庙里，旁边有阿蒙-克姆（Amen Khem）神像。最后，拉美西斯三世向神像献上香火和祭酒。王后全程见证仪式的进行。

神庙这一侧的下层是阿蒙-拉、姆特和孔苏（Khonsu）（底比斯三神）的方舟队伍，法老的方舟也被抬到跟前来[③]。在画面另一处，阿布塔特（Abtaut）和哈特（Hat）两位神被刻画成“交替为法老浇灌生命和权力的象征”的姿态。在南墙的画上，几名神使将法老引到神庙的守护神面前。

宫殿西墙顶部描绘了拉美西斯三世向普塔·索卡里（Pthah Sokari）献上祭品的情形。在另一个分区的绘画中，拉美西斯三世向普塔·索卡里的方舟上香，旁边还有一块献给这位神的碑。这艘方舟由十六名祭司抬着，旁边另有一名祭司和一名神职人员

① 感谢商博良在解读此处画面时给予笔者的启发。——原注
② 对古埃及人这种农耕民族来说，这是再合适不过的标志了。——原注
③ 见罗塞塔石碑。——原注

伴随。

在这之后的画面中，法老加入另一支队伍，有八个王子和四个首领相伴。两名祭司转身为法老献上香火。鹰是王权的标志，也是荷鲁斯（Horus）的标志。法老一行人跟前还有十八名祭司，他们拿着内弗·阿图姆（Nefer Atmu）神的宗教标志，它们通常都会伴随索卡里的方舟出现。

在宫殿南墙描绘的长长的队伍中，人们举着各种旗帜和标志、抬着宝座和方舟游行，乐师伴随着法老及其扈从。画面中并未出现神的形象，但墙面所绘的宗教盛典已经暗示了神的存在。此处画面上的法老戴上了“普什特”[①]（pshent），这可能暗示了此图意在展现加冕仪式的场景。

在位于米底奈特哈布的宫殿中，主题比较有趣的绘画是在宫殿西南角的塔楼内侧：战马拉车全速杀入敌阵，拉美西斯三世站在战车上，向周围的敌兵放箭。后面紧跟着己方的战车，一群盟友协助他杀死仍然在反抗的敌人[②]。投降的敌人都沦为俘虏被绑起来，被杀的敌人的右手会被砍下，作为古埃及人的战利品。

西墙上的绘画是对上一段情节的延续。古埃及的王子和将领们把被俘的敌方酋长带到法老面前。法老坐在车的后侧，扈从为他牵马。车前放着大堆的被杀敌人的手臂，一个官员负责清点，另一个官员负责记录数字。手臂被摆放为若干堆，每堆三千只。战俘被要求排成若干行，每行一千人。画面上方一行字中的

① 一种统治者冠冕。——译者注

② 在古埃及宫殿的壁画中，另有一处描绘了这位法老的战斗场景。在该场景中，法老依然获胜，其中的敌人被认为和此处正文提及的敌人来自同个民族。——原注

“Rebo”[①]清晰指出了古埃及人这场战争的对手。战俘穿着宽大飘逸的袍子，袍子底色是白色，上面有横向的蓝色或绿色条纹。从长发和鼻子来看，他们具有亚述人或波斯人之类的东方民族的特征。他们的名字让我们想到托勒密[②]笔下的里比人（Rhibii），他认为这个民族起源于里海和阿姆河（Oxus）北岸附近……画面中，法老的上方有一块长长的刻有象形文字的碑，还有一块更长的碑（占据了这面墙的很大一部分）提到了这位埃及征服者的功绩，并标明了他登基第五年的日期。

南墙上的绘画作品也是对先前情节的延续。法老凯旋，战车缓缓前行。战俘跟随着走在车前或车旁，有三人被绑在车上。两个王子拿着圣扇跟在法老身边。几个古埃及步兵团和盟友军队在另外三个王子的指挥下，以严明的阵形陪着法老前进。法老一行人到达底比斯后，战俘被献给阿蒙-拉和姆特。这两位神赞扬法老取得的胜利，赞扬他使敌人惨败，把敌人踩在脚下。

在北墙壁画的情景中，法老分别向不同的神献上祭品。画面下方有一条装饰性的“边框”，细看是一支排成长条的队伍，由王子和公主组成。其中，王子有四人，均为法老的直接继承人。他们佩戴着象征王室威严的饰物，他们的名字加上了象征王室的椭圆环……

这座建筑内部的雕像能够吸引历史学者的注意力，也让旅行者观之肃然起敬，而建筑外部的雕像也颇具历史魅力。宫殿北面和东面的墙壁上也有很多各种各样的、在给人带来美的体验的同

① 如今我们认为此词应该是“Lebu”，即“利比亚人”。——S.B.

② 即克劳狄乌斯·托勒密（Claudius Ptolemaeus，约100年—168年），希腊裔罗马公民，生活在埃及行省的亚历山大，用希腊语写作。——译者注

时蕴含着丰富历史意义的雕像。

在末墙（end wall）东北端的壁画上，一个号手集合了军队；当法老乘车经过时，军队向法老敬礼。在东侧第一个分区的壁画上，拉美西斯三世乘坐战车，慢悠悠地前进，有持圣扇者陪伴，军队位于他前方。图中还有一头狮子紧随马车奔跑，这让我们想起了对奥西曼提斯（Osymandyas）的记载，即法老出征时要有狮子作陪。在努比亚的埃答伊尔（E'Dayr），在关于拉美西斯二世的雕像中，我们还能看到另一个例子。

〔移动到第二隔间（compartment）〕法老继续前进①，军队在前面带路，号手召唤他们列队进攻。

（移动到第三隔间）敌人（也就是前面提到的“Rebo”）在开阔地带等着古埃及军队发动进攻。法老的战车往前猛冲，他亲自拉弓搭箭，这就是进攻的信号。几个古埃及弓手团排成密集阵形，从多个攻击点出发，边前进边射箭，用密集的箭雨侵扰敌人。战车冲锋陷阵，来自亚细亚的埃及盟军②先和敌人交战，最终敌人败逃。敌方几千人战死，手被砍下来作为埃及军队胜利的证明。在供书记官参考的登记资料中，提到了一堆“战利品”，包括3535个手和舌头③。此类“战利品”还有另外两堆，这两堆中的舌头数量都是前一堆的三分之一。在重要官员的监督下，这些东西都被作为战利品保存下来。法老走下战车，给军队发赏。（下一隔间）法老的武官统计了从敌人手中缴获的长矛、弓、剑和其他武器的数量，

① 显然，这是行军前往下一个敌国。——原注

② 指夏瑞塔纳人。关于他们形象的细节，参见第一卷相关插图及描述。——原注

③ 19世纪的土耳其军队仍有割下敌人尸体的右耳朵的习惯。——原注

象形文字中似乎还提到了被俘的马匹。

在接下来的画面中，法老继续乘车前进，他一手拿弓和剑，一手拿鞭子，这表明他仍然身陷敌境。埃及军队的战车一字排开前进，步兵以密集阵形排在法老的战车之前。其他部队也排开自己的阵形，构成军队的侧翼和后方。

军号再次响起，古埃及人要对另一个敌人[①]发起进攻：夏瑞塔纳人协助埃及军队突击敌方无序的阵形，短暂交手之后，敌人被击溃。现场混乱极了，敌方妇女一看到古埃及人来了，就带着孩子们坐上牛[②]车拼命逃跑[③]，疾驰的车辆体现出他们当时的恐慌。埃及军队深入敌国腹地，路过一片大沼泽的时候遭到几头狮子的偷袭[④]。一头狮子被埃及士兵的投枪和弓箭击中，在马蹄践踏下奄奄一息；另一头准备逃回森林，但还是中了致命一击，只能痛苦挣扎，但注定活不成了[⑤]。还有一只老虎从战车后突袭，不过，法老作为盖世英雄早有准备，一长矛戳下去就化解了危机。

① 即塔卡路易人（Takkarui），也有人认为是图克里人（Teucri）。——原注

② 外形上和印度的牛一样，身体有一点隆起。这种牛曾经大量分布于埃及，如今在科尔多凡和森纳尔（Sennár）也很常见。——原注

③ 古埃及人很早就使用牛车，参见《圣经·创世纪》等，斯特拉波对此也有提及。在这个地方出现牛车更值得我们注意，这让我们想到东方一些国家盛行的将马车、牛车置于队伍后方的安排。鞑靼人也因这一习俗而闻名。——原注

④ 一位学者认为这展现了一场狮子狩猎活动；另一位学者在其中发现了奥西曼提斯（拉美西斯二世的希腊名）的狮子，法老喂养的狮子在战争中协助他作战。我们经常听说运动员射杀自己狗的消息，但为什么法老要杀自己的狮子？暂不清楚。——原注

⑤ 狮子的姿势充分体现出它当时的狂怒。画面上，第三头狮子除了一部分前爪，几乎看不到其他部分，我们可以通过法老的姿态联想剩下的部分。——原注

画面上还包括古埃及军队的行军图，当然还包括古埃及人的盟友，比如夏瑞塔纳人，还有另外一支军队，其士兵都配备棍棒，但在画上，他们的外貌特征保存得并不完整。

敌人继续快速撤退，躲在一个海洋民族[①]的船上避难。埃及海军派出一支庞大的帆船舰队发起进攻……敌人被压制住了。埃及人一拥而上，抓了很多俘虏。敌人的一艘大帆船陷入混乱，虽然还有少数人在抵抗，但他们已经乱了阵脚。法老踏着敌人的尸体，指挥弓手从岸边不断往海上射箭。法老的扈从押着敌方俘虏从海上胜利归来，砍下来的断手在将领面前堆成了一座小山……（下一隔间）法老论功行赏，然后带着战俘胜利返回埃及，将战俘献给了底比斯三神。

这些是展现历史的绘画。在画面上方可以见到法老为神献上供品的情形。东墙剩下的部分（第二座楼的南面）则描绘了另一场战争的情形。

法老拿着长矛和盾牌走下战车，踩着敌人的尸体，带领埃及军队攻打亚细亚敌对民族的堡垒，最终迫使敌人求和。接着，他带兵袭击了一个四面环水的大城镇。古埃及人就地伐木，可能是为了布下龟甲阵或建造云梯。敌方城门最终被撞开，敌人被赶跑，或者被埃及军人摔倒在地。号角响起，敌方城池被埃及人占领。

（下一隔间）法老带兵攻打了两座大城镇。其中一座城镇的居民没怎么抵抗就放弃了，埃及军队甚至控制了城镇的要塞。另一座城镇的居民大惊失色，只顾着抢救自己的孩子，离开平原区域，

---

① 其实，这个“海洋民族”也是夏瑞塔纳人。在这个语境下，他们不是住在海边，而是住在大湖畔。——原注

登上较高的外城墙。此画作为系列画的最后一幅，位于东墙的上端，也就是绘有法老献祭战俘给神的地方。西墙有一块巨大石碑，上面都是象形文字，记录了拉美西斯三世一年中不同月份献给神的供品。

结合上述信息，看着神庙上的大量雕像，我们就可以有更深一层次的理解。古埃及神庙的墙上有彩绘，其多样性为神庙的阴森带来了一丝生机。有些人不习惯看到大型建筑的墙壁被如此装饰，他们觉得这种装饰效果很不讨人喜欢，但了解配色原理的人不会不承认，古埃及人完全理解色彩应该如何运用，怎样组合比较恰当。由于增加了彩绘，古埃及神庙的视觉确实得到了极大的改善。

就整体而言，以上所述还不足以让我们对一座古埃及大型神庙的每一个细节有充分的概念，也不可能完全展现出古埃及彩色画作的整体效果，不过读者可以从下面的插图《彩绘柱头》上窥见一斑。

伊特拉斯坎人和古希腊人应该都曾经建造过有彩绘的建筑。当然，直至19世纪，我们暂时还没发现古代学者在文献中提供的有关古希腊人建造彩绘建筑的决定性证据，从维特鲁威[①]（Vitruvius）、老普林尼[②]和帕萨尼亚斯[③]那里引用的段落大概也不具

① 维特鲁威认为罗马人艺术品位不高，对他们的房屋装饰风格有批判之语。——原注

② 老普林尼在自己的著述中提到菲狄亚斯（Phidias）最早也是画家，还说潘奈乌斯（Pannæus）协助了奥林匹亚主神朱庇特像的绘制。——原注

③ 帕萨尼亚斯曾经提及菲狄亚斯兄弟的作品，称这个人叫帕纳努斯（Panénus）。——原注

有一锤定音的分量。但阿提卡（Attica）和西西里岛（Sicily）的纪念碑是彩色的，这大可以让我们提出假设：在古希腊文明巅峰期，其神庙的某些部分是被上色了的。

在雅典的忒修斯（Theseus）神庙中，饰带（frieze）上、雕像本身和装饰性细节上都有上色的痕迹。雅典卫城的神庙、伊利索斯（Ilissus）河畔的爱奥尼亚（Ionic）神庙、雅典奖杯亭（Choragic Monument of Lysicrates）上也有同样的上色痕迹。1823年，在西西里岛古城塞利农特（Selinus）的一座神庙中，安格尔（Angell）和哈里斯（Harris）发现了红色、蓝色和绿色的遗迹，他们挖掘并研究了该古城的遗址。在其中一座神庙中，女神密涅瓦的像被画上了眼睛和眉毛；她的披风和珀尔修斯（Perseus）的腰带也饰有彩色图案。这座神庙和另外两座神庙的地面都是红色的。

古希腊人在给地面涂色的时候，似乎常用红色和蓝色。红色、蓝色加上绿色，这些是古希腊建筑中主要使用的颜色。在古希腊，很多物件还会被镀金，比如盾牌和一些饰品等。古希腊人常常给石头抹上灰泥——不管涂上去以后质量怎么样，方尖碑等各种纪念碑所采用的花岗岩材料都被这样涂上了灰泥保护层。雕像被染成绿色、蓝色、红色及其他颜色。一般来说，一件物品只用一种颜色上色。

每当古埃及人使用砂岩时，绝对有必要在其表面覆盖一层更光滑且吸收性更差的材料，以防止颜色被这种多孔的石头过量吸收。在涂抹颜料之前，要先涂上一层石灰质成分。制作雕刻作品时，无论是采用浮雕还是凹雕，人像被刻好、石头被涂上石灰质成分后，就到了最后的上色工序。涂石灰质成分还有另一个好处，就是使艺术家能够精细地完成人物和其他物体的刻画，这在

●彩绘柱头

粗糙和吸收性强的砂岩表面是无法实现的。

古埃及人将颜料与水混合在一起，可能有时会加入一小部分胶质，使混合物更有韧性和黏性。大多数情况下，他们会使用红色、绿色和蓝色。在埃及所有地区，对所有的艺术主题而言，这种颜色搭配都特别受欢迎。当涂上黑色时，古埃及人就会同时涂上黄色来做配色调整。他们以这种方式为每一种颜色寻找其“最佳搭档”。

在底比斯时，笔者研究了一下古埃及人用于粉刷墙壁的涂料[①]。笔者猜测，红色和黄色来自赭石，蓝色和绿色来自金属（铜），黑色来自象牙或骨头，而白色则来自经过精细提炼的石灰。笔者对自己的研究成果做了总结，请朋友乌尔博士对其进行了分析，此处展示他的分析结果：

古埃及人会使用绿色、蓝色、红色、黑色、黄色和白色。从古埃及绘画中刮出的绿色颜料能抵制硫酸的作用，其中一小部分黄色赭石物质被抽走后，绿色就变成了明亮的蓝色。残留的蓝色粉末具有沙质结构。在显微镜下观察时，可以看到这种物质由蓝色的玻璃细小颗粒组成。将这种玻璃粉与钾盐融合后，再用稀释的硫酸溶解，并用过量的氨水处理该溶液，明显就能发现铜的存在。该溶液产生的一部分沉淀物经硫酸溶解和测试，证明是铁的氧化物。因此，我们可以得出结论，从壁画上刮出的绿色颜料是少量赭石与玻璃粉的混合物，由铜和铁的氧化物与沙子和苏打制成。截至19世纪，在已发现的最古老的埃及古墓中，有许多奥西

① 详见《埃及和底比斯》第443页。——原注

里斯神的小雕像，其玻璃绿涂层也采用了类似成分的颜料。

用海绵从残留的古埃及上色石头上刷洗出了绿色颜料。将刷洗出的液体蒸发掉后发现这种绿色是由蓝色玻璃粉末混合少量赭石和无色玻璃粉末形成的，色调明亮。

从上色石头上刮下的蓝色颜料[①]是一种成分相似的蓝色玻璃粉，没有掺入赭石，而是用少量制造蒸馏水时使用的白垩提亮。

用湿海绵清洗法老陵中的上色石头，并将得到的有色液体蒸干，得到的红色颜料含有一种糯米状胶质物质[②]，大概是一种红土。

用海绵以同样的方式从上色石头上洗下来一些黑色颜料，这种颜料不受精炼石油硝化的影响，因此判定其不含沥青成分。它在热水中会立即变软，且很容易溶解成黑色液体，其中显然含有胶质或黏液物质。这种黑色颜料在铂金片上处于红热（red heat）状态时就会着火并燃烧，短暂产生白色火焰。燃烧后剩余的成分很难被点燃，即使用吹管也是如此。燃烧后留下大量的灰色灰烬。这种残留物在热的硫酸中会溶解，但很少产生泡沫。当氨水滴入这种溶液中时会产生大量的沉淀，这些沉淀在过量的钾盐溶液中也不会再次溶解。这些现象表明，这种黑色颜料是骨黑（与少量胶质混合）。通过另一个实验，笔者发现其中还含有铁。

从法老陵的石头上刮下来的白色颜料是纯度很高的白垩，几

① 值得注意的是，古埃及人制作这种颜料的方法在原理上与19世纪的石膏制法相似。这种颜料与西奥弗拉斯特提到的假青石（false cyanus）颜料一致。据他说，用假青石制作颜料是一位埃及法老发明的，假青石比本地出产的青石（或青金石）更厚。老普林尼则认为两者就是一个东西。——原注

② 古埃及的各种颜料中均含有胶质，但这些样本中胶质的含量会更多，因为我补充了一些胶质，以便将这些样本制成饼状。——原注

乎不含任何氧化铝，只含有微量的铁。

黄色的颜料来自一种黄色的铁赭石。在最古早时期的埃及，浮雕比较少见，但在每个时期的大型纪念碑上都有彩绘。包括方尖碑在内的很多纪念碑都是用硬石[①]雕刻的，一些殡葬纪念碑（funeral tablets）和其他小石碑采用凹雕，这种风格一直持续到拉美西斯二世时期。当时，他开始将浮雕普遍应用于大型纪念碑的制作上，甚至连卡尔纳克神庙和门农尼乌姆神庙里的战役纪念碑也采用这种方式制作。这些浮雕图案几乎没有高出墙面，边缘柔和圆润，其艺术效果远远超过凹雕。令人遗憾的是，在埃及艺术的黄金时代，当操作层面的设计和加工技艺处于顶峰时，古埃及人竟然放弃了如此先进的艺术风格。而这种风格本来会随着当时古埃及文明的进步而得到完善的。

凹雕一直被普遍采用，直到第二十六王朝建立，浅浮雕才开始在古埃及被普遍采用。在普撒美提库斯（Psammatichus）和阿玛西斯所立的纪念碑中，有许多尚古复古的例子。此后，浮雕被普遍采用，无论是托勒密王朝实际掌权时期，还是罗马占领时期，都没有人再尝试在大型纪念碑上采用凹雕。

拉美西斯时期，古埃及引入凹雕技艺。在凹雕中，雕像的衣饰整体和细节特征都被雕刻出来，连雕像侧面和周边的细节也有所呈现[②]。

拉美西斯三世在位时期，凹雕和浮雕的雕刻方式发生了变化。据笔者观察，变化体现在将下半部分雕刻得很深，而上半部

① 浮雕纪念碑非常稀有。——原注

② 采用这种方法，能保护浮雕免受风沙侵蚀或人为故意破坏。——S.B.

分的雕像脸部则从墙壁的表面逐渐往内凹。变化还体现在对象形文字也做了这样的处理，以便使对着墙壁站立的人能够分辨和阅读这些文字，也能准确感受到古代雕像的各个细节。

这种文字处理方式是拉美西斯三世时期之后的艺术家们普遍没有模仿到的。带有这种特点的象形文字可以作为一种时间断代的标志——无论在哪里被发现，一定是拉美西斯三世时期的产物。拉美西斯三世之后，艺术发展似乎没有得到很大的鼓励。从他驾崩到第二十六王朝建立，少数建起的纪念碑所表现的主题主要局限于宗教，展现不出什么艺术才能。为设申克一世（Sheshonk I）在卡尔纳克的胜利而建的纪念碑，无论是在风格上还是在手法上，都远远没有以前的作品所展现出的活力。

第二十六王朝建立后，古埃及人试图恢复长期被荒废的艺术。除了政府赞助，私人也大量为艺术出资。古埃及建起了许多公共建筑，并饰以各种精美的雕像，赛斯城（Saïs）是当时法老的寝宫所在，被装饰得极其华丽。孟菲斯的神庙，甚至是遥远的底比斯的神庙，都进行了大规模的扩建[①]。

古埃及艺术的发展多少因此得到促进，当时的雕刻作品表现出一种优雅和美丽，甚至导致一些人将它们与较早时代的作品混淆。在底比斯的阿萨瑟夫墓穴中，有许多令人敬佩的古埃及雕刻艺术范本。然而，对于那些真正了解古埃及雕刻艺术的人来说，这些作品尽管在细微之处和完成度方面确实值得最高的赞誉，但

① 这一时期最受欢迎的建材是黑色和绿色的玄武岩，绿色玄武岩尤其受欢迎。在雕刻作品中，人物的肢体展现出很大的柔软性，但没有显示出古埃及艺术家懂得多少解剖学知识。该时期对于作品中人物比例的判定标准也发生了变化。——S.B.

在构思、格局和手法力度方面，它们远远比不上塞提一世时期和拉美西斯二世时期的作品。

对于那些尝试研究古埃及雕刻艺术的不同风格，但如果没有经验的人非要下一个结论，反而会觉得在探讨其独特优点和具体年代的时候无从下手，都灵的伊西亚克表（Isiac Table）就是例子。反之，熟悉这种艺术的人在看到伊西亚克表时，起初会惊讶地发现它具有一种罗马风格和现代美感，而从它上面象形文字的位置可以看出当初铸碑的人对自己要表现的主题一无所知。温克尔曼在评论沃伯顿主教（Bishop Warburton）时说："沃伯顿主教犯了一个错误，即认为著名的伊西亚克表，也就是镶嵌着银制人像的那块铜表，是罗马统治时期的作品。这种观点毫无根据，并且他似乎只是为了附会自己的理论体系而采取了这一观点。不管怎么说，这块铜表具有最古老的埃及艺术的风格和所有特征。"

温克尔曼是非常权威的专家，他的意见对于客观评价沃伯顿主教的学术观点十分重要。笔者则从中认识到，这块铜表可能是伪造的。

前面说过，波斯入侵给古埃及艺术带来的是毁灭性影响——古埃及各种专家和工匠都被遣送到波斯去，忍受着不幸，为他们的敌人打造纪念碑。古埃及艺术从此一蹶不振，即便后来的托勒密王朝积极鼓励艺术发展，也无法恢复繁荣了。

托勒密王朝时期的雕刻作品显得粗笨沉重，缺乏优雅和精气神，完全没有前代作品的风格。同时它们在形式和观感上都没有希腊艺术风格的影子，因为在希腊和罗马统治时期，古埃及人从未从与他们长期交往的外国人那里借鉴过任何关于艺术创作方面的概念[①]。恺撒大帝时代的雕刻作品在各方面都显得更加堕落；这一时期的雕刻作品尺寸低矮，许多纪念碑的高度甚至超不过最卑微的乡下墓碑。但在罗马统治时代和托勒密王朝时代，古埃及的建筑仍然是宏伟而庄严的，当时的许多纪念碑本应该成为更好的雕刻作品。

《埃及和底比斯》第163页说："比起艺术这位'姐妹'，建筑作为一门学科，更需要某种客观的规范，所以即便主观审美趣味和人的心智出现了退化，建筑受到的负面影响也会较小。只要给予鼓励，建筑师就可以通过模仿和其他一些必要的手段去建造风格宏伟的建筑物。但对于雕刻来说并非如此，雕刻一件好的作品需要的条件更多，也不可能只靠简单的复制抄袭就能成功。"

尽管建筑所受负面影响小，但欧瑟特森一世时期的建筑物还是比托勒密时期的要好。贝尼-哈桑的石窟风格简洁优雅，即便和宏伟壮丽的拉美西斯纪念碑相比也不落下风。贝尼-哈桑石窟的石柱直径3英尺4英寸，高16英尺8.5英寸，外形见右图。这些石柱是棱柱，每根有16面，每一面宽8英寸，面上凹槽深度不多于半英寸，其中一个面没有凹槽，目的是要刻上象形文字。

贝尼-哈桑一些石窟的顶部横截面呈圆形，这是仿造拱顶的结构。正如笔者观察到的，古埃及人可能知道怎么建造拱门了。墙壁涂了染料，看起来是红色花岗岩墙壁。这是贝尼-哈桑的大型石窟和较北端石窟的一般特征，其他石窟在柱子的款式、风格

① 除了托勒密王朝君主留下的雕像，19世纪发现的古埃及雕像数量很少。这些雕像体现出古埃及受到古希腊艺术风格的巨大影响。这些古代建筑都很华丽，和早期建筑风格的关系就像科林斯（Corinthian）风格和多立克风格的关系一样。——S.B.

●贝尼–哈桑南部洞窟局部图

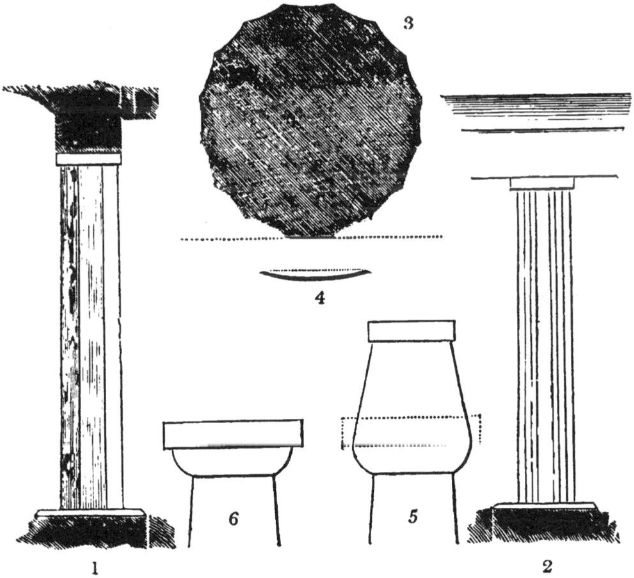

●贝尼–哈桑的洞窟局部图：1贝尼–哈桑北部石窟门廊的柱子；2内部柱子示意图；3即2的水平截面图，可以看到凹槽；4是一处较大的凹槽；5来自埃及一个主要城市，似乎是多立克柱头（即6）的发源地

及总体外观上都有所不同。但其中一个石窟的横截面足以显示其下凹的山形墙（depressed pediment）的优雅设计：这种山形墙整体上给人一种简约的感觉；建筑内部的石柱上方也采用这种山形墙代替楣梁（architrave）。

古埃及人最喜欢的柱头装饰就是开花的水草图案，有人认为该图案就是下埃及的典型植物纸莎草，或者莲花，有的图案还带有未开放的花蕾。只要把石柱上半部分去掉，就呈现出早期古希腊风格石柱（多立克柱头）的一般外观——从这一点来看，多立克柱头发源于古埃及也不是不可能。

我们不知道，除了雕像，绘画创作在古埃及达到了怎样的高度，截至19世纪，没有任何相关的资料被发现。但我们知道，欧瑟特森一世时期的画家已经开始利用画板作画了，这可以从贝尼-哈桑的石窟中看出——其中一幅雕像作品展现的是，两个艺术家正在画“狗追小牛图”。画板看上去是直立的，但不知道它是怎么被支撑起来的。详见下面的插图。

在谈到古埃及绘画的时候，希罗多德说，阿玛西斯把自己的

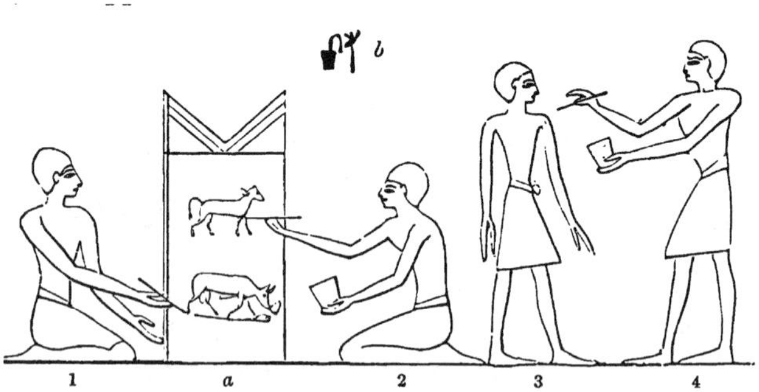

●艺术家在一块板子上画画并且上色：b展示的象形文字“kat”的意思是“画画”

画像送到昔兰尼，这可能是画在木板上的。底比斯古墓中还发现了一些不确定具体历史时期的绘画，其中三幅被保存在大英博物馆。但这些显然都是希腊化时期作品，完全有可能是罗马征服埃及之后的时代的作品。所以即便站在19世纪的高度，我们可能也无法推测古埃及人在艺术创作领域所具备的技能。木乃伊身上提取的一些图案可能证明古埃及人采用蜡（wax）和石脑油（naphtha）画画，但这种技术首次出现的时间是不确定的，我们也不能仅凭古希腊时期的文物推断出法老统治时代是否有同样的技术。

老普林尼曾说："吕底亚人吉格斯（Gyges）是古埃及最早的画家。根据亚里士多德所说，代达洛斯（Dædalus）的一个表兄弟欧启尔（Eucheir）是古希腊最早的画家，而西奥弗拉斯特则认为，雅典人波利格诺图斯（Polygnotus）是古希腊最早的画家。"但这三个人所处的年代无疑都不如贝尼-哈桑墓穴中保存下来的壁画的时间早。老普林尼在另一处说①："绘画这门手艺是什么时候出现的？这个问题现在搞不清楚了。埃及人曾表示，他们的祖先在六千年前发明了绘画，然后绘画才传到希腊来——这是吹牛皮，但大家都默许埃及人吹牛皮。"

在古希腊被视作一个文明整体之前，一切艺术在古埃及得到了发展。老普林尼后来说，特洛伊战争时期，绘画还没有出现，但这种结论只适用于希腊人。在公元前1700年左右，古埃及就有了绘画作品，而特洛伊战争是五六百年之后的事情。

在绘制大胆而清晰的轮廓方面，古埃及艺术家的技巧或许是最值得我们敬佩的。笔者曾有机会注意到，在底比斯贝尔松斯墓

① 他认为线图也是古埃及人的一项发明。——原注

（Belzonfs tomb）的未完成作品中，人物的风格很飘逸。

古墓的墙壁上有红色的方格，艺术家借助方格确定所绘人物的位置，并用红色粗略地描出大概轮廓；然后绘师用黑色仔细地勾勒出细节轮廓，并交由艺术家检查和修改——修改他认为在比例或姿势的准确性方面有缺陷的部分。然后雕塑家就开始用凿子雕刻。有时，用来帮助定位的方块会被省去，艺术家直接靠目测绘画。贝尔松斯墓中就有很多这样的案例。

通过观察一些壁画，我们发现了某些传统的绘画规则。这些规则很特别，也许只有古埃及人和古中国会人遵循。其中的一个例子可以在笔者的《象形文字材料》中看到——古埃及艺术家刻画的底比斯神阿蒙-拉坐在宝座上，向站在面前的拉美西斯大帝展示象征生命的标志。画面中还包括孔苏和布巴斯提斯（Bubastis）。由于阿蒙-拉神被认为是主角，所以艺术家用各种方法来突出他的形象。正因如此，法老的腿明明应该画在前面，但实际上被安排在后侧。又因为宝座的基座不如法老的腿重要，所以法老的腿绕过基座，在画面上以不间断的线条延伸到画面的底部。法老的手也是如此，作为一个比神的尾巴更重要的图像，不会被尾巴“抢镜”。古埃及人很少使用现代绘画惯用的透视法，无论是描绘人物还是描绘无生命的物体，当多个描摹对象被画在同一面墙上的时候，与其说是一个被画在另一个后面，不如说是一个被画在另一个下面。

19世纪的人很难知道古埃及人所用画笔的具体情况。一般用于书写的是芦苇秆或草做成的笔[①]，许多这样的笔连同书记官惯用

---

① 被称为“Kash”，一端被折断，但截面不尖。芦苇秆和其他植物的纤维制成的笔被用于在一些较粗糙的墙壁上作画。——S.B.

●写字中的书记官：a是莎草纸；b是调色板；
c和d是两个盒子，里面都是书写工具

的石板或墨盒一起被发现。古埃及人也可能用这些芦苇秆或这种草笔蘸取红色和黑色颜料，在石墙上或灰泥材料上勾画出人物。为了方便涂色，他们可能使用了其他种类的画笔。但由于相关雕刻记录的尺寸太小，我们还无法对这个推测做具体判断。

我们发现，埃及艺术家或书记官在核验绘画作品的效果时，会把他的芦苇秆笔夹在耳朵上，和19世纪的现代工作室或欧洲城镇的会计室里的职员一样，这是常见的情形。看来古埃及人和现代人在这方面的习惯是相似的。

画家和书记官把书写工具放在一个盒子里，盒子配备了一个把手或带子以方便携带。他们用来书写或画图的木板有两个或更多的空腔（cavities），可作为简单的调色碟，中间有一根管子（tube），用来装芦苇笔。当不需要大张的莎草纸写东西时，就将某些备忘录直接写在木板背面①。

---

① 古埃及人有很多可以用于写字的物品，如写字母表、宗教文字等用的是莎草纸，抄录或誊写备忘录用的是石板，抄写法律法规用的是木板（有时表面还覆盖了一层灰泥），木板会被挂在墙上。——S.B.

●耳朵上夹着一支笔的书记官：a是空白的莎草纸；b是罐子，里面有液体；c是调色板；d是已经写了东西的莎草纸

前文介绍过古埃及人住房的一些情况。除非气候潮湿[①]，否则古埃及人盖房一般都用粗砖，很少用窑砖。一般来讲，烧制砖时会用到简单的模具，并且模具常常会被加盖政府的印章。住宅和其他一般建筑需要大量粗砖，这也反映出烧砖工匠人数之多。建造神庙和其他宗教相关建筑及制作纪念碑时，通常只使用石头。我们曾经讨论过这一点，接下来主要谈谈粗砖和拱门。

我们常常说，带有拱门的建筑是很古老的[②]，阿美诺菲思一世（Amenophis I）时期就有砖制拱门了。笔者曾经指出，砖制拱门的出现可能是由于埃及木材的稀有性，这种稀有性导致建造木屋顶的成本很高。笔者得出这个结论时，还用了贝尼–哈桑墓穴的壁画为证。早在欧瑟特森一世时期，也就是三四千年前的远古时

① 在底比斯的卢克索神庙附近，码头的南端建筑是用烧制的砖头建成的。在许多东方国家，粗砖很常见，如巴比伦等地都有。——原注

② 19世纪最新发现了第五王朝时期的简陋拱门，我们据此认识到，拱门结构在古埃及出现的时间还可以再往前推。——S.B.

期[1]，砖制拱门这种建筑形式就已经出现。

孟菲斯和阿尔西诺等地有用粗砖建造金字塔，它们是什么年代建造的尚不清楚。希罗多德称，最早用粗砖造金字塔大概是在阿西吉斯（Asychis）和阿尼西斯（Anysis）统治之间——阿西吉斯时代比伯克利斯（Bocchoris）时代早很多。这样推算，可以认为粗砖金字塔出现在公元前9世纪，比底比斯的第十八王朝时期的金字塔要晚。

不过，还有一种更有可能的情况：从阿西吉斯到阿尼西斯经过了一段很长的时期，而阿西吉斯生活在比伯克利斯时代早得多的时代。我们还可以在希罗多德的另一段话中找到旁证。阿西吉斯被认为是切普斯之子麦策里努斯的直接继承人。如今已经破败不堪的达索尔（Dashoor）砖砌金字塔完全证明了这样的观点。这些金字塔应该是在石砌金字塔之后不久建造的，位于石砌金字塔附近。阿西吉斯留下的铭文让我们不能将这些砖砌金字塔与石砌金字塔相提并论。砖砌金字塔内部有墓室，其侧壁底部的结构仍然可见。我们可以从中得出结论，这些结构采用了拱形设计，和底比斯的金字塔内部一样。

如果孟菲斯的砖砌金字塔是由切普斯之子的继承者建造的，并且和笔者推测的相同，墓室采用了拱形设计的话，就可以一举把这个时间往前推到公元前2020年左右。不过，笔者不会强行坚持这个观点。笔者认为，站在19世纪这一历史节点，可以确定的是，早在三千多年前，拱顶设计就在古埃及被普遍使用了，并且阿美诺菲思一世的名字也确实被刻在了底比斯一座拱形墓穴内部

① 见《埃及和底比斯》第81页、126页和337页。——原注

的灰泥墙上，这些都是怀疑论者所不能忽视的[①]。

根据位于底比斯的托勒密王朝时期的神庙附近的其他墓穴的外观和分布位置，笔者相信，其所采用的拱顶建于阿美诺菲思一世及其直接继承者时代。笔者长期找不到支持自己这一观点的依据[②]，直到1827年在底比斯搞研究的时候有了这个偶然发现。后来又发现了采用类似拱顶设计的墓穴，其铭文为图特摩斯三世的名讳，还被象征王室的椭圆圈起来了。

直至19世纪，博尔戈尔山〔Gebel Birkel，即纳帕塔（Napata）〕和顿卡拉〔Dunkalah，即麦罗埃（Meroë）〕的金字塔的年代尚不确定，但我们有理由相信它们，以及紧挨它们前面的小神庙的年代比托勒密王朝要早得多，或者如霍斯金斯（Hoskins）认为的那样[③]，也比特哈加时代古老得多。笔者在当地发现了圆形和尖形的石拱门，其中一些是用拱顶石（keystone）建造的，其建筑原理与我们当今的石拱门相同。

在孟菲斯靠近萨卡拉的地方也有一座古墓，墓中有两个大的拱顶室，其屋顶上到处都分布着普撒美提库斯二世的名字和雕像。墓室是石灰岩材质。为了保护易碎的屋顶，墓室都有拱门。看后让人想到我们现代的隧道，如果可以这么类比的话。拱门是石制的，上端呈现为一个小而优雅的半圆形，拱门宽为7英尺10英寸，高为2英尺8.5英寸。

除了前面提到的小金字塔的拱门，底比斯还有许多不同年代

---

① 通过水平方向切割石料得到的假拱门（false arches）在年代上都不如位于底比斯的阿蒙霍特普时代的一些粗砖真拱门古老。卡尼那（Canina）同意我的观点，即正是砖的使用促使拱门被发明出来。——G.W.

② 参见《象形文字材料》第80页。——原注

③ 参见霍斯金斯的《埃塞俄比亚》（*Ethiopia*）第156页。——原注

的粗砖拱门，其中有些结构非常漂亮。最引人注目的是阿萨瑟夫陵墓围墙上的门洞，这些门洞由两个或多个同心的半圆形砖块组成，其结构与当今建造的任何门洞一样好。它们是第二十六王朝一些法老在位时建造的，比波斯人入侵埃及的时间要早。所有的砖块都向一个共同的中心辐射，它们偶尔会被削去一部分，以适应拱门的曲线。有时，建筑师会在砖块的上边缘之间放一块石头来填补空隙。在那些建造得不太谨慎、对坚固性要求不高的房屋或墓穴的屋顶上，砖块是按照拱顶的曲线方向纵向放置的，然后将下端大大削去以增大开口；许多砖块在侧面开了槽（grooved at the sides），以便在砖块间彼此结合的表面（united surfaces）填入更多的灰泥①。

19世纪，我们能够确定，最古老的石拱门可以追溯到普撒美提库斯时代。当然也可以大胆假设，在此人登基之前，古埃及人就已经采用石料作为主要建材。在考察古埃及人的建筑风格时，要是看到现存的文物中没有拱门，也不用太惊讶，因为了解拱门特点的人恐怕都不会随意使用这种设计②。在绿洲地带的小神庙中，罗马人尝试引入拱门这种设计，但建出来的房子看起来没有那么美观。塞提一世很有创意，他在阿比多斯的一座神庙中仿造了拱门，但他的继承人没有延续这种设计。看这座神庙，屋顶是用石块一块一块砌成的。屋顶由若干道拱组成，建造屋顶的石块

① 塞内卡对此也有提及。古埃及文明晚期的许多圆拱和尖拱都是在没有拱顶石的情况下建成的。拱门的建造原理主要取决于各种石料的调配。——原注

② 在罗马文明控制下，古埃及已经完全沦陷，古埃及艺术品位已经不复存在。宗教思想禁止拱门出现在宗教建筑当中，就算是偏僻绿洲的小神庙也不行，除非拱门不影响建筑的整体风格。参见笔者《古埃及建筑》（*Architecture of Ancient*）。——G.W.

不是按照通常的方式摆放的，而是刻意留出了造拱的空间。但这样做形成了一种不协调的效果，既不美观也不实用。

上一段例子的拱门大概是公元前1500年的作品，可以看出这是古埃及人掌握相关技术多年之后的产物。他们之所以喜欢这样的设计，可能是因为，拱门位置如果损坏很难修复。如果使用单件材料一次性将拱门建造成形，那么材料一旦有破损，就会出现结构上的崩坏，古埃及人深谙此道。拱门承重巨大，其强度自然是不错的，和当时埃及的大部分建筑相比是个“异类”，但也不能说这样的石门不宜采用拱顶结构。

截至19世纪，已知最古老的古埃及建筑是用石灰岩建造的。石灰岩是从尼罗河谷东西两侧的山脉中凿出来的，在埃尔玛萨拉[①]、内什设克哈桑（Nesleh Shekh Hassan）和艾马阿布德（El Maabdeh）等地曾有大量的采石场。从金字塔附近的坟墓及纪念碑，还有底比斯古老建筑[②]的遗迹中都可以看出，石灰岩早于砂岩被应用于建筑。甚至在第十六王朝[③]建立之后，石灰岩仍然偶尔被用于建筑目的，但古埃及人一旦确定砂岩具有比较耐用的特点，马上就在西尔西利斯（Silsilis）开辟了采石场[④]——在以后的建筑中，砂岩被普遍采用，并因其质地均匀、易于加工而受到青睐。西尔西利斯采石场的面积非常大。正如笔者在其他地方所指出的，我们不能仅仅通过上埃及古迹的大小和规模来判断古埃及人所完成的巨大

① 参见《埃及和底比斯》第322页和第348页。——原注

② 在拉美西斯二世和其他法老在位时期，用砂岩建造的神庙的墙壁上有时会混有石灰石块，这些石灰石块取自更古老的纪念碑。——原注

③ 根据希罗多德所说，阿玛西斯采用了孟菲斯附近的采石场出产的石材。详见《埃及和底比斯》第442页。——原注

④ 《埃及和底比斯》第439页。——原注

工程，即便底比斯和其他城市[①]的巨大遗迹不复存在，也足以为我们的论点提供证据。我们可以放心地将老普林尼谈及斑岩采石场时使用的表达方式应用于西尔西利斯采石场——“该采石场的范围如此大，不管多大的石材都能凿出来”。

在开辟一个新的采石场时，如果不能从岩体的表面取石，而必须从其垂直面开凿，古埃及人就会沿水平轴刺穿岩石表面。首先挖一道方形的沟，然后把留在中间的石头打碎，见插图《拱顶及其仿制品》，在4“开辟采石场的示意图”中，B区域的挖掘高度和宽度当然取决于所需石材的大小。然后在C周围进行同样

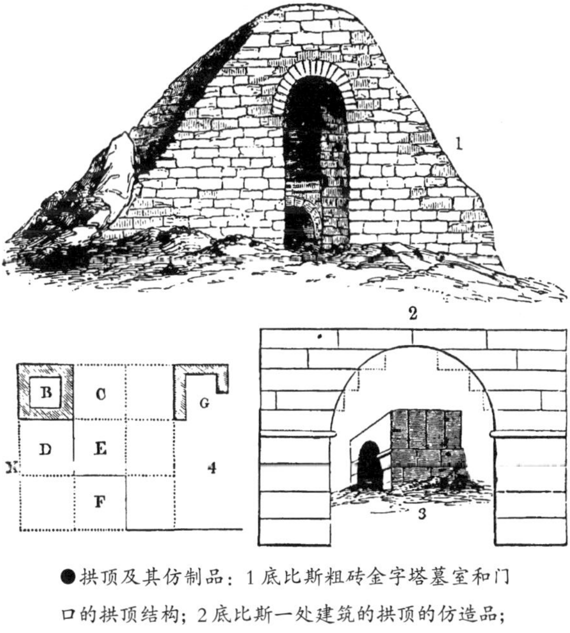

●拱顶及其仿制品：1 底比斯粗砖金字塔墓室和门口的拱顶结构；2 底比斯一处建筑的拱顶的仿造品；3 阿比多斯神庙的拱顶；4 开辟采石场的示意图

① 根据希罗多德和老普林尼的估计，阿玛西斯时期的埃及约有两万座城市。——原注

的挖掘，C周围水平方向的任何区域都可以挖掘。然后往下分步挖掘，留D挖E，向下挖到采石工认为方便的地方（或石头质量好的地方）。接着又返回来挖掉D、F和其他所有区域，留下台阶，每次挖的时候都在深度上减少一点，直到最后施工区域只剩下一堵垂直的墙；当采石场的面积非常大时，每隔一段距离就会支起一根柱子，作为顶部的支撑。

在下图中，石料被放置在由牛拉动的滑橇上，大概是在通往河边的斜面路上行进。在19世纪现代村庄的南部，仍然可以看到这种古代的运输方式留下的遗迹。

如果石料过于庞大笨重，就要专门请工人来拖。前文提过的那些强制劳动力，对他们的一种惩罚就是，他们要根据自己的罪行程度，协助搬运一定数量的石块①，然后才能获得自由。努比亚戈尔塔西（Gertassy）一处采石场中刻有如下文字：

为了建造腓莱的伊西斯神像，我置办了110块石头。

●从艾玛萨拉的采石场运出石料

① 一些莎草纸文献提到了从采石场开采石材，特别是拉美西斯二世统治时期的采石业。外族阿佩鲁伊人（Aperui）拖运石块，用它们在尼罗河三角洲地带建造了一些建筑物。该族被认为是希伯来人，但这一点存在争议。见夏巴斯《第十九王朝研究》（*Recherches sur la XIX Dynastie*），第153页。——原注

这似乎能证实笔者的猜想。

为了记录工作进度，古埃及人经常在采石场的岩石上刻下他们名字的首字母，或一些私人的标记及数字等，一旦石头被运走就会做标记。因此，法特利赫（Fateereh）采石场留下了“c.xxii.”“PD.xxiii.”“PD.xxiiii.”等许多标记。

石块是用滑橇从采石场运走的。在厄戴尔（E'Dayr）——位于安提诺厄和艾贝尔舍（El Bersheh）之间的一个信仰基督教的村庄——后面的一个石窟里有一幅壁画，描绘的是一群人用绳索拖运一座巨像[①]。这个主题的画作很有趣，因为它是欧瑟特森二世早期的作品，也是为数不多地透露古埃及人移动重物的方法的画作之一。这很重要，因为在19世纪，我们大概还是认为古埃及人是缺乏机械手段的，而这个民族在使用机械这方面留下了许多证明，如果一点痕迹都留不下就很奇怪了。

我们不能直接认为画上的巨像是从艾贝尔舍的山上凿出来的。此画就和石窟中表现捕鱼等场景的其他主题的画一样，只是展示古埃及人的一种职业[②]，即便墓主人是采石场监工，也不能说明这画的就是墓主人生前工作的景象。

画面中，劳工共172人[③]，分成四排，每排43个人，负责拉连接在滑橇前面的绳索。站在巨像基座上的人从一个瓶子里倒出一种液体，可能是油脂，以减少摩擦阻力，方便滑橇在地面滑行。地上可能铺有木板，不过画中没有标明。

---

① 由厄比（Irby）和曼格勒斯（Mangles）首先发现。从巨像的胡子部分可以看出，这是一个普通男性的雕像。——原注

② 《埃及和底比斯》第142页。——原注

③ 很可能动用了比画中显示的还要多的劳工，所以只看图或许得不到正确结论。——原注

这些劳工当中似乎有一部分是埃及本地人，其他的是外国奴隶，他们穿着自己国家的服装。后面的四排虽然只有12个人，但可能是一个团队，负责轮换太累了拉不动石头的人。

画面下方有一些人拿着装液体的瓶子（也许装的是水）供劳工们饮用，还有一些与运输巨像有关的工具，后面是拿着权杖的监工。巨像的膝盖上站着一个人，他边唱歌边拍手①，这算是记录时间并提醒劳工喝水。同时，这样打节拍有助于劳工劲儿往一处使。古埃及人惯于一边做事②一边喊号子，古印度和许多其他民族也一样。对19世纪的欧洲水手来说，当开展拉绳或任何需要众人同时使劲的劳动时，喊号子是有助于工作的。

画面上，这座巨像（连同基座在内）的高度大概是24英尺，由石灰石制成③，正如画上的颜色和象形文字告诉我们的那样。它被绳子绑在滑橇上，在两股绳子之间放入长钉，将绳索拉紧并扭转一圈，直到完全固定好。为了防止绳索与巨像摩擦，遭到磨损，在接触点会用皮革等物垫住。

奇怪的是，所有用于拉动巨像的绳索所连接的环的位置均位于滑橇的前侧，滑橇的后侧没有绳索。这是因为，在这个例子当

---

① 《圣经·耶利米书》：“耶利米呀，你必须把我告诉你的一切话都转告给他们：上帝要从天上发出震怒，从他神圣的居所发雷霆。他向他的子民怒吼，向踩出葡萄汁的人发出喊声。他的声音传到天涯海角；地上所有的人都能听到。上帝要指控列国，要审判万民，处死作恶的人。上帝这样宣布了。”《圣经·以赛亚书》：“再也没有人为肥沃的农田欢喜；再也没有人为葡萄园的丰收欢呼歌唱；再也没有人在醡酒池踩葡萄。欢呼的声音已经断绝了。”加粗的部分就是醡酒工喊的劳动号子。——原注

② 也包括一边跳舞一边唱歌。——原注

③ “limestone”回译到象形文字时，得到的词语被用于指称石灰岩或砂岩（sandstone）。——原注

中，巨像横向的长度较短。当所运之物横向的长度更长时，绳索很可能是固定在滑橇两侧的，以便施加更大的力让它动起来。因此，在运送较长的石块（如法特利赫的柱子，长约60英尺，直径8.5英尺）时，石块两端的部分会从滑橇侧面伸出来，它们就像耳轴一样，上面也拴着几根绳子，每根绳子都由专人拉着。

较小的石块会从采石场通过水路送到不同的目的地，而那些非常大的石块是由劳工在陆地上用滑橇拖运的。其中有一些特别重的石块，这衬托出古埃及人非常熟悉机械技术，他们非常善于生成巨大的拉力来拖运物资。

从位于北纬24°5'23"的锡尼采石场运到底比斯和赫利奥波利斯的方尖碑大小不一，长度从70英尺到93英尺不等。这些方尖碑都是由一块石头制成。根据笔者计算，古埃及最大的卡尔纳克神庙的石制纪念碑大约有297吨重。这块石头从采石场被运来，采石场距离目标位置大约138英里，而被运到赫利奥波利斯的石头则经过了800多英里的“跋涉”。然而，无论距离多远，移动单个物体所需的动力都是一样的。只要能拖动一块石头，不管距离多远，哪怕一次只走一英里，最后都能走到目的地。

对底比斯西部的古迹遗址研究的发现，以及古代学者关于古埃及人将巨大的花岗岩石料运送到相当于几百英里外的地方的陈述，真令我们感到惊讶。我们在乔恩里（Qoorneli）平原发现了阿美诺菲思三世的两座巨像；每座都是由一块石料雕刻而成的[①]，高度为47英尺，体积约为11500立方英尺；采用的石料在以当地为中心，方圆长达几天路程的广阔区域内都不出产。在门农尼乌姆

① 《埃及和底比斯》第33页记载了一处这样的石像，但已经破损了，现存的是修复后的石像。——原注

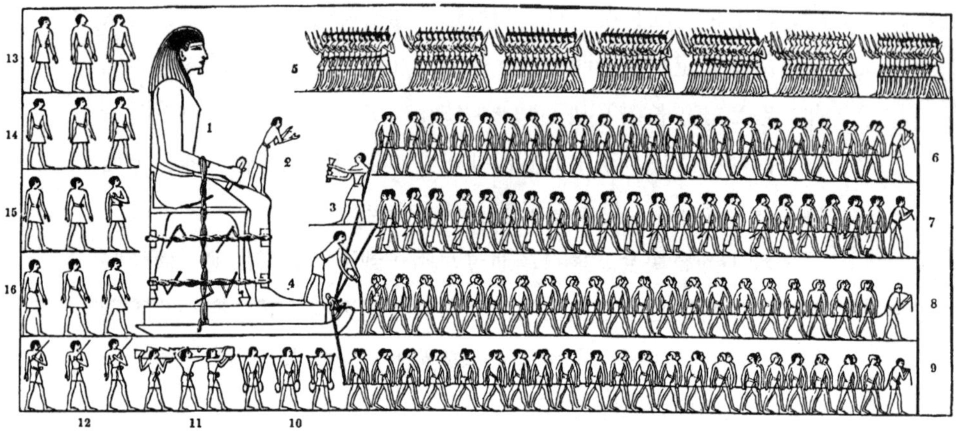

●班克斯（Bankes）从文物中提取的图案——“从采石场运输巨像的场面”：1 石像用绳子捆起来，被置于滑橇上。这不是神或法老的雕像，只是一个普通男性的雕像；2 有人打着节拍，喊出一句号子，得到其他人的应和；3 看上去在敲打着什么，也可能是扔东西给 2，并让他接住；4 倒出液体，可能是油脂；5 埃及士兵；6、7、8、9 拉雕像的人，可能是战俘；10 扛水或油脂的人；11 一些器械；12 监工；13、14、15、16 轮换工

神庙还有一座拉美西斯二世的巨像，整体重量超过887吨[①]，此像曾从厄苏安被运到底比斯——如前所述，两地距离为138英里。此像的重量当然是一个令人惊讶的数字，我们不能武断地对运送此像时采取的交通方式或渡河方式下断言。但希罗多德提过的，从阿斯旺象岛[②]运到尼罗河三角洲的布托，由巨石作为原料建成的庞大神庙，其重量更重，据估算约为1200吨，远超圣彼得堡的彼得大帝雕像的基座的重量。他还提到了赛斯的一块巨石，描述

① 《埃及和底比斯》第11页。——原注

② 锡尼对面的岛屿，紧靠第一道大瀑布。花岗岩的分布区从沙漠内部一直延伸到尼罗河流经的这一部分，砂岩的分布区更多的是在尼罗河北部厄勒提亚附近的位置。（《埃及和底比斯》第420页和第452页）——原注

如下：

我更欣赏的是一块石制纪念碑，这是阿玛西斯命人从阿斯旺象岛运来的。从外表面看，其长为31英尺，宽为22英尺，高为12英尺；从内表面看，长为28英尺3英寸，宽为18英尺，高为7.5英尺。该纪念碑被置于神庙入口附近，并未被放入神庙内部。据说，工程师在监督劳工拖动此碑时曾大声叹气，似乎疲惫不堪，对移动此碑所占用的时间不耐烦。这被阿玛西斯看成一个坏兆头，他便禁止再移动这块石碑了。还有人说，真正的原因是一个工人在用杠杆撬动它的时候被压在了下面，很不吉利。

需要注意的是，希罗多德所说的纪念碑的长度是指纪念碑被放倒时的长度，这实际上是它的高。从巨石纪念碑的常见形式来看，就像是伯顿的论著中提到的位于特尔艾特迈的阿玛西斯的纪念碑一样，其尺寸为外表面长21英尺9英寸，宽13英尺，高11英尺7英寸，内表面长19英尺3英寸，宽8英尺，高8英尺3英寸。

赛斯巨石的重量当然不能与拉美西斯巨石相比。在计算布托的拉脱那（Latona）神庙所用的石料数量时，我们感到很惊讶——究竟要怎样来移动这块奇人无比的石头？假设墙壁只有六英尺厚，而石头高度、宽度和厚度均为60英尺，这块巨石的重量一定超过5000吨[①]。

古埃及人的机械技术可不止体现在移动大石头而已，还可以从竖立方尖碑和摆放大石头等方面窥见一斑。石头（碑）被抬

① 一般来说，这样的神庙都是用花岗岩凿的，我们认为此处提及的用料也是花岗岩。——原注

升到一定高度，并以最精确的方式进行调整，有时作业空间不允许引入斜面，在这种情况下也可调整——其中最引人注目的是大型神庙的门楣和屋顶的石头。卡尔纳克神庙通向大会堂（grand hall of assembly）的高大门洞（lofty doorway）上铺着长40英尺10英寸、宽5英尺2英寸的砂岩块。

在一个采石场中，可能是厄苏安或锡尼的采石场，有这么一块花岗岩方尖碑，在完工后被从中间折断，被留在了方尖碑与岩石分离的地方。采石场没什么深度，入口也很窄，移动巨石时，不可能扭转方向将其移走，肯定是直接开凿一个足够大的空洞，将巨石抬出来，和同一个采石场开凿的所有其他洞口一样。古埃及人在机械方面真是巧夺天工，恐怕19世纪的现代工程师也难以和他们媲美①。

老普林尼提到了几座大型方尖碑，其中一座被挪到罗马城，被作为古人爱慕虚荣的象征②。

古埃及人怀揣敬意看待这些古代纪念碑，因为看着它们，古埃及人就想到了自己在古代辉煌灿烂的宗教文明和明君圣主。同时，他们认识到，埃及的神庙建筑风格以直线为主，这太单调了，需要一种缓冲（required a relief）。但对其他（欧洲）民族来说，这些石碑看上去就是很无聊，它们除了作为宝物的价值和炫耀的价值，根本没有被挪到欧洲去的必要。

无论是古罗马人，还是他们在19世纪的后裔，在建造纪念碑

---

① 勒巴（Lebas）是闻名于世的杰出的法国工程师，他把卢克索方尖碑挪到巴黎，并赞扬埃及人高超的技术。——原注

② 建造这些方尖碑花了很长时间，比如拉特朗（Lateran）的建筑是底比斯工人建造的，花了35年以上的时间。（参见《过去的记录》。——S.B.）——原注

的时候往往会用各种异想天开的装饰图案给纪念碑添加点缀，这反而破坏了其原本的美感——只要一个人懂得什么叫形式美，懂得要追求外观线条的和谐，那么他在看到我们自己建筑尖顶上的球体（balls）和风向标（weathercocks），就会为它们造成的不和谐感到遗憾。

老普林尼说，第一个竖立方尖碑的埃及法老是梅斯弗里斯（Mesphres）。他的宫殿在赫利奥波利斯①，殿内就有方尖碑。据说，此方尖碑是献给太阳的②，还有很多法老也建造了方尖碑。老普林尼等学者曾提过："拉美西斯献上了一座高99英尺的方尖碑，他为此动用了两万名劳动力。由于担心工程师使用的吊装机具拉力不够，他便命令把自己的一个儿子绑在方尖碑顶部，让施工人员不敢大意，从而确保方尖碑完好无损。"

老普林尼还描述了另一种将方尖碑运走的方法，即把两艘平底船并排绑在一起，让它们驶入一条人工开凿的、从尼罗河引水的沟渠，航行到达石头所在的地方。船上装载着与方尖碑重量完全相等的压舱物；在方尖碑被放上船的同时撤走压舱物，船将石碑运走。不知道古埃及人是不是确实采用过这种方法，尽管老普林尼说这是一个叫菲尼克斯（Phoenix）的人的发明，但他没告诉我

---

① 早在第四王朝和第五王朝时期，墓穴中就开始出现方尖碑。这种方尖碑较小，由石灰岩制成，被安置在墓室前方。从第十二王朝时期开始，较大的方尖碑出现了。最古老的神庙方尖碑在赫利奥波利斯，是欧瑟特森一世时代的。第十八王朝和第十九王朝时，古埃及工匠建造出一些大型方尖碑。后来我们又发现了第二十六王朝之后（含托勒密王朝时期）的小型玄武岩方尖碑。罗马帝国时期，这些方尖碑继续被投入使用。〔见伯奇《方尖碑笔记》（*Notes Upon Obelisks*）第201页和皮洛特《埃及考古学辞典》第379页。——S.B.〕——原注

② 截至19世纪，我们只发现这一处特例。方尖碑在其他地方是要被献给神的，比如底比斯的人会将其献给阿蒙-拉神。——原注

们这是哪个时代的哪个菲尼克斯。

正如笔者已经注意到的那样，虽然墓穴中的雕像或绘画涉及许多主题，但我们无法从中了解到古埃及人具体是怎么操作机械的。截至19世纪，我们只知道他们懂得如何使用杠杆和一种“起重机”。依据希罗多德的描述，在建造金字塔时，古埃及人需要将石头从一层抬升到另一层，该过程要用到“起重机”。希罗多德说这种“起重机”是由“短木片”（short pieces of wood）制成的——但没有说出它的具体构造和原理。而石头在一层一层被抬升时，恐怕在每一层都要换一台“起重机”才能继续往上升。

狄奥多罗斯则告诉我们，当时古埃及还没有机械，要抬升石块只能靠斜面拖拉的方法，但要为此筑起垂直高度500英尺的斜面，并且为它专门造个底座。如果真是这样的话，恐怕古埃及人在造斜面的时候用了机械的可能性更大些吧！

壁画中有时会描绘石匠和雕工。然而，石匠只会平整石头，最

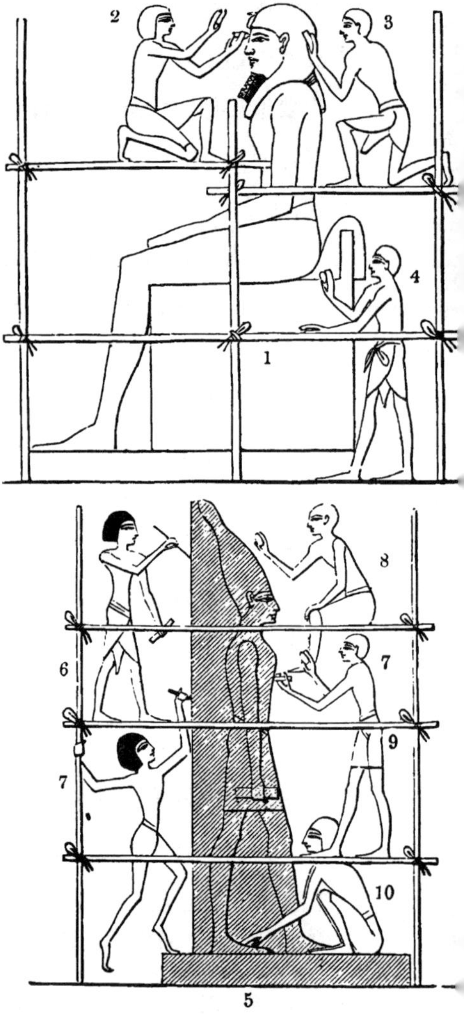

●工匠正在抛光巨型花岗岩石像：1花岗岩巨型坐像；5法老立像，从画法可以看出立像材质是花岗岩；8、9、10抛光；6、7在雕像背部镌刻象形文字

多用用凿子。雕工在为人像、狮身人面像和小雕像抛光和上色。还有两座大型花岗岩巨像也是典例，它们周围有围栏，有人站在巨像上进行凿石和抛光工作。画家跟着雕工，为雕工刻在雕像后面的象形文字上色，见插图《工匠正在抛光巨型花岗岩石像》。

工匠在采石场切割大块石料的方式通常是，用金属楔子沿石料的长边敲击。有时，楔子似乎用特别干燥的木材制成，将它们打入事先用凿子凿好的孔中，然后用水浸透，木楔子泡涨了能将石头劈开。我们经常在插入楔子的孔中发现槽，这可以被作为一个重要的论据。

只有当楔子处于水平位置且位于石头的上表面时才能采用这种方法，放到侧面的楔子只有用锤子砸才能推动。

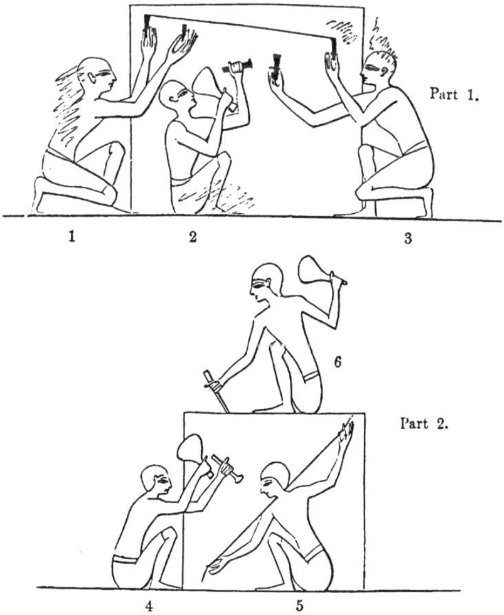

●石匠敲石头：上半部分——敲打石头；
下半部分——把石头弄平整，2、5、6用凿子和锤子敲打

我们假设，为了将一块巨石的下半部分从岩石中分离出来，古埃及人是从石头下方进行切割的，留下多个支撑点，然后在清理出来的空地上插入木椽（wooden rafters）。石头的剩余部分（remainder of the stone）被移走，石块（block）就靠在木头（椽）上。

有些人认为，古埃及人切割石头的方法和现代印度人相同，即沿着石块长边确定破开的位置，在该位置点火，然后将水浇在上面，进而制造出裂痕。但这非常值得怀疑，楔子孔的存在足以证明，古埃及人还是使用敲打这一传统方法更多。

风箱和虹吸管都是古埃及人的杰出发明。在与摩西同时代的图特摩斯三世时期，风箱[①]就已被古埃及人使用。关于这一点，我们可以在一个刻了法老姓名的墓穴中找到依据。在该墓穴壁画上，风箱是由一个一个皮袋组成的，被固定并安装在一个框架中。从框架中伸出一根长管，用于将风引到火上。风箱要用脚踩，负责生火的人站在上面，每只脚下都有一个踏板，交替踩踏，同时用手中的绳子拉起每张瘪掉的皮（exhausted skin）。从右图《古埃及风箱》可以了解到，古埃及人甚至知道阀门的作用和原理[②]。

风箱发明于何时，我们并不确定。最原始的“风箱”的主体可能只有一根芦苇秆，欧瑟特森一世时代的金匠们使用的就是这种原始风箱。即便风箱已经被发明了很长时间，这种最原始的风箱还在被继续使用。即便是较晚出现的风箱也使用芦苇秆，风箱顶端的金属部分是为了防止风箱被火点燃。

---

① 《圣经·以赛亚书》：“生炭火、打造器械的铁匠是我所造；残害人、行毁灭之事的人也是我所造。”——G.W.

② 贝尼–哈桑墓穴的古雕像显示，古埃及当时存在风箱。——原注

随着时间推移，风箱加上了容纳空气的袋子，接着得到了各种其他改进。但类似现代形状的风箱何时出现？这在19世纪暂时没有办法确定，并且对后来出现的木制风箱的优点，人们仍然存在争议。虽然斯特拉波说过风箱是阿纳查西斯发明的，但他显然更偏向于相信风箱和陶轮之类的东西出现在比这个斯基泰人（Scythians）哲学家更早的历史时期，而底比斯壁画也向我们充分证明了这一点。

19世纪埃及的普通手摇风箱的外观为一种用小山羊的皮制成的袋子，一端有一个开口（就像普通毛毡旅行袋的口），皮被缝在两块木头上。用手把它们拉开，然后再合上，袋子被压下去，空气就这样压进另一端的管道。这也许是一项古老的发明，但笔者未在壁画中发现过。19世纪出现的木制风箱的结构比图特摩斯法老时代的脚踏风箱更好，希腊人应该了解这类技术。不过，笔者承认，

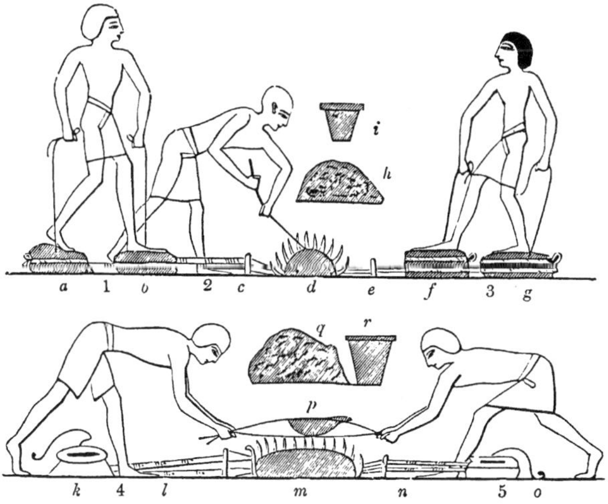

●古埃及风箱：a、b、f和g是皮箱；c、e、l和n是送风管；d和m是火焰；h和q是木炭；k和o表示充满气的状态

维吉尔描述的风箱更像用牛皮革制成、没有木边框的风箱[①]。虹吸管是埃及人的一项早期发明，常被防腐师用于将药剂注入尸体头部和身体各空腔，此外还有多种用途。

古埃及人发明虹吸管至少可以追溯到阿美诺菲思二世在位时期，那是距今1500年到1600年之前。我们在拉美西斯三世时代的壁画中也可以看到虹吸管。在底比斯一座雕刻阿美诺菲思名字的墓穴中，虹吸管的用途被一幅壁画明确展示出来：一个人将水倒入一些小瓶中，另一个人用虹吸管吸出水，然后注入一个大瓶中。虹吸管是古埃及人的发明并非不可能，因为他们必须让尼罗河水在瓶中沉淀，而无论是倾斜容器，还是用手将杯子浸入其中，都无法在不使水变混浊的情况下完成水的转移。

J.波鲁克斯说虹吸管被用来品酒。而生活在托勒密八世时期的学者指出，虹吸管被用于水利工程，用于抽干土地中的水，或者把水从一个山谷输送到另一个山谷。像是“siph”或者“sif”（虹吸）这样的词显然是源于东方，意思是“（呼吸着）吸收”（draw up with the breath），英语中的“sip”也来源于此。

只从古代文献中了解古埃及人的发明，得到的认识是很肤浅的。古埃及人掌握的各种技术能力被熟悉他们或者到当地造访过的人大力赞扬[②]。

希罗多德认为，几何学之所以诞生，是因为古埃及人每年要确定尼罗河水位涨落导致全国土地面积的变化情况，并且他认

① 贝克曼认为，维吉尔提及的公牛皮不适合制作风箱，阉牛或奶牛皮才比较适合。——原注

② 狄奥多罗斯表示，古埃及人的技术能力跟其他古代民族的同类能力相比优秀得多，这是古埃及工匠长期被限制在自己的行业中，不断精进造成的。但看看清朝，你就会了解故步自封绝不是好事。——原注

为，说这门科学出现于辛努塞尔特时代是不对的，显然要早得多[①]。古埃及人认为，这门学科是托特神发明的。

古希腊人在科学方面最早的启蒙老师就是古埃及人，这不奇怪，因为在当时，古埃及人在各门学科领域都处于领先地位。泰勒斯是古希腊人中最早精通几何学知识的，他就是在古埃及学的。后来，其他人纷纷效仿，到古埃及学习最先进的科学和哲学知识。老普林尼提到的泰勒斯反过来教埃及老师用影长测量金字塔高应该是不真实的，只是现在以讹传讹罢了，但居然有人相信，实在令人惊讶，甚至还有人认为，古埃及人要是没有古希腊人的教导，还不会造水渠呢！还有毕达哥拉斯研究乐理的故事，不仅是因为他游历了那些对音乐颇有研究的国家，还因为形似金属钟的铁砧（anvil）被不同的锤子敲击同一部位时发出了相同的声音，与乐器的演奏效果类似。

柏拉图把几何学的发明归功于托特神，伊安布里霍斯（lamblichus）说这门学科在古埃及众神统治时期就有了。如果曼涅托把科学知识和文学知识的创立归功于最早的法老，最多只能证明千年之前的古代埃及人已经开始研究这些学问了。各种测量技术率先推动了地质学的发展。古埃及人对被征服的行省和城镇，并不满足于“简单堆积地理名词”。如果尤斯塔修斯（Eustathius）的话可信，古埃及人用地图记录行军路线，他们不仅自己用这些地图，也给斯基泰人用，斯基泰人对这些地图大感惊讶。

古埃及人取得的知识性成果充分证明了其智慧在当时取得

---

① 大英博物馆收藏了一份莎草纸文献，上面的内容都是几何学和算术学知识，其中一部分专门讲三角形土地的丈量方法，据说这部分内容来自另一部古老得多的文献。——S.B.

了巨大进步，体现出他们比希腊人更早踏上了探索之路。犹太人正是在古埃及学到了丈量和划分土地的知识，而古希腊人之所以去古埃及，就是要去学习古埃及人当时在各学科研究上取得的先进成果。追随泰勒斯的人只是换了一个花样把他的理论重新展示一次，而另一些人，如毕达哥拉斯、欧多克索斯和柏拉图，后来都提出了全新的观点，在原有基础上推进了哲学和自然科学的研究。研究的深入丰富了人们的知识。泰勒斯及其追随者无疑是在古埃及了解到“月光实际上来自太阳”这一事实[①]。

除了可以学到当时最高深的学问，毕达哥拉斯或他的追随者还在没有任何经验的情况下提出了最原始的日心说，尽管我们现在把这项荣誉封给了尼古拉·哥白尼（Nicolaus Copernicus）。黄道有倾斜度、月光来自太阳、银河系是天体的集合……这都被认为是德谟克利特和阿那克萨戈拉（Anaxagoras）的发现，但根据亚里士多德的说法，德谟克利特可是在古埃及学习了5年天文学知识，他还提及自己是埃及祭司的弟子。同时，他还到波斯和巴比伦去，跟从当地的博士（Magi）学习[②]。

---

① 阿纳克里翁（Anacreon）还把这一事实引入祝酒歌之中。后来，阿里斯塔克斯（Aristarchus）也相信这一结论。——原注

② 星系中的天体围绕一个中心旋转、日食理论、地圆说证据，这些也可以被认为是古埃及人最先探索到的知识。包括它们在内的很多知识无疑是古希腊人从古埃及学到的。古希腊人除了到古埃及去学习，也跟随巴比伦天文学家学习，学到了很多天体运行的知识。西塞罗根据西奥弗拉斯特的权威理论，认为是叙拉古的毕达哥拉斯学派成员希塞塔斯（Hicetas）产生了关于地球自转的构想。第欧根尼·拉尔修（Diogenes Laertius）则说，另一个毕达哥拉斯学派成员菲洛劳斯（Philolaus）在此人之前就提出了这个构想。见《菲洛劳斯传》（*Life of Philolaus*）。而亚里士多德指出，虽然大部分哲学家都坚持地心说，但生活在意大利的毕达哥拉斯学派成员认为“火”是中心，地球作为一个围绕中心旋

伊安布里霍斯说，毕达哥拉斯在古埃及学到了各种学科知识：从祭司那里学哲学，当然还包括天体、数字和音乐的理论。但祭司反而很反感这个希腊学生，说明他们并没有倾囊相授。尽管在这个学习过程中，毕达哥拉斯完全只有服从，甚至愿意接受割礼仪式，但对比其他希腊人来说，他算是学得多的了。克莱门斯在介绍毕达哥拉斯时谈到了柏拉图的说法，称毕达哥拉斯是当时的埃及大祭司松彻斯（Sonchês）的学生。但普鲁塔克认为松彻斯是梭伦的老师，毕达哥拉斯的老师是奥努菲斯（Onuphis）。当时，埃及祭司对学生梭伦说过：“梭伦啊梭伦，你们希腊人总是那么幼稚。”

这句话表明了古埃及人在知识层面是怎么看待古希腊人的。斯特拉波也证实，在柏拉图和欧多克索斯到古埃及学习之前（公元前370年左右），古希腊人甚至不知道一年到底有多长。古希腊人确实还是有天分的，因为他们最初从古埃及学到的东西后来在他们手中有所发展，也揭示了人类的一种义务（conferred an obligation on mankind）。只有考虑到这一点，考虑到古希腊人如何利用和发展所学知识，我们才会对古希腊人做出公正的评价，而不是错误地把“他们还在襁褓中时”就已经被古埃及人发现的东西归为古希腊人的成绩。

转的天体，因此有了白天和黑夜。如果像西塞罗所说的那样，柏拉图只是比较隐晦地提到了日心说，那可能是由于他在埃及时听说过，却没有像他的前辈毕达哥拉斯那样对这个问题给予同样程度的关注。这个最初的日心说构想在被世界遗忘多年后，终于由尼古拉·哥白尼在欧洲恢复了。尽管库萨的尼各老（Nicolas of Cus）早在尼古拉·哥白尼之前，也许还要算上其他一些人，都已经对日心说有所了解。19世纪，当秘鲁被西班牙人征服时，人们发现，在秘鲁，太阳长期被视为天体运行系统的中心。——原注在这一点上，希罗多德就显得比较超脱，没有把他人发现或发明的东西归为自己民族的创造，其声誉也没有因普鲁塔克提出的“对希腊人有恶意”的粗鲁指控而受到影响。

希罗多德称，“*γνώμων*”和“*πλόος*”都是希腊人学到的巴比伦人的发明；日晷的发明归于阿那克西曼德（Anaximander）；各种表盘的发明归于欧多克索斯等人，有些人又将其归于贝罗苏斯[①]。

总之，犹太人在公元前7世纪左右已经很熟悉如何使用日晷了，当时人们根本不觉得它新鲜。阿那克西曼德将日晷引入希腊，但这种“引入”往往就被希腊人给偷换成了“发明”。明明早在几百年前就已经出现，古希腊人还说这个就是自己的“当代发明”。柏拉图谈道：“梭伦咨询埃及祭司关于埃及古代事情的时候，发现无论是自己，还是其他希腊人，所了解的古埃及的情况都不够‘古老’。”第欧根尼·拉尔修证明，泰勒斯是第一个熟悉几何学知识的人，生活在埃及开始衰落的年代。实际上，底比斯古代纪念碑记载了很多天文事件，这比泰勒斯所处的时代早了七个多世纪。

维特鲁威将半圆形日晷（semicircular dial）的发明归于迦勒底（Chaldaean）历史学家贝罗苏斯。贝罗苏斯生活在亚历山大大帝在

① 日晷早就有了，在希西家时代，犹太人就明白怎么使用这种仪器，这比欧多克索斯时代早三四百年，比阿那克西曼德时代早100年。《圣经·以赛亚书》：“桌子上杯盘狼藉，都是呕吐的秽物。”《圣经·列王记下》：“以赛亚对希西家说：‘你要听耶和华的话……’”这时，日影已经在日晷盘上运转。“十度”写作“mālúth”，英语中“step”“degree”等词在希伯来语中写作“מַעֲלָה”（mālh 或 māleh），和阿拉伯语中的“dáraga”、拉丁语中的“gradus”是一样的。这个词发源于“āth”，大概相当于英语中的“go up”。波桑奎特（Bosanquet）记录了某次日环食期间太阳使台阶上的影子往回移动，他将此日期定为该年的1月（公元前689年）。——原注

位时期，这样就缩短了这一发明与我们现在的时间距离[①]。

维特鲁威认为，欧多克索斯创造了“阿拉克尼”（arachné）（“spider web”，即蜘蛛网），也有人说这是阿波罗纽斯的发明。有人认为是萨默斯的阿里斯塔克斯（Aristarchus of Samos）创造了半球形（hemisphere）日晷，这种日晷的改进型是一个外形是平面的日晷，改进型的技术含量更高。托勒密八世时期，亚历山大出现了当时最完美的水钟，是克特西比乌斯（Ctesibius）发明的；但构造更简洁的水钟（名称为“clepsydra”）在这之前很早便已经出现，阿里斯托芬和亚里士多德均有提及。《圣经·但以理书》中首次出现了相当于“一小时”的概念，该表述也可能是指“片刻”。而文本中同样被运用的“时间”（time）一词表明，“sah”这个单词是一个时间单位，在19世纪的阿拉伯语中仍然表示“小时”和“片刻”之类的意义。

犹太人率先把一天分成四个部分，再把夜晚分成三个部分。亚哈斯（Ahaz）的日晷证明，犹太人也寻求更细致的时间划分，但没有具体说明他们是否会把时间细分为“小时”。后来当他们采用小时制时，他们的小时数是不固定的，就像阿拉伯人一样，他们以日出到日落为周期计算。早在古希腊采取小时制之前，希腊语中的“ὥρα”就已经被作为时间计量单位了。盲诗人荷马将一

① 古希腊语中有一个单词写作“*πδλοs*”，意思是“日晷”；而“*γνώμων*”是一种垂直的杆子，这种杆子一直被使用到罗马晚期。日晷主体有一个盆状部分，叫“λεκανίs”，一端中心的部分被称为“*γνώμων*”，凹进去的部分有十一条汇聚的线，划分了一天的十二个小时。年代更古老的表盘是用度数标记刻度的，可能和亚哈斯（Ahaz）的表盘一样。古希腊人用字母表的前十二个字母来标记刻度，其中四个字母组成“ZHΘI”（享受）。这在琉善的一篇短诗中也有提及。——原注

天分为三部分；而罗马人的一天则由两部分组成（日出和日落），划分的标志是子午线，子午线标志着午时的到来。公元前291年，标志时间的方法被改为十二等分的刻度——首先以60° 圆心角将圆形面板分为六个部分，这六个部分每部分再次一分为二，共计十二部分。或者像右图一样，依托互成直角的AB、CD两条线段进行划分。这可能是传统的十二部分划分的起源。三部分划分可能是以其直径的长度（length of its diameter），或120° 圆心角来划分的。

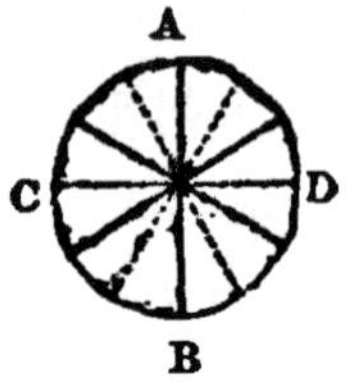

●时间刻度的划分

古埃及人在很早的时候就把一昼夜划分为十二个“小时”，这跟古代中国的十二“时辰”谁出现得更早，暂时还没有定论。早在泰勒斯时期，古希腊人就常到古埃及去。他们应该是熟悉当时已经存在的十二小时制的。比起古巴比伦，古希腊同古埃及无论在学习上还是在贸易上的交往都更频繁，所以古希腊人更有可能是从古埃及学到的十二小时制。如果有人认为十二小时制是古希腊人从古巴比伦学的，那就是在同小亚细亚的交往中传入古希腊的①。

有一个问题是古埃及人是否也有过星期制，他们的一星期是否也是七天。迪翁·卡修斯（Dion Cassius）的文献表明确实如此。他的说法和希罗多德所说的某个具体的“星期几”被奉献给某位神

① 闪米特人和印度人都使用这种计时法。但在古代中国，只有引入这种计时法的佛教徒才会使用。无论是汉人还是蒙古人，都以五天为一单位，六十天为一周期，他们的天干地支纪年法和西方以百年为世纪的记录方法不一样。阿兹特克人同样是以五天为一星期，四星期为一个月，一年有十八个月五天时间，其中有一天在古埃及是被视为不吉利的。在天文计算方面，阿兹特克人以十三天为一周期，五十二年构成的一周期有一千四百六十一个月，和组成古埃及天狼历的模糊年时采取的数值相同。——原注

的描述一致。但必须注意的是，只有引入太阳历之后才好划分月份，星期的安排则是根据月历决定的，当然人类的时间划分最早也是根据月相决定的。《圣经·创世纪》告诉我们，星期制肯定是很早就被采用的时间单位。《圣经》中频繁出现“七”，这也标志了这个数字的重要性。

从阿匹斯的七天节庆活动（“七”是分配给奥西里斯生命年限的“二十八”这个数字的四分之一）、对死人的七十天哀悼活动，以及有十个七天的星期（ten weeks of seven days）等方面或可看出，古埃及人懂得一周七天这样的划分方法。相传，奥西里斯的尸体被分成十四块，每一年，头颅从埃及漂到比布鲁斯（Byblus）需要七天时间，“二十八”这个数字实际上也相当于“四乘以七”；祭司的苦修时间从七天到四十二天不等，也就是一星期到六星期不等；再考虑到赫尔墨斯（Hermes）的四十二卷书和冥界的四十二个陪审员等概念，这些数字都是七的倍数，这体现出古犹太人和古埃及人一样，都喜欢“七”这个数字。毕达哥拉斯受古埃及人影响，也爱上了半月形符号或图案。我们没有理由因为古埃及人将他们的阳历月平均分为三旬（每旬十天），就断定他们没有采用七天星期制。其实在古埃及，最初的阴历月被分为七天一星期，而十天一旬的阳历月划分方式是后来才出现的，当时的一个月是三十天。迪翁·卡修斯也明确指出，古埃及人首先把一周七天和七大行星对应起来。

当然，仅凭墓穴雕像和偶然出现的对古埃及人各行各业的文字记录，是收集不到足够的证据的[①]，我们不可能只靠这些就

① 古希腊人和古埃及人一样，把一个月分成三部分，一年中的所有月份和三个季节相对应。罗马人也将一个月分为三部分，但每部分的长度都不一样，后

对古埃及人掌握的知识、他们的发明创造，以及古埃及工人在不同领域的高超技术有一个准确的认识。死者入土为安，陪葬品不是实物，只是象征实物的模型，模型有多逼真全看具体投入了多少钱——有的古埃及人的后事风光隆重，有的不会这样。丧事如果大操大办，就会用玛瑙、玄武岩、黄金、珠宝之类的名贵材料[①]，最不隆重的葬礼只会用普通的瓷器、蜡、石灰石或木材。到19世纪为止，我们即使在古墓中发现了一些“好东西”，它们在实用层面的价值也不高。就像他们的花瓶和椅子一样（like their vases and chairs），除了一些死者实际佩戴的戒指和一些女性装饰品，没有发现与壁画中所表现的一样美丽的物件。

壁画上描绘的那些古埃及发明只是古埃及人实际拥有的很少一部分，绝大部分都被省略不录。类似情况还出现在常见的古埃及职业、古埃及人饲养的动物、古埃及的一般物产等主题的壁画当中。这些画都只展示了一部分实际情况。古埃及人会依据身份等级的不同而穿不同的服饰，虽然这一主题也很常见，但我们从壁画中难以总结出一般规律——这是他们画人物的传统风格导致的，并且他们缺乏如实描绘服饰的技巧。在古埃及壁画中，衣服就像一张拼图，是被“贴”在人物身上的，似乎和所绘主题缺乏有机联系。要是只看这些，只能对古埃及人的服饰文化勉强了解

来采用了星期制，并以太阳、月亮和五个行星的名字来命名一星期中的七天，并沿用至今。古埃及人有十进制和十二进制的计算方法，如昼夜十二个小时、十二个法老、十二个神、十二个月（12×30 = 360天），以及腓莱的奥西里斯墓中的三百六十个杯子，等等。此外，还有“12 × 6 = 72（天）”这样的尸体防腐天数。我们在第四王朝最古老的纪念碑上发现了用两种进位制记数的例子。——G.W.

① 其中，“玛瑙”（agate）得名自“Achate”，“Achate”是西西里的一条河。——原注

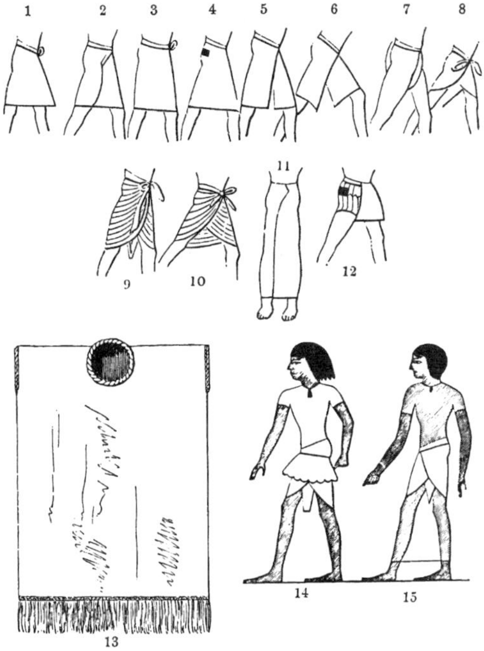

●古埃及男装图（罗塞里尼作品）：
13是一种衬衫，其他是男性裙装

个皮毛。

从上图可以看出，普通（底层）工人都穿一种简单的短裙，或者盖住半个膝盖的短裤[①]。地位高的人穿围裙，外罩宽大的上等亚麻布衣服，一直遮盖到脚踝，袖子也很宽大。围裙一般用腰带固定，腰带在身前打一个结，有时也靠翻折的方法固定。一些穷人在干苦工时，在两腿间裹一块亚麻布就算是穿衣服了。19世纪的埃及农民在用汲水吊杆（shadoof）打水时也经常裹这样的一块布当衣服。

① 短裤被称为“s'enti”或“sindon”，古埃及所有人都穿。——原注

希罗多德谈到了一些古埃及亚麻布服装，这些服装的腿部有流苏。古埃及人会在亚麻布衣服的外面穿一件白色羊毛外套。毫无疑问，古埃及人的外套与今天的“伯努斯”[①]（bornous）罩袍相似，在埃及和巴巴里海岸（coast of Barbary）一带常见。但笔者从未见过这种衣物，除了在壁画上看到俘虏穿过。

犹太人也有用流苏给衣服镶边的习俗。他们被命令在衣服的边上镶流苏，再在流苏上挂蓝色的带子[②]。正如我们已经注意到的，这些流苏只是羊毛毛线的末端，其目的是防止线纺布料散架。末端加上的蓝色带子是为了进一步加固，防止衣服从边角处被撕裂[③]。

前文谈到古埃及人对于羊毛衣物的穿着禁令，以及在棉布和亚麻布之间，人们倾向于选择亚麻布，因为大家觉得这种布料的衣物穿着更清爽，更有利于健康。流苏好像也没有被普遍使用，但壁画中偶尔会出现带流苏的衣物，古代墓穴中也会发现带有包边（border）的方块布料。有些人穿一种袖子或松或紧的衬衫，衬衫在颈部开口，并用绳子系着，除了是亚麻布而不是羊毛材质，这种衬衫与现代上埃及居民穿的一种叫“比什特”（bisht）的服装没有什么不同。祭司和其他有地位的人的衣服包括一件类似于前面提到的围裙的下装和一件宽松的全袖长袍，长袍用腰带固定。有的人穿围裙和一件紧身短袖的衬衫，外面再套一件宽松的长袍，让右臂露出来。有时祭司在圣殿主持工作时，把上衣放在一边，只穿一件宽大的袍子，袍子束在腰间，从围裙上垂到脚踝。他们

① 一种毛料外套，前面敞开，扣子在胸前，还配有一顶兜帽。——原注

② 见《民数记》：“你吩咐以色列人，叫他们世世代代在衣服边上做繸子，再在繸子底边上钉一根细蓝带子。”——原注

③ 在不同收藏品中，我们发现了许多带有蓝边的亚麻布卷的碎片。——S.B.

偶尔也穿一件长长的衣服，遮住从手臂以下到脚的部分，在脖子上系一根带子。参见插图《祭司着装》。

担任宗教事务的书记官的服装包括一条宽大的短裙或围裙，要么系在前面，要么绕在下身。他们还着一件宽松的长袍，长袍有完整的袖子，均为最好的亚麻布制成。有时他们头上还戴着一两根羽毛。狄奥多罗斯等学者都如此描述过[①]。

书记官手持圣扇的时候要穿一种遮住脚踝的长围裙，前面用

●祭司着装：8、9都是担负宗教任务的书记官

① 文献中常出现这样的描写：书记官走在前面，头上戴着羽毛，手里拿着一本书。狄奥多罗斯说："负责宗教事务的书记官们缠着紫色的丝巾，头上戴着鹰的羽毛。"见上文《古埃及男装图》（见罗塞里尼作品）中的9。《卡诺普斯法令》中提到了手持圣扇的宗教人员，此类人员在希腊语中被称为"宗教书记官"。（参见《卡诺普斯法令双语文本》。——S.B.）——原注

长带子系着，肩上有一条亚麻布带子做支撑，这种场合不穿上身长袍。有时，献上熏香的祭司穿长围裙和带袖子的长袍，有时只穿围裙。其他人的衣着也随着场合的变化而有所改变。

王子们穿的衣服和书记官的围裙很像，上面罩一件大袖子衣服，头的一侧有象征自己特殊身份的徽章，徽章能够到自己的肩膀，常饰有金色的流苏。王子们常常特意露出一绺头发，寓意“青春”。这种发型还可见于哈波克拉特斯的雕像，以及古埃及小孩的头像。在古埃及，成人会剃光头发，戴上假发和其他头饰，但未成年人还是被允许留下几绺头发。法老的儿子如果在成年之前就已经剃了光头，那么就要在头饰上附加一个徽章，作为王子身份的标志，或者表明老法老尚健在，他们还不能继承王位——就像西班牙的王子，无论年龄多大都会被当作“未成年”一样。参见插图《王子和孩童的头饰》。

●王子和孩童的头饰：1 王子的头饰；2、3 孩子戴的头饰锁；4 拉美西斯三世的一个王子的着装；5 拉美西斯王族的一个王子的头饰

前面提过穿豹皮衣服的祭司，有人误认为那是小鹿皮制成的衣服，并因此将祭司与酒神联系起来。古埃及人用豹皮做外衣，豹子前腿的皮有时被做成袖筒。下装袍子在不同时期也有所不同。一般来说，只有高级祭司才穿这样的衣服。高级祭司要负责监督祭祀过程，以及抬圣船或方舟的游行队伍，或在法老加冕时为其涂油膏。法老在主持宗教活动时，也会穿戴类似的标志性服饰。

不过，君主的各种服饰也会根据他们直接的任务有所变化。君主要突出自己作为最大祭司的身份，就要穿真正的神职人员所穿的那种长袍，但所穿围裙和所戴头饰是能标志法老身份的特殊款。

●法老的衣着：2、3法老的围裙；3取自阿美诺菲思三世的一座雕像，现藏于阿尼克城堡博物馆；4阿尔戈岛（Isle of Argo）萨巴科（Sabaco）雕像的冠冕

法老所穿围裙前侧有狮子头等装饰，可能是用彩色皮革制成的，用芦苇做衣边，这是王室标志。有时围裙会被分隔成不同的区块；两侧有芦苇制成的装饰，与其说是围裙，不如说更像是腰带上的装饰。衣服前侧的中间位置垂下几条带子，表明带子是要往前系的，根据相关图案来看，这条带子穿过了围裙甚至是上袍的褶皱部分。

在国事场合，法老要佩戴“普什特”冠冕，此物相当于上埃及和下埃及权力的结合——这两个地方统一后，每一任法老加冕时都要佩戴这顶冠冕。古埃及王室在米底奈特哈布举办隆重仪式的时候，法老（比如拉美西斯）登基大典主要是要昭告八方，自己戴上了冠冕[①]。就算是在激战之中，法老也会头戴冠冕，欧洲法老也是如此。举办仪式时，法老有时只戴假发，但一般都喜欢戴头盔[②]。这种头盔显然是用毛料制成的，上面有厚厚的绒毛，与现代的波斯帽子不太一样。在宗教仪式上，法老会戴条纹头饰，这种头饰可能是亚麻布制成的，前侧条带落在胸前，后面也有一排丝带。法老在加冕时，头盔和头饰都要戴，但在其他场合，可以选择戴其中一样。在纪念诸神的仪式上，法老也会戴着头盔出

① 法老有一种专属头盔，其名称写作“*χcpers'*”，顶部呈拱形，与头顶之间的空间更大更宽。这种头盔总是被染成蓝色，上面有黄色的护符，也许是钉子（studs）。一些人认为，普撒美提库斯一世的头盔是青铜制的。夏瑞塔纳人或撒丁人（Sardinians）显然也戴金属头盔，所以王室头盔（regal helmets）可能是铁制的，上面覆盖着黄铜或金钉。另一些人认为，古埃及王室头盔是由豹皮制成的，上面系着一条缎带。（见皮洛特《埃及考古学辞典》第119页。——S.B.）——原注

② 古埃及头盔上没有装饰性徽章。关于头盔徽章的起源在前面谈过。古希腊头盔的装饰性徽章起源于对马鬃毛的模仿——我们经常能发现，古希腊头盔上的鳞片或颊片被制作成动物耳朵的形状，这些“耳朵”在抬起和翻起时从头盔两侧的上部伸出。参见《伊利亚特》对阿喀琉斯头盔的描写，以及维吉尔的相关诗句。——原注

现。在某些场合，法老会戴一顶短假发，上面系着一条带子，带子上面饰有王室标志。参见《古埃及头饰》等插图。

在埃及炎热的气候条件下，古埃及人还戴这么保温的帽子，让人摸不着头脑。他们总是剃光头，殊不知头发的功能就是散热并且保护头皮免受阳光直射，显然没有比头发更好的遮盖物了。

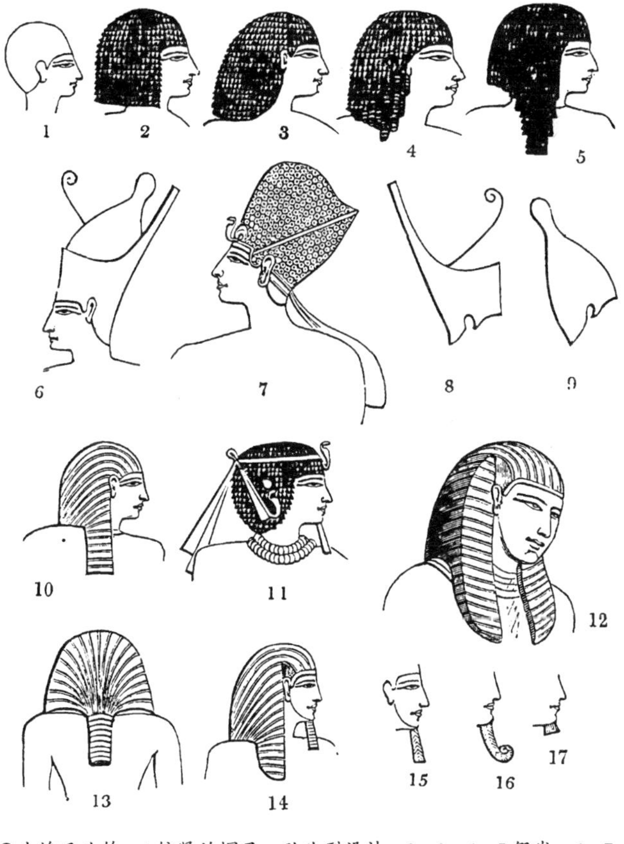

●古埃及头饰：1 较紧的帽子，贴头型设计；2、3、4、5 假发；6、7、8、9 上埃及和下埃及法老佩戴的帽子；10、11、12、13、14 王室头饰；15 法老的胡子；16 神的胡子；17 一般人的胡子

在舒适性和凉爽性方面，头发远远超过了现代的头巾，那些有戴头巾习惯的人总是会注意同样戴头巾的土耳其人认为的非常重要的所有细节，但那些只是为了好看而戴头巾的欧洲人往往会忽略这些细节。

古埃及假发的上部经常是鬈发，不扎辫子，扎辫子的部分只限于两侧和下部，正如大英博物馆和柏林博物馆保存的那些假发。有些假发整体是由一连串的辫子组成的，从头顶的中心开始向下延伸，底部长度逐渐增加。一些有地位的人戴的体量较小的假发由长度相同的短发制成，排列成统一的线条。古埃及假发的仿制品似乎是用羊毛或其他材料制作的，被称为“假材质的假发”，供那些买不起更昂贵的“用真发制成的假发”的人使用。

古埃及人在屋内和屋外都要戴假发，就像今天的人戴头巾一样，祭司甚至可以在某些场合戴着假发主持仪式。在宴会上，每个客人的假发都饰有花环，假发的顶部还涂有油膏，假发和真发

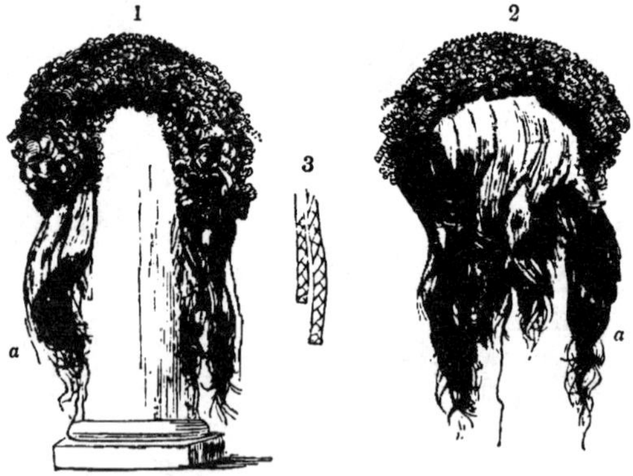

●古埃及假发的前后视图，现藏于大英博物馆：3展示的是一节辫子，附着在a处

●长约2.5英尺的古埃及假发

一样会被精心打理[①]。有一个例子是在埃塞俄比亚的萨巴科雕像，法老的王冠周围有一顶花环，这与罗马人戴的花环很相似。见前文插图《法老的衣着》。

希罗多德说："古埃及人只在哀悼的时候才蓄发蓄须，其他时间都要剃掉。"[②]

《圣经》[③]的记载也证实了这种论断。古埃及人很重视分场合蓄须或剃须，谁做得稍有不妥，就会受到指责和嘲笑。一旦要刻画下等人或者邋遢人的形象，画师就会不分场合给人物加上胡子。有意思的是，这些古代画师也会用滑稽的画法来描绘法老——在底比斯墓中的壁画上，拉美西斯七世的下巴上有两三天未剃的胡须，说明这是一个生活习惯很懒散的人，也可以理解为，这种形象暗示的是战争中的艰难困苦给他带来的考验，同时表现出他好战的性格。

古罗马人会强迫奴隶蓄发蓄须，这些奴隶只有在获得解放后才能戴帽子。这一点和古埃及人不一样，古埃及奴隶必须符合主

① 冠冕称为"meh"，头上抹的油膏称为"api"或"tepi"。——S.B.
② 狄奥多罗斯认为，古埃及人在长途旅行中不理发，可能是为了履行某种誓言。——原注
③ 《圣经·创世纪》："法老随即差人去召约瑟，手下们便急忙带他出监，他就剃头，刮脸，换衣裳，来到法老面前。"——原注

人的习惯，要剃发剃须并且戴帽子。

祭司是最爱干净的，每隔三天就要刮一次全身长出来的体毛，白天、晚上各洗澡两次[①]——不只祭司，全国上下都被鼓励这么做，以爱干净为荣，以变邋遢为耻。因此，我们很容易解释，为什么古埃及人看到一些亚洲“邻居”肮脏的外表和不讲究的习惯时会感到厌恶。这些“邻居”的长胡子经常成为埃及士兵嘲笑的对象。古埃及人更是讨厌长胡子和长头发的古希腊人。希罗多德曾说：“埃及人无论男女都不会亲吻希腊人的嘴唇。在埃及人看来，希腊人用过的刀和锅不能碰，希腊人宰杀的动物的肉也不能吃。”

《圣经·创世纪》记载了约瑟的兄弟们把父亲带到埃及，同样体现出爱干净的习惯：“又给他们各人一套衣服，唯独给便雅悯（Benjamin）三百银子、五套衣服。”

理发师这种行当可以被称为一种文明的标志。古罗马人在成年以后就会剃须，将胡须献给某位神，作为自己摆脱童年的标志，因此一个民族在正式培养出剃须的习惯之前还可以被认为是保留了早期野蛮状态的残余。起初，古罗马的成人是被允许蓄须的。罗马建城后454年（约公元前299年），P.提西尼乌斯·梅纳（P.Ticinius Mena）从西西里岛带来了理发师，这就算是正式往罗马引入了剃须理发的习俗。正如老普林尼所说，大西庇阿（Scipio Africanus）是第一个每天都刮胡子的罗马人。古罗马人与古埃及人相似，在哀悼期间也允许蓄发蓄须[②]。相反，希腊人在哀悼期间

① 据波菲利所说，白天洗三次，晚上偶尔多洗一次。——原注

② 除了哀悼期间，未成年的孩子也可蓄发蓄须，佩特罗尼乌斯·阿尔比特在文献中把这样的小孩称作“capullatos”。——原注

会主动剃须。

有利于蓄长发的偏见似乎一直保留到了今天[①]。尽管19世纪的现代希腊人已经采用了穆斯林的习俗，穿上了来自巴巴里海岸的红色服装“法兹”（faz），但他们不在意剃须，很爱惜长发，宁愿戴一顶帽子遮住头部[②]。古埃及人坚持，即使是年幼的孩子也要剃发，只留下前面、侧面和后面的几绺头发[③]。在古埃及，社会下层的人在没有帽子保护的情况下，要光头顶着太阳出门，这就是希罗多德认为古埃及人的头骨比其他民族的头骨硬的原因：

在埃及军队和波斯军队交战的战场附近，人们告诉我，古代军人的遗骨仍然散落一地，一边是波斯人的，一边是埃及人的。我观察到，波斯人的头骨脆极了，用石头一碰就碎，而埃及人的头骨就算是搬起大石头砸也砸不破——当地人是这么跟我说的，背后的原因我也愿意信。埃及人从年轻时起就有剃头的习惯，头骨会因此变厚。在当时所有国家中，你看到的秃头者肯定比埃及的要少。相反，波斯人的头骨很软，这是因为他们常常戴着软帽。我还观察到，那些在阿克塞米尼斯（Achsemenes）和利比亚的伊纳鲁斯（Inarus the Libyan）之间的战斗中被杀的人留下的遗骨也呈现出这种情况。

在古埃及，底层人通常暴露在烈日之下工作，头部受到阳

① 见荷马史诗中的相关内容。阿波罗就是长发。——原注

② 希腊人嘲笑埃及人的帽子，说它不伦不类；但在清洁问题上，希腊人就没那么反对埃及人了。——原注

③ 古代中国人和现代埃及人也是如此。——原注

光直射，就像现代的埃及农民一样——他们似乎从祖辈那里继承了异常坚硬的头骨。我们在壁画中看到的底层人，无论是在房子里，还是在室外空地上，戴或不戴帽子的都有。根据希罗多德的记载，当埃及人履行他们的誓言时，他们会把孩子的头发按比例剃掉，有剃掉三分之一头发的①，也有剃掉半个头的头发或全部头发的，然后把剃掉的头发和一些银子放到天平上，把和头发同等重量的银子献给他们所召唤的神的代表动物。这并不意味着他们平时不剃头；希罗多德所说的头发可能是底比斯古雕像中的长而下垂的发绺。古埃及各个阶层的人偶尔会戴上帽子，有些帽子很大，有些则紧贴在头上。但在他们看来，这些帽子远不如假发好看，并且帽子更适合下等人而不是上等人。妇女总是留着自己的头发，即使在服丧期间或死后也不剃发。

并不只有埃及人戴假发，罗马帝国时期也有被称为“capillamentum”或“galerus”的假发。这种假发似乎是女性而非男性佩戴的。茹维纳尔②如此描述，梅萨利娜（Messalina）在乔装离开宫殿时戴了亚麻色的假发，以掩盖她自己的黑发。

古埃及人最奇特的习俗是在下巴上粘上假胡子。这种假胡子是用头发编成的，并且有各种样式供不同身份的人使用。普通人用的胡须很短小，只有两英寸长；法老用的胡须很长，底部修剪成方形；而神像的胡子则因其末端上翘而与众不同。没有人敢给

① 古代雕像中表现了理发师剃须的场景，所采用的具体工具在不同时期有所不同。有时剃头用的刀具像一把小短斧，有一个下弯的手柄，也有其他类型的刀具。这些工具被装在一个张口的小袋子里。一册莎草纸文献中描述过，理发师努力工作，从一条街走到另一条街去理发，从白天干到晚上。（见《过去的记录》第三卷第148页。——S.B.）——原注

② 古人常常染发，尽管染发被当时的一些学者指责。——G.W.

自己粘上神的胡子，但去世的法老和所有其他被认为值得进入极乐世界的人的雕像会被允许粘上神的胡子，因为他们具有奥西里斯的特征，即离开尘世的纯洁灵魂。

所以只要看一看胡须，就能区分宗教雕像中的人（法老）和神，而狮身人面兽因为留有法老的胡须，戴有王冠，身上还有其他王权的象征，它和法老之间的寓言性联系也因此被特别指出。

底层儿童的服饰非常简单，正如狄奥多罗斯所说，这些孩子所需的衣食费用都很微不足道："食物非常简单，并且所需费用极低，都是最粗糙最便宜的食物，即在灰烬堆中烘烤的纸莎草果核和一些沼泽野草的根和茎。这些植物可生吃、烹煮或烘烤。由于气候温热，底层的大多数人都是在没有鞋子，甚至没有任何衣服的情况下长大的，父母养育孩子的全部开支不超过每人20德拉克马（约相当于19世纪的13先令）。养育成本低，这是埃及人口众多①的真正原因。"

较高社会阶层的儿童往往像成年人一样穿着能遮住脚踝的宽松长袍，还穿着凉鞋。

古埃及人的婴儿似乎不像犹太人、希腊人和罗马人的婴儿那样被裹在襁褓中。当婴儿太小不能走路时，如果由母亲或护工带出去的话，会被放在披肩里、挂在母亲的背上，至少是带在她身边。这种习俗至今仍被阿拉伯的莫格里宾（Moghrebin Arabs）妇女保留。在埃塞俄比亚，婴儿被放在篮子里，篮子用一条穿过额头的带子绑住，挂在母亲的背后。

有时，埃及小孩的脖子是完全裸露在外的，但偶尔也会佩

---

① 老普林尼认为，古埃及的人口之所以多，是因为每一个古埃及妇女大概都会生7个孩子。他说自己的资料引自特洛古斯（Trogus）的论述。——原注

●带着孩子参加葬礼的女人：1 孩子；2 孩子的母亲；3、4 把孩子抱在身前；5 把孩子背在背后

戴一串珠子做装饰，或者再加个象征真理和正义的护身符。这种护身符也被认为具有心脏的意义，在审判场景的天平（balance of the judgment scenes）上也有发现，象征亡者所做的善行。青春之神（youthful deity）哈波克拉特斯就曾佩戴这样的护身符。这种护身符是球状的，可能是黄金或硬石制成的，和罗马人一样，参见《象形文字材料》。在罗马和现代埃及，穷人戴的护身符一般是皮（leather）制的①。人们认为，护身符可以保佑佩戴者拥有美德和智慧，避开邪恶或不幸。迷信促使许多人靠护身符“趋利避害”，甚至“预知未来”。有时，符咒是写在一片莎草纸上的，然后将纸紧紧地卷起来，缝在亚麻布或其他覆盖物中。我们在底比斯发现了几张这样的符咒纸。出于同样的祈福目的，各种神灵的标志也被加到

① 罗马人和伊特拉斯坎人的孩子有时会有三到四个“布拉”（bullæ），我们从已发现的雕像中看到过。老普林尼也告诉我们，黄金做的护身符和皮革做的护身符分别是由哪个社会阶层的孩子佩戴的。——原注

项链上。

古埃及的女士和有身份的人都非常注重穿美观的凉鞋。而某些场合中，当时的“中产阶级”虽然有穿凉鞋的习惯，但更愿意光脚走路。祭司们在神庙中履职时经常脱掉凉鞋走路。凉鞋款式有很多①，上层阶层和妇女穿的凉鞋通常是尖头的，末端上翻，就像如今的溜冰鞋（skates）和许多东方的拖鞋（Eastern slippers）。有些是尖尖的扁头鞋（sharp flat point），有些鞋头则几乎是圆形（nearly round）。古埃及的凉鞋是用棕榈叶和纸莎草茎或其他类似材料编织而成的，有时是用皮革制成的，里面经常用布衬着，鞋面画着一个俘虏的形象。古埃及人憎恨和鄙视他们的敌人，通过这种方式“将敌人踩在脚下，令其受辱”。这种想法可以从象形文字经常表达的内容中看出来，当法老的英勇事迹和赫赫战功被雕刻在石壁上时，往往伴随着法老的名字及如下铭文：“您用强大有力的脚把不洁的外邦人踩在底下。”

在古埃及，鞋子或低跟靴也很常见，我们在底比斯的壁画上发现了很多。但笔者认为，这些鞋子出现的年代很晚，可能是在希腊人占领埃及时期。因为除了外国人，画中没有人穿这种鞋子。据此可以断定，至少在法老统治时代，古埃及人是不穿这种鞋子的。这种鞋子是用皮革制成的，通常是绿色的，前面有带子，穿过两边的小环，像在希腊和伊特鲁里亚一样，主要是妇女穿的。

古埃及妇女的衣服有时是一件宽松的长袍（loose robe）或衬衫

① 古埃及人直到第五王朝时期才会穿凉鞋踩大理石。这说明他们外出时并非一直都穿着凉鞋，进王宫的时候就要脱下凉鞋，脱下的凉鞋有时由侍者拿着。参见插图《三种凉鞋》。——S.B.

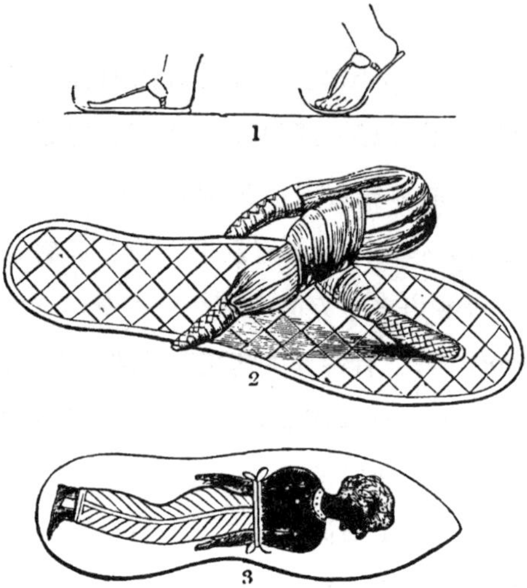

●三种凉鞋：1雕像中的凉鞋；2柏林收藏的纸莎草拖鞋；3拖鞋鞋面的俘虏图案

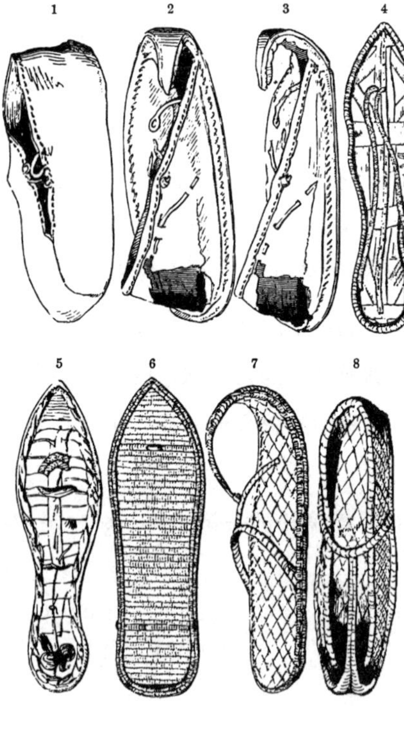

●古埃及各种鞋子：1、2、3绿色皮革制成的鞋，萨特的藏品，可能是希腊时期的古物；4、5一双凉鞋的上下两侧，由棕榈叶和纸莎草制成，长11英寸，宽3英寸，现藏于阿尼克城堡博物馆；6凉鞋的鞋底，长1英尺，宽3英寸，现藏于阿尼克城堡博物馆；7、8凉鞋，从侧面看都像是普通鞋子，现藏于柏林博物馆

（shirt），长到脚踝，袖子紧身（tight）或全袖（full sleeves），像男人的服装一样用带子系在脖子（neck）上，外面穿一件衬衣，用腰带固定在腰部。为死亡的亲人哀悼时，她们往往只穿这样的衣服。

这就是下层妇女的服装，有些19世纪的现代服装也是如此，只包括宽松的衬衫或长袍，不穿鞋子。

社会上层妇女穿衬衣或长袍，衣服在腰部用彩色腰带固定，或用肩带固定，外面穿一件宽松的大袍子，袍子是用最好的亚麻布做的，有完整的袖子，外穿袍子用带子绑在胸部以下的位置。在一些宗教仪式上（如在葬礼游行中），妇女会将右臂袒露出来，不穿在袖子里。衬裙或长袍是由颜色丰富的面料制成的，上面还有各种各样的图案，与我们现代的印花布不一样。这类面料中最精美的会被选出来制作神像的长袍和王后的礼服。

女奴或女仆不被允许穿与普通女性相同的服装，她们的发型也不一样。她们一般把头发梳到头的后面，扎成环状，或者编成若干条长辫子，在脖子和脸的两边垂下八条或九条。她们穿着紧身长袍，在颈部打结，袖子很短，几乎只到肘部。在跳舞时，或在喜庆的场合时，她们会罩上一件宽松的长袍，并戴上一串珠子。19世纪科尔多凡和上埃塞俄比亚的妇女也像古埃及妇女那样把头发分成两部分，参见插图《古埃及女装》中的3。

古埃及女士把头发留得很长并编成辫子。脑后的头发串的长度一直到肩胛骨的底部，在脑袋两侧还有同样长度的头发串垂到胸部。头发被编成三层辫子，两端松开。更常见的是，在两端用相应颜色的毛线绳将两层或三层辫子固定在一起。头周围绑着一条装饰性的丝带，用莲花花蕾固定，垂到额头上；两侧的头发串被分开，用梳子或带子固定，再根据各自的喜好以不同的方式

●古埃及女装：1和2都是侧身图，必须指出，腰带打结是要打在正面的；3中侧面的头发似乎是用一把梳子固定的，脸颊上较短的头发被编成小辫子；4是一件红陶土立像。人物穿着长衫，脖颈处打一个装饰绳结

●考古发现的文物，展示了古埃及女性的头饰

进行装饰。女性偶尔也会在前面的头发上插一枚装饰性的圆钉或针。古埃及的妇女似乎非常漂亮，尽管有些学者予以否认，但至少有人曾向冈比西斯二世推荐来自古埃及的美女。

古罗马和现代欧洲女性美的一面在于侧颜。给脸两侧的短发抹上树胶，将其弯成两条不可动摇的曲线，与几股较长的头发连接在一起[①]。将长发的末端用绳子绑在一起，或梳成一股螺旋状的发卷（corkscrew curl），落在耳环处，盖住耳环的一部分。这似乎是已婚妇女所特有的发型。

许多妇女的木乃伊被发现时，其头发被完美地保存下来，并以上述方式编成辫子。木乃伊的头发在外观上的唯一变化是其原本的黑色在防腐过程中由于暴露在高温下而发红。有时另一个人的头发（也许是死者的亲属）也会作为陪葬品。

埃及女性[②]最常戴的耳环大而圆、呈单环，黄金材质，直径从1.5英寸到二又三分之一英寸不等，并且经常做得很大，甚至六个环焊接在一起。参见下文插图《编织针、大头针和耳环》。

我们在底比斯还发现了其他形式的耳环，但它们属于什么年代并不确定，并且很难说都是我们所说的古埃及时代的产物，抑或从希腊传入的。其中最引人注目的是一对龙形耳环，以及另一对花纹形状的耳环，都挺好看。有一些是银制的普通耳环，与前面提到的金耳环一样，但没有那么大，只有普通戒指厚。一端有一个小口，另一端的弧形部分穿过耳朵后被卡在里面，还有一些是简单的耳钉形式。参见下文插图《编织针、大头针和耳环》和

① 该发型被称为“crève-cœur”，在罗马帝国时期的一些女性雕像中能看到。——原注

② 非洲和意大利的男性都戴耳环，但古埃及男性不戴。——G.W.

《戒指等藏品》。

古埃及妇女戴着许多戒指[①]，有时在同一个手指上戴两个甚至三个。她们认为左手特别适合佩戴饰品[②]。值得注意的是，她们左手中指上佩戴的装饰品比其他任何一根手指都要多，类似我们最看重的无名指一样，尽管没有证据表明中指在古埃及结婚仪式上受到了尊重[③]。古埃及人甚至在拇指上戴戒指，参见插图《女性木雕像上的双手》。中指上头一个戒指镶嵌着红海常见的贝壳单齿螺（monodonta），文献中也写作“troehus”。

有些戒指的造型很简单，有的用圣甲虫造型的宝石或有雕刻的宝石做装饰，偶尔还有蜗牛、绳结、蛇等造型。这样的戒指一般都是黄金的，金戒指似乎比珠宝和银戒指更受欢迎。偶尔能见到银戒指。笔者自己在底比斯一座神庙中意外获得了两枚戒指，

---

① 在哈里斯的莎草纸文献中，“*χatem*”的意思是“图章”，手指戴的指环被称为“teb”。带有方形边框和圣甲虫造型（图案）的戒指都是第十八王朝和第十九王朝时期出现的。带有椭圆形边框的纯金戒指出现的年代似乎比较晚，方形边框的戒指或许也是如此。同样形状的银戒指、镀铜戒指或青铜戒指在同一时期开始被使用，并一直持续到希腊和罗马时期。当时，这种形状的铁戒指也被引入。第二十王朝之后，圣甲虫造型（图案）的使用逐渐减少。圣甲虫造型的宝石和戒指组合，被镶嵌在黄金的边框（gold frame）里，边框上有时还有纹饰。托勒密王朝和罗马控制时期的信上的印章似乎是用专用的指环盖的印。陶瓷戒指的出现不晚于第十八王朝和第十九王朝时期。大英博物馆收藏了一件埃及的青金石戒指。还有很多其他镶嵌宝石的戒指被各方收藏。最早是在拉美西斯一世时代及之后，此类戒指开始被人们佩戴。如今，我们要区分单纯用于装饰的戒指和用于给书信和其他文件盖印的戒指是非常困难的。我们经常会在木乃伊的手指上发现多种戒指同时被佩戴或随葬的情况，这在今天看来并不审慎，也不方便。如上所述，戒指的设计是非常多样的。——S.B.

② 罗马人也一样，除了中指，其余手指都佩戴戒指。——G.W.

③ 老普林尼提到了订婚所佩戴的铁戒指，他认为盲诗人荷马所处的时代是没有戒指的。但实际上，古埃及在很早的时候就使用戒指了。——G.W.

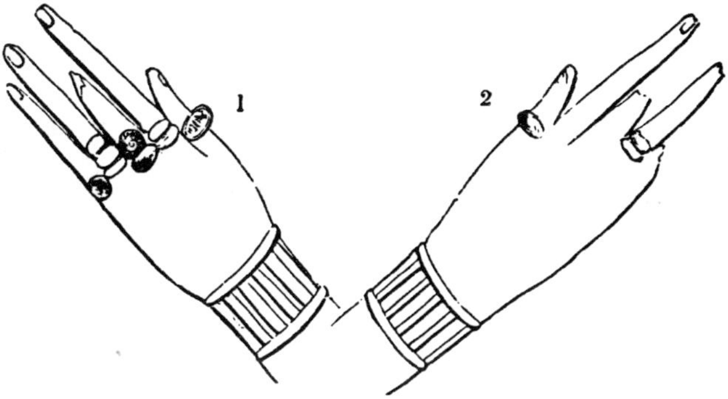

●女性木雕像上的双手，藏于大英博物馆：1是戴着戒指的左手；2是右手

上面刻着包括王城在内的一些城市的象形文字名称。

青铜较少被用于制作戒指，当然青铜古戒指也确实存在。有的古戒指使用黄铜[①]和铁制成，这是罗马时期的[②]。底层人佩戴的戒指通常用象牙和蓝陶瓷制成。某些情况下，戒指上的宝石两面都是平整的，有可以活动的销子，这和19世纪的许多印章比较相似。戒指两端插入销子，放入宝石，再用金线固定。这不仅适用于戒指，也适用于徽章；既起到装饰的作用，也能防止遗失。

笔者见过的一个最大的印章如今被居于开罗的一个法国绅士持有，此印章含有价值20英镑的黄金。这个印章被固定在 枚戒指上，半径最大处为0.5英寸，有一个长方形的托座，上面刻着图案[③]。印章最长处为1英寸，最宽处为0.6英寸，最窄处为0.4英寸。其中一面刻有阿美诺菲思三世继承人的姓名，一面有狮子图

① 笔者不确定这种戒指是加入锌形成的合金材料，而是怀疑它们的材料是黄金。——原注

② 参见老普林尼作品中对于铁的论述。——原注

③ 老普林尼此处的描述是错的。——原注

案和“力量之主”（Lord of strength）铭文，一面有蝎子图案，另一面有鳄鱼图案[①]。戒指上还有两只猫背靠背坐着互相看的图案，中间有阿托女神像——这似乎是最受欢迎的金戒指图案。笔者见过三四次，自己收藏了一枚刻有这种图案的戒指。参见插图《戒指等藏品》。

古埃及人还有大的金脚镯或手镯，他们手臂上常戴着镶嵌有宝石或珐琅的环和手链[②]。有些戒指是蛇形的，有些造型很简单，男人和女人都戴[③]。在莱顿博物馆中有一个印有图特摩斯三世名字的黄金手镯，毫无疑问这是法老本人曾佩戴过的。如果说这是一位曾压迫过犹太人的法老，还经常把犹太立法者传唤到自己面前，那么我们就可以假设，摩西本人见过这个手镯。

有的金链子造型比较简单，就像普通的绳子一样，上面挂着一块名贵的圣甲虫宝石，和罗马人的颈圈一样，都是男性专属首饰[④]。一些小杯子、小碟子形状的青铜镀金装饰被挂在以同样材质雕琢而成的链子上，这些链子有时是妇女佩戴的。19世纪出土了这样一件文物，它曾属于一名底比斯女子，它和这名女子曾佩

① 见博诺米在一篇论文中论及的刻有图特摩斯三世名字及头衔的金印章。——原注

② “men nefer en qabi”对应英语中的“armlet”（臂镯），“al”即“锁链”。——原注

③ 迦太基人和很多欧洲民族（比如萨宾人、高卢人等）都戴项链和手镯等饰品。《圣经·创世纪》中说：“犹大问：‘你要我给你什么作为保证呢？’他玛（Timnah）回答道：‘你的印戒，连同印的带子，以及你手里的杖。’犹大就给了她，与她亲近，她就从犹大怀了孕。”——原注

④ 《圣经·创世纪》：“法老就摘下手上用来盖印的戒指，戴在约瑟的手上，给他穿上华贵的细麻长袍，又把黄金链子戴在他的颈项上。”见下文插图《莱顿博物馆收藏的各种古代项链》。——原注

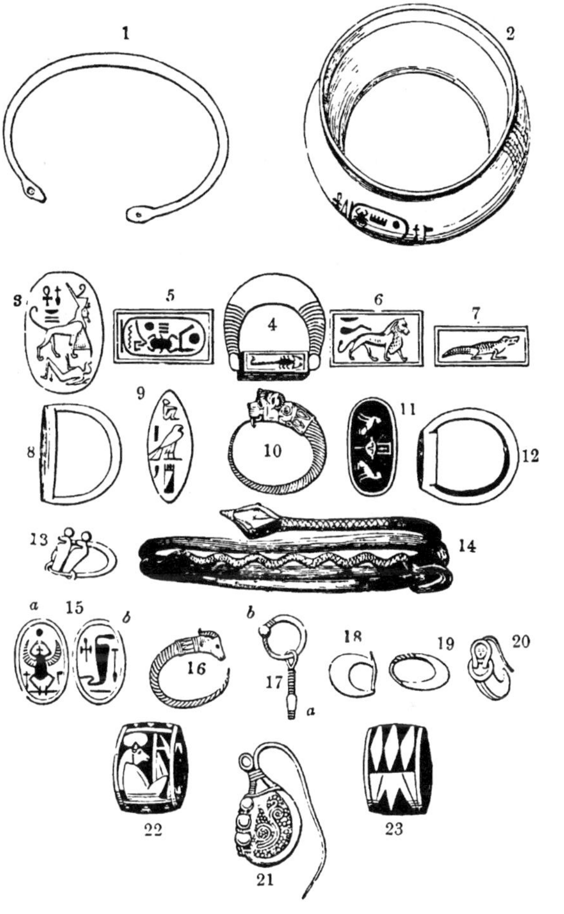

●戒指等藏品：1 阿尼克城堡博物馆所藏的青铜手镯；2 莱顿博物馆所藏金手镯，上有法老图特摩斯三世的姓名，高 1.5 英寸，直径 3 英寸；3 紫水晶制圣甲虫，上有脚踩敌人、象征王室的狮身人面像图案，还有“神啊，世界的主人”的铭文；4 金质印章；5、6、7 底座的另外三个侧面；8 金戒指，直径约 1 英寸；9 戒指的正面造型；10 直径约 1 英寸的金耳环；11 戒指正面；12 笔者自己收藏的金戒指，直径约 0.8 英寸；13 有两条蛇装饰的金戒指；14 金蛇手镯；15 宝石制圣甲虫；16 金耳环；17 带两颗珍珠的金耳环；18、19、20 其他款式的金耳环；21 高 1 英寸，宽 0.6 英寸的金耳环；22、23 陶瓷戒指，藏于阿尼克城堡博物馆

戴的另一个镶嵌着青金石[①]、红色和绿色宝石的金叶饰品形成了鲜明的对比，这些饰品想必都能引来她朋友的赞叹。

雕刻在圣甲虫宝石、戒指和其他装饰性奢侈品上的纹饰因个人喜好而有所不同。戒指上经常刻有佩戴者的名字，有的刻有他在位时的君主的名字，还有的刻有某些神的标志，另外一些戒指所刻的东西很随意，没有特殊含义。大量饰品的造型是圣甲虫，镶嵌在一个穿过它的金戒指上。还有一种便宜些的饰品，是由石灰石或硬玉制成的，为了模仿更硬更贵的材质而染色，或者干脆使用普通的蓝陶瓷制作。见插图《莱顿博物馆收藏的各种古代项链》。

在底比斯等地发现的各种盥洗用品文物中，主要包括用于盛放油膏和眼影的瓶子、镜子、梳子，以及前面提到的小盒子、勺子和碟子。油膏有各种不同的香味，笔者曾有机会注意到一些被收藏在阿尼克城堡博物馆的油膏，其气味保留了好几个世纪也没有散尽[②]。古埃及人大量使用油膏，这已经得到了充分的证实[③]。

除了在古墓中发现的一点实物，我们至今对古埃及油膏没有什么完整的了解。有些油膏似乎是用坚果油[④]制作的，但很可能也用了动物和植物油脂，其他成分则取决于制作者或购买者的偏好。J.波鲁克斯提到了一种古埃及制造的黑色油膏，还说“萨格

---

① 在希伯来语中也是同样的意思。（古埃及人称为“stem”或“nustem”，拉丁语中写作“stibium”。其中一种被称作“uat”，呈绿色或蓝绿色，也被用于制作盖子。——S.B.）——原注

② 西奥弗拉斯特却说：“埃及的油膏没有强烈的香味。”——原注

③ 阿特纳奥斯说，安提拉创造的财富被挪用为埃及王后买油膏的经费，如今英语里有一个专门形容这种经费的词“pin-money”。——原注

④ 和西奥弗拉斯特的“balanon”对应。——原注

达斯”（sagdas）也是埃及出产的一种软膏。相反，西奥弗拉斯特说埃及产的油膏是无色的。这种意见分歧很好理解也很好解释——我们认为他们说的是两种不同的油膏。我们在底比斯发现了这两种不同的油膏[1]，进一步证明了这一点。在古埃及，油膏经常被保存在雪花石膏瓶中[2]，有时被保存在玛瑙瓶或石头、玻璃、象牙、骨头、贝壳制成的容器中。我们在古墓中发现了对应的

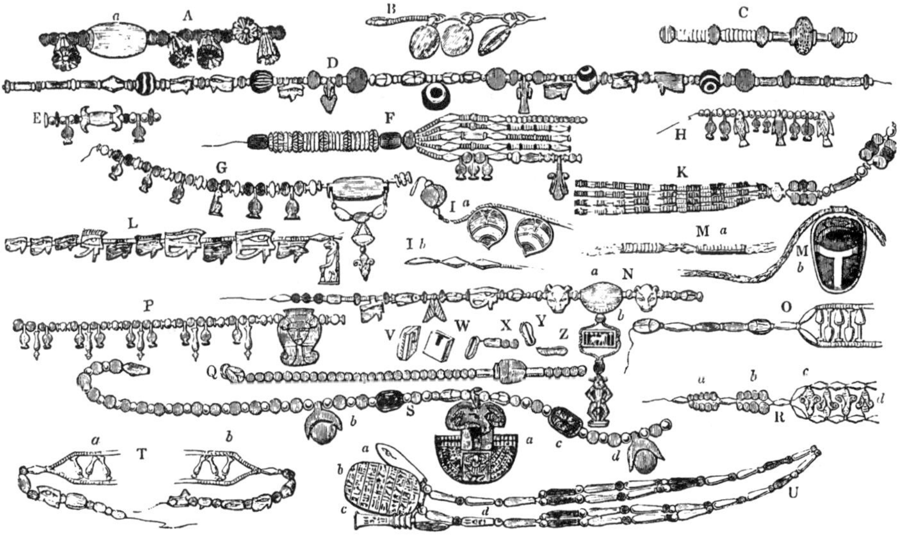

●莱顿博物馆收藏的各种古代项链[3]：B杯状装饰品，青铜材质；I b是a的另一端，主要是金叶，内衬青金石、红宝石和绿宝石；M a是金链子，金色的框架中有制作成圣甲虫形状的宝石；U马多斯藏品；V、W、X、Y、Z是金项链的组成部分

① 他们在油膏中掺杂了一些别的成分。——原注

② 《圣经·马太福音》：“有一个女人，拿着一瓶极贵的香膏来，趁耶稣坐席的时候，浇在他的头上。”——原注

③ 因为项链的珠子在绳子断后总是会被反复重新穿起来，所以本图呈现的不一定是唯一的珠子排列方式。在有些情况下，甚至连衣领上的珠子最终也会被穿到项链中。U中的b就不可能被穿到项链之中。——S.B.

物证。

斯特拉波说，普通男女用“kikki”（蓖麻油）来涂抹身体。这种油一般是用来点灯的。古埃及出产了许多油，如从芝麻、橄榄、杏仁、亚麻、油菜籽、莴苣及其他作物中提取的油。

因为气候炎热，用油涂抹身体的习俗很常见，并且涂油能让人的皮肤感到很舒适。希腊人、罗马人和其他民族人的四肢大多被衣服覆盖[①]，得以免受干燥空气的影响，但他们也发现了涂油的好处。而那些衣服少、有更多皮肤暴露在外的人（如埃塞俄比亚人和非洲的其他民族）觉得，有必要通过涂抹油膏来软化和冷却皮肤。我们发现，这种习俗在黑人中最普遍，因为他们的身体覆盖物最少。他们主要关心的是头部的毛发，除了大城镇居民中的一些上层人士，黑人没有剃除毛发的习惯。埃塞俄比亚人的最大野心是获得足够数量的油膏，以涂满他们的头部，不管是什么种类的油膏，都要涂到让多出来的油膏流到肩膀上的程度，从而令皮肤拥有闪亮光泽——他们喜欢在顶着阳光行走时展示这种光泽。

古埃及人使用的梳子通常是木制的，并且是双面齿的：一边是大齿，另一边是小齿，中间部分经常有雕刻的纹饰，也许还有镶嵌的饰物。它们大约有4英寸长，6英寸宽。那些只有一排齿的梳子有时会用山羊或其他动物的造型做装饰[②]。

很早以前的埃及，在眼皮和眉毛上涂抹黑色湿润粉末的习俗就很普遍，这一习俗也被犹太人和罗马人引进，并在东方被保存

① 恩纽斯（Ennius）说，直到塔克文（Tarquin）时代，这个习俗仍存在。在这个习俗被引入罗马的时候，老普林尼还表示过怀疑。——原注

② 梳子似乎很晚才出现，总是木制的。在希腊统治时期的埃及木乃伊中发现过一些梳子，但暂时没有发现法老统治时期的埃及存在类似物品。——S.B.

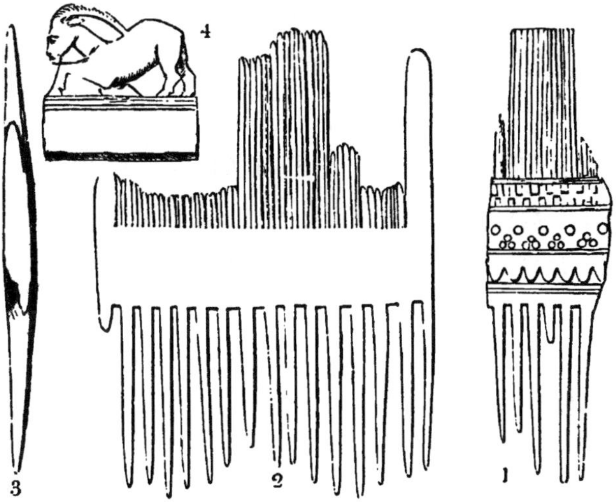

●在底比斯发现的古代梳子：1 中间一部分有装饰的梳子；3 即 2 的侧视图；4 梳子顶部的野山羊装饰

下来，直到19世纪的今天。人们认为，这种眼影粉可以增加眼部美感，通过在眼周抹出一圈“黑环”使眼睛显得更大。许多人甚至认为，涂抹眼影粉给眼部带来的刺激感对视力有益。眼影粉的制作方法多种多样：有些人使用锑、锰的黑色氧化物，铅的制剂和其他矿物物质；有些人使用烧过的杏仁或乳香的粉末；还有许多人喜欢各种不同成分的混合物。

莱恩①精准指出，在《圣经》中，当耶户（Jehu）来到耶斯列（Jezrrl）时，与“涂眼影”相关的内容多次被提到。以下为列举，并用着重符号标出：

《圣经·列王记下》：“耶户到了耶斯列。耶洗别听见就擦粉，梳头，从窗户里往外观看。”

① 《现代埃及人》第一卷第43页。——原注

《圣经·以西结书》：“况且你们二妇打发使者去请远方人。使者到他们那里，他们就跟着来了。你们为他们沐浴己身，粉饰眼目，佩戴饰品……”

《圣经·耶利米书》：“你这可怜的人啊！你想做什么？纵然你穿起华贵的紫袍，用金饰打扮自己，用颜料修饰眼目，但这又有什么用处呢？你的情人藐视你，并且谋害你的性命。”

我们在埃及壁画中看到的人物，其眼睛看起来像是被拉长了，可能就是画眼影造成的，这和莱恩所推测的一样。这就是茹维纳尔、老普林尼和其他注意到罗马人这种习俗的学者所描述的效果。罗马城的人认为，男人涂眼影是羞人的，除非作为医疗目的，19世纪的东方人也这么认为。但我们如果对比底比斯壁画中男人和女人的眼睛，就会发现古埃及男女都涂眼影。

我们在古墓中发现了许多装眼影粉的瓶子，还有用于取用湿润粉末（moistened powder）的粗针（bodkin）。制作眼影瓶所用的材料各不相同，通常是石头、木头或陶瓷，分别由两个、四个和五个独立的单元格（separate cells）组成，显然每个单元格都含有一种混合物（mixture），其成分和色调与其他三个略有不同。许多装眼影粉的容器是简单的圆管、瓶子或小盒子，有些上面有猿猴或怪物的造型作为装饰，据说是为了用这些猿猴或怪物造型的“手臂”夹住瓶子。女性用瓶子里的眼影粉来化眼妆。还有一些是模仿建筑物石柱的造型制成的柱形瓶，或精美的瓷瓶。

大头针（Pins）和编织针（needles）也是在墓穴中偶然发现的盥洗室用品之一。大头针通常有一定长度，针头很大，由黄金制成。还有一些不同的款式，都是从头到尾逐渐变细最终细成针尖，顶端是金质的，长七八英寸，此物似乎是用来打理发辫或鬈发的。

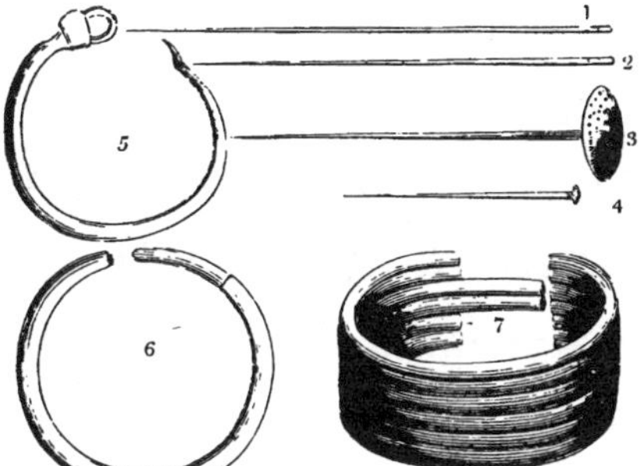

●编织针、大头针和耳环：1、2藏于阿尼克城堡博物馆的青铜针，长度在3英寸到3.5英寸之间；3金大头针，藏于柏林博物馆；4金头针，相比3较小；5笔者自己收藏的银耳环，直径约为0.1英寸；6柏林博物馆收藏的金耳环，直径三分之一英寸；7另一个金耳环

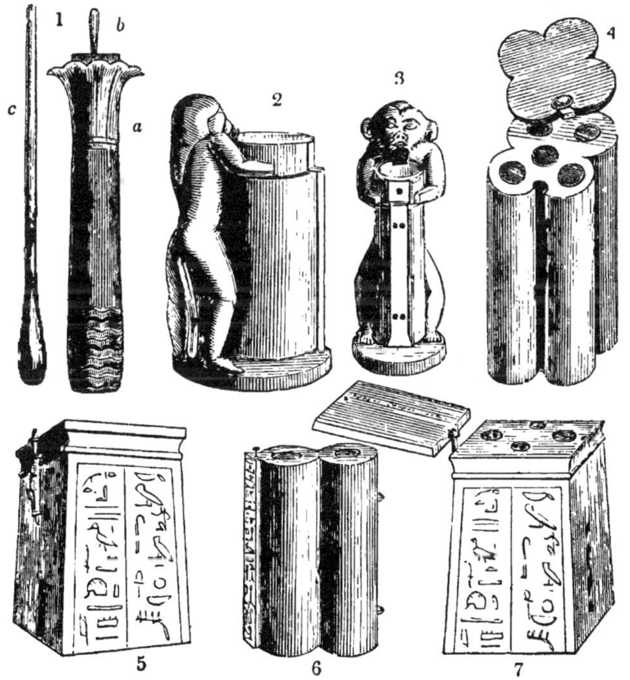

●装眼影的盒子和瓶子：1大英博物馆藏品，其余的都是阿尼克城堡博物馆藏品①

① 5和7上刻有其主人的名字：“卡慕斯（Kams），阿蒙忠诚的儿子中最年长的。”这是很常见的一种头衔。——S.B.

在英国，伊丽莎白时代也有具有类似功能的物品[①]。

有的针是青铜制成的，具体可以参见插图《编织针、大头针和耳环》。因为发现的实物很少，至今我们对这类物品还没有多深的认识，只知道这些针的尺寸一定不大，尤其是用于精细用途的一些。

镜子也是很重要的盥洗室用具，由多种金属制成，主料是铜，经过精心锻打和高度抛光。古埃及人在合成金属方面的技术是如此令人钦佩，他们制作的镜子和我们当今用的镜子很相似。在底比斯发现的一些古代镜子甚至仍保留有部分光泽，尽管它们已经被埋藏在地下许多世纪。镜子本身是圆形的，插在木、石或金属把手上，外形根据主人的喜好而不同，镜子上有各种装饰，包括女性形象、花鸟、柱子、阿托头像等花哨的装饰。有时镜子也以贝斯神的脸作为装饰，与镜子中映出的美人面庞形成对比[②]。犹太人也使用同样的金属镜子，无疑是从埃及传入的。摩西曾制作过铜锅，参见《圣经》的描写[③]。

---

① 小盒子等容器上偶尔会有描述化妆品用途的铭文：如“涂在眼睑或睫毛上”“对视力有好处”“止血”“催泪”等（见皮洛特《埃及考古学辞典》第139页。——S.B.）——原注

② 古埃及的镜子呈扁圆形或椭圆形，用尖钉（spikes）插入把手（handles）中。罗马占领时期，镜面才真正变成圆形。镜子一般来说都是用青铜制成，直到19世纪，尚未在埃及发现古代黄铜镜子。镜子被称为“maa her”，意即“可以看见脸（的东西）”；或“un her”，意即“可以映出脸（的东西）”。为了保持光泽，镜子会被放在专门的皮盒子里。主人的名字有时会被刻在把手上或者镜面上。——S.B.

③ 《圣经·出埃及记》：“他又造了一个洗濯用的铜盆和盆座，这些都是用在会幕门前伺候的妇人的铜镜熔铸制作的。”“黄铜”在希伯来语中是“nahas”，阿拉伯语也有专门指称它的单词。（西班牙南部有一个词“farass”，这是一个摩尔语单词，这样的单词其实用来指称铜和任意金属形成的合金。玻璃镜子在希伯来语和阿拉伯语中被读作“miráth”或“miráh”。《圣经·约伯记》：“你能协助上帝铺开穹苍，（转376页）

●镜子（二）：1 萨特藏品，装饰了尼尼布（Neneb）女神像；2 阿尼克城堡博物馆藏品，手柄上有阿努西斯（Anucis）女神像

●镜子（三），霍格（Hogg）藏品：2、3 镜子把手底部视图，可以拧紧

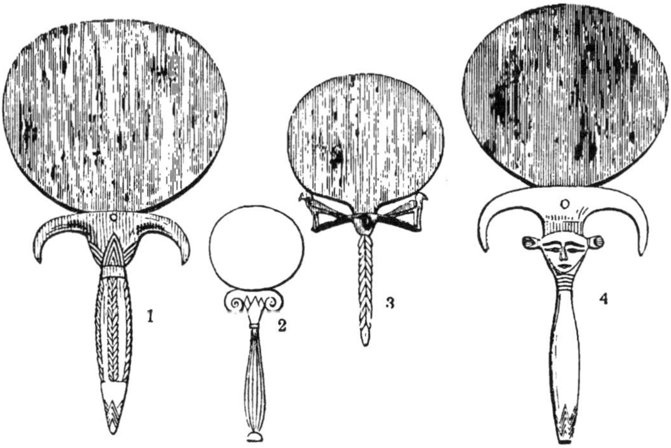

●镜子（一）：1 铜镜，把手被做成纸莎草造型；2 底比斯壁画上的镜子，把手被做成莲花造型；3 被做成大树和两只老鹰造型的镜子把手；4 被做成纸莎草造型的镜子把手，上面有阿托神像，高 11 英寸①

---

① 古代中国的铜镜是摆在架子上的。——G.W.

古埃及男性走出家门时还会拄拐杖。拐杖长度有三四英尺的，也有6英尺的。其中一些拐杖的顶端有一个球状把手（knob），做成花骨朵的造型；另一些更常见，从一侧伸出钉头，一些这种常见款式的拐杖在底比斯被发现。萨特收藏了一根古代的樱桃木①拐杖，只有3英尺3英寸长。笔者见到的一些莲花头拐杖的长度与之相差无几。从雕像来看，这样的拐杖至少有6英尺长。马多斯（Madox）带到英国的一根古代拐杖长约5英尺。在古埃及，当主人进入建筑内部的时候，拐杖会被放在大厅或者门口，有时还会花钱聘请穷人来帮忙保管这些拐杖，给点小钱，或者赏给晚餐和肉食。主人名字的象形文字会被刻在拐杖上②（笔者在底比斯文物上见到过）。拐杖的材质会用金合欢木（似乎是最常用的）之类的硬木。拐

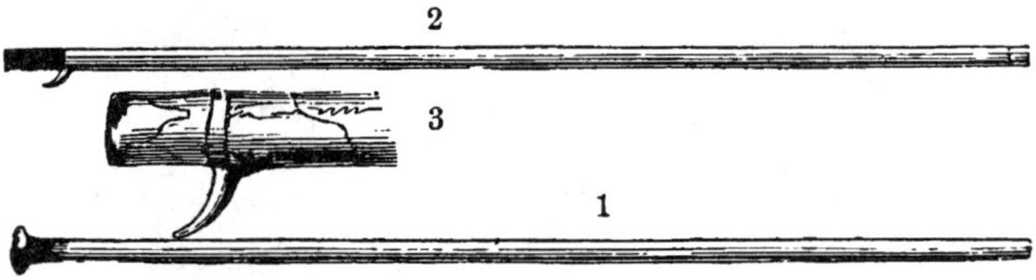

●在底比斯发现的拐杖：2 大英博物馆收藏的樱桃木拐杖；3 旁边还有挂钩

（接374页）使它坚硬如发亮的铜镜吗？”这里的镜子在原文中称为“rai”。——G.W.）两个词的词根有联系，可能来自科普特语。——原注

① 根据老普林尼记载，卢库鲁斯（Lucullus）从本都把这种拐杖引入意大利，后来慢慢引入今英格兰地区。据说，樱桃木不在埃及生长，当然19世纪时，在埃及仍找不到樱桃木。不过，英国北部有一个土生土长的樱桃木树种。——原注

② 《圣经·民数记》：“你要吩咐以色列人，要从他们手中取杖，按着父家每支派一根，从他们所有的领袖，按着他们的父家，共取十二根杖，你要把各人的名字写在各人的杖上……”——原注

杖的外形参见下方插图[①]。

我们对古埃及人沐浴的规矩了解得不多，但在哀悼期间，他们被禁止“沉溺于洗澡”。可以断定，在当时，沐浴被视为一种奢侈的生活习惯。沐浴也是为了必要的放松，参见下文插图《仆人侍候着沐浴中的女性》。在希腊的一些古花瓶上，沐浴主题几乎都表现为：水被浇在跪在地上或坐在地上的沐浴者身上。古埃及人有温水浴和冷水浴两种方式，而普通的洗浴方式更倾向于用冷水。必要时，这两种沐浴方式可能都会被推荐，并应用于医疗目的[②]。

希罗多德说，古埃及人非常重视健康，对医学的管理也很严格，规定医生除了自己擅长的领域，不能在其他专业行医——眼科医生只治眼病，牙医只看牙，此外还有治头风、治胃病乃至两性疾病的专门医生。医生绝大多数都是女性，当然也有特殊

●拿着拐杖的祭司等人：1 有一定地位的人拿着拐杖；2 有一定地位的人带着拐杖；3、4 祭司

① 拐杖上的铭文有时不仅包括主人的名字，还包括对拐杖本身的称呼。除了拐杖，还有短的杖刑用手杖。许多手杖顶部都是纸莎草花的造型。——S.B.

② 狄奥多罗斯表示，连宗教动物也可以享受温水浴。——原注

●仆人侍候着沐浴中的女性：1 坐在垫子和地毯上的女主人；2 拿着装水瓶子、扶着主人的仆人；3 搓澡的方式类似于土耳其人；4 淋水；5 帮着拿衣服和首饰的仆人

的[①]，从国库中领取一定量的俸禄。在学习了前人依据经验规定的那些戒律之后，医生就被允许上岗。为了确保医生恪守戒律，避免在病人身上进行危险的试验，古埃及有规定：如果治疗违背了既定的戒律，医生就要受到惩罚。万一医生治死了病人，那也是要偿命的——当然，如果是在绝对遵守戒律的情况下发生了意外，医生就能免受惩罚。

狄奥多罗斯说："这些戒律是在认定很少有人能够引进任何优于老医生技术的新疗法的前提下制定的。"

在古埃及，政府给医生支付俸禄，医生也可以另外向病人收费，病人在外旅行或病人是军人的情况下除外，可免费就医。古埃及人防病的主要方法是注意养生和饮食，他们认为大多数疾病都是由消化不良和饮食过量引起的，因此他们经常采用禁食、催吐、小剂量药物和其他简单的方法来"缓解"病情，有些人习惯于每两三天重复一次。根据希罗多德的记载，那些生活在产粮地

① 老普林尼发现罗马没有同类法律，可以说医生行业是那时唯一能暗中杀人而不受罚的行业了。——原注

的人特别注重身体健康，每个月连续三天都要常规服药治疗——他们相信疾病通常是由饮食不规律导致的，如果预防措施无效，他们就会采取适当补救措施，和狄奥多罗斯提到的治疗法很相似。无论是宗教学者还是世俗学者，都提到了很多古埃及人对药物的使用方式。阿拉伯人对尼罗河和红海之间的沙漠中的很多草药的药性了然于胸，尽管记录并不完全，保存下来的也不多。《圣经·耶利米书》："埃及的处女哪，上基列去吧！到那里去找膏药！你所有的药品都无效，没有良药能医治你。"

《奥德赛》描述了托尼斯（Thonis）的妻子波利丹娜（Polydamna）在埃及时给海伦的许多珍贵药物。该作品指出，埃及的肥沃土壤孕育了无数的药物，有些是有益的，有些是有害的。医生拥有的知识超过其他人，对此老普林尼也常有提及。

老普林尼对埃及医生也有一番描述，这些描述展现了当地居民的很多疾病[①]。他认为埃及是很多疾病滋生的温床。但这话和希罗多德的记载不一致："自利比亚人之后，没有民族像古埃及人那么健康，这可能跟当地的地理和气候特点有关。"[②]

① 希罗多德至少也说过埃及"到处都是医生。"——原注

② 古埃及医术源远流长。据说，早在第一王朝，美尼斯的继承者安东西斯（Athothes）就曾写过关于医术的文章。有5份关于古埃及医术的莎草纸文献留存至今，都是第十八王朝和第十九王朝时期的文献。其中，有根据发现者名字命名的"埃伯斯文献"（Papyrus Ebers），它是"凯尔费斯"（Kherpheres）或"比赫尔斯"（Bikheres）时代的产物。第二份收藏在柏林，时间上属于第一王朝的乌萨法斯（Usaphais）统治时期，并且在第二王朝由塞内特（Senet）或塞特尼斯（Sethenes）完善。第三份收藏在大英博物馆，包含一张据说是第四王朝切普斯统治时期的收据，发现的过程颇具神秘色彩。第四份收藏在莱顿。此外，埃德温·史密斯（Edwin Smith）先生也拥有一份文献，年代信息不详。古埃及人掌握的解剖学层面的知识是错误的，他们错把血液和神经的作用归于头部的32条血管。他们能治疗多种疾病，产科病例被保存下来，诊断也有理有据。软膏、饮剂、膏药、熏蒸剂等都可用于治疗，药物来自蔬菜、矿物质和动

老普林尼所处时代的罗马人极其奢侈、人性堕落，他认为有必要批判一番这类“在父辈的时代绝不会存在”的人。他还告诉我们，古埃及人会解剖死者的尸体，检验他们究竟因何而死。这让我们相信，一个如此先进的民族一定会采用这种有效的方法来获取医学知识和经验，以此造福社会。

古埃及人的医学技术举世闻名，波斯皇帝曾多次派人到埃及聘请医者治病。

狄奥多罗斯称古埃及人对梦境具有一种宗教上的虔诚①。虔诚的祈祷者表明他们的痛苦需要得到解脱，希望在这方面得到神的恩赐。这种迷信手段和巫师施法一样②，只是在医治无效、所有康复的希望都要破灭时才会采取的最后手段。类似的迷信促使古埃及人前往神庙祭神，祈求康复。③

有的人承诺，自己会出钱供养神的圣物，比如儿童的一部分头发，这在前面已经提过。一旦病好，就会供奉与头发同等重量的白银以还愿。

物。各种药物混合在一起，捣碎，煮沸，并通过亚麻布过滤，一般使用纯净水送服，但也使用啤酒、葡萄酒、油或牛奶。药用饮品会加入蜂蜜或糖，早晚热服。许多疾病被归咎于恶灵附身，而医生的职责就是驱除它们。医生都是宗教书记官，拉美西斯十二世时期，一位身兼宗教书记官的医生被派去治疗巴赫坦（Bakhtan）的公主。总之，埃及人的医学是纯粹的经验主义，他们不懂解剖学，尽管他们为了给尸体做防腐处理，经常解剖尸体。（见马斯佩罗《古代史》第81页和皮洛特《埃及考古学辞典》第329页，这两本书的资料很丰富。——S.B.）——原注

① 狄奥多罗斯的所谓“梦境治病法”和他们积极进行的医学观察不太一样。阅读他的著作，动物磁性学说（animal magnetism）的支持者们或许会得到一些启发。——原注

② 《所罗门智训》：“他们曾经扬言，他们能够驱除病态心理的所有恐惧与疾症，可是现在呢？他们本身倒患了呆傻症，感到无端的恐惧。”——原注

③ 俄利根（Origen）说，当身体的任何部位受到疾病的影响时，古埃及人都会向被认为导致了疾病的恶魔祈祷，以获得治愈。——G.W.

偶尔会有人带着象征神的旗帜走遍全国，农民容易轻信，常常请他们帮忙，他们则从迷信思想中获利，赚了一大笔钱，以至于完成了连传教活动也无法轻易完成的移风易俗。酋长陵墓的守护者也以同样的方式，派遣使者带着旗帜、敲着鼓，到全国各地征收捐款，号召人们以捐款换取守护神的庇护。

不管身体的哪一部分不适，病好以后的古埃及人都会做一个患病部位的模型，悬挂在自己所祈求的神的神庙中。其供奉方式与现代埃及的谢赫墓（sheikhs'tombs）的供奉方式，以及意大利和其他国家的罗马天主教小教堂中供奉圣母或圣徒的方式完全相同——耳朵、眼睛、扭曲的手臂和其他部位的模型被献给神，作为宗教还愿的一种纪念品。

有时，碰巧路过神庙的旅行者会在墙上刻下祈祷的句子，以表示对神的尊重，并祈求在旅途中得到其庇护。这样的句子有一套完整的书写格式，其中包含对神的崇拜。而读到这些句子的人也能分得其中的祝福。当朝君主在位的日期和月份，以及书写者的职业和父母的身份有时也被添加进去。举一标准例子：

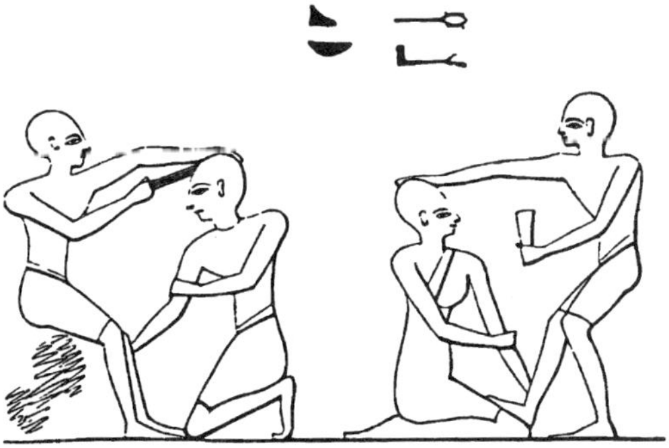

●理发师，上方的象形文字“haq”的意思是“理发”：1、4理发师；2、3服务对象

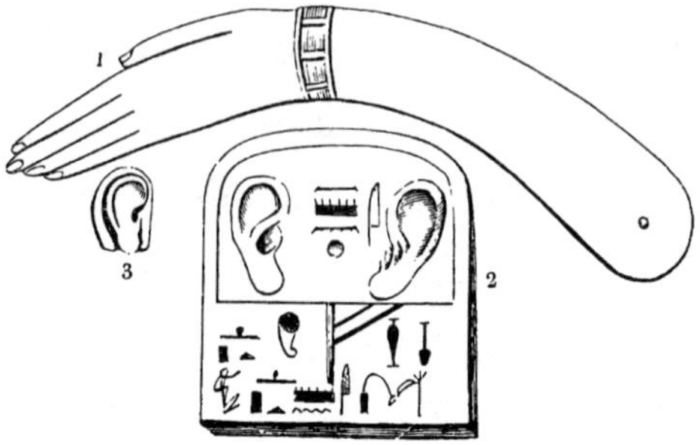

●宗教还愿品：1 象牙雕的手，藏于大英博物馆；2 献给阿蒙–拉神的石碑，这是一个叫阿蒙霍特普（Amenhetp）的书记官为了自己的耳病能康复而献上的；3 笔者私藏的陶土耳朵还愿品，来自底比斯古墓

凯乌斯·卡比多利努斯（Caius Capitolinus），弗拉维乌斯·尤利乌斯（Flavius Julius）之子，服役于底比斯第五骑兵队，崇拜女神伊西斯，女神伊西斯有一万个名字。我为所有爱我的人，我的妻儿和家人，以及读到这个的人，向神顶礼膜拜。

写在提比略·恺撒皇帝在位第十二年

帕尼[①]（Paüni）月十五日

老普林尼说，古埃及人自称发明了医术，并以此为荣。古埃及人确实从很早就开始进行各种医学研究，这在前面说过，而亚历山大的学校在很晚的时期才以医学闻名[②]，同时开始施展从前代医者那里继承来的医术。据说，赫尔墨斯是古埃及六本医书的作者[③]，第一本就和解剖学有关，当时已知的各种有益的药物配

① 相当于古埃及每年的第十个月。——译者注

② 阿米阿努斯·马尔切利努斯说，一个医生只要在亚历山大的学校学习过，此经历就是自己能力的“金字招牌”。——原注

③ 赫尔墨斯和安东西斯有可能被弄混了，也有可能就被认为是同一个人。赫尔墨斯，或者说托特神都是智力的象征。——原注

方都被记录在外科医学的相关医书中，医术治疗中的特殊案例被铭刻在由主要神庙保存的法律条文中，如孟菲斯的普塔神庙或武尔坎神庙。

装殓师可能也是医界人士，因为装殓工作也需要一定的医学知识，参见《圣经》的相关条文[①]。然而，这部分内容更适合在讨论埃及人的葬礼仪式时谈，在此先不做介绍。笔者会将这部分内容放在之后几卷的章节中，因为之后的章节篇幅较短小，更有利于结合插图介绍，同时再利用这部分内容提供的机会更全面地介绍埃及人的神话，以及他们的宗教仪式。因此，敬请关注本书第三卷的相关内容。

●造型是努特（Nut）女神的石棺

① 《圣经·创世纪》："约瑟吩咐伺候他的医生用香料薰他父亲，医生就用香料薰了以色列（即雅各）。"——原注

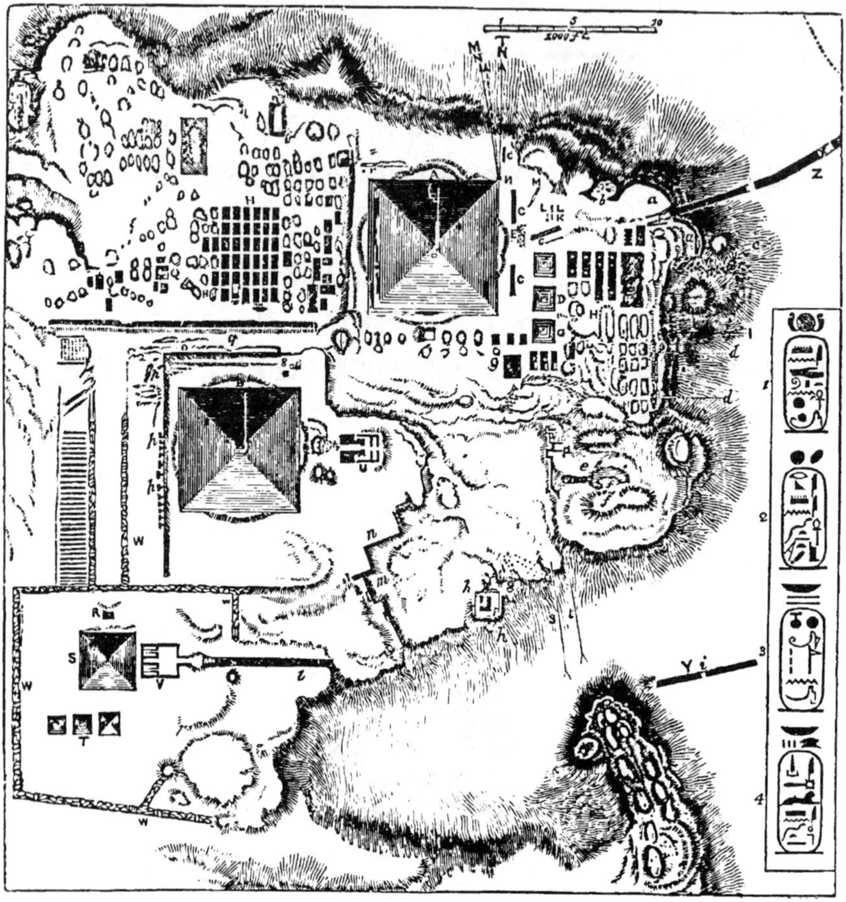

●吉萨金字塔平面图：A 是大金字塔（Great Pyramid）入口；B 是第二金字塔（Second Pyramid）入口；C 是用来搅拌砂浆的土坑；E 是黑石（玄武岩）道路，和塞加拉金字塔所用石材一样；D 是切普斯女儿的金字塔；E 是古代砖石建筑遗址；G 是位于金字塔东北角的粗砖围墙，是阿拉伯时代的产物；H 是有深坑的民间墓穴；I 是若干墓穴；K 是两条倾斜的通道，显然是通往高处的小金字塔；在 L 处把石头削平；M 是在岩体上切出的浅壕沟；N 是在岩石上开凿的一个方形空间，可能是为了嵌入对金字塔四角起到支撑作用的石料；P 处有一座古墓，有“奥西里斯神庙”之称；Q 是位于 H 西边的商人墓；R 坑被石头填满；S 是第三座金字塔；T 是三座小金字塔；U 和 V 是建筑物遗址，原型已难复原；W、W、W 石头碎片，排列形式像一堵墙；X 处有几棵棕榈树和一口井；Y 是石头堤道的南部；被哈里发们修复的北部堤道；a 和 dd 是在岩体开凿的墓穴；b 是古代砖石建筑；c 是黑石；e 是狮身人面像；f 是 19 世纪时可能尚未被开启的坑洞；g 是坑洞；h 是石山上的石头遗迹；i 是通道；k 是石窟；l、Y 是部分堤道；mn 是石山上的墓穴；a 是镌刻在石头上的象形文字；p 是石山上的墓穴；q 是石墙；r 是人工开凿的石山小径，位于大金字塔的东北角；st 地磁南极（magnetic south），在 1832 年至 1836 年被用作相对于“MN”的概念；“TN”的意思是“实际的北向”；根据狄奥多罗斯记载，1 和 2 与厄尔加门尼斯（Ergamenes）和埃塞俄比亚王达克赫有关

第5章

古埃及的财富—一个农业和制造业国家—测量学和几何学的起源—与尼罗河泛滥有关的天文计算—一年的三百六十五天—三百六十五又四分之一的天狼年—牲畜—为剪羊毛而养的羊—埃及在（手工）制造业方面的早期优势—丰盈的物产—土地测量—重量—灌溉—河水因上涨而泛滥—耕种方式—犁—锄—踩踏种子的家畜—播种—埃及的土壤—尼罗河及其支流—土地的养护—不同的作物—小麦的种植及谷物的采集和脱粒—河水泛滥—埃及的不同分区—在沙漠边缘耕种—农民的收获季节和其他节日—照料动物—兽医技术—人工孵化的（禽鸟）蛋

●近景是赫利奥波利斯的埃及人正在使用耙耕地，远景是若隐若现的开罗

古埃及社会的各种特质决定了土地是致富的关键，因此，农业一定是古埃及人自始至终的关切之一。

尼罗河河谷的富饶是有口皆碑的，这吸引了后来强大的古埃及人的祖先从亚洲迁徙过来，也是其他民族觊觎这片土地的原因。牧羊人国王（Shepherd Kings）是第二批入侵者，虽然直到19世纪，我们还不了解他们具体存在的时间，但已经了解到，他们明显是从叙利亚一侧到埃及去的，并且在当地站稳脚跟，占领了下埃及、底比斯的一部分，也可能控制了底比斯全境。笔者起初认为，牧羊人都是亚述人，但深思熟虑之后认为应该是斯基泰部落①，因为他们有游牧的习惯。牧羊人早期还常常入侵其他民族，这表明他们精力充沛且好战。这种习惯被他们在中亚的继承人鞑靼部落模仿。多年以后，古埃及被其他民族相继统治，虽然这些民族给它造成了破坏，但它仍然是一块物产丰富的土地，仍然被人觊觎。

有一种说法古老而真实：富饶地区的居民永远会受到那些生活在贫瘠土地的凶悍邻居的侵略，这些邻居更像侵略者，不像被征服者。经验和世界历史充分证明了这一论断，也让我们对古埃及王朝能延续这么长时间感到震惊。试想一下，即便从欧瑟特森一世开始算起，到波斯人征服埃及为止，这就算是不间断统治1200年了。能持续统治这么久，不得不说这是因为埃及法律提出

① 普莱特（Pleyte）的《对塞特神的崇拜》（*Culte du Dieu Set*）表明，这个民族的祖先更像是闪族人。——S.B.

了严明的纪律，并且神职人员恪守生活节律。神职人员严格监督君主，让君主不得不遵守那些为约束自己的公共生活和私生活而制定的规则，这就消除了奢侈行为、宫廷腐败及其产生的消极影响。他们不只关注君主，还对社会各阶层进行监督，这对整个社会都有好处。如此井然有序的制度，造就了手工业的兴盛、工匠的高超技能和军队的强大战斗力。

在古埃及，人们总是特别关注农业阶层，粮食是在市场上流通的主要商品。后来，古埃及的手工制造业发展起来了。而宗教仪式上（特别是加冕典礼、节庆活动）对农业生产活动的纪念仍然被保留，并持续了很长时间。古埃及地位最高的阶层是祭司阶层，排第二位的是军人阶层，是可以产生君主的阶层。但即便是军人阶层，在不打仗的时候也被鼓励耕种分配给他们的土地。这体现了古埃及对农业的重视，鼓励农业是对这个农业古国的权贵阶层提出的要求。

正如我们早就注意到的，在猎人、牧羊人和农民这三个群体之中，农民群体代表更先进的农耕文化，并且能推动已形成的文明的发展。如果一个古国的重农政策取得了成果，那它很快就会变得富足强大。古埃及就是一个典型的例子——即使活动范围被限制在狭窄的峡谷之中，其土地出产也能维持七百万人口的生存，为几个邻国提供商品，还能供养一支四十一万人的军队，将势力范围延伸到如今亚洲的中心地区，并且其影响力在如今亚洲和非洲的大部分地区长期存在。

我们能从各种文献上找到描述古埃及人种地方式的记载、收获的农作物，以及农业生产的各种特点。除了从希罗多德和狄奥多罗斯那里得到的信息，底比斯和下埃及古墓中刻画了很多农业场景，充分且有趣地展示了古埃及人的农业生产过程。古埃及农业的发展具有重要意义，农业生产方式每年都会有所改进，这给人民带来直接、有形的好处；这对古埃及人的生活风俗和掌握的科学技术同样产生了深刻的影响，他们因此在几何学、测量学领域取得了长足发展。关于几何学的起源，前面说过，大部分古代学者都认为，是尼罗河水位的起落导致反复测量土地面积以便调整私有土地界限成为必要。尽管希罗多德“几何学出现于辛努塞尔特时期”的判断显得“太晚”了，但他至少还是承认这种学科是首创于古埃及的。

尼罗河水位的涨落会导致裸露的土地面积发生变化，邻里之间就会因如何分配增加或者减少了的土地面积而发生争执，这种争执会因偶尔出现的河岸被泛滥的河水冲垮的情况而加剧。所以不管是解决争端还是确保税收，动态确定每个古埃及人占有的土地面积是很重要的。土地测量作为学科什么时候出现，站在19世纪回望，我们已经很难确定了。即便掌握了它“首创于约瑟时期”的证据，也不能让我们比较深刻地追溯它的发展史。有证据表明，在古埃及文明最早的时期，几何学和数学已有一定发展，在稍晚些的拉美西斯大帝时代也存在类似的证据。分配土地除了要测量土地面积，最重要的是把被尼罗河水浸没过的肥沃土地分配给所有相关人员，避免有人独占低洼地带的沃土——从高处流走的水会不断汇聚到低洼地带。为此还需要测量各处土地的实际海拔高度，并据此开凿运河、建造堤坝。如果美尼斯作为埃及首任法老真的开凿了新运河，那么我们就可以证明早在他那个时代，古埃及人就已经掌握了不少土地丈量方面的知识，因为如此巨大的工程只能是长期经验积累的成果。

在古埃及，堤坝、水闸及相关的所有水利设施都被发明出来，这样就能调节汇入不同海拔高度的平原水量，同时还能帮助确定土地的确切面积、水深和水在地表持续存在的时间，从而决定缴纳土地税的比例和算法，这无一不需要科学技术助阵。因为下一年的税额会通过对当年洪水的测量而确定，这要求人们对尼罗河泛滥期的水文数据进行长期收集，进而推动水文测量设备的开发应用、观察专员的合理部署和相应情报的发布。上级根据这些情报决定打开或关闭水闸。同时，全国上下会举办盛大的节庆活动，所有人都对神赐予埃及巨大的土地利益表达感激之情①。而“运河将尼罗河水引入内陆”也被赋予了“奥西里斯和伊西斯交合”的意象。当时，在打开运河河床与尼罗河隔开的土坝的那一刻，人们十分急迫，翘首期盼。我们有理由认为，为了确定什么时候适合祭祀，古埃及人一定举行过多次祭祀活动。

宗教迷信增加了人们的狂热感情。根据塞内卡的记载，祭司们曾在某个节日把礼物和黄金作为祭品扔进了腓莱附近的河水中——此处被称为“尼罗河脉”（Veins of Nile），他们第一次看到了河水泛滥的景象。事实上，我们可以合理地推测，洪水泛滥的宏大而奇妙的景象激发了他们对神力的深深敬畏之情，他们对神赐福心存感激。水源丰沛被认为是神恩赐的结果，而不足则是神的不悦导致的，是神对冒犯自己的人类降下的惩罚。

古埃及农民的一切都寄托于尼罗河——它影响到政府的收入（税收规模、粮食出产、其他产品出口利润的多寡），也决定社会所有阶层能否过得舒服，因为在上埃及可没有足够的降水来灌溉土地。正

① 19世纪，人们一般在每年8月10日左右阻断运河和尼罗河道之间的联系。——原注

如古代学者所说，埃及是一个不寻求通过降雨促进作物生长的地方。如果像普罗克鲁斯（Proclus）所说，下埃及降雨，其他地方也肯定不会降雨，底比斯下大雨都被认为是神迹了。然而有证据表明，底比斯附近其实偶尔会下大雨。从法老陵附近的山丘上被水冲刷出的深沟来看，古时可能和现在一样，每隔15年到20年下一次雨，而根据现代经验，当地每年有五六次小雨。相较而言，下埃及的降雨还能多点儿。亚历山大降雨的情况几乎与南欧一样频繁。降雨的好处可比直观看到的要多，尤其是对埃及人内心产生的影响。盼啊，盼啊，终于下雨了，这多令人高兴！可要是不下雨，那就令人大失所望——埃及人对雨水的情感反倒比那些依赖降水的水乡人更深刻。在播种之前，或在准备播种时，埃及人甚至能直接准确地估计自己的收成。但预测降水可不容易，农民希望降水能持续更长时间。

为了精确判定季节和泛滥期，古埃及人很有可能大大促进了尼罗河流域最早的天文学研究。第一次进行这种计算是在什么时候，19世纪尚不能确定，至少莫埃里斯（Mœris）时期就有对河水水位的记录，相应的测量工具也被制造出来。而在美尼斯登基之前，天文学、几何学等学科已经存在了。

然而，根据狄奥多罗斯等学者记载，我们不能大胆断言最早的埃及哲学和科学书籍一定出现在美尼斯时代之前。不管原始作品具体是什么时候出现的，应该具有有限性和不完善性，也就是说人们在不同时期对这本书先后进行了集体创作，就像以大卫为名义创作的犹太人诗篇一样，就有一些创作于巴比伦城破之后。不管是赫尔墨斯还是墨丘利，显然不是曾经真实存在的人物，是古人对智慧的神格化形式。人类获得了智慧，才能以智慧创造伟大的成就。我们只能说从美尼斯时代开始，古埃及人就长期试图改变尼罗河的流向，这证明了他们高超的数学能力。我们也能通过各种科学技术的巨大进步推测，美尼斯登基之前，埃及这块土地上应该已经出现了多姿多彩的文明。

一切的一切促使我们得出这样的结论，古埃及人在调节一年中日期的时候会采用很精确的方法，这借助了农业生产和河流水文的特点作为参考依据。最初，古埃及人只能进行概略计算，而很多不精确的地方，慢慢地都被纠正。太阳公转只能提供一年长度的模糊参考，现在日历的编订得以突破这个限制，一年的长度开始变得固定起来。古埃及人很有可能在最早的时候就已经把一年分为十二个月了[①]。其中一个月的长度，按照普鲁塔克的观察，正是月亮绕地球一周所需的天数。古代雕像和权威文献可以提供证明，表示“月份”的象形文字长得像一轮新月[②]，由此可以认为象形文字的使用会比一般人认为的久远得多，因为在太阳月制度被采用之

① “月份”的出现无疑和月亮的运转规律相关，德语单词“Monat”包含了英语中的“moon”和“month”两层意思。我们从中也可以知道，英语中表示“月亮”和月份的单词是形似的，这在希腊语中表示为“mén”和“méné”，拉丁语中有“mensis”，梵语中也有“más（a）”，表意都是相近的。——原注

② 当时存在一个被称为“Set”的三十年周期，对应希腊文献中的“Triakonteris”，早在第六王朝的弗洛普斯（Phrops）时期已经出现，一直被沿用到托勒密王朝时期。斐奥普斯（Phiops）在位时期，有一种“*χet*”年被记录在古代纪念碑上，但这种年有什么独特的意义，这是一个难以解答的问题。布鲁格施记载称，“set”的意思是“四年一循环”，但拉美西斯二世时期的铭文还是倾向于让我们把这个概念和“triakonteris”联系在一起。时间划分的重要概念“循环”被称为“han han”，这可能是与天狼历相关。“set”可能对应“triakonteris”，“renpa”对应“年”，“aah”对应“月”，“heru”对应“天，“at”对应“小时”，“ha”对应“分钟”，“ān”对应“一眨眼的时间”，即“秒”。——S.B.

前它就已经存在。古埃及天文学发展的重要变化之一，就是用太阳月制度替代了阴历月制度。在当时，一年由十二个月组成，每个月三十天，一共三百六十天①。但人们很快就发现，这样纪年会把季节过乱，导致季节不再和已知的月份相对应，于是就在最后一个月②底另加五天，这样才慢慢将其“调”回正轨。

古埃及一年有十二个月，我们会在后文“古埃及的一年十二个月和三个季节”的表格里展现。一年被分为三个季节，一个季节囊括四个月③，下文使用的月份名称单词和表格中的对应。恺撒大帝时期的“托特”月1日相当于如今公历的8月29日，最后一个“梅索里”（Mesoré）月1日相当于如今公历的7月25日④。下文

---

① 腓莱奥西里斯墓中有三百六十个装奶的杯子，似乎象征着当时一年是三百六十天。——原注

② 当时白天被规定为十二小时，夜晚也被规定为十二小时，每天的第一个小时从黎明开始计算，这说明这些小时不可能是等长的。托勒密王朝时期，小时被细分为“分”（minute）和“刻”（moment）。——原注

③ 每个月都受神的保护。根据拉美西斯二世时代的记载，神的类型各不相同，但在埃孚（Edfu）显示的名字是一样的。不同文献中神的姓名的对应如下：
Thoth—Teχi；
Paophi—Ptah；
Athyr—Hathor；
Choeak—Seχet 或 Kahak；
Tybi—Amsi或Khem；
Mecheir— Reχ-ur（Anubis）；
Phamenoth— Asχnet（Apheru）；
Pharmuthi—Rannu（Harvest）；
Pachons—Chons；
Payui— Har χont χruft；
Epiphi—Apet；
Mesori—Harmachis。
五个闰日分别代表奥西里斯、荷鲁斯、塞特、伊西斯和尼弗泰斯的生日。——S.B.

④ 每个月的每一天都有相关的神崇拜，相当于有一个专门的节日存在，很可能

的表格引述了科普特人给予月份的名称，如今到了19世纪，他们仍然使用这种称法，而不是阿拉伯人的阴历月制度事实上，阿拉伯人自己在农业问题上也经常以科普特月制度（Coptic months）为指导，特别是上埃及。

古埃及人如此重视农业生产，不会长期无视加上闰五日也解决不了的问题。尽管这个历法制度要经过一千四百六十年的时间才会产生严重的后果，但其造成的明显偏差只需要短短几年就会暴露出来——运转一百二十年就会缺失三十天，这可是一个月啊。这就导致尼罗河的涨潮、播种和收割的时间，以及农民的所有周期性工作，都完全不再与纪年法标注的月份相吻合。因此古埃及人增加“四分之一天”来弥补，这样每四年一组合，第四年会有三百六十六天，可这样还是不够精确。事实上，19世纪的一些现代天文学家认为，根据天狼星的一次升起到下一次升起之间的时间计算得到的天数，不但没有超过太阳年，而且在那个纬度上（由于天体位置的某种一致性）会得到与埃及人计算完全一致的结果①。肯索里努斯（Censorinus）这样评价说：“天狼年，希腊人称为‘cynikon’，拉丁语称为‘canicularis’，起始时间是被埃及人称为托特的月份的第一天，在那天，天狼星会升起。”②

这和波菲利的观测结果符合，即“埃及每个月的第一天都是天狼星初升的那一天”，这完全否定了那些认为“托特”这个名字只适用于第一天（first day alone），而不是一个月本身（month itself）的观

每个月的每一天都有各自专属的名字。比如说第一天是“Neomenia”日，第二十六天是“Khem”或“Amsi”日，第三十天是“locust”日。——S.B.

① 见穆尔（Mure）《古埃及的日历和黄道十二宫》（*Calendar and Zodiac of Ancient Egypt*）第8页。——原注

② 波菲利和索利努斯（Solinus）说，古埃及人认为这个时期始于世界之初。——原注

点。被称为“Epact”的五天是在最古老的时期增加的①，这一点很容易被采信。古埃及人对此深信不疑，以至于他们将其和自己历史上的神话时代联系起来，并以寓言的形式加以包装，估计闰年的出现也是很早的事情。

关于古埃及历法，虽然经过了大量的争论，但19世纪的时候还是没有得出令人满意的结论。很多人怀疑古埃及人在罗马占领的晚期之前已经通晓了历法的秘密；有的人认为这发生在波斯征服之前；有的人认为发生在公元前1332年，当时太阳年和天狼年在运转上吻合，换句话就是每四年就会增加一个闰日。古埃及人通过观察发现，一千四百六十个天狼年等于一千四百六十一个太阳年，在那个时候，季节完成循环回到起点，因此古埃及人将此作为调整历法的标准，命名为天狼期。尽管为了记录与法老相关的事件和其他事件的日期，古埃及人仍继续使用三百六十五天的太阳年或模糊年，但每一次计算都可以得到修正。如果这是真的，那么它就证明了三百六十六天的闰年是在法老时代就有的，但笔者并不打算在此下结论——生活在托勒密十三世时期的狄奥多罗斯直接告诉我们，古埃及这种纪年法在罗马征服之前就已经在使用了，他本人也是去过埃及的。希罗多德对这个问题一无所知，他说埃及的纪年法具有准确记录季节的功能，这很容易被解释为恒星年的知识只限于祭司使用，而其他埃及人只用太阳年进行计算。假设希罗多德在这一点上出错，就像他在与埃及有关的许多问题上出错一样，那么，在法老掌权的繁荣时期，即古埃及

① 被称为“hru”，意即“额外的”，也就是希腊人的“闰日”，在第十二王朝时期已经被引入埃及，这是最早的古代纪念碑信息。大概在公元前208年，古埃及开始使用一年三百六十五天的太阳年制度，并且已经做出了改进该制度以避免偏差和混乱的尝试。（见1770年莱普西乌斯《卡诺普斯法令》。——S.B.）——原注

人的天文技术处于顶峰时发现天狼年这种先进的历法，比起在“古埃及人的智慧已经衰落”的时候，尤其是在波斯人占领埃及后的混乱时期得到这一发现要更合理一些。希伯来人没有采用天狼年的情况也不能证明天狼年历法是在犹太人出埃及和摩西时代之后被引入的。阿拉伯人在天狼年被普遍采用很久后才征服了埃及，这些阿拉伯人一直坚持使用他们并不完善的阴历。正如一些欧洲人对引入公历无动于衷一样。但历法并不因为没有被采用而不为人所知或未被发明出来。笔者这并不是断言天狼年是在摩西时代之前被发明的，而是表达这么一种观点：长期以来，埃及人首次引入如此重要的发明的具体时间可能一直没法搞清楚。

这是19世纪最具争议性的学术热点问题之一。明显在亚历山大改革（Alexandrian reformation）影响历法的时候，一种称为“古代年”、与模糊纪年对应的纪年法被使用。托勒密王朝时期，模糊年历法被普遍采用。这一点可以从《卡诺普斯法令》文本中看出。由于在不适当的时间庆祝节日，导致日历紊乱，古埃及人试图通过在每四年的年底引入一个六分之一的闰日来改革日历。有人试图站在语言学的角度，通过“第一年”（ap tep 或renpa）、“一年的开始”（ap或un renpa）和“一年的结束”（arg renpa）等词汇证明，这些文字记载的实际上是两年的时间。但因为考虑到“ap renpa”可能是“每年”的意思，所以站在语言学立场能否得到客观结论是令人怀疑的。在第十四王朝之前使用的旧历法中，有这样一些贯穿全年的节庆活动：1.一年的开始；2.托特月节庆活动；3.新年；4.乌阿塔（Uata）节；5.索斯塔利斯（Sostaris）的节庆活动；6.燃火；7.燔祭（Holocaust）；8.克姆（Khem）神节庆活动；9.塞特（Sat）节庆活动；10.第一个月；11.一个月的第十五天；12.其他节庆活动。

一些节庆活动没有固定日期，这表明太阳年取代阴历年的时间不会早于第十二王朝，这个时代首创天狼星周期纪年法，以便改进闰年的问题。一般的年份中托特月1日跟天狼星的升起对应，很多古代遗迹都证明了这一情况，而拉美西斯六世和拉美西斯九世陵中摆放的黄道带表示，即使在天文观测方面也在使用模糊年历法。人们在阿斯旺象岛发现过古代历法，证明在图特摩斯三世时期，天狼星初升的日子是“Epiphi”月的28日，托特月的1日没有被计算在内。一般来说，天狼星升起是在公历7月20日，也就是托特月的1日，更是一年的开始。通常情况下，天狼星的升起日期换算成公历是每年7月20日，即托特月1日，一年应该从此开始。毫无疑问，古埃及人曾多次试图纠正有缺陷的历法。有人说，直到奥古斯都对历法进行最后的改革时，固定年才真正开始被使用。但这非常值得怀疑，因为在公元前27年，古埃及一年的开始就被最终固定为8月29日，即托特月1日，一直到这一时期，模糊年历法一直同时承担宗教和世俗生活中时间计算的任务。①

虽然希罗多德没有把埃及人的一年分为十二份，但可以肯定的是，最初的划分和其他大多数民族的划分一样，是根据月相来划分的；表示“月”的象形文字是新月②，十二个月被分为三个季节（根据狄奥多罗斯的说法是春、夏、冬③），每个季节由四个三十

① 原文此处有“S.B.”字样。——译者注

② 即“”（aah），还有“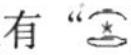”，和科普特语中的“abōt”表意一样。象形文字的“”可以被用来表示“灵魂”和“星星”等意象。没有证据表明三年的时间计算都产生了混乱，虽然这种情况必然存在。——S.B.

③ 第一个季节被称为“sá”，即泛滥季的开始，当然不是对应春天。第二个季节“per或pro”（科普特语）对应冬天，而第三个季节“sem”对应夏天。所以反过来说，当时一年的季节顺序是“夏—冬—春”。但有这么一个难点，古埃及历法中的夏天要在公历每年7月29日之前结束。——原注

天的月组成。在两个闰年中，在第十二个月末增加五天，形成三百六十五天；每过四年就在第四年增加一天，就像我们现代的闰年一样。

古埃及的一年十二个月和三个季节				
符号				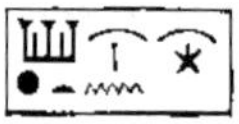
古埃及写法	Choeak	Athor	Paopi	Thoth
科普特写法	Keeak	Hatoor	Babeh	Toot
换算成公历	11月27日	10月28日	9月29日	8月29日
水生植物季				
符号	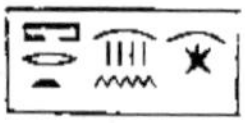	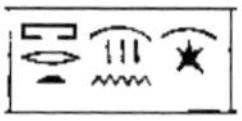		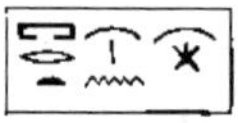
古埃及写法	Pharmuthi	Phamenoth	Mechir	Tobi
科普特写法	Baramoodeh	Barambát	Imsheer	Toobeh
换算成公历	3月27日	2月25日	7月26日	12月27日
犁地季				
符号	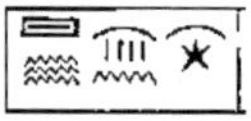	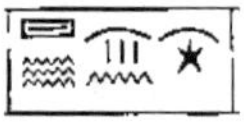	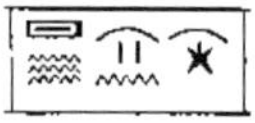	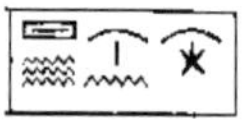
古埃及写法	Mesoré	Epep	Paoni	Pachons
科普特写法	Mesoree	Ebib	Baooneh	Beshens
换算成公历	7月25日	6月25日	5月26日	4月26日
水季				

如表格所示，古埃及人一年中的第一个月从“托特”开始，以公元前24年为标志，当时的托特月1日换算后为公历的8月29

日；然后依次经过十个月，最后到达“梅索里”（Mesoré）月，并且在这后面另外加上五天。表格中，三个季节分别和水生植物、犁地（对应收获）、水（对应河流泛滥）联系起来，并且和当今公历的11月1日至次年2月、3月2日至6月、7月3日至10月相对应。但随着时间的推移，季节开始变得和这些月份不对应——日历显示的是夏季的月份，但其实冬季已经到了，这时就有必要做出修正。修正方式就是研判某个星体运转的轨迹，据此推进日历上落下的部分。该星体是经过精挑细选的，是公认的即使历法有误差，其运转轨迹也不会有误差，比如天狼星。1460个天狼年根据太阳运行的规律换算成1461个模糊年。而要让“年”真正具有实践意义，就必须以四年为一周期设一闰年。这是最早的能让历法计算变得精确一些的方法。早在公元前1322年之前，这种方法就已经被投入实际应用，第十八王朝的第二代君主阿美诺菲思一世在位时期，已经有人在提出一年是365天的说法。有观点认为，“360天加多出来的5天”这样的历法组合早在第十二王朝的时候就已经被注意到。当时，古埃及人也用天狼星的运行规律帮助确定历法。根据斯特拉波的记载，闰日早在神（指赫尔墨斯）所在的年代就有了，这也是塞布（Seb）和他的五个孩子故事发生的年代。当时，埃及法老们应该没有发过所谓“一年中绝不另加任何月份或天数”的誓，除非已经出现比较准确的天狼年历法。根据希罗多德的记载，古埃及人已经开始根据星星的运行轨迹调整历法对年月日和季节的记录。不过，在更古老的时候，有可能是记录君主在位时间的时候，古埃及人会以360天作为一个单位，并将其刻在石碑上。据此计算，阿匹斯是在普撒美提库斯在位第五十三年的“美吉尔”（Mechir）月19日出生，在尼科在位第十六年的“抛皮”（Paopi）月6日死去，寿命为16岁7个月17天。每年中，从“美吉尔”月19日到“抛皮”月6日，共计227天，也就是上文中“7个月17天”的出处，这里没有将5个闰日计算在内。但在这一时期，在每年年底另加5天的算法可能确实已经出现了，存在365天的年份，但我们没见有“梅索里”月大于30天的记载存在。

依照天狼历，一年如果长三百六十五又四分之一天，老普林尼用拉丁语将其写为“annus quadratus”（转写成英语为square year），这个称法狄奥多罗斯、马可罗比乌斯和霍拉波罗都有采用。如果把模糊年的状况考虑在内，可以有效解决因不同历法在较早或较晚时期投入应用而造成的混乱。如果需要比较精确的计算，只要把历法转换为天狼年就可以了。19世纪的现代埃及人在希望确定任何特殊日期，或为农业生产确定适当时令时，会使用古老的科普特纪年法。

古埃及人保留这种模糊年历法，目的也是让一年中的不同季节都有宗教性的神的节日。罗德岛人哲米卢斯（Geminus，生活在公元前77年左右）也是这么说的。同样明显的是，如果没有天狼年这种在计算上具有准确性的历法，古埃及人就不可能像希罗多德所推测的那样，确定气象意义上的季节具体在什么时候到来。

据此可以得出结论，古埃及人在历史上首创使用阴历纪年，将一年分为12个月，用象形文字表现这种纪年规律。这种测算方法在很久很久之前就已经被使用，那时埃及文明甚至没有进入君主制阶段。有人或许会质疑在那么古早的时期，象形文字有没有被发明出来，至少应该是等太阳月投入使用才有的事儿。但在古印度文明中，阴历月比太阳月使用的时间要早。

如果有完整的象形文字记录，物证充足，也就不需要猜测太多。通过对古代王陵和纪念碑上的天文主题象形文字的研究，总有一天，我们会得出能普遍被接受的结论。博学的勒特罗内（Letronne）已经就古埃及历法的问题发表过一篇大作，并且他的观点得到了卢浮宫收藏的希腊莎草纸文献的权威支持。此外，笔者还必须赞扬另一部优秀的论著，其中对古埃及历法问题的讨论非常坦率且高明，即穆尔的《古埃及的日历和黄道十二宫》。在本书中，笔者花了一些篇幅对天狼年历法做过一些评论，是从一份1828年的出版物那里摘录来的。

在古埃及，重视农业生产并不会阻碍制造业的飞速发展，更不用说牧人群体了——虽然这些产业都不受重视，但至少对军人阶层来说，从事农牧业和手工制造是不光彩的。对富人来说，庞大的畜群不过是其财产的一部分。牧马人主要负责养马，除了军马和民间用马，还有用于出口的马匹①。底比斯禁食羊肉②，当地人饲养了大量羊，主要目的是割取羊毛。饲料好的情况下，一年可收割羊毛两次。古埃及人能将手工业和农业良好结合，这并不让人感到惊讶，毕竟那时还不存在干扰市场的竞争因素。尽管泰尔和西顿在细麻布纺织和其他织机产品生产方面表现出色，但众多的手工业作坊给埃及工人带来了独家优势。即使在腓尼基文明的繁荣时期，埃及也向其他国家出口亚麻布，并且可能在任何时候都享有包括亚麻布在内的各种产品的垄断权，因为古埃及拥有在非洲内陆进行贸易的商队。

---

① 《圣经·列王记上》：“所罗门的马是从埃及带来的，是王手下的商人按着定价一群一群买来的。从埃及买来的车，每辆价格为银六百舍客勒，马每匹150舍客勒。赫人诸王和亚兰诸王所买的车马，也是按这价格经商人之手买来的。”——原注

② 根据斯特拉波记载，只在尼特里提（Nitriotic），羊肉才被作为神的祭品。——原注

现在情况确实不一样了，埃及的劳动力人口减少到不足以耕种土地的程度。由于军事力量过剩，太多四肢健全的男子进入军队服役，而这些劳动力本可以用于增加土地产出，增加社会财富。此外，田间劳动力不断离开农田，以寻求在手工制造业领域有所发展，但他们未能得偿所愿，埃及在出口方面反而无法形成竞争力了。机械的运转是需要巨大成本的，不少机械很快就因泥沙堵塞而腐蚀受损，而混在其中的硝石（nitre）又会造成额外的危害。显然，在19世纪的现代埃及，人口不到150万人，加上欧洲工业化国家的竞争，它已经不再是法老时代的那个拥有600万人口、竞争对手较少、制造门类较多的埃及了。

我们前面说过，因为高度关注农业收益，古埃及各方面的研究发展都取得了很大进步，很多数学和机械领域的重要成果纷纷涌现。其中最突出的例子就是像吉萨金字塔这样的古老而宏伟的纪念性建筑。其内部砖石结构之美，后世建筑根本无法超越——要让这样的建筑成形，需要运输并加工大量花岗岩，还要在底比斯等地的坚固岩层之中开凿地下墓室，这不能不让我们对古埃及的建筑师、测量师和石匠展现出的技能表示钦佩。这些地下工程源自将死者的尸体埋葬在洪水淹没处的习俗，而不是像有些人认为的那样来自传说中的古人类的穴居习惯。很明显，一些被挖掘出来的墓穴和神庙的建造结构与古代纪念碑上记录的有关内容互相对应，不过，这种建造结构并非随处可见。

雕像进一步支持上述论断。有的古代雕像背后有方尖碑之类的石碑支撑。在已发现的地表上和发掘出来的古神庙之中，神庙的方形柱子上刻有法老的形象。

对于古埃及人来说，丰富的粮食储备和其他产品的供应让古埃及具有其他国家所不具备的优势[①]，不仅为其密集人口提供了大量生活必需品，还提供了丰厚的税收和客观的利润。古埃及算是大粮仓，自古以来就有丰厚的粮食储备，即便曾发生过连续七年的灾害，都能保证全国人民有足够的粮食吃，甚至还有余粮被出口到四个国家——从法老根据约瑟的建议，将盈余的粮食当作商品粮售出这一点便可看出[②]。

政府掌握出口大权，法老会征集余粮存于王室库房，再按需出售给犹太人。当时的古埃及地主有一个习惯，即在收获季节到来时把手上的余粮卖给政府。古埃及人节俭，只要留下足够做面包的面粉就满足了。儿童甚至成年人经常以根茎和附生草本植物为食，如纸莎草、莲花等，烹饪方法或烤或煮。无论古埃及人吃的东西质量如何，可以肯定的是，古埃及粮食的产量是非常可观的，每年生产三茬甚至四茬。尽管古埃及政府从粮食出口中获得了巨大的利润，外国商人支付给政府的价格远远超过了政府支付给农民的价格，但农民仍然得到了很大的好处，买卖粮食创造的资金流也有助于改善农民阶层的生活。

古埃及土地的测量单位之一是“阿罗安”（aroura），从希罗多德时期到霍拉波罗时期，1“阿罗安”相当于100肘乘以100肘的土地面积，也就是1万平方肘。还有一种长度单位写作“schœne”。据老普林尼的说法，该长度单位的换算有30“斯塔

① 实际上，从古代法令文本中发现，古埃及因尼罗河水位过低而不得不进口粮食。图特摩斯三世时期，粮食被作为一种贡赋，由外邦呈送给埃及。——S.B.

② 《圣经·创世纪》：“那地遭遇饥荒。饥荒严重，亚伯兰（亚伯拉罕）就去了埃及，要在那里暂居。”“我听闻埃及有粮，你们可以去那里，为我们籴些来，让我们可以存活，不至于死。”“埃及全境将有七个前所未有的丰年，接着有七个荒年。饥荒将毁坏埃及全境，使人忘记从前有过的丰年。”——原注

迪亚”（Stadia）、32“斯塔迪亚”、40“斯塔迪亚”等不同版本[①]，他认为这和萨默斯的1肘长度相当。

古希腊作家常用斯塔迪亚标记长度，但这不是真正的古埃及度量衡。希罗多德认为真正的古埃及度量衡是“schœne”，还有在衡量金字塔的时候会用到的“plethrum”。但“plethrum”明显是一种希腊度量衡，它相当于希腊“阿罗安”的两倍，相当于1万平方英尺，或者一些人认为的1444平方英尺。“阿罗安”被作为长度单位的时候常被认为是100英尺。假如希罗多德对大金字塔的测量方法没问题，那么他所得到的数据出错，是因为他认为每一面长8“plethra”（plethra是复数形式）。希罗多德量得不准[②]，比实际数据要高。第三座金字塔表面最多就是三个“plethrum”，如果按照每“plethrum”100英尺计算，计算结果就比实际长（高）度少了半个“plethrum”，这是参照霍华德·维斯上校（Colonel Howard Vyse）的测量结果[③]，即金字塔每个表面都是354英尺长（高）。

过去测量金字塔外部尺寸的难度比现在小得多，这是因为

---

① 斯特拉波明确说，在不同地区，1单位“schœne”表示的长度不同，希罗多德认为最长能达到60斯塔迪亚。这么算的话，埃及海岸线总长就能达到3600斯塔迪亚，也就是超过400英里。但从塔波西里斯（Taposiris）的普利提恩湾（Bay of Plinthine）直到塞博尼斯湖（Lake Serbonis）的东端，海岸的实际长度也不超过300英里。狄奥多罗斯估计埃及海岸的长度为两千斯塔迪亚。斯特拉波认为，从塞博尼斯湖的朱庇特·卡西乌斯（Jupiter Casius）神庙到法洛斯为1770斯塔迪亚，加上到塔波西里斯的200斯塔迪亚，总共1970斯塔迪亚。从卡西乌斯到法洛斯的实际距离约为1944斯塔迪亚，从法洛斯到塔波西里斯或普利提恩（毛累提斯湖旁边的一座滨海城镇）的距离约为260斯塔迪亚，共计约2204斯塔迪亚。在老普林尼笔下，这个湖的名称写作“Arapotes”，显然读不通，应该是“Rachotis”，该称呼在亚历山大也适用。——原注

② 希罗多德等学者认为金字塔正面长度与高度相当，斯特拉波认为从侧面看高度会略低。——原注

③ 我们可从霍华德·维斯上校的著作了解到，他的贡献影响深远。——原注

到了19世纪，金字塔每个面的中心位置都堆积着碎石、泥土和沙子，所以很难确定金字塔占地的确切范围，以致测量时得不到完全一致的结果。由于希腊和罗马学者在这个问题上出现了分歧（测得的数据也不准确），并且现代测量产生了新变数，所有试图对古代测量值进行验证的努力都没有结果。笔者认为自己在测量大金字塔的表面时采用的方法误差最小：首先，爬上金字塔正面中央的土堆之上的那一层，然后沿着一条不间断的水平线（uninterrupted horizontal line）进行测量，在水平线上作一条连接金字塔底部的垂直线（垂直线比较容易确定），以确定每个角的附加部分（additional portion at each corner）。完成整体测量以后，把所得两个直角的底长相加（adding the bases of those two right angles）。这样算来，总长为732英尺，与莱恩的测量结果（733英尺）相差无几，众所周知，莱恩的观察和测量很准确，这个近似值令人非常满意。笔者认为，所测金字塔总长为755英尺或766英尺，正好相当于440肘。

这里不会给出任何关于金字塔的“权威结论”，因为误差和难度都太大。底比斯的雕像和同类雕像的高度略高于60英尺（包括基座），也就是35肘。但这里不能得出任何结论，因为我们不确定是对整个雕像及其基座进行了测量，还是只对雕像进行了测量，并且这部分的高度和基座的高度以肘为单位计量长度，都与立方英尺这个单位形不成精确的比例关系。的确，像金字塔这样巨大、重要的遗迹测量起来数据会很庞大，尽管各种尺寸数据现在是可以确定的，但原始尺寸数据究竟为何仍然不清楚。因此，19世纪暂时无法对埃及的“1肘”具体有多长得出结论。所幸的是，相比之下，有一些数据测量方式还是稍微靠谱点儿，比如，人们在阿斯旺象岛等地发现的肘尺等测量仪器，以它们为参考，就没必要再做什么不可靠的假设。有人认为，埃及“肘”作为一种度量单位，在不同的时代所表示的长度也不一样，某个时期，1肘长24指，某个时期长32指。也有人说，同一个时代可能有两种所示长度不同的“肘”被用于不同的测量目的。有人和吉拉德（Girard）一样，认为阿斯旺象岛的1肘相当于24指；另一些人则认为它相当于32指。从这些相互矛盾的观点中，人们推导出了许多关于1肘实际长度的计算方法①。

笔者认为，比古埃及人更注重创新的民族不会长期允许这种度量差异存在——如果用各自有差异的“肘”作为衡量尼罗河水位的单位，长此以往会在国内造成大混乱。但古埃及人对此做出的改进很少，托勒密王朝时期，除了亚历山大，古埃及旧制基本没变过。另外需注意的是，人们在埃及发现的木肘尺和在阿斯旺象岛发现的类似刻度尺基本是等长的。

阿斯旺象岛有一种水位计，岛上留下了恺撒大帝在位时期各个具体年份尼罗河水文状况的铭文。1肘长约一英尺八又八分之五英寸，每一肘被14等分，1等分相当于2指。若马尔（Jomard）版本的28等分指长度与这种14等分的“1指”基本相等②，更不要说划分方法了，基本是一致的。铭文中最主要的划分单位是“掌”和“指”，具体参见下表③：

① 犹太人的1肘相当于1英尺8.24英寸，或1英尺9.888英寸。——原注

② 若马尔认为这样的1指长约0.5235毫米。——原注

③ 这是19世纪最具争议的问题之一。人们发现了很多古代肘尺，主要材料有石头、木头等。有一种王室御用肘尺长7掌，总长525毫米，据H.詹姆斯（H.James）爵士所说，是20.728英尺。常见的肘尺长6掌（24四指），是一种大肘尺，会被应用于纪念碑的建造工程。有一种小肘尺（长5掌），被希腊人称为“pygon”。还有一种4掌长的肘尺。此外，有一种叫“spithame”的肘尺，长3.5掌14指，以及小型版的“spithame”，长12指。“两掌”长8指，被当作一种独立的长度单位，具体可以参见本节随附表格。考虑到金字塔、埃及纪念

阿斯旺象岛的水位计				
古埃及单位（1）	古埃及单位（2）		约合英尺	约合英寸
1 指	—	—	0	0.736
4 指	1 掌	—	0	2.946
28 指	—	1 肘	1	8.625

下表列出了指、掌（有时算拇指，有时不算）、手（五指摊开）、“库卜德”（阿拉伯语中指拳，即手掌闭合，拇指竖起）等古埃及单位的换算规律。我们据此得出结论，“0.0625指”是古埃及最小的长度单位，相当于四十六分之一英寸。

据上表											
各种古埃及单位										水位计（合英寸）	若马尔资料（合英寸）
0.0625 指	—									0.04603	0.04569
乘 16	1 指		—							0.7366	0.73115
—	乘 2	1 髁	—							1.4732	1.4623
—	乘 4	乘 2	1 掌		—					2.9464	2.9247
—	乘 5	—		1 手						3.6830	3.6557
—	乘 6	—			1 库卜德		—			4.4196	4.3869
—	乘 8	—	乘 2	—		2 掌	—			5.8928	5.8494
—	乘 11	—					1 菲特尔	—		8.1026	8.0428
—	乘 13	—						1 石卜尔	—	9.5758	9.5051
—	乘 28	—	乘 7	—					1 肘	20.6250	20.47291

碑四面都不等长的事实，古人也不可能对这些建筑物的边长进行十进制的测量，因此不能依靠从残缺的纪念碑中测得的有误差的数据进行推导。不过，如果以实际存在的肘单位作为参考物，能得到更准确的数据。每一个具体的长度单位，无论是“英寸”（inch）还是“肘”（cubit），都有代表自己这个单位的城市或神名称，详见莱普西乌斯的论著。——S.B.

上表其实是笔者对古代纪念碑上呈现的肘尺和在孟菲斯发现，被若马尔讨论过的木肘尺所做的比较研究。若马尔估计木肘尺长约520毫米，折算为20.47291英寸。这比笔者自己估计的要长一些。

若马尔估计都灵博物馆所藏木肘尺的长度	522.79（毫米，下同）	20.57869（英寸，下同）
另一把木肘尺的长度	523	20.61806
另一把木肘尺的长度	524	20.65843
比较所涉及的水位计的长度	527	20.74840

阿斯旺象岛的尼罗河水位计的记录存在较大误差，它的“1肘”究竟有多长，我们难以确定。笔者从实物证据出发，精细测量，结合平均数和普遍情况，认为自己的测量结果还是比较客观的。结合若马尔的估计，不管是水位计还是肘尺，体现的都是相同的度量衡制度，这有力地证明了不同长度的肘尺（24指、28指和32指）被使用的假设。事实上，古埃及人出于建筑目的或土地丈量的需要，完全有可能使用不同标准的肘尺。

如果所谓的“王室肘”①（Royal Cubit）真的是一个确切的计量单位，并且存在于已发现的木肘尺上，那就应该是以28指为1肘，而以24指为1肘的是普通（标准）肘。根据哈里斯从亚历山大发回的资料，在卡尔纳克神庙搬开一些封住古塔入口的石头后，他们发现了一些古代度量仪器，应该是石匠无意中落下的，这座塔

① 象形文字写作“”或“”，不同肘尺的长度差异可能是测量不同手臂的长度的差值导致的，呈现为“”，其中，“A→B”仅包含手臂长度，“A→C”还要算上四根手指。——原注

的建造时间应该是遥远的第十八王朝[①]。有一件度量仪器被14等分，每1等分是阿斯旺象岛发现的同等单位长度的两倍，也就是四指。换句话说，这是一件长度为两肘的衡器[②]，合41.3英寸，那么阿斯旺象岛的衡器长合26.5英寸。阿斯旺象岛的那些古代肘尺是在一般场合中被使用的（误差在0.025上下）。笔者认为这些衡器就是被用作一般性目的的那些，这就佐证了笔者的观点。也就是说，以“2肘”为最大单位，每个单位都可以往下继续细分，一直分到“1指”这个单位为止。

古埃及肘尺制度和下设子单位折算表		
古埃及单位	阿斯旺象岛水位计（折算英寸）	若马尔关于孟菲斯木肘尺的资料（折算英寸）
1指，或1髁	0.7366	0.73115
4指，或1掌	2.9464	2.92470
28指，或7掌，或1肘	20.6250	20.47291

古埃及不同肘尺长度记录表		
项目	折算毫米	折算英寸
笔者对都灵博物馆藏品的测量	522.4	20.5730
若马尔对前项的测量	522.7	20.5786
另一把肘尺	523	20.6180
另一把肘尺	524	20.6584

① 由第十八王朝一位名字写作“Horus”或“Haremhebi”的法老修建的古塔，其在位期间（公元前1408—公元前1395年），靠拆卸更古老的纪念碑获得石料。我们在泰尔艾阿马尔那（Tel el Amarna）发现了一些纪念碑，纪念碑上有一些史料，上面还有作为王室标志的椭圆外圈，这位法老还曾抹去其上阿美诺菲思三世的姓名。——原注

② 用来测量物体的长度、容量和重量的器具的统称。——译者注

●接上表

若马尔对上表提及的孟菲斯木肘尺的测量	520	20.4729
若马尔对阿斯旺象岛水位计的测量	527	20.7484
笔者对前项木肘尺的测量	—	20.6250
笔者对在厄苏安找到的肘尺（不全）的测量	—	约 21.0000
培灵（Perring）测量金字塔时所用的肘尺	—	约 20.6280（存疑）
哈里斯在底比斯找到的肘尺	—	20.6500

有这么一种可能，像“阿罗安”①这种用于测量方形土地面积的度量单位会分成若干个子单位，计算方法被称为“kassobeh”（相当于英语中的“reed”或“rod”，意即芦苇或杆子）。当然，19世纪的埃及人会用“费丹”（feddán）称呼土地的面积。我们没有发现具体解释古代土地划分方法的资料，在这种情况下，注意现代“费丹”这个单位的转换也许同样是很重要的。“费丹”被认为是相当于20个“keerát”或400个“kassobe”，每个“kassobe”被划分为24个“kharoobeh或kubdeh”。19世纪，埃及土地丈量方式已经发生了重大改变。即便上述假设都成立，我们除了知道在希罗多德口中“阿罗安”是边长为100肘的方形土地外，其他信息知之甚少。

关于古代赛跑场（stade）的长度也是有很多争议的②，一般估计为600英尺，有人称是606.875英尺。希罗多德曾提过长为六“普

① “ar”被认为和“schœne”是同样的意思，而棒状的“χα”长度约合6英尺。几何学莎草纸文献中给出了划分和计算田地的方法，适用的田地面积似乎一般都很小。——S.B.

② 如果长度概念上的“1度”（one degree）相当于600斯塔迪亚，那么赛跑场长六百一十一又六十分之三十九英尺（可以四舍五入为610英尺），参见利克（Leake）上校的相关记载。——G.W.

利斯卢姆”[①]（plethrum）的赛跑场。他在写作的时候用过若干种不同的单位，并且他描述的埃及古迹的比例和尺寸也不准确。斯特拉波引述阿特米多鲁斯（Artemidorus）的资料指出，埃及人所用名称统一的衡器的长度各不相同[②]。

笔者谈过埃及总督，该官职类似于法老[③]的“地方官”[④]，相当于“贝伊”（bey），其职能包括监督农业法规的制定过程，以及遵照政府要求行事。笔者不相信古埃及政府会直接干预农民种植什么作物，至于后来所谓的那些麻烦事，笔者认为实际上应该是没有出现过的。农民们自然应该从实际观察中获得与农牧业有关的所有问题的最准确知识。正如狄奥多罗斯所言，古埃及人从幼年开始就从事农业生产，水平远远超过了其他国家的农民，他们非常熟悉土地肥力、灌溉方式、播种和收割的准确季节，以及与收获有关的所有最实用奥秘。这些都是他们从祖先那里得到的，自己再根据实践经验加以改善[⑤]。狄奥多罗斯则说，古埃及人租用属于王室、祭司和军事阶层的可耕地，缴纳少量费用，并将全部时间用于耕种。而为富农或地主耕种土地的劳力则由管家或

---

① 这里指的应该是另一个单位“atur”，用来测量船在河流中行驶的里程。——原注

② 应该是指船的航行距离的单位“阿图尔”（atur）。——S.B.

③ 《圣经·创世纪》：“法老当这样行事，派官员管理这地。在七个丰年的时候，征收埃及土地的五分之一……”——原注

④ 被称为“ha”，是世袭的“repa”，封地最初是由王室授予的。——S.B.

⑤ 然而，书记官潘托尔（Pentaur）在萨利尔莎草纸文献中对农夫的状况并没有做太多描述。书中只说，当农民要收割庄稼时，毛毛虫会危害菜园，河马会吃掉农作物，老鼠会入侵田地，鸟雀、野兽，甚至盗贼都会来窃取一点粮食。犁铧会生锈，牲口的轭会在耕作时断裂，收税人会抽走收成，巡警和黑人会带来争吵和痛苦。如果农民借酒浇愁，他的妻子和孩子会因此而受苦。（见C.W.戈德温1858年《剑桥论文集》第250页。——S.B.）——原注

庄园主监督，管家对他们有管理权，并有权将犯错者私刑处死。墓穴中的壁画经常会展现如下场景：一个有地位的人在检查田地的耕作情况，他或者坐在车上，或者在走路，或者倚靠在楼梯上，旁边还有一条最宠爱的狗伴随。

笔者曾关注过古埃及人的灌溉方式，无论是农夫的田地，还是富人的花园，打理方式都是一样的，只是农民会用犁。对于泛滥的尼罗河水，不同地区管理不一样，根据土地和作物采取不同的策略。当一块田地处于休耕状态，或者最后一茬庄稼已经收割完毕，就会允许农民从最近的水闸放水泄洪。如果在那些地势较低，可以得到地势较高地区河流水源的地方，一旦尼罗河水位到达足够的高度，人们就会开闸放水泄洪。但当最后一季农作物还在地里时，人们会采取一切措施防止田地被淹没。狄奥多罗斯曾说："水位逐渐上升，古埃及人修建的小水坝能将水挡住，如果需要，可以先打开水坝泄洪，然后再关闭，不会有太多麻烦。"

古墓壁画中有时会展现将河水引到运河中，灌溉田地的场景。正如维吉尔所描述那样，庄园主会乘坐一艘涂了颜色的小船（纸莎草船）监督堤坝的维修或与土地有关的其他重要事项。船将谷物运到粮仓，或将羊群从低地运走；水退后，农夫驱赶两头牛，耕种松软的土地。雕刻题材还包括向神灵献上"初熟之果"，以感谢"好尼罗河"带来的好处①。然而，这些雕刻对我们了解运河的实际开凿方式没有什么启发，它们很少是传统意义上的艺术作品。但我们可以从这些雕刻所具备的一般特征中推断出，主运河通常被引流到土地的南部，并且根据土壤的性质或海拔高度，

① 这是对埃及人语言中"有利于灌溉的水位上涨"所使用的表达方式的翻译。他们总是用该表述指代这样的河水。——原注

从主运河起，每隔一段距离就会有一些小支流流经耕地，呈现出的河流轨迹或许是直线，或许是曲线。

进入枯水期时，堤坝关闭，防止水退回河道中，延长了有效灌溉的时间。到了11月和12月，埃及炽热的阳光还是能迅速晒干被水浸泡过的泥土，没有人发烧，那些曾一度被洪水完全包围的村庄也不会流行疫病。虽然有些旅行者假设，尼罗河水位不会再上升到希罗多德时代那般高度，并断言村庄不会再呈现那种类似于爱琴海中基克拉泽斯群岛（Cyclades）的外观，但可以肯定的是，巨大的洪水恰恰推翻了这些旅行者的假设。笔者曾看到村庄被淹没、完全与世隔绝的状况，和古代文献中提及的情形一模一样。但合理推测一下，这并不是每年都会发生的。正如埃及历史上的所有时代一样，尼罗河水位有时会涨到很高的高度，有时又会降到低水位状态。一个观察者仅仅根据他在埃及短暂停留期间目睹的偶然状况来下结论，可能会形成过于草率的看法，并得出会被长期经验证明是错误的结论。

一旦运河关停，邻近的村庄就能得到丰富的鱼类供应。正如已经观察到的，渔业收获带来的好处对人民生活和税收都极其重要。

水退以后，一些地方的地表只剩下泥浆，在另一些地方，地表则几乎被太阳和强劲的西北风晒干和吹干（风一直持续到秋末冬初）。土地经过打理后就可以播种了。根据土壤的性质，农民计算出要种植作物的质量，以及土地被水浸没的时间；他们用犁和锄头来整地，当然用更简单的整地手段也可以。当地势较低，且土地被水浸没的时间较长时，他们往往不用犁，可能先用锄头破土，或将种子抛到地表，随后简单地用灌木固定潮湿的泥土，以免土壤流失，然后将牛、驴、猪、绵羊或山羊赶到田里踩踏播撒的谷物[1]。他们的后人也会采用这种耕作方式。

希罗多德说："没有哪个国家的人在收集种子方面比古埃及人更省力，他们不需要像其他民族那样用犁犁出深沟、敲碎土

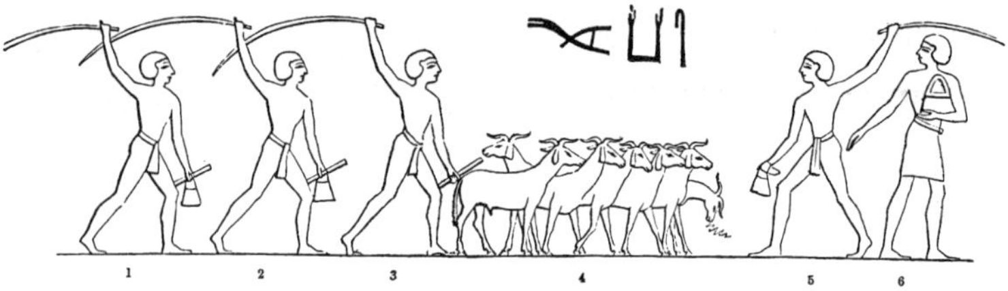

●播种的景象：1、2、3和5拿鞭子驱赶牲畜的人；4踩种的羊群；6从篮子里掏出种子来播撒；上方象形文字"sk"或"skat"的意思是"耕种"，文字旁边有象征性的犁耙图案

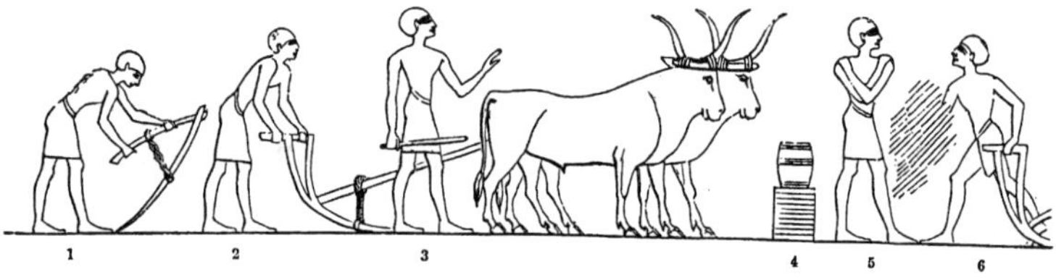

●犁地：1犁拖过的地方，土面被犁出破口；2犁地的农民；3赶牛人；4桶里面可能装着种子；5壁画中常见的务农姿势；6另一个农民。古埃及人显然很喜欢和接替自己干活的人聊天

① 《圣经·申命记》："你们将要占领的土地不像你们从前住过的埃及。在埃及，你们播种以后还要辛劳灌溉才有收成。"古埃及有一种耙子，似乎早在约伯时代就已经被使用了。关于播种，参见插图《播种的景象》。——原注

块，也不需要把田地分割成许多块。等泛滥并覆盖土地的河水退去的时候，他们就播种，把猪等牲畜赶到田里去踩种；之后，每个人就耐心地等待着收获。”

在其他情况下，古埃及人也使用犁，但正如狄奥多罗斯和科鲁迈拉（Columella）所观察到的那样，古埃及人习惯于“在土地表面用轻型犁划出细小的沟壑”，还有人在犁地后用木锄敲碎肥沃土壤中的坚硬土块[①]。现代埃及人有时会用一种叫“刺猬”的器械来代替锄头。这种器械的外形是一个圆柱体，上面钉有突出的铁钉，用于在耕地时敲碎土块，但只是在需要精耕细作时才使用。古埃及人不经常使用锄头，习惯于像前人一样犁地，从最低处到山脊的顶点，犁出的土沟深度不超过几英寸，这种耕作方式在拉丁语中写作“scarificatio”。古埃及的犁完全是由木头制成的，形式非常简单，就像现在埃及仍然在使用的那种，详见左面的插图。古埃及的犁没有犁刀，但犁头上很可能套着青铜或铁制的组件。这样的犁由两头牛拉动。农民用一根长长的尖头棒赶牛，现代埃及人赶牛时多用缰绳。有时，农民有专门的赶牛人跟随，自己只负责操控犁的两个把手；有时，赶牛人也会用鞭子来代替更常见的尖头棒。古人将牲畜与车拴在一起的方式非常简单：杆子的两端设一根长约5英尺的木轭（wooden yoke）或横杆（cross bar），用一根带子（希腊语名称转写成英语为“zygodesmos”）前后绑在木轭中央的一个凸出物（名称的英语转写为“omphalos”）上，与杆子末端的一个类似的钉子（peg）或旋钮（knob）对应。除了这些，偶尔还有一个环穿

① 有一种被认为是献给园林之神的锄形乐器，参见笔者《象形文字材料》中的相应的插图。——原注

过，可参见一些古希腊牛车的例子[①]。木轭的两端有一处半圆形（semicircular form）的扁平（flat）或微微凹陷的凸出物（projection），靠在牲畜的肩胛骨（withers）上的垫子（pad）上；车辆位于牲畜身体两侧部分的孔（hole）可以穿过一条用于悬挂肩部部件的带子，肩部部件构成了项圈（collar）。这项圈由两根木条组成，大约在一半的长度处形成分叉，用垫子垫在牲畜肩上，以防牲畜磨破皮受伤，项圈下端也由一条穿过喉咙下方（throat）的结实的带子（band）连接。参见下面的插图。

有时给牛上套不是套在其肩部，而是套在牛角上。在举行宗教仪式时，人们经常在牛角上系一根绳子，绳子与棺材（或神圣的神龛）相连，就这样让牛拉动，既不设牛轭，也没有车杆。

《圣经·申命记》中有这样一句话："不可并用牛、驴耕地。"

由此可以推断，将两种不同的动物拴在一起犁地的习俗在古埃及是很常见的[②]。但由于古埃及雕像中没有展现这种场景，我们可以断定，如果古埃及曾经有过这种习俗，那也是十分罕见的。希伯来立法者考虑到的可能是叙利亚人的一些耕地习俗，因为犹太人打算去占领叙利亚人的地盘，而不是他们刚刚离开的埃及。

在古代，"犁"写作"hebi"[③]，耕地被视作一种技术活。

① 根据盲诗人荷马的记录，"*ῥυμός*"是木杆，"*ζυγός*"是轭，"*ὀμφαλός*"是配重，与"*ϵστωρ*"（销钉）相连，又与"*kρíkos*"（环）和"*ζυγόδϵσμος*"（带子）相连。——原注

② 这在意大利很常见。这种习俗是很残忍的，因为牛的角有可能顶伤驴子。——原注

③ 象形文字为"ꜣнꞵɩ"。——原注

●近景是赫利奥波利斯的埃及人正在使用耙耕地，远景是若隐若现的开罗

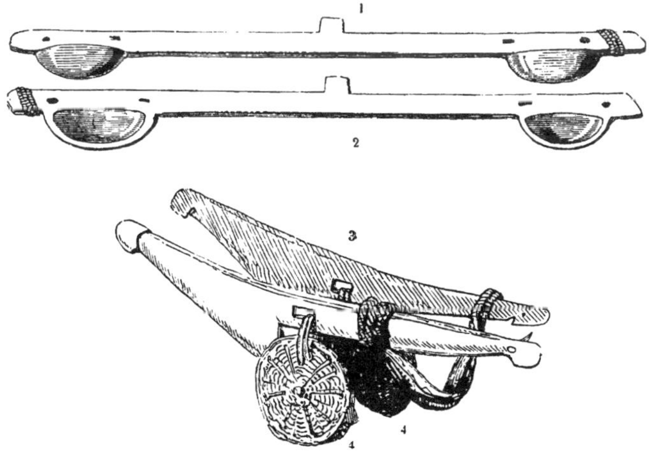

●古墓中发现的犁用轭：1、2轭的前后部分；3轭的肩套；4保护肩部的垫子

阿拉伯语中的“hart”就像拉丁语中的“aratum”和“阿罗安”一样，均起源于埃及。古代的锄头是木制的，形似英语字母“A”，仅有些微区别，即一边比另一边短并向内弯曲。较长的一边是手柄，两边厚度一致，打磨得比较光滑。另一边的下端即刀片，此处更宽，末端有时很尖锐，有时也呈圆形。刀片经常插在手柄上，用一条绳子和手柄捆绑在一起。它们经常出现在古雕像中，我们在底比斯的墓穴中发现的几件文物现被保存在欧洲的博物馆中。在象形文字中，锄头的形象是众所周知的，对应“M”这个字母，“锄头”在古埃及语中的单词对应阿拉伯语中的“tore”，和大量其他表述构成语言组合。笔者没有发现过带金属刀片的锄头；也没有证据表明犁铧上配有金属护套。不过，正如笔者已经注意到的那样，埃及人有可能在某些情况下对他们的农具进行了简单改进，详见下图。

古代斧头带有金属刃，具体来说是青铜或铁制的，有时会被农民用于伐木，这就证明了笔者之前指出的古代和现代的埃及人都经常不用犁这样一个观点。

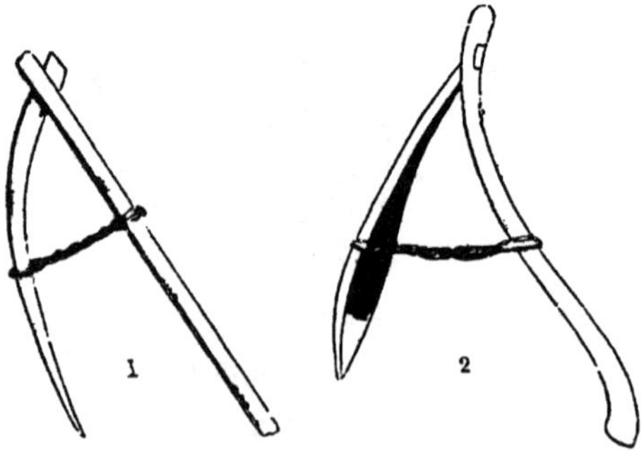

● 1 古雕像中的木锄；2 古墓中发现的实物木锄

●砍树锄地

古埃及农民真的会在水位下降后把猪赶到地里踩种吗？人们对希罗多德这方面的言论做了很多批评，有的人说贪吃的猪根本只会吃谷子，何况也不是非它们踩种不可。但博学的拉尔彻非常恰当地指出，给猪戴上口套可以有效地避免猪偷吃；希罗多德可能意在表示，在播种谷物之前让猪进入田地，目的是让猪啃食土地上的树根和有害的杂草，因为洪水同样有利于这些杂草的生长。本作在前一部分中对古代的猪做过描述，证实了这种观点。我们在底比斯一座古代坟墓的壁画中发现了猪的形象，画上还有一些水草图案，似乎表明了古人放猪进入田地的目的。事实上，在古埃及人的观念中，猪是很不干净的，他们不可能为食用或其他农业目的而饲养它们，所以笔者所得结论的可能性最高。

因为天热，农民的耕作就变得特别艰辛，此时要特别注意饮水供应，装水的皮袋要挂在树荫下，保证水一直凉爽。在贝尼-哈桑的壁画中，有一个木桶被放置在沟渠的最末端，这让人想起荷马对阿喀琉斯盾牌上耕作场景图案的描述：每个耕作者一到田间地头，就有人给他送上一杯葡萄酒，但杯中似乎更有可能装的是准备在犁地结束后播种的谷物。

古埃及人和罗马人一样[①]，通常把种子装在一个篮子里，播

① 罗马人的篮子能装3莫迪（modii）或3配克（pecks）粮食种子。——原注

种者左手提着篮子，或把篮子挂在手臂上（有时用带子把篮子挂在脖子上），用右手撒种子。从墓穴中的壁画来看，播种者有时在那些不需要事先用锄头整地的田地里，或者地势较高而没有生长有毒植物根系的田地里，所采用的播种方式就是所谓的“撒播”，将种子松散地撒在地表。画中任何农业场景中都没有钻地或挖地的表现，种子被松散地撒在地表，不管地面是否已经犁过。当时的古埃及似乎不存在耙子之类的农具；似乎是锄头（hoe）起到铲子（spade）的作用，整个尼罗河流域直到19世纪仍然如此。

正如老普林尼所说，古埃及人有时会将留在地表的硝化土壤[①]作为肥料，这一习俗一直延续到今天，但仅限于某些作物，并且主要是那些晚熟的作物[②]，其实冲积土层本就含有最丰富的肥料。硝化土壤很肥沃。这种土壤结构强度很大，当它留在岩

●耕地与收割：（上半部分）1 把种子装进篮子里；2 犁地结束，开始播种，犁的细节见前文插图。（下半部分）1 连根砍断；2 割小麦

① 土壤硝化过程的最终产物是硝酸盐，这是作物特别是旱生作物所需氮素的主要来源。——译者注

② 马可罗比乌斯认为这一习俗是萨图努斯创造的。——原注

石上并被太阳晒干时，由于具有脆性和黏性，质地就像陶器一样。根据勒尼奥（Regnault）的分析，其组成部分中水、碳、铁的氧化物、二氧化硅、镁的碳酸盐、石灰碳酸盐、明矾的配比是11:9:6:4:4:18:48——二氧化硅和明矾的含量根据取泥地点的不同而不同。岸边的泥土中经常含有大量的沙子混合物，而在离河岸较远的泥土中则含有较大比例的泥灰质物质。

从阿比西尼亚到地中海区域，土层本身和地中海区域冲积物的质量是差不多的。虽然白尼罗河较之青尼罗河〔被认为是“阿比西尼亚支流”，水位刚比登姆比亚湖高一点〕水量更大更足、河道更宽、流程更长，像是干流，但青尼罗河才更具备一般意义上尼罗河的特点，即以水流裹挟着肥沃的泥沙一路奔向大海[①]。白尼罗河也被认为是“西部支流”，就算河水多到经常泛滥溢出河道，裹挟的营养成分也很少。汹涌的水流常常能在泛滥期卷来鱼贝等各种水产品（应该是流经大湖的水流）。有证据显示，白尼罗河同样得到充分的降水补给，其水源来自高山，比起阿比西尼亚群山，这些高山的地理特征迥然不同。

除了含有硝化物的土壤，古埃及人还从耕种方法上想办法提高产量。随着社会经济不断发展，古埃及人意识到经济作物，比如葡萄，特别适合生长于下面是岩层的浅土层，如果能混上一些砂质，对提升产量就更有帮助。他们还注意到，沙漠边缘的黏土质土壤也特别适合某些作物的成长，但这对干旱区不断扩大的埃及来说，一定要在保证灌溉充分的前提下才可以实现。在埃及各

① 笔者自己在东部沙漠找到过破碎的玄武岩。据此推测，尼罗河中的泥沙来自阿比西尼亚某种火山岩破碎之后形成的物质，类似的成分在白尼罗河中没有被发现。——G.W.

地，我们都能找到古代水渠遗迹甚至葡萄根之类的物证，时间跨度可从罗马帝国晚期一直上溯到很古老的年代。

埃及农民的具体分工很大程度上受所栽培的具体作物的影响。比如粮农，播种后除了等待庄稼成熟，需要另外做的工作不是很多。相比之下，其他作物则需要更多照料甚至人工浇灌。

<table>
<tr><td colspan="3">说明：下面是埃及的主要农产品，本表主要介绍尼罗河枯水期种植的主要产品，第二列中标“A.”的斜体单词指这些作物名称的古代阿拉伯语读法。</td></tr>
<tr><th>英语俗名</th><th>19 世纪采用的学名（及 A.）</th><th>简述</th></tr>
<tr><td>Wheat</td><td>Triticum sativum
（A. Kumh）</td><td>小麦，每年 11 月播种，次年 4 月初收割，比大麦晚一个月①</td></tr>
<tr><td>Barley</td><td>Hordeum vulgare
（A. Shayéer）</td><td>大麦，每年 11 月播种，约 90 天后收割②</td></tr>
<tr><td>Beans</td><td>Vicia faba
（A. Fool）</td><td>豆子，每年 10 月或 11 月播种，约 4 个月后就可以收割了</td></tr>
<tr><td>Peas（存疑）</td><td>Pisum arvense
（A. Bisilleh）</td><td>豌豆，每年 11 月中旬播种，90 天到 100 天便成熟</td></tr>
<tr><td>Lentils</td><td>Ervum lens
（A. Ads）</td><td rowspan="2">分别是扁豆和野豌豆，每年 11 月中旬或下旬播种，100 天到 110 天便成熟，也就是大概第二年的 3 月 10 日或 3 月 20 日</td></tr>
<tr><td>Vetches</td><td>（Homos）Cicer arietinum
（A. Hommos）</td></tr>
<tr><td>Lupins</td><td>Lupinus Termis
（A. Termus）</td><td>羽扇豆，科普特语中被称为“tharmos”，现代阿拉伯语中读作“Termus”</td></tr>
</table>

① 《出埃及记》：“只是小麦和粗麦没有被（冰雹）击打，因为还没有长成。”——原注

② 大约在每年的第四个月收割，老普林尼认为是第六个月。以此推算，小麦是在一年中第七个月收割。——原注

●接上表

Clover	Trifolium Alexandrinum（A. *Bersím*）	埃及三叶草，每年10月初播种，60天后收割第一茬，再过50天收割第二茬，第三茬收割后作为种子。假如因为水源充足能再长一茬，那第三茬就不能用作种子
	Trigonella fœnumgræcum（A. *Helbeh*）	葫芦巴，每年11月播种，两个月后就可以收割
	Lathyrus sativus（A. *Gilbán*）	山黧豆，三叶草的替代品，60天内收获完毕，种子种下110天就能成熟
（一种）French Bean	Dolichos lubia（A. *Loobieh*）	如今俗称“法国豆”，每年11月和小麦一起播种，4个月便可以成熟。如果8月播种，靠汲水灌溉，则能在3个月内成熟，收获完毕。结的豆子60天内食用
Safflower	Carthamus tinctorius（A. *Kortum*）	红花。花朵被用来制作染料，种子可用来榨油。每年11月中旬播种，5个月就成熟
Lettuce	Lactuca sativa（A. *Khus*）	莴苣，出于榨油目的而种植。每年11月中旬播种，5个月便能成熟
Flax	Linum usitatissimum（A. *Kettán*）	亚麻，每年11月中旬播种，110天内收获
Coleseed	Brassica oleifera（A. *Selgam*）	都是用来榨油的。每年11月中旬播种，110天内收获
Hemp（存疑）	Cannabis sativa（A. *Hasheésh*）	

●接上表

Cummin	Cuminum Cyminum （A. *Kammoon*）	枯茗籽和芫荽，每年 12 月中旬播种，4 个月内就能收获
Corriander	Coriandrum sativum （A. *Koosbera*）	
Poppy	Papaver somniferum （A. *Aboonôm*）	罂粟，每年 11 月底播种，次年 4 月成熟。其名称的阿拉伯语意思是“睡眠之父”
Watermelon （and other cucurbitæ）	Cucurbita citrullus （A. *Batéekh*）	西瓜等，每年 12 月中旬播种，90 天内收获
Cucumber （and several other cucurbitæ）	Cucumis sativus	黄瓜等，60 天内就可收获
Doora	Holcus Sorghum （A. *Doora Sayfee*）	高粱，用汲水吊杆灌溉，每年 11 月中旬播种，5 个月后成熟

上表记载的都是从远古时期的埃及先民起就已经开始种植的作物品种。根据迪奥斯科里德斯的记载，葫芦巴可以用来做被阿特纳奥斯称为“Telinon”的油膏。我们在底比斯古墓中发现了红花的种子，这说明它在埃及有着悠久的种植历史。我们有理由相信，油菜籽也是埃及本土的古老植物，但豌豆和黄麻是否也在同一时期出现于尼罗河沿岸，尚且存疑。

红花可以被用来提取染料或者榨油。从古至今，还有橄榄、芝麻、蓖麻树、莴苣、亚麻和油菜籽等油料作物被种植。上表中的“coleseed”这一植物的学名（19世纪）是“Brassica oleifera”，似乎和老普林尼文献中的“raphanus”对应，是一种产油量很大的作物。如果不是，对应的就应该是“seemga”，林奈双名法学名为“Raphanus oleifer”，目前只在努比亚和大瀑布附近的地区生长。芝麻所榨的油质量很高，可能会被用来做一种特殊的糕饼——阿拉伯人称这种糕饼为“Koosbeh”，和芝麻被榨完油后的称谓一样。如果只是在磨坊里磨了一遍，之后仍然存有余油，这时的芝麻被称为“Taheeneh”。而未磨过的芝麻粒会被撒在蛋糕上，作为一种调味品，被称为“Haloweh simsemeeh”。芝麻油可用于烹饪，还被认为是最好的灯油，但有人觉得芝麻油的味道不如莴苣榨的油①。

在希罗多德的著作中，蓖麻称为“Sillicyprion”，蓖麻油成为“kiki（cici）”。他认为，蓖麻灯油虽然气味难闻，但质量绝不比芝麻灯油差。说起蓖麻，希罗多德提到该作物“在埃及大量生长，还有其他的名字，分别写作‘croton’‘trixis’‘tree sesamum’‘ricinus’等”。他说古人会架火烧水，然后剥掉作物籽的表皮榨油，19世纪的现代埃及人其实也是这么做的。还有一种说法，就是先在作物籽上撒盐，然后压榨。19世纪，如果只是榨取灯油，就会使用专门的压榨机器②。如果采用其他技术手段，就能获得纯度更高的植物油，并且杂质都会被滤去，这样的植物油似乎更适合入药。斯特拉波表示，“几乎所有的埃及本地人都用蓖麻油做灯油；工人和穷人，男人和女人，都会在自己身上涂蓖麻油”，并且称其为“kiki”。只是斯特拉波和希罗多德的观点不同，他不认为蓖麻是一种只能榨油的植物，而蓖麻以前的埃及土名和希腊名称也全都被遗忘。过去，蓖麻广泛分布于上埃及和下埃及的各个地方，但现在很少了，因为莴苣、秋葵、橄榄、肉豆蔻和芝麻的栽培范围很广，它们产出的植物油燃烧效率

① 老普林尼记载称当时有在芝麻油中掺柏树油的习惯，这暗示柏树油不如芝麻油珍贵。——原注

② 据说老普林尼很不喜欢蓖麻油，有很多人跟他一样。——原注

更高。如今已是19世纪，在埃及各地，已经少见蓖麻种植，就算有且被用于榨油，一般也就是掺到其他植物榨的油里面。

希罗多德说，古埃及人同时采用压榨法和煮沸法取油，该结论比老普林尼的结论具有更高的可能性。具体选择哪种方法，取决于当时人们对油料的要求。老普林尼说，几种在罗马不为人知的植物（拉丁语写作“cnicon”“chorticon”“urtica”“amaracus”等）都被埃及人当作油料植物种植。柏树作为一种叶子类似于无刺枣树、种子类似于芫荽的植物，因为能榨出质量优良的油而在尼罗河卡诺普斯（Canopic）河段引起特别关注。埃及比较著名的还有苦杏仁油。很多其他蔬菜也因能榨油而被鼓励种植，被用于制作软膏或其他药用目的[①]。

作物播种的时间和成熟的时间很大程度上取决于尼罗河泛滥期的持续时间及土壤条件等各种因素。在下文中，笔者将展示两套表格，结合具体内容可知，虽然已经过去千年，在埃及种植的作物的品种总体来说也没有大变，影响植物生长的因素几乎是不会变化的。笔者在其他地方曾经指出，在埃及的夏季，植物完全靠人工灌溉才能生长[②]，但汲水吊杆不是只有夏季才采用，全年只要雨水不足就都要使用。这些都是尼罗河水泛滥期前半年和泛

① 笔者曾经提到过一些被保存至今（19世纪）的古代油膏，最近又听说乌尔博士有了这样的评论：“润肤剂的黏稠度介于牛油和猪油之间，颜色为橙黄色，比重是0.391。这个数据暗示了这种物质的密度，其成分可能有松香。这种润肤剂滴在纸上，或产生一种触感油腻的污渍，无法靠加热去除。它溶于热松节油或酒精中，但如果温度太低，反而会有结晶析出。因此推测这种物质具有定脂的特点，但实际上并不是。”根据乌尔博士分析，古埃及青铜制品中的铜、锡、铁比重为94:5.9:0.1。——原注

② 见《底比斯地形和埃及大观》（*Topography of Thebes and General View of Egypt*）第283页。——原注

滥期中种植的作物种类。根据经验，在埃及的气候条件下多吃蔬菜有益健康，所以埃及人种植了很多。在意大利和罗马也是如此，当地有好几个名门望族都是因种植某些种类的蔬菜而发家的[①]。

英语俗名	19世纪采用的学名（及A.）	简述
Rice[②]	Oryza sativa（A. *Rooz* 或 *Aroos*）	水稻，每年10月在尼罗河三角洲种植，7个月就可以收割
Doora	Holcus Sorghum（A. *Doora. Kay-dee*）	高粱，每年4月底开始播种，尼罗河泛滥时开始收割，100天内割完
Byoódorautumn Doora	Holcus Sorghum（A. *D.Byoód* 或 *Dimeéree*）	高粱，每年8月中旬开始播种，4个月内收割完毕。这之后收获的种子没有种植价值，只能用来烤面包
Yellow Doora	Holcus Sorghum（A. *D. Saffra*）	高粱，每年8月尼罗河水位最高的时候开始下种，120天后成熟，在河水泛滥前取出种子保存
Millet	Holcus saccharatus（A. *Dokhn*）	小米，只在努比亚和绿洲地区种植，种植季节同高粱
Cotton	Gossypium herbaceum[③]（A. *Koton*）	棉花，每年3月和夏季播种。如果土质良好，5个月就能收获
Sesame（Simsim）	Sesamum oreintale（A. *Simsim*）	芝麻，功能是榨油。高粱播种10天后播种，100天成熟

① 老普林尼："第三天，所有蔬菜都在埃及的土地上冒尖。"比较著名的靠贩卖蔬菜起家的罗马氏族有三个，分别是伦特里乌斯（Lentuli）、法比乌斯（Fabii）和庇索尼乌斯（Pisones）。——原注

② 截至19世纪，不能确定古埃及是否种植过水稻。（因为暂时还没有发现文献或实物证据。——S.B.）——原注

③ 但截至19世纪，我们没有在埃及发现过相关实物。——原注

●接上表

Indigo	Indigofera argentea[①] （A. *Néeleh*）	槐蓝，4月播种，70天后收第一茬，再过40天收第二茬，再过30天收第三茬，再过25天收第四茬。整个冬天不浇水，次年3月恢复浇水。再过40天收第一茬，30天后收第二茬，再过30天收第三茬。再过一年也是如此。三年后取收获的种子再次播种。从质量上讲，第一年的收成是最好的
Henneh	Lawsonia spinosa et inermis	散沫花，叶子可作染料
Watermelon	and other cucurbitæ （A.*Bateekh* 等）	西瓜，在尼罗河泛滥期和3月种植，常种在河边的泥沙滩上
Onion （Leek, and Garlic）	Allium Cepa 等 （A. *Bussal*）	洋葱、韭葱和大蒜， 每年8月播种
Bámia	Hibiscus esculentus 或 H. præcox	大多被种在花园里，每年9月或10月要在五六十天内收完。还有很多其他蔬菜，在不同季节通过人工灌溉的方式种植

此表能体现出埃及主要农作物的生产季节，下表展现了老普林尼这种权威人士笔下由古埃及人种植的数十种作物。之所以能确定这些作物，主要是因为找到了用这些植物制成的染料来染色的衣物，此外还有古墓穴中发现的种子，以及《圣经》中的相应记载[②]等。番泻树（cassia senna）被认为是埃及本土植物，被阿拉伯

① 古代亚麻布的边角的蓝色可能是用靛蓝染的。——原注

② 《圣经·出埃及记》：“那时，麻和大麦被雹击打，因为大麦已经吐穗，麻也开了花。只是小麦和粗麦没有被击打，因为还没有长成。”《圣经·民数记》：“这吗哪（manna）仿佛芫荽籽，又好像珍珠。”其中，“吗哪”一词的正确说法是“men”或“min”，意思是“什么”。又见《圣经·出埃及

人称为“Senna mekkeh”，其中质量最好的来自埃塞俄比亚和埃及内陆。另外，药西瓜和香头草也是埃及本土植物。枯茗籽可以撒在烤面包上，即便19世纪也是如此。想要穷尽植物的名称，可以参考基歇尔（Kircher）的作品，他提到埃及产的很多植物，他的作品主要参考了阿普列乌斯和早期阿拉伯学者的资料。但表格中提到的大部分都是野生植物，事实上，如果要穷尽，仅沙漠中的植物就有近250种。埃及的1300种植物绝大多数都是本土的，外来物种很少，比其他地区的外来物种少。沙漠中的植物可以完全被认为是古埃及本土所产，笔者相信没有一个是例外。正如笔者观察的那样，古埃及和19世纪现代埃及都有这些植物，但它们中的绝大多数都没必要在此处论述。笔者在列举的时候不会根据植物学来分类，因为有些植物的名称在现代文献中找不到对应的；介绍顺序完全遵循老普林尼原作，参考的是巴黎版，由德方丹（Desfontaines）编辑。

英语俗名	19 世纪采用的学名（及 A.）	简述①
A plant producing ladanum	Cistus ladaniferus	开蔷薇花的植物，托勒密王朝时期被引入埃及
Tree producing Myrobalanum, Myrobalanus	Moringa aptera（存疑②）（A. *Yessur, fruct. Hab-ghalee*）	在底比斯种植，结的果实可以用来榨油或者做成香膏

记》：“以色列人看见，不知道是什么，就彼此对问说，这是什么呢。摩西对他们说，这就是耶和华给你们吃的食物。”《圣经·出埃及记》：“这食物，以色列人叫吗哪，样子像芫荽籽，颜色是白的，滋味如同搀蜜的薄饼。”还有《圣经·民数记》：“我们记得，在埃及的时候不花钱就能吃鱼，也记得有黄瓜、西瓜、韭菜、葱、蒜。”——原注

① 从简述和原注中可以看出，部分植物的具体名称和属性存在较大争议，故此处保留拉丁语学名的不同版本，感兴趣的读者可以据此做进一步研究。——译者注

② 以下列举几种植物学名（19世纪）供读者参考：Balanites Ægyptiaca（埃及香脂树，

●接上表

Palma① （Adipsos）	（—存疑）	果实在成熟之前就被收割，被留下的果实名称写作“Phœnicobalanus”，果实的味道令人沉醉
Sphagnos, Bryon, Sphacos	Parmelia parietina（存疑） （A. *Shegeret e'neddeh*）	被认为种植于埃及，是一种长在树上的地衣，可以榨油
Cypros	Lawsonia spinosa et inermis （A. *Henneh*）	其叶子和枣类植物的叶子相似。用油烹煮，可以制成一种被称为“西普鲁斯”（Cyprus）的油膏。叶子可以用来染发
Maron	Teucrrium Iva（存疑） （A. *Miskeh*）	埃及的图克里姆（Teucrium）有四五种这样的植物
—	Amyris Opobalsamum （A. *Belisán*）	根据迪奥斯科里德斯和斯特拉波的说法，当时香脂树种植在赫利奥波利斯
Elate（Abies 存疑）、Palma 或 Spathe	（—存疑）	被用来制作油膏。这或许是棕榈树的花鞘
Amygdalus, Almond	Amygdalus communis （A. *Lôz*）	埃及人用其榨苦杏仁油
Palma, Palm	Phnix dactylifera （A. *Nakhl*）	即底比斯棕榈树

被称为“Yessur”）、Myrobalanus Chebulus（诃子），均为沙漠中生长的植物。埃及香脂树的种子都被包含在长长的豆荚里，被称为“Hab-gháli”。如果是埃及香脂树，那和橡形木属植物差别还是很大的，但老普林尼在此处的描写非常模糊。西奥弗拉斯特和迪奥斯科里德斯在这个矛盾问题上彼此互不同意，两人也不同意老普林尼的观点。——原注

① 老普林尼似乎在文献中提到两种树，都能结诃子，分别是诃子树和被称为“palma quæ fert myrobalanum”的植物（结诃子的棕榈树）。这种植物的果实看似没有籽，因为古人在它们还没完全长成的时候就把它们收割了。这种果实的名称被写作“Phoenicobalanus”。——原注

●接上表

Myxa	Cordia Myxa, Sebestena domestica. Alpin（A. *Mokáhyt*）	在埃及有种植，果实可以被用来酿酒
Ficus Ægyptia	Ficus Sycomorus（A. *Gimmayz*）	果实长在茎上
Ceraunia Siliqua	Ceratonia Siliqua（A. *Kharoób*）	莲枣，19世纪的埃及确有这种植物。老普林尼认为他那个年代埃及就有种植
Persica 或 Peach①	Amygdalus Persica（A. *Khokh*）	有传言说桃树是波斯人引入埃及的有毒果树，这被老普林尼视为谣言并加以驳斥②
Cuci	Hyphæne Thebaïca（A. *Dôm*）	类似棕榈树的植物，但有平展的枝条，果实一只手能握住；呈棕黄色，又大又硬，经过加工可制成滑轮（pulley）或帆环（sail ring）。没有成熟时可以直接食用；在干燥和成熟的时候则非常硬③
Spina Ægytia, Acanthus（希罗多德和斯特拉波的用词）	Mimosa Nilotica（A. *Sont*）	豆荚可用于造革，还可以用来生产树胶。底比斯、孟菲斯和阿比多斯都有这种树的树林，阿比多斯的树林一直维持到19世纪

① 老普林尼在指称的时候似乎把这两个单词弄混了。从文本来看，显然他说的是“peach”，即桃树。——原注

② 杏子生长在绿洲中，特别是在西部绿洲和其他小绿洲中。西部绿洲种植的每年2月中旬就开花了。它还生长在西部沙漠的法拉费耶赫（Faráfieh）。——G.W.

③ 象形文字中的“kuko”被认为是椰子树，但笔者坚持己见，椰子不会长在古埃及。——G.W.

●接上表

Quercus, Oak	Quercus—	底比斯生长着桃属植物和橄榄[①]。参见老普林尼相应作品。19 世纪，埃及已经没有橡树了
Persea	Balanites Ægyptiaca （A. *Egléeg, fruct. Lalób*）	生长在底比斯东部沙漠
Oliva, Olive	Olea Europæa （A. *Zaytoón*）	埃及橄榄果实非常鲜，但产油不多，确实如此。只有阿尔西诺（除亚历山大种植园外）出产橄榄，如果下大力气提炼，就能得到很好的橄榄油；如果技术不好的话，虽然产量还可以，但榨出来的油味道很刺鼻[②]

① 这里的桃属植物（persica）指的应该是鳄梨（persea），也被认为是“Balanites Ægyptiaca”所指称的植物。如今在底比斯种植的树种有阿拉伯金合欢（Mimosa Nilotica）及被称为“Tulh”、“Sellem”和“Albida”（即“Sodada decidua”，是笔者在底比斯等地见过的蜕膜山柑）的四种树，以及无花果树。老普林尼曾经提到这种树的树林，但树林距离尼罗河有一段距离。不过，此处老普林尼可能用错了单位，应该是距离河流约37英里。笔者介绍了“Persea”和“Peach”两种水果（树），如“Persea”真的对应“Egléeg”，那它如今只在埃塞俄比亚南部、奥姆博斯和厄苏安（E'Sooan）的沙漠中出现。在罗马统治时代出台了禁伐令，或许可以据此认为鳄梨在当时应该是很稀有的。——原注

② 橄榄在绿洲种植园中被大量种植，但因为技术有限，榨出的油很浓并且味道不好。橄榄会被用两块石头敲碎，榨得的油中要加入盐。在达克勒赫谷（Wade Dakhleh），居民徒手在火边榨油，这样榨出的油质量更好。橄榄的长度约为1英寸，东部沙漠中的圣安东尼修道院的园子里出产的橄榄的尺寸甚至更大。——G.W.

●接上表

Prunus Ægyptia	Rhamnus①、Spina Christi 或 R. Nabeca、Forsk（A. *Nebk*）	生长在底比斯附近
Papyrus 或 Byblus	Cyperus papyrus②（A. *Berdi*，*存疑*）	见斯特拉波相关作品
Lotus③	Nymphæa Lotus④（A. *Beshnín*）	—

① 老普林尼的描写不完全符合鼠李的特征，就如他认为蔷薇科植物很像金合欢一样，尤其是羽毛状的叶子一触即掉，这又让人想到含羞草之类的植物。（只在埃塞俄比亚的一个灌木丛中有所发现，而在靠近河边的位置到处都有。——G.W.）笔者猜测，老普林尼可能是说蜕膜山柑，但他倾向于认定该植物是“纳贝卡”（Nabeca），即盲诗人荷马笔下的莲花。——原注

② 19世纪，这种植物不再生长于埃及本土，只生长在叙拉古附近的阿纳普斯（Anapus），据说在叙利亚的一条小河里也发现过这种植物。希罗多德称其为一年生植物，这是错的。这种植物三角茎的髓被用来造纸，这使它成为一种非常有价值的植物。种植质量最好的纸莎草，并出售用它制成的莎草纸的权利只属于政府。这种植物在赛本努铁斯得到了特别的栽培，并制成了各种质量的纸张。莎草属植物有很多种，常被混淆的几种有“Cyperus dives”、斯特拉波笔下的“Byblus hieraticus”和“Papyrus”等。说到混淆，因为“Cyperus dives”被用来做垫子、帆、篮子、凉鞋和其他日用品，就可以从此得出结论，这应该是一种低值消耗品。有一种纸莎草也被这样使用，纪念碑上的图案展现了当时有人用这种纸莎草造小船，据此可判定这是一种比较粗糙的纸莎草，不适合用来造纸。品质最高的用于造纸的纸莎草都是人辛苦种植出来的。老普林尼曾说亚历山大附近没发现纸莎草，因为那里没人种这些东西。《圣经·以赛亚书》说：“尼罗河旁的草田，以及沿尼罗河所种的田都必枯干。庄稼被风吹去，归于虚无。”这从侧面佐证了这种情况，即纸莎草不再在当地生长。西奥弗拉斯特说纸莎草这种植物生长在浅水区或沼泽地。老普林尼认为纸莎草生长在溪流旁边或者灌溉区。他还曾经描述过造纸的过程：把纸莎草沿髓部切成薄片并铺成一排，薄片与薄片交叉，通过施加巨大的压力使其黏在一起，形成完整的纸张。——G.W.

③ 老普林尼曾提到一种叫“提亚”（Thya）的树，生长在阿蒙和昔兰尼加的绿洲，这得到了西奥弗拉斯特的证实（他说盲诗人荷马也知道这种植物）。提亚树的木材很坚韧，可以被用于建造神庙的椽。——原注

④ 齿叶睡莲（Nymphæa Lotus）基本和英语中的“white water lily”一样，在尼罗河泛滥期，大量见于尼罗河三角洲各种池塘和小运河中；这些湿地在一年中的

●接上表

Punicum malum 或 Granatum、Pomegranate	Punica Granatum（A. *Roomán*）	老普林尼在文献中把这种花的名称写作“Balaustium”，这是一种古代的“玫瑰花”（rhodon 或 rose），被用于染色，“罗德岛”（island of Rhodes）就是因此得名。这种花可能出现在罗德岛古币图案上[①]

其他时节处于干旱状态，但在尼罗河主河道中找不到这种睡莲。在阿拉伯语中，这种植物读作“nufár”“nilóer”或“beshnín”，其中“beshnín”在象形文字中写作“pi-sshnn”或“pi-shneen”。齿叶睡莲有两个品种，一种白色，一种带点儿蓝色，19世纪学名写作“Nymphœa cœrulea”，藏传佛教徒称其为“nenuphar”。虽然莲花是古埃及人最爱的花，但没有证据显示这是一种宗教神花。只有内弗-阿图姆神（Nefer-Atum）会把莲花戴在头上，所谓“nufar”应该指“nofar”，对应英语中的“good”（善），也和这位神的头衔相关。莲花是专属哈迪斯（Hades）的花，哈迪斯对应古埃及神话中的冥界神。此外，哈波克拉特斯也会坐在莲花上，他对应曙光之神欧若拉（Aurora），而不是古希腊人认为的沉默之神。他从小就有把手指放在嘴里的习惯，代表一天的开始或者说初升的太阳，而太阳的典型形象刻画为每天早上从水中花（即莲花）升起。普罗克鲁斯可能因此认为，莲花是典型的太阳象征物。埃拉托色尼也认为，伊西斯的这个儿子（欧若拉）是黎明之神。古埃及人表达沉默的方式是“用手掩住嘴”，相应地，大嘴青蛙就被认为是“仍处于胚胎状态的人”，这一点霍拉波罗曾经说过，古埃及纪念碑上的铭文也曾提及。在宴会上，宾客总是会分到莲花，佩戴花环。显然，莲花及其宗教意象不是从印度舶来的，因为当时印度教还没有出现。古埃及穷人用莲子等植物种子磨成的粉烤糕饼吃，现代埃及人也是一样。狄奥多罗斯说，古埃及底层人民的一种重要食物就是水生植物的根和茎。或许在印度仍然繁盛的莲花（19世纪学名写作“Nymphæa Nelumbo或 Nelumbium”）如今已经不再在埃及生长。从已知的照料这种植物的方法来看，这不像古埃及本土的植物。在罗马艺术作品对古埃及宗教的表现中，尼罗河神的形象与鳄鱼、莲花一起出现，梵蒂冈的大型雕像就表现了这样的组合。但古埃及的宗教雕像中却不曾有这种莲花，尽管它实在是很常见的水生植物。在老普林尼文献中，莲花被写作“Colocasia”和“Cyanon”。见皮克林（Pickering）博士的相关作品。——G.W.

① 年代比较久远的古币，稍晚的古币就用真正的玫瑰花做图案了。——G.W.

●接上表

Tamarix、Myrice、Tamarisk	Tamarix Gallica（A. *Tarfa*）	亦称野莓（myrice 或 wild brya），埃及和叙利亚的出产量很大，亦称“Arbor infelix”
Ferula	Ferula communis（存疑）或 Bubon tortuosum（存疑）（Crythmum Pyrenaicum of Forskal）（A. *Shebet e' Gebel*）	这种植物的茎部是空心的，并且有结（knotted），质地很轻，适合做火柴（matches）。有人称这种植物的种子为“Thapsia”。这是一种大型伞形科植物，应该是一种野生茴香
Capparis	Capparis spinosa（A. *Lussuf*）	刺山柑，果实被称为“Lussuf”，大如小黄瓜，长约 2.5 英寸，阿拉伯人常吃
Sari	Cyperus dives（存疑）或 C. fastigiatus（存疑）（A. *Dees*）	生长在尼罗河畔，顶部像纸莎草，用途也一样
Vitis、Vine	Vitis vinifera（A. *Enéb*）	老普林尼说孟菲斯和阿斯旺象岛附近没有任何树，连葡萄藤也没有，据说叶子会掉
Cici、Croton、Trixis 或 Sesamum	Ricinus communis（A. *Kharwah*）	蓖麻树（Palma Christi），埃及人常用其提炼油
Raphanus	Raphanus oleïfer 或 Brassica oleïfer（A. *Seemga 或 Selgam，存疑*）	在古埃及，这种植物的种子是被用来榨油的。老普林尼提及的作物可能是文献中的“Seemga”或“Raphanus oleïfer”，而不是“sativus”；可能是他的作品中“Selgam”（Brassica oleïfer）或“coleseed”（油菜籽），在整个埃及都很常见。“Seemga”如今只有在努比亚和底比斯南端才有了
Chorticon（一种草）	—	可以榨油

●接上表

Sesama	Sesamum orientale （A. *Simsim*）	老普林尼认为种植这种植物的目的是榨油
Urtica （Cnecimum 或 Cnidium）	Urtica pilulifera （A. *Fiss el Kelàb*）	可以榨油，亚历山大出产的质量最好，还可以入药。老普林尼认为这是一种荨麻
Pyrus Alexandrina （一种亚历山大梨）	Pyrus communis（存疑） （A. *Koomittree*）	可能是从希腊引入的
Ficus、Fig	Ficus Carica （A. *Tin*）	无花果树。埃及沙漠和叙利亚的野生无花果的小果实被阿拉伯人称为"Kottayn"，老普林尼说"叙利亚的小无花果被称为"Cottana"，这种树也被称作"Hamát"
Myrtus, Myrtle①	Myrtus communis （A. *As* 或 *Mersia*）	埃及桃金娘的味道被认为是最浓郁的。现在，桃金娘只生长在花园里。老普林尼在另一个地方说："埃及花的味道不浓。"② 这可能是引述西奥弗拉斯特的观点
Calamus, Reed③	Arundo donax 和 Arundo Isiaca （A. *Kussub* 和 *Boos*）	是很多国家做箭的材料，恐怕半个世界那么大的土地都是被这样的武器征服的
Hordeum, Barley	Hordeum vulgare （A. *Shayír*）	—

① 老普林尼认为，埃及无论如何是种不了樱桃树的。——原注

② 但在其他地方，老普林尼自我矛盾了。他认为古埃及花的香味不足，理由是尼罗河一带的空气中充斥着雾气和露水。另见希罗多德和狄奥多罗斯对尼罗河的描述。希罗多德说，尼罗河是唯一不会刮冷风的河，狄奥多罗斯则说尼罗河是唯一不聚乌云、不吹寒风、不生浓雾的河，尽管事实好像不是如此。在某些情况下，埃及的一些花有非常浓烈的香味，比如豆子开的花，其香味就比欧洲同款植物更浓烈。五雄蕊纲（在自然界中普遍存在）植物的花香不如欧洲同款植物的花香浓烈，但许多聚药雄蕊门植物（及二强雄蕊纲植物）的香味很浓烈，特别是蒿属植物、锦杉菊属植物和一种名字读作"罗比"（Robl）的旋复花属植物。——原注

③ 老普林尼说埃及法老和叙利亚国王用雪松木替代枞木，但没有说枞树就生长在埃及。——原注

●接上表

Triticum, Wheat	Triticum sativum （A. *Kumh*）	—
Zea	Triticum Zea（存疑）	—
Olyra	Holcus Sorghum（存疑） （A. *Dóora*）	煎煮后可给孩子服用的药物，亦称“Athara”
Tiphe	Triticum Spelta（存疑）	—
Faba, Beans	Vicia Faba （A. *Fool*）	有带刺的茎
Lens, Lentils	Ervum Lens （A. *Atz* 或 *Adduz*）	扁豆，埃及有两种
Linum, Flax	Linum usitatissimum （A. *Kettán*）	有 4 个品种，拉丁语分别写作“Tanitic”“Butic”“Pelusiac”“Tentyritic”
Gossypion, Cotton	Gassypium harbaceum （A. *Kóton*）	文献中亦称“Gossypion”或“Xylon”，用它纺织的面料被称为“Xylina”
Aron	Arum Colocasia（存疑） （A. *Kolkás*）	大小跟海葱差不多，长球根
Aris	Arum Arisarum（存疑）	跟上一种植物类似，但更小，根部和橄榄差不多
Allium, Garlic	Allium sativum （A. *Tôm*）	古埃及人起誓时将其视为神
Cepa, Onion	Allium Cepa （A. *Bussal*）	—
Porrum, Leek	Allium Porrum （A. *Korrát*）	老普林尼认为最上乘的一种就是埃及出产的
Cuminum, Cummin	Cuminum Cyminum 和 Nigella sativa （A. *Kammonabiad* 和 *Kammonaswed*）	老普林尼说有两种，一种更白一些，都撒在面包上。白色种和黑色种被阿拉伯人称为“Kammoon-abiad”和“Kammoon-aswed（Nigella sativa）”

●接上表

Origanum	Origanum Ægyptiacum（A. *Bardakoosh*）	产自赫拉克里奥
Sinapis, Mustard	Sinapis juncea（A. *Khardel* 或 *Kubbr*）	老普林尼认为最上等的品种产自埃及，它有“Napy”、“Thaspi”和“Saurion”三个别名
Cichorium 或 Intubus erraticus	Cichorium Intybus（A. *Shihórieh*）	埃及的野苣荬菜在文献中被写作“Cichorium”，花园苣荬菜被称为“Seris”
Seris	Cichorium Endivia（A. *Hendebeh*）	
Anisum, Aniseed	Pimpinella Anisum（A. *Yensóon*）	老普林尼认为最上等的品种产自克里特岛，次等的品种出自埃及
Coriandrum	Coriandrum sativum（A. *Kyzber* 或 *Koozbareh*）	老普林尼认为品质最好的出自埃及
Papaver nigrum	Papaver somniferum（A. *Aboo-nóm*）	用它可以提炼鸦片。鸦片可出口，在亚历山大常常被掺入杂质。野生罂粟被古希腊人称为“Rhœas”，因其颜色红而闻名，古希腊人常常烹饪罂粟种子，但没有成瘾表现
Buceros 或 Fœnum Græcum	Trigonella Fœnum Græcum（A. *Helbeh*）	老普林尼说其“无任何味道”
（Helenium）	Teucrium Creticum（存疑）	被认为原产于埃及，和另外四种在文献中均被写成“Teucrium”的植物都生长在埃及
Amaracus	Origanum Majorana	被迪奥德斯（Diodes）和西西里人称为“Amaracus”的植物；在埃及和叙利亚，用其制成的油被称为“Sampsuchum”。阿特纳奥斯认为“Amaracus”在埃及比比皆是，并在文献中提到名为“Amaracine”的软膏
Melilotus	Trifolium Meliotus Indica（A. *Rekrak* 或 *Nafal*，存疑）	老普林尼认为这种植物随处都有

●接上表

Rosa, Rose	Rosa centifolia（A. *Werd*）	假如老普林尼在介绍这两种植物的章节中讨论的其他花卉都是埃及产的，那这里还能补入很多花卉
Viola, Violet	Viola odorata（A. *Benefsig*）	
Colocasia 或 Cyamus 或 Faba Ægyptia	Nymphæa Nelumbo 或 Nelumbium	生长于野生植物之中，是埃及丰富的野生植物中的一种
Anthalium	被认为是 Cyperus esculentus（A. *Hab el āzeez*）	生长在距离尼罗河河道较远的地方，果实像枸杞子，没有果壳或果核；叶子像苍术；除了食用，没有其他用途。有些人认为它是油莎豆（Cyperus esculentus），这个观点可能立不住
Œtum	被认为是 Arachis hypogæa①（存疑）	根据老普林尼的描述，这种植物在埃及也会被食用。植物叶子很少，根很粗。西奥弗拉斯特说这种植物有一个长长的根，在河流泛滥期采摘下来后被摆在祭坛上
Arachidna（可食用）	（—存疑）	这两种植物有众多平展的根；但既没有叶子，也没有暴露在地面上的部分
Aracos（可食用）	（—存疑）	
Condrylla（可食用）	Lactuca sativa（存疑）（A. *Khuss*）	说的可能是生菜
Hypocheris（可食用）	Hyoseris lucida	—
Caucalis（可食用）	Caucalis daucoïdes（存疑）	—
Anthriscum（可食用）	Caucalis anthriscus（A. *Gezzer e'shaytán*）	—

① 笔者不相信这是埃及本土植物。——原注

●接上表

Scandix 或 Tragopogon（可食用）	Tragopogon picroïdes（存疑）	在老普林尼看来，它的叶子和红花的一样
Parthenium（可食用）	Matricaria Parthenium 或 M. Chamomilla	迪奥斯科里德斯描述这种花的颜色是外白内黄的
Strychnum 或 Strychnus 或 Trychos 或 Solanum	Solanum Dulcamara 或 Solanum nigrum（A. *Eneb e'deeb*）	在埃及它被用来做护身符，叶子像常春藤。这种植物有三种：一种有红色的浆果（包在一种囊中），有很多小颗粒，被称为“Halicacabus”或“Callion”；另一种在意大利被称为“Vesicaria”。此外还有一种，这种有剧毒
Corchorus	Corchorus olitorius（A. *Melokheēh*）	亚历山大人会食用它
Aphace	Leontodon Taraxacum	冬天和春天都开花，一直开到夏季
Acinos	Thymus Acinos 或 Ocymum Zatarhendi（A. *Zátar*）	埃及人种植这种植物，它被用于制作护身符或其他用途，叶子和茎部有很多毛
Epipetron	Sedum confertum（A. *Heialem*）	从不开花。老普林尼某些版本的著作中将它与“Acinos”混为一谈，但 19 世纪的普遍观念是，二者是不同的植物
Cnicus 或 Atractylis	可能性 1 Carthamus tinctorius（存疑）（A. *Koortum*）；可能性 2 Carthamus Creticus	被认为是一种红花。意大利好像没有发现这种植物。从其种子中提取的油价值很高。这种植物有野生和培育的两个品种，可以用于化解蝎子等爬行动物的毒液。据推测，这种植物应该不是白术

●接上表

Tribulus	Trapa natans	生长在尼罗河附近的沼泽地；可食用；叶子像榆树叶子
Perdicium	—	生长在房屋的墙壁和瓦片上；埃及人乃至其他民族都将其作为食物
Ornithogale	Ornithogalum Arabicum（存疑）	—
Juncus	Juncus acutus（A. *Sumár*）	埃及人用它做筛子
Cyperus	Gladiolus communis	有球根
Cyperus	Cyperus Niloticus	一种三角形的灯心草
Heliochrysum 或 Chrysanthemum	Gnaphalium Stœchas	据说诸神戴着的冠冕就是用这种植物编织的，托勒密王朝仍遵守这个习俗
Persoluta	—	埃及人在花园里种这种植物，用于制造护身符
Lotometra	1 Nymphæa Lotus 2 也许是人工养殖的莲花	种子像小米一样，会被用来烤糕饼
（Rhus①）	Rhus oxyacanthoïdes（A. *Errin*）	这种植物的叶子像桃金娘的叶子，处理后可敷在皮肤上。虽然老普林尼没有提到它是埃及的植物，但它是沙漠中的原生植物，阿拉伯人用它的叶子鞣制皮革
Egyptian Clematis 或 Daphnoïdes 或 Polygonoïdes	Vinca major et minor（存疑）	老普林尼认为埃及是该植物最主要的产地
Ophiusa	—	产地也许在阿斯旺象岛

① 老普林尼又说，埃及原本是不产乌木的。——原注

●接上表

Stratiotis	Pistia Stratiotes （A. *Heialem el ma*）	老普林尼认为只在尼罗河泛滥期，该植物才会出现
Nepenthes	Bust 或 Hasheesh	盲诗人荷马称赞古埃及出产的草药，提到埃及王后赠予海伦的很多草药，特别是这种“Nepenthes”，称其能让人忘掉悲伤①
Absinthium marrinum 或 Seriphium	Artemisia Judaïca （A. *Bytherán*）	石楠，塔波西里斯（Taposiris）出产埃及最好的石楠，在伊西斯节庆活动上要携带一束
Myosotis	Myosotis arvensis	勿忘我。古埃及人相信，在托特月的第 27 天（相当于公历 8 月），任何人在这天早上说话之前涂点它的汁液，他将在那一年中都不会感到疲劳

前面曾经讨论过一些古埃及的树木，笔者想表达的是，这些树木在法老王统治早期就已经为人所知，含枣树、棕榈树、梧桐树、石榴树②、柽柳和红柳等。我们在古墓穴中还发现了鼠李、

① “Nepenthes”其实被认为是鸦片的一种制剂。鸦片及其制剂是古人非常了解的。老普林尼说：“堆心菊（Helenium）是海伦的眼泪。”它在药效上和我们提到的这种植物类似。堆心菊是一种灌木，小枝条沿着地面延伸，约9英寸长，叶子类似于野生百里香。有的人认为“Helenium”指的其实是坎帕尼亚旋复花（Inula campania）或土木香（Elecampane），但其特性和外观都与普林尼的描述不符。斯特拉波认为最好的堆心菊长在海伦尼岛（Helene）或马克里斯岛（Macris）〔现在叫马克龙尼斯（Macronis），距离苏尼乌姆（Sunium）和科斯（Cos）5英里〕，他认为这种植物对应的其实就是荷马史诗中的“Cranae”。古代学者对于海伦尼岛和马克龙尼斯是不是同一座岛屿意见并不一致。——G.W.

② 《圣经·民数记》：“你们为何逼着我们出埃及，领我们到这坏地方来呢？这地方不好撒种，也没有无花果树、葡萄树、石榴树，也没有水喝。”——原注

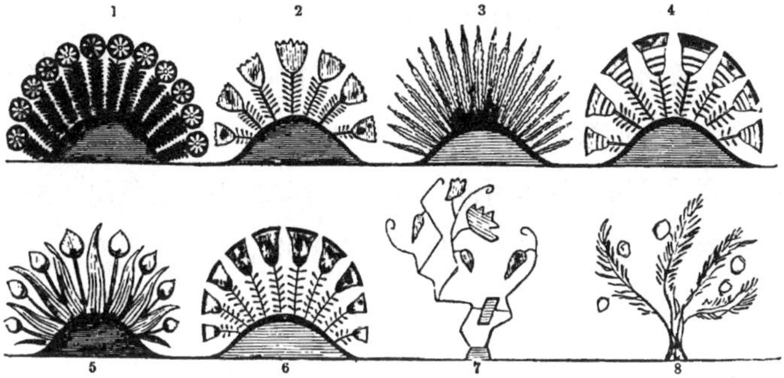

●拉美西斯三世陵中的植物图案

无花果、橄榄、毛叶破布木①、刺槐②、蓖麻、金合欢、月桂及橡木等植物的叶子。许多种子和果实也出现在底比斯的古墓中③，如槟榔、罗望子、千果榄仁等，这些种子和果实本是印度或非洲内陆的产物，它们不容易与埃及的本土物产相混淆。这显示了古埃及与这些遥远的国家之间的持续交往。

以上图为代表，这些壁画中的树木花卉图案有的很明显，有的则难以辨认，笔者展示这些插图，但把判断的决定权交给专业的植物学家。

埃及人到了19世纪，基本只重视能吃的植物的种子，除了棕榈树，对其他的树都没兴趣。如果老普林尼的记录可信，下埃及的棕榈树结出的果实不能吃，但底比斯的棕榈树很不错。19世纪下埃及种植的棕榈树的产出更好了，特别是靠近尼罗河三角洲的克拉依（Korayn），该地出产的“阿玛里”（Amaree）这种棕榈树被认

① “Mokhayt”，19世纪学名为“Cordia Myxa”。——原注

② 老普林尼认为这并非古埃及原产的植物。——原注

③ 据说已经发现了酸橙和塞维利亚橙（Seville orange）存在的痕迹，这很奇怪，因为在19世纪的普遍认知中，它们应该是由阿拉伯人首先从印度引进的。——原注

为比努比亚以北任何一种棕榈树的品质都要好。

上埃及和下埃及很少种植木材用途的树木[①]。一些无花果树会被砍伐，人们取其木材用于制造水车等。东方柽柳木则被用于制作需要质地紧凑的木材的工具。金合欢木因质地坚硬、长有可用于制革的豆荚而具有经济价值。以上几乎就是现代埃及居民从其前辈种植的许多树木中保留下来的所有。这些树苗壮成长，就像桑树（为养蚕而种）和开罗附近一些阴凉的林荫道旁的含羞草，以及决明子（种在大都市的花园里，开着密密麻麻的花）一样，表明树木生长所需要的不仅是土壤，还有人们的努力[②]。

鳄梨在19世纪已经不在尼罗河河谷生长，很多其他种类的树木也一样，或者变得很罕见。金合欢木虽然是有经济价值的木材，但也不被鼓励种植。种植金合欢木，可以取下其豆荚出售，它也不需要过多照料。这些树木被家中的后代当作父辈留下的遗产，但不会扩大种植规模。这说明，古埃及政府对每一棵树征税的制度是不明智的，反而让拥有树的人觉得麻烦。现代人看到古代树林留下的遗迹，还是一件饶有趣味的事，因为它们的位置可能在千年之中都没有变过。斯特拉波提到的刺桐树林仍然存在于孟菲斯上方的利比亚矮山脚下。从尼罗河到阿比多斯，可以一路骑马穿越阿波罗圣地，也就是金合欢树林，还可以看到尼罗河水通过一条类似输水管道的运河横贯其间。在底比斯其他地方也可以找到合欢树林，因此这种植物也得名“底比斯之刺”。在大瀑

① 19世纪，我们新发现了图特摩斯三世在位第二十五年从塔内特（Taneter）带到埃及的动植物。——S.B.

② 以阔荚合欢（Mimosa Lebbek）为例，阿拉伯人的传说是，耶稣在埃及时这种植物曾对他顶礼膜拜。即使在万斯勒布（Wansleb，1672年）时代，这种植物在埃及也很罕见。——G.W.

布旁的尼罗河段，岸边树木生长得比较茂盛，贫穷的努比亚人用它们制作木炭，然后送到开罗出售。沙漠中则有含羞草等植物，它们是这片土地的“原住民”。

古埃及人会在花园中或者房屋附近的路上种花，很多种类的花和灌木被养在花盆或木箱子里，还有专门的养蜂园丁。在埃及养蜂需要付出很多精力，因为植物本来就少，养蜂人常常要带着蜂巢乘船沿着尼罗河找鲜花[①]。古埃及蜜蜂的体形比欧洲的小很多，笔者尽管在埃及很多地方零星见过一两只，但从未见过成群的。在尼罗河流域，黄蜂和埃及獴倒比比皆是。野蜂的蜂巢大多位于石块下方或岩石缝隙中，各地都一样。《圣经》中的表述证明，古代蜜蜂在巴勒斯坦的生活习性和在埃及是一样的。维吉尔提到，在埃及有一种用公牛[②]尸体养蜂增加蜜蜂存量的方法，德·波（de Pauw）认为，这可能是源于在温暖的马厩中养育幼蜂的习俗。但无论是这一习俗，还是其他关于蜜蜂管理的秘诀，现代人都无法在古墓的雕像中找到证据，在19世纪，这也是一个值得继续研究的学术热点问题。古埃及人对蜂蜜高度重视，将其作为献给神的祭品和奢侈品，从这一点可以看出[③]，他们养蜂一定很辛苦，而在其他地方养蜂完全不需要这么辛苦。

古埃及人主要使用的木材有枣木、棕榈木、梧桐木、刺槐木、柽柳木、乌木、枞木和雪松木等。棕榈树和枣树每一部分都有独特的用途，这个前面已经具体谈过。梧桐木被用来制作棺材、箱子、

---

① 笔者记得曾经在底比斯古墓穴中见到过蜂巢的图案，却没有来得及将图案拷贝下来。——原注

② 这种公牛被认为是宗教神牛，但这个观点得不到具体证据的佐证。——原注

③ 古代纪念碑上没有蜜蜂图案，那些被作为王室象征的昆虫图案其实是马蜂。另外，古埃及人经常提起蜂蜜。——S.B.

小人像、门、窗帘、凳子、椅子和建筑用的板条；而制作工具的把手、木钉、板条、人偶、小箱子，以及那些需要坚硬紧凑木材的橱柜时，通常倾向于使用金合欢木；而制作长矛时则经常使用生长在内陆或沙漠边缘的槐树。

东方柽柳木也是一种被大量使用的木材，甚至偶尔被用来做家具。但制造商用于制作精美橱柜的主要木材是乌木、冷杉木和雪松木。乌木产自非洲内陆，与象牙、黄金、鸵鸟羽毛、干果和皮毛一起构成了埃塞俄比亚和苏丹的被征服部落每年向埃及进贡的贡品。冷杉木和雪松木则从叙利亚进口，大量被用于制造装饰性家具、棺材、小箱子和与死者有关的各种物品。许多稀有和珍贵的木材被作为贡品从亚洲带到埃及。这些珍稀木材经常会有仿造品，足以见得其美观和具有较高价值。它们的仿造品可以满足那些无力购买昂贵真木材家具的人炫耀的愿望。

古埃及人是有理由保护沙漠中很多野生植物的生长的，甚至还能从中获利，因为这些植物可以入药。阿拉伯人对很多植物的功能用途很熟悉，比如牙刷树（Salvadora Persica），其小枝被用来制作牙刷，方法是在小枝的切端处劈开或折断植物纤维；它大量生长在东部沙漠的南部地区，有些人认为这就是《马太福音》中的“Sinapis”。关于阿拉伯人知道的药用植物，脚注中提供这些植物在 19 世纪使用的拉丁语学名[①]。就植物的真实效用方面，感兴趣的读者可参考最新的权威学术期刊和专家意见。到 19 世纪，

---

① Heliotropium inebrians; Lycium Europæum; Scilla maritima; Cassia Senna; Ochradenus baccatus; Ocimum Zatarhendi; Linaria Ægyptiaca; Spartium monospermum; Hedysarum Alhagi; Santolina fragrantissima; Artemisia Judaica（monosperma和inculta）; Inula undulata，以及crispa、Cucumis和Colocynthis等。——原注

很多其他种类的药用植物已经被无知的现代人遗忘，只能从阿拉伯人那里获取一星半点的知识，因为只有他们将古埃及人保存的药草知识记录下来了。从盲诗人荷马、《圣经·耶利米书》乃至老普林尼的作品中可以得出结论：药用植物主要生长在沙漠之中，并且受到特别重视，其中最突出的是用于染色的真菌、用于制革的尼罗河相思豆荚、相思树皮、黄连木和可以治皮肤病的萝藦[①]等。

这些植物如何被做成药？能治什么病？在这里笔者不会论及，应该留给植物学来解答，以期产生更多的新成果。此处可以举一个关于枸杞的例子，尽管好像表面上看和“埃及”这个主题没有什么联系。枸杞是被科普特人称为“Ramnus”的多刺灌木，在下埃及全境和叙利亚的山上很常见，比任何其他植物都有资格得到“神圣之刺”（holy thorn）的外号。据说救世主的神圣冠冕就是用枸杞木制成的。“Ramnus”这个名称无论是古希腊还是现代人都还在用。老普林尼指出，希腊人称枸杞为鼠李，这是一种开花的带刺植物，枝条平展，有刺，不像其他石楠属植物那样弯曲，而是直的，叶子较大。不过，“鼠李”这个名字被现代植物学家应用于另一个不同的属[②]。

在古埃及，到处都会种植大麦（5个月就可以收割）和小麦（4个月就可以收割[③]）。希罗多德在小麦的生产方面的一些论述是有问题的。

---

① 攀缘植物，拉美西斯三世的陵中似乎有这种植物的图案。在底比斯，有人用它替代常青藤，二者的叶子确实非常相似。——原注

② 林奈的“Rhamnus Spina Christ”对应的不是这种植物。文献中的“Nebeca”、“Nebk”和“Zizyphus”都被归于“Rhamnus”一类，这和“Lycium”分别指代的植物似乎很容易被混淆。——原注

③ 狄奥多罗斯曾说：“他们在4个月或5个月后回来割麦子。”老普林尼说，古埃及人在一年中第六个月收大麦，第七个月收小麦。——原注

古代和现代（19世纪）种的小麦应该都是完全一样的[①]，而质量最好的莫过于底比斯的小麦，它满足法老王梦中的“一棵七穗”[②]。用带齿的镰刀将麦穗割下[③]，然后用驴子驮着的柳条筐或绳网运到打谷场，拾荒者则用手筐收集掉落的麦穗，参见下文相关插图。这种绳网相当于现代埃及的“申费赫”（Shenfeh），由两个人扛着。打谷场是田地附近或粮仓附近的一个平坦的圆形区域，把该区域打扫干净后[④]就把麦穗铺在上面，并放牛去踩踏麦穗、打出谷粒[⑤]。在监督踩穗的牲畜时，古埃及农民和现代农民一样会唱歌、喊号子。商博良在厄勒提亚的一座古墓中发现了一首这样的号子，用象形文字写在牛踩出谷物图案的上方，他的翻译如下：

（1）打谷为自己哟！（重复两次）

（2）哦！牛啊！

（3）打谷为自己哟！（重复两次）

（4）为了自己哟！

（5）也为了主人们！

和我们在上埃及地区古代墓穴中发现的其他铭文劳动号子很相似。

---

① 见《埃及大观》（*General View of Egypt*）第261页。——原注

② 《圣经·创世纪》：“我又梦见一棵麦子，长了七个穗子，又饱满又佳美……”——原注

③ 《圣经·约伯书》：“邪恶之人得意一时，不一会儿就像凋残的草木，像被割下的穗秆。”——原注

④ 《圣经·马太福音》：“他手里拿着簸箕，要扬净他的场，把麦子收在仓里，把糠用不灭的火烧尽了。”——原注

⑤ 罗马打谷场一般都是黏土铺成的，会用滚轮压平整。——原注

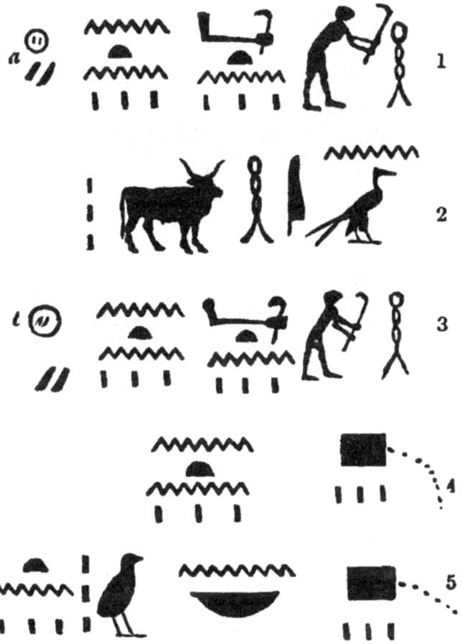

●打谷场的人们喊的劳动号子

首先将一定数量的谷物撒在场地中央，当这些谷物被牲畜踩匀后，用大木叉从打谷场周围的谷堆中往打谷场拨入更多的谷物——如此反复，直到所有谷物都被踩过为止。这个过程被拉丁人称为“tritura”[①]，直到 19 世纪仍被普遍采用。有时，几头牛的牛角用木棍和绳子拴在一起，赶牛人手拿一根棍子跟在它们后面，驱赶牛绕过谷堆，有规律地踩踏撒在地上的谷物。

谷物被踩好后用木铲扬去谷壳，用木制衡器量好，然后装在麻袋里运到粮仓，每个麻袋都装固定数量的粮食。一个书记官根据负责监督搬运的出纳员的要求记下数字。负责清扫的人拿着小扫帚收集从量具上掉下来的散落的谷物。狄奥多罗斯曾提到四个

① 有时也用马。——原注

●丰收景象（一）：1收割者；2喝水的收割者；3、4拾荒者，其中有一个跟收割者讨水喝；5把谷穗装到篮子里，从画中表现出的切割痕迹来看，古埃及人只收割谷穗部分；8筛分；10打谷；13树上挂着皮袋，皮袋里装着饮用水；14坐着的书记官摘录各项必要数据；16核对资料，这都是要入库的粮食

●丰收景象（二）：1管家；2、3农民；5女拾荒者；6用绳网背着粮食；7打谷；9筛分；10书记官；13、14用袋子装粮食入库（这幅图后面还有一部分，对应第1卷中说明为“把粮食搬运入粮仓储藏 a 和 b 出入的门口，人们爬梯子到拱顶的窗口，然后倒入粮食；c 门；d 墙；e 扛着粮食袋子的男人”的那一幅）

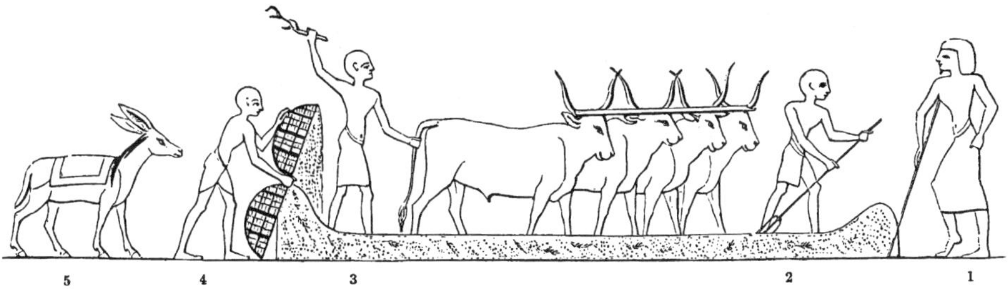

●打谷景象：1管家或地主；2麦穗铺在中间，让牛踩出谷粒；3赶牛人；4把麦子装在驴子驮的筐子里带到打谷场；5牛被拴在一起，以便它们的踩谷节奏保持一致

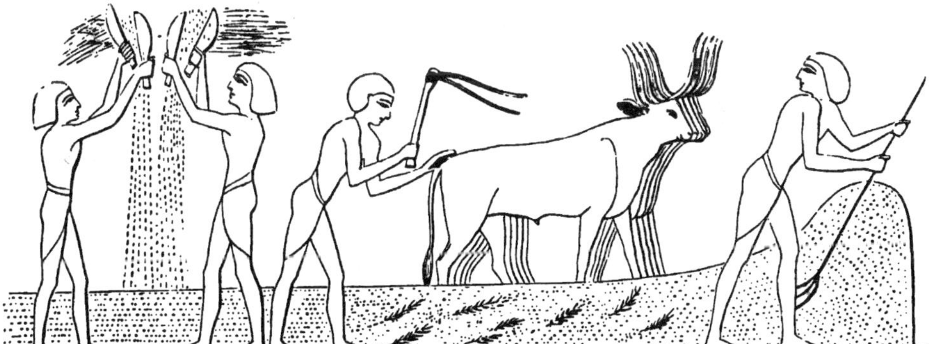

●扬谷：1把麦穗撒到中间；2赶牛的人；3用木铲扬谷

巨大的谷堆，组成谷堆的谷物是从每个城市周围的田地里收集的，这完全符合古代墓穴中绘画描摹的情形，也符合19世纪我们在尼罗河村落中看到的那些收获场面。有时有两个书记官在场，一个记下从谷堆中运出的粮食的数量，另一个则核对运往粮仓的粮食的数量，也可能是核算实际存放的装粮麻袋数量，这表明古埃及人认为有必要防范贪婪的外族劳工，以及一些本族人——相当一部分本族人在某种程度上以"欺骗"取代了文明初期时那种原始的朴素品性。希罗多德描述了埃及人用牛踩出谷物的方式，他的说法得到了古墓中雕像的充分证实——这些雕像显示出，古埃及人偶尔才会用驴来踩谷。这也是犹太人的习俗，他们和古埃及人一样，根据他们立法者的明确命令，让牛不戴口罩踩谷。

不过，后来有人认为，犹太人也会使用"打谷工具"（threshing instruments）进行脱粒作业。《圣经·历代记上》[①]中有相关描述[②]，《圣经·以赛亚书》[③]中也有提及，不能不使人想到现代埃及的脱粒设备。希伯来语中的"moreg"与此非常相似，也适用于形容前面提到的脱粒工具。犹太人和古希腊人一样把割下的麦子捆成一捆一捆的[④]。但这不是古埃及人的通常习惯，他们一般只把

① 当时阿珥楠（Araunah）正打麦子，回头看见天使，就和他四个儿子藏起来了。大卫到了阿珥楠那里，阿珥楠看见大卫，就从禾场上出去，脸伏于地，向他下拜。大卫对阿珥楠说，你将这禾场与相连之地卖给我，我必给你足价，我好在其上为耶和华筑一座坛，使民间的瘟疫止住。阿珥楠对大卫说，你可以用这禾场，愿我主我王照你所喜悦的去行。我也将牛给你作燔祭，把打粮的器具当柴烧，拿麦子作素祭。这些我都送给你。——原注

② 埃里安指出，为了阻止牛在脱粒作业中偷吃，会先把牛嘴糊上。——原注

③ "我要把你当打谷机，装上又新又利的齿；你要打碎堆积成山的谷堆，把它们打出糠（chaff）。"——原注

④ 《圣经·创世纪》："我们都在田里捆麦子，我所捆的麦捆立起来，笔直地站着；你们的麦捆都围着我的麦捆下拜。"《圣经·利未记》："主又吩咐

●把谷物捆成捆：1 收割；2 拿谷穗；3、4 捆成捆然后堆起来

麦子放进篮子或绳网里，然后把它松散地搬到打谷场。古罗马人也是这样做的：他们要么把谷类作物沿根部切割，要么用齿状镰刀割下作物的穗，事后收集稻草，或者直接烧掉作堆肥。

19 世纪的现代埃及人将小麦割到接近地面的地方，大麦和高粱则被连根拔起，并将其捆成一束，带到田地附近的一块平整、干净的地方，将其堆放在那里。然后取数量足够的谷物将其铺在空地上，驱赶两头牛拉着“诺列格”（noreg）踩过去。现代打谷方法和古代方法的不同之处在于，现代人使用工具脱粒，牛在打谷场的中心而不是打谷场周围绕行。然而，在古代一些例子中，牛是处在中心位置的，和今天的情况一样，参见下文。

“诺列格”是一种木框架机器，配备三根横杆或轴；上面固定有圆形铁板，用于压碎和提取谷物，同时将秸秆打成小块；第一根和最后一根轴各有四块铁板，中间一根有三块；上部有一个

摩西去告诉以色列人说：‘当你们进入我要赐给你们的土地收割的时候，你们要带一束麦子交给祭司，祭司在安息日的后一天代你们把那一束收成献在主面前作摇祭，你们所献的就得蒙悦纳。’”《圣经·申命记》：“倘若你在田里收割谷物时遗下一捆没有带回来，就不要回去取了，把它留下给那些孤儿、寡妇和外来的人吧。这样，主，你们的上帝就要赐福与你，兴旺你所做的一切。”等等。——原注

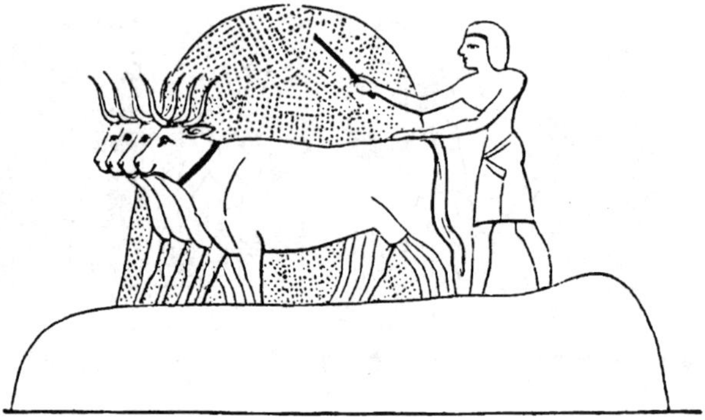

●驱使牛群绕行，和通常的打谷习俗不一样

座位，有人坐在上面，他的体重会使机器发挥更大的作用[①]。

有一种罗马农具（tribulum）长得和“诺列格”很像。根据瓦尔罗的记载，这是用石头和铁块搭建的框架粗糙的器械，上面坐人或者放配重。器械靠畜力牵引，以碾压形式让谷物脱粒。器械后面还跟着收集谷物并存入粮仓的人，以及负责收集田里的长长的谷茬并将其作为饲料喂养牛马的人——罗马人和埃及人都在使用这种饲料。他们可能更喜欢在靠近谷穗的部位收割，这样便于处理，然后把秸秆连根拔起并切碎给牛吃。这些东西和干的三叶草（现代埃及的苜蓿）一起放到秋天备用。当牧场被泛滥的尼罗河淹没时，牛群和羊群就被安置在高地上或者村里的棚子或围栏里避难。

毫无疑问，就像现在一样，稻草是用某种类似于干草刀的工

① 古代莎草纸文献中有一段关于“克阿克”（Choeak）月4日收割谷物并存入粮仓的记录。粮食在“抛皮”月26日被脱粒，在“阿提尔”月15日被存入粮仓。在下一个月的3日和12日，粮仓里的粮食被称重，总共332蒲式耳。有人假设“hi-ten”的意思是“泛滥”，进而推知这是发生在梅涅普塔（Meneptah）在位时期。阿美诺菲思三世在位第三十年，粮食在“帕孔斯”（Pachons）月1日被装进粮仓。——S.B.

具切开的，在使用前要先清除工具上堆积的泥土、灰尘或其他杂质，用铲子和扇子（fan）弄碎，就像《圣经·以赛亚书》[①]中谈到的一样。这种在棚子里喂牛的习俗与《圣经》中关于“保护从田地里带回家的牛群”的描述相吻合；并解释了“埃及所有的牛被暴雨摧毁”与“牛群被冰雹摧毁”之间存在的明显矛盾。那些养在田地里的牛遭受了瘟疫之害[②]，而那些在棚子里养的牛却幸存下来。在我对古埃及人的农田和农舍所做的叙述中，已经举出了关于牛棚的例子。

第一茬小麦收割后，古埃及人为接下来的农事做准备。除了耕地和播种，必要时还会根据作物的质量或其他情况，用人工方法引水灌溉整片田地。因为上埃及当时可以说从来没有下过雨，每年下的五六场小雨几乎不值一提，所以人工灌溉是必要的，尼罗河流域对人工灌溉的迫切程度比其他哪个地方都强。

庞波尼乌斯·梅拉（Pomponius Mela）用“terra expers imbrium”这个拉丁语表述形容古埃及，而普罗克鲁斯说，如果下埃及会下阵雨，那也只是局部而已，而底比斯下雨那才奇特呢。希罗多德确实肯定过，底比斯下雨预示着某种巨大的灾难，比如，波斯人对埃及的征服，就被认为是由下大雨这种不寻常的现象所预示的。在上埃及，一年中只下五六次雨，但每隔 15 年或 20 年就会下一

① 《圣经·以赛亚书》：“耕地的牛和驴驹，必吃加盐的料。这料是用木铲和杈子扬净的。”和《圣经·马太福音》：“他手里拿着簸箕，要扬净他的场，把麦子收在仓里，把糠用不灭的火烧尽了。”——原注

② 《圣经·出埃及记》：“法老打发人去看，谁知以色列人的牲畜连一头都没有死。法老的心却是固执，不容百姓去。”和“现在你要打发人把你的牲畜和你田间的一切收回家，凡在田间不收回家的，无论是人还是牲畜，冰雹必降在他们身上，他们就必死”。——原注

次大雨，这就解释了为什么在底比斯山谷中的王陵附近会出现大雨冲刷地面留下的深沟。在下埃及，降水更频繁，亚历山大冬天的降水和欧洲南部的一样多。这些流水冲击的沟壑，以及为保护底比斯神庙的屋顶而采取的防雨措施都表明，当地的雨水在过去和现在一样多。但在上埃及，甚至在开罗，持续两三天的大雨会被认为是大凶之兆，会导致许多房屋倒塌，就像1823年那样[①]。尼罗河和红海之间的东部沙漠海拔较高，虽然气候比尼罗河流域干燥，但冬季经常有大雨和雷暴。每隔四五年，洪水就会从一侧流向红海，从另一侧流向尼罗河。在这之后不到一个月的时间里，昔日河床流干了，被绿色的草本植物和无数的小花覆盖，阿拉伯人带着他们的羊群在那里放牧，直到喀新热浪[②]（Khamseen）和5月的烈日将当地的水吹干、晒干，除了几棵槐树和干旱地区常见的耐旱灌木，什么也留不下。尼罗河河谷几乎没有任何泉水，在那里发现的少数泉水可能是由于尼罗河水渗入地下而形成的。

很多情况下，比起种粮食，古埃及人会种植苜蓿或豆科草本植物。一旦洪水开始退去就立即播种，一般是在每年10月初。在洪水刚退去的土地上种植谷物或其他农作物的同时，他们还会通过人工灌溉种植另一种作物。当然，是否全部采用上述策略取决于农民自己的选择，大家会结合农产品的盈利情况、连续生产所需的时间、土地状况进行考虑。尽管没有哪种土壤会更容易从重

① 《圣经·出埃及记》：“到明天这时候，我必叫巨大沉重的冰雹降下，自埃及开国以来，没有下过这样的冰雹。”——原注

② 喀新热浪是酷热的南风。由于埃及大部分属热带沙漠气候，地势平坦，干燥少雨，日照强烈，每年3月至5月间易形成局部性低气压，造成干燥的喀新热浪。因为喀新热浪起自沙漠地区，故携带有大量沙尘，对人、畜均有伤害。——译者注

复种植类似作物所产生的坏影响中恢复过来，但通过冲积层的均衡影响，土地最终会变得贫瘠。埃及农民很注意畜牧业中的普遍原则，即在同一片土地上要不断改变所耕种的作物。

除了小麦，古墓穴的绘画还描绘了其他作物。其中，一种高大的谷物出产自上埃及和下埃及，它不像小麦和大麦那样用镰刀收割，而是由雇来的男人（有时是女人）拔起。收完后会拍掉粘在谷物根部的泥土，并将其捆成一束，然后将其运到打谷场。在打谷场，谷物穿过一个顶部装有金属钉的工具，实现脱粒，颗粒落在脱粒工具下面干净的地方。这些体现在厄勒提亚墓壁画表现的农业场景中，如下图所示。

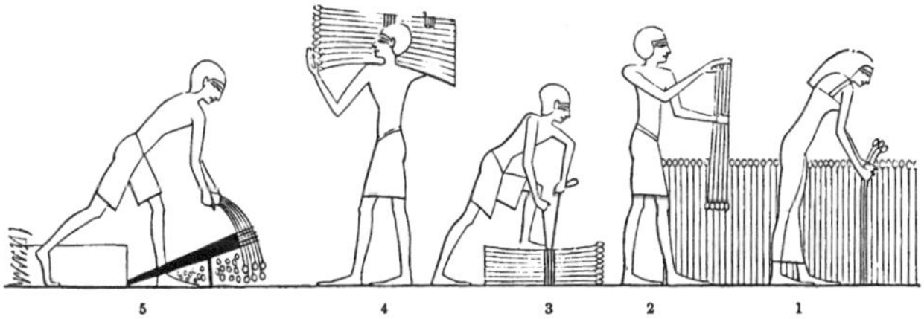

●收集高粱并将作物打捆：1 连根拔起；2 拍掉根上的土；3 给谷物打捆；4 带去打谷场；5 用铁镰刀割下谷穗

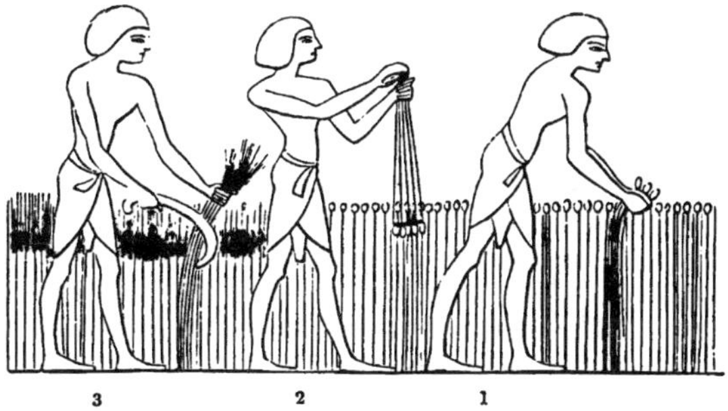

●收割高粱和小麦：1 连根拔起；2 拍掉根上的土；3 收割小麦或大麦

古埃及人种植了很多亚麻，壁画展现了浇灌亚麻、收集亚麻茎、将其制成麻绳，并织成一块布的各种过程，前面已经略有提及。

夏末，农民焦急地等待着河水泛滥，这是来年收成的所有希望——他们小心翼翼地观察着河水的第一次涨潮。孟菲斯和其他地方的尼罗河水位记录官员记录并公布了河水每天的上涨情况，农民们为此感到焦虑，到了这个季节就是如此[①]。

每年6月中旬，尼罗河水位肉眼可见地上涨，哪怕是在孟菲斯附近，都能观察到这种情况。第一次水位上涨发生在大瀑布附近的位置，那是5月底6月初的时候。不久后人们发现，泥红色和混浊状态的尼罗河水被阿比西尼亚山区的降水冲得重回清澈的状态[②]，绿水复现[③]，但古埃及人认为绿水对健康有害，只能拿出以前存放在坛坛罐罐的水先使用，直到水从绿色变回泥红色为止。这解释了亚里士多德的说法，他形容古埃及人是唯一将水保存在罐子里，并像其他国家计算酒龄一样计算“水龄”的民族。古埃及人用水罐图案作为河水泛滥期的标志（参考古代雕像和霍拉波罗作品）可能就源自泛滥期（或之前不久）把尼罗河水存在罐子里的习俗。当然，要说计算水龄，这可能没有真实发生过，只是古希腊人的一种夸张说法。

可能正因为尼罗河水会这样变色，所以古埃及人把尼罗河神画成红蓝相间的形象。尼罗河水就这样一直流淌，直到8月初

---

① 在19世纪的考古研究中，没有发现壁画中有对高粱的描绘，历史文本中也没找到证据。有人推测，这些壁画中的稻草其实就是高粱。——S.B.

② 阿米阿努斯·马尔切利努斯等人怀疑，所谓洪水都是由埃塞俄比亚的降雨造成的。——原注

③ 可能是因为降水把附近湖泊和沼泽的死水冲走了。——原注

运河水闸被再次打开，水流淹没整个平原。在距离沙漠最近的位置，因为水位最低，所以首先被淹没。因为河岸本身很高，所以最晚才被淹没。当然尼罗河三角洲是个例外，因为当地水位比较均匀，除了几个孤立的村庄，地面几乎全被淹没。尼罗河水位上涨，农民会小心地将畜群带离低地。但如果水坝决堤或河水流量异常暴增，就会看到古埃及牧民匆匆步行或者搭船赶到现场搭救畜群，把它们带到河水淹没不了的高山之上。有的人把衣服当作绳子，把困在水里的羊绑住拖出来，或带着牛游到最近的高地上。对于庄稼，能够及时抢收的就及时抢收，全都装到船上运到没有被淹没的村子去。此时会有专人看守地势较低地区的堤坝，尽最大努力防止河水水位在这种情况下继续暴涨——因为河水仍然会危及这些地方的农产品、畜群和村子。堤坝是很重要的，要派驻强大的步兵和骑兵部队来保卫，还得任命负责任的官员加以监督，政府每年投入大量金钱维护。罗马统治时期，一旦有人被发现破坏埃及的堤坝，都会被判处苦役或者挖矿的刑罚，要么就打上烙印发配到绿洲去。斯特拉波认为这种管理很出色，能靠人工技术设法获得一些自然给不了的条件。不管自然界灌溉水源是否充足，古埃及所有的土地都能通过人工渠道得到灌溉。有一个叫佩特罗尼乌斯（Petronius）的罗马人，他在担任埃及长官的时候，即使水深只有12肘，当地居民也能迎来丰年，水深8肘时还能保证饥荒不发生。斯特拉波认为这都是罗马人的功劳，其实不然，这只是一种被忽视的古法的恢复而已，古埃及人早就会这么做了。

在古埃及的一些地方，当尼罗河水位涨到一定高度时候，经常会淹没一个村庄，居民的生命财产安全因此受到威胁。当他们

●在泛滥期抢救畜群。上半部分：1、3 召唤大家把牛往船这边赶；2 划桨人；4 把牛赶到船上，此时牵牛要牵牛鼻子。下半部分：5 把牛往船那边赶；6 牵牛鼻子（但末端的图案被抹掉了）；7 划桨人；8 在河岸边钓鱼的人

简陋的砖房长期暴露在潮湿的环境中时，地基就会坍塌，被水浸泡过的倒塌的墙壁又会与当初的泥土混合。考虑到这些情况，尼罗河虽然给农业上带来很大好处，却也给当地人带来了巨大的损失。正如老普林尼观察到的，如果水位上升超过16肘，就会因洪灾造成饥荒，就像它只达到12肘的高度时一样不利。他在另一处还说过：“16肘作为河流水深来说最合适……只有12肘时，人们会遭受饥荒，甚至在13肘时也会遭遇物资匮乏问题；14肘和15肘时情况还都不错。河水最高水位出现在克劳狄一世统治时期，达到18肘；最低水位出现在法萨卢斯战役（Pharsalic war）时期。”

综合尼罗河水位上升的所有相关情况来看，很明显，现在与古代相比，水位情况相同，水灌溉的土地比例也没有改变。为了确保测量的精确性，某些时期河床上升之后，水位计的刻度应该以相同的比例被延长，任何到访开罗和阿斯旺象岛的人都能意识到这一点。因为河床不时地逐渐升高，而土层升高的高度总是与河流水位上升的高度在比例上保持一致。在某些地方（如阿斯旺象岛附近），河床每百年会升高6英寸，而在其他地方则较少，根据与河流距离的不同而变化。该结果实际上也证明了这一点：位于阿斯旺象岛的尼罗河水位计在罗马帝国早期被用于测量洪水，其最高刻度现在已经远远低于尼罗河的常规水位。赫利奥波利斯的方尖碑、底比斯平原的巨石，以及其他类似位置的纪念碑都遭受过洪水冲刷，并被埋在它们周围沉积的冲积土层中。这些土层经过积累，已经达到一定的高度。

河床被持续抬高，自然产生了希罗多德等学者提到的那些影响——他们说埃及人不得不随时加高城镇和村庄所处的位置，以确保它们免受洪水的影响。萨巴科时期的人们就发现有必要这么做了，这就表明尼罗河和泛滥区的水位在以前的时代发生了与现在相同的变化，而在辛努塞尔特统治时期，这些城镇曾被类似的手段保护，这中间间隔了大约600年时间。学者哈利卡纳苏斯（Halicarnassus）说，加高村镇位置的工作主要由犯重罪被罚当苦役的当地人来做。就这样，布巴斯提斯的海拔变得比其他任何城市都要高。泰尔巴斯塔古代遗址的标志性高大土丘完全证实了希罗多德的观点，并且这些土丘高于现在的平原的高度。由此看来，经过770年的时间，辛努塞尔特比他的前任在抬高土地这方面做得更多——当他利用亚细亚的俘虏来开凿埃及的运河时，在1700

年里，阿斯旺象岛附近的土地被抬高了约9英尺，底比斯的土地被抬高了约7英尺，而尼罗河三角洲和尼罗河口的土地被抬高得较小。现在笔者将尝试解释土地和河流被抬高的方式，比较古代和现代的水位计测得的土地淹没量，并说明水位的改变对埃及的耕地产生了什么影响。在尼罗河三角洲的南部，河两岸土地的海拔比离河较远的内陆土地要高得多，即使在水位最高期也很少被水完全覆盖。然而，各地几乎都被水淹没，农民在一些地方不得不修筑临时堤坝挡住水。这可以部分归因于岸边的持续耕种活动——河岸的位置更便于引水灌溉，作物得以连年丰收。众所周知，耕种活动会因腐殖质①的持续堆积、肥料的添加和其他原因使土层变厚。而内陆平原的凹陷程度之所以较大，在某种程度上可能是因为当地有许多水渠，以及水流淹没土地时产生的影响。但这不足以解释沙漠边缘附近的河岸和土地之间存在的巨大差异，两地的堤坝高度差在12英尺到15英尺之间。

在泛滥期，两个村庄要实现彼此交流，就必须搭建高架道路（elevated roads）。这些道路的高度刚开始和河岸处的地面持平，随着向内陆延伸，它们逐渐变得比内陆地面高得多，从而为建造让水流通过的拱形桥洞提供了空间。不过，一般来说，桥梁只建在那些古代或现代运河因为水位下降才能够架桥的地方。在插图《埃及土地和沙漠的地层分布图》中，A是尼罗河淹没土地时的水面高度，B是尼罗河的低水位高度，C是河岸，D是凸起的堤坝，E是架了桥的运河河床，F是沙漠的斜坡，它从H处的灌溉地交界处延伸到G处的石灰岩山。

① 腐殖质是已死的生物在土壤中经微生物分解而形成的有机质，含利于植物生长发育所需要的一些元素，能改善土质、增加土壤肥力。——译者注

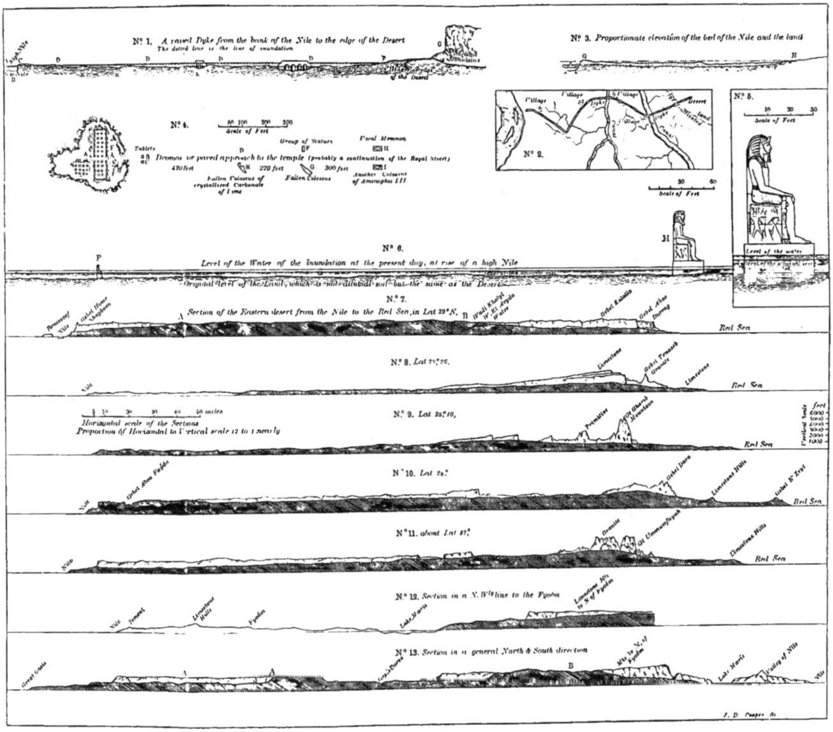

●埃及土地和沙漠的地层分布图

图中堤坝的位置是在假定河流流向为向东或向西呈一条直线的情况下确定的，但河流经过沿途各地，是一条曲折的路线。堤坝要起到两种作用，一是作为道路，二是对任意溢出的洪水形成阻碍。所以一般都要因地制宜建造堤坝，时时要应对极其迂回曲折的地形地貌。考虑到各种状况，一般来说还是要把多条堤坝连接起来，尽全力应对最强大的自然之力，而堤坝的顶部也可以供人行走，成为村庄之间最便捷的连接道路。笔者注意到，河床的垂直高度和洪水的相应高度倾向于让埃及可耕地面积增加，19

世纪，尼罗河的东面和西面有比以前任何时期都广阔的耕地。下面笔者将力争通过一个类似的例子来说明这一点。从上图可以看出，如果尼罗河从古老的河床（A和B位置）抬升，按照E和F的方向和海拔高度将当地完全淹没，那么当它抬升到现代河床C和D的位置时（土地海拔高度也按G处的比例上升），它在G—H这条线上的淹没范围将远远超过沙漠的斜坡范围，还能在F—H处增加一片耕地。

通过考古发掘，以及对冲积物和古今水位数据进行观察、对比，上述结论都已得到证实。截至19世纪，我们在底比斯平原上发现了一些阿美诺菲思三世的古代巨像，其中两座仍在原位不动，这两座中的一座长期以“会出声的门农”（vocal Memnon）闻名。这些巨像矗立在通往阿美诺菲思三世所建神庙的道路两旁，巨像和神庙之间还有其他大小雕像和石碑，但早被推倒或毁坏，并且被深埋于河流冲积物之下。回看《埃及土地和沙漠的地层分布图》，神庙前面是石碑（A）；B和C及420英尺以外是一座巨像的碎片（E）；然后在220英尺之外是另一座倒下的巨像（G）及其附属物（F，一组相对较小的人像），都由单块石头切割而成；H和 I处的石像仍然屹立，300英尺以外似乎是地道的终点。

本书谈及的这个神庙在19世纪被冲积物包得严严实实，水和泥浆延伸到神庙后方600英尺的距离。但该神庙在公元前1420年刚被建成时，不仅是神庙的主体，还有通往神庙的大道，以及巨像的底座（H 和I处）都不会被水淹没。F处的雕像仍然立在原来的位置，大家是能看到的，尽管现在它们只露出了腰部以上的部分。

笔者认为，这条大道是王室街道（Royal street）的延续。所谓“王室街道”，是从底比斯发现的莎草纸文献中提到的概念。该街道穿过城市的西部，通过渡口与河对岸的由阿美诺菲思三世修建的卢克索神庙相通。它和连接卢克索神庙与卡尔纳克神庙的斯芬克斯大道一样，是底比斯东部的主要街道。巨像（H和I处）本体高47英尺2英寸[①]，连同基座高60英尺，但周围的冲积物已经堆积到6英尺10英寸到7英尺的高度，所以它们现在的实际高度仅有53英尺3英寸[②]。基座的下侧没有被切割打磨光滑，而是留下了一个无棱角的不规整形状，在铺装好的长廊的水平面下方3英尺10英寸的位置，但这不重要，关键是要确定通往神庙道路的坡度是否与沙漠的坡度一致，直到19世纪，这仍有待研究。笔者挖到了自认为是位于巨像H后面300英尺的巨像F的一部分底部。巨像F是一组雕像的一部分，它被发现时仍位于原来的位置，这对学者来说尤其幸运。这组雕像的高度为8英尺1英寸（从基座底部到肩部），肩部往上的部分已经损毁，其高度比冲积层的水平面高出2英尺10英寸，因此冲积层在这部分只积累了5英尺3英寸，这解决了笔者所考虑的问题。冲积层在方圆300英尺的距离内存在1英尺7英寸和1英尺9英寸的差异（平均每300英尺有20英寸的差异）。换句话说，在倾斜的沙漠平原上，冲积层的高度按照每15英尺减少1英寸的递减比例降低。根据这个数据计算，神庙自带的地下室应该略低于冲积层的水平面，这与事实相符。尽管可以推测，沙漠的坡度并不十分均匀，跟通过数学计算得到的一段连续的曲线不符。要证明这种推测，只需确定缓坡确实存在，并且沙漠边缘的巨像和矗立在坡上的神庙被冲积物以反比例掩埋就可以了。从中

① 通过六分仪（sextant）测量，笔者认为西边的巨像高47英尺；而另一座巨像通过实际测量是47英尺9英寸。见《埃及土地和沙漠的地层分布图》。——原注

② 底部的地面已经沉降，雕像稍微向一侧倾斜，很难确定基座的确切高度。本段涉及的内容请全部参见《埃及土地和沙漠的地层分布图》。——原注

可以推出，比起古埃及纪念碑竖立的时候，冲积物在19世纪的时候向沙漠的内陆延伸得更多。我们不知道当时最外侧的巨像与冲积层的边界的距离有多远，能得出的结论是，它们高于水位线，神庙中道路所处地段的海拔高度也高于当时最高的水位线。但我们如果没有能力确定任何计算垂直地层的年增长量的精确点位，那么至少也可以肯定，现在存在于H和I处的巨像，以及神庙后面沙漠边缘之间的、长达1900英尺的土层都是冲积物，是自阿美诺菲思三世统治以来（3260年的时间中）被带到那里的。笔者相信，这里能证明的观点是，尼罗河河床的垂直上升致使今天的洪水和冲积层在水平方向上比以往任何时期都要延伸得更远，这种沉积效应也一直在起作用，因此19世纪存在比以前更广泛的灌溉土地。不过，笔者并不认为耕地的面积与以前一样，这必须始终取决于人口、劳动力状况、政府制度，以及其他偶然的情况。但耕地面积的变化既不是因为河流本身，也不是因为河流曾经赐予埃及土壤的肥力衰退了，当今埃及的很多土地遭荒废，长满了杂草。如果埃及拥有足够多的人口、有利的农业系统和明智的政府，现代埃及人可能会像他们的祖先一样，通过人工灌溉的方式在沙漠边缘地区耕种，以获取经济效益。笔者对尼罗河流域之外的埃及其他地区的土地范围进行了同样的观察，所有观察都证实了前述内容，因为同样的原因必然产生同样的结果，所以当然可以做这样的合理推论。笔者现在要澄清与本话题相关的一些错误观念，这些观念宣称，流沙已经限制了埃及耕地的范围，沙漠不断侵占土壤，有可能埋没尼罗河河谷，并且已经抵消了洪水给农耕带来的积极影响。

在埃及的一些地方，可以看到利比亚沙漠的沙子随风飘移到山谷中，落在地面上堆成了小山和丘陵。这些小山和丘陵在沙漠边缘的田野上蔓延开来，有时甚至将树木和建筑物掩埋到数英尺深的地下，这种情况在贝赫尼萨（Behnesa）附近尤其突出。德农（Denon）曾到访过该地区并目睹了沙子的影响，他警示当地人沙子入侵的危害，这种入侵已经被放大为埃及耕地的毁灭。但这种危害其实只是局部的，雷尼耶（Reynier）等人都谈到了沙子对耕地的侵袭，但其危害似乎比人们想象的要小得多。根据雷尼耶在其成功之作——法语版《埃及记忆》（*Mémoires sur l`Egypte*）第四卷第5页中所述，沙子吞噬耕地的情况在一些地方确实发生了，如吉萨（Gizeh）省的韦尔丹（Werdan）。当地的沙子已经推进了1法里[①]。但这个地方的位置是在利比亚山脉[②]的一个峡谷出口处，该地理位置也许是造成这种情况的部分原因。这个观点与笔者自己的观察完全吻合。在许多山谷比平原海拔更高的地方，会存在沙子堆积的情况，有时还会形成游沙，如果不采取预防措施（如种植茂密的柽柳），游沙就会越积越多，形成沙进土退的局面。

黄沙入侵只是局部的，并且是在特定的地点。在埃及所有山谷中，黄沙所占比例很小。必须记住的是，在石灰岩山脉和耕地之间的沙漠（或者说附近破碎的岩石残体）并不像一些人想象的那样是流沙形成的，而是由黏土和石质地面与一定比例的沙子或邻近岩石留下的碎屑组成的。在山谷的东面，除了开罗、赫利奥波利斯和

① 长度单位，相当于4.8千米。——译者注

② 当然，非洲的群山盛产黄沙。19世纪，虽然苏伊士公路（Suez road）附近确实有一些流沙存在，但尼罗河河谷的东部一般没有沙子。流沙没有像一些人想象的那样侵占西边的土地。如果沙子沿着耕地的边缘在各处隆起形成沙堆，这种沙堆反而对冲积层的形成是有利的。在埃塞俄比亚，沙子已经侵入了尼罗河西岸，这是尼罗河水位的下降造成的。——G.W.

在苏伊士公路上的比尔克特艾哈格（Birket el Hag），很少能见到流沙。这些沙子也没有侵占耕地，因为它们距离耕地很远。笔者已经表明，在靠近利比亚山脉的一侧，沙子侵占山谷的现象也是局部的。这很容易让人想到，从整个埃及的地域范围来看，这些沙子的影响是多么轻微。在尼罗河三角洲地区，唯一会产生影响的沙地位于利比亚海岸和地中海沿岸地区，但其面积与整个埃及相比，在比例上微乎其微。海岸上的沙地根本不值得注意，也不能以任何方式将其列为“沙进土退”的原因。

很多国家和地区已经出现了颇具规模和影响范围很大的沙尘暴，比如法国的敦刻尔克（Dunkirk）和朗德（Landes）、苏格兰的奈恩（Nairn）及欧洲的一些地方，但我们不能用对埃及下的结论来看待欧洲地区的沙尘暴。这也证明“沙漠”这个词对人观点的形成产生了巨大的影响。笔者在此不是说黄沙侵蚀现象并不存在，只是想表明，对比黄沙和河流冲积物的相对推进程度，河流堆积作用产生的效果远大于黄沙侵蚀的危害。如今，受益于尼罗河水泛滥的土地在面积上比过往任何时期都要大。笔者在这里还要就沙漠的特点说几句，因为这些沙漠的特点和19世纪普遍认为的沙漠的特点之间存在很大差异，这可以从当地海拔五千英尺的原始山脉看出。笔者讨论的是位于尼罗河和红海之间的沙漠。为了形成一个正确的概念，笔者将主要依托前文《埃及土地和沙漠的地层分布图》再做一些论述。

埃及东部沙漠的主要特征，是从尼罗河河谷往东，在一定距离内，其海拔高度逐渐上升。在这些沙漠的北端，此趋势比较明显。另一端是有一定面积的平原。所有往西延伸的山谷、往西流淌的河流都往尼罗河方向延伸、流淌；往东流淌的河流则汇入红海，河流流经之处的海拔高度不断降低。在北纬29° 东西两侧，当地的沙漠呈现出这样的地貌特征：从尼罗河到A的位置大约30英里，地势较高的A—B平原宽16英里，在长达50英里的距离上，距离红海越近的地区海拔越低。北纬28°26′的位置是主要山脉的起点并与支脉相连的那一部分，这个区域的东西两段呈现出图中7的样子。北纬28°10′的位置经过沙漠中最高的加里布峰（Gharib）（海拔约6000英尺），当地的地形地貌特征和其他地段存在一些差异。最后一段位于北纬27°5′，穿越高约5000英尺的乌姆尼法耶山脉（Ummunifayah）。比较一下这几处地方，这几片沙漠总体上有一个相似的特征：在埃斯奈附近（约北纬25°10′的位置）的尼罗河东岸存在砂岩，在更南部的埃富（Edfoo）附近则沿河流两岸分布。西尔西利斯有采石场，古埃及修建神庙所用的砂岩就是从那里采来的。在奥姆博斯14英里外的河流东岸有花岗岩，厄苏安以南14英里有大瀑布，形成一连串的激流，瀑布没有一处落差超过五英尺。具体可以参阅《埃及土地和沙漠的地层分布图》中的7、8、9、10与11。

努比亚一带的山谷非常狭窄，东部和西部山脉的岩石往往紧贴着河流，很少或根本没有留下冲积物沉积的空间。在利比亚一侧的其他地方，山丘和河岸之间的整个平坦空间都是沙地。两道大瀑布之间地区的地貌特征与埃及完全不同。卡拉布什（Kalabshe）[①]附近的河水在淹没土地期间上升了30英尺至40英尺，而在每年2月河水枯水期时，河水以每小时2节到3节[②]的速度

① “Kalabshi（卡拉布希）”和“Kalabshe（卡拉布什）”比较相似，经查证属于同一个地方。——译者注

② 1节约合每小时1.86千米。——译者注

流淌。

下面的内容还是要回到埃及的沙漠来：在往西部或利比亚沙漠的帕尔瓦绿洲（Oasis Parva）方向行进时，有一条路会途经菲奥姆。当地海拔比尼罗河河谷低得多，莫埃里斯湖的海拔比贝尼苏埃夫的河岸水平线海拔低 100 英尺到 120 英尺。前面给出了从尼罗河到莫埃里斯湖后面的山脉，再到绿洲这部分区域的地形剖面图。从中可以看出，离开菲奥姆往南或从尼罗河往西，一路上海拔逐步上升，直到顶部的平原。这个平原在很长的距离内保持平坦，最多就是略有起伏，形成非洲这一地区面积较大的台地（table-land）。绿洲、河谷都相当于这个高大平原上（lofty plain）的“洼地”。从高处下到绿洲之后就会发现，绿洲本身的平坦空间（也就是平原）与埃及山谷的一部分地形相似，都被陡峭的石灰岩悬崖包围，离耕地有一段距离。不同绿洲的海拔高度不同，南部绿洲的高度要高得多，而这些绿洲的地势要比帕尔瓦绿洲的地势低得多，详见本卷最后一节。具体可以参阅《埃及土地和沙漠的地层分布图》中的 12 和 13。

这样看来，帕尔瓦绿洲的水并不直接来自尼罗河，而应该来自更南部的地方。高原上的山脉主要是石灰岩山脉，绿洲上的平原比较低矮。平原表面是砂岩，砂岩之下是黏土。在平原上，河流水位不断上涨，同时土层被保持而不流失。底比斯的石灰岩山脉同样立在黏土地上，可以得出结论，水是从绿洲南部的某个地方来的，并且海拔比绿洲高。只要上层的石灰岩被移开，水就会涌上地表，持续往北流到帕尔瓦绿洲——在途中某些地方，水位有可能还会上涨。虽然笔者这么说似乎是指山顶的台地是完全平坦的，以此体现出绿洲地形是相对凹陷的，但实际上不能认为山顶的台地是完全平坦的。如果是这样，下埃及的山峰就会比底比斯的山峰更高，但实际情况并非如此。底比斯的山峰高出尼罗河1200英尺，比和开罗同一纬度的任何山峰都高得多。从上述情况可以看出，帕尔瓦绿洲并不是沙质平原上的土地肥沃的地带，而是非洲高台地上的洼地。水埋没了曾经肥沃的土地，而昔日之沃土唯一留下的痕迹便是孤立的花园一般的绿洲。在这里，旅行者可能会被流沙吞没，波斯军队就曾经遭遇此劫[①]。无论是希罗多德，还是19世纪的现代旅行者，都有这样的想法，他们的经历局限在尼罗河河谷一带。按照斯特拉波的说法，考察孟菲斯遗址需要一定程度的勇气，正如他所观察到的，第一次来的人可能一不小心就会使自己面临“在路上被旋风吹倒的危险”。斯特拉波和其他旅行者一样，一定都曾冒了极大的风险。古人常常会将沙尘暴视作怪物一样令人畏惧的东西。我们现在经常读到从“simoom”（西蒙风）的影响中侥幸逃脱的故事。无论这种情境多么令人不快——如果商队不谨慎地在漫天沙尘中继续前行，会随时会迷失方向，结局就是在这个没有水的地方丧生，并且会死得很惨，这也只是一种夸张的说法。笔者就曾在沙漠中沙子最多的地方经历了许多剧烈的西蒙风。根据笔者的亲身经历，只能说体感糟糕，但绝没有那么夸张，还是古代文献中的描写让人感到更恐怖一些。

埃及河谷有一个显著特点——每一个人都会惊讶地发现它和沙漠存在明显的分界线，夸张到了一个人站在分界线上，可以一脚踏沃土、一脚踩黄沙的程度。正如斯特拉波所说，在埃及，尼罗河流不到的地方都注定寸草不生。埃及土地就像雌蕊等待雄蕊

① 他们要同时对抗阿蒙神、沙漠及古埃及法老组建的联军。——原注

授粉一样等待洪水灌溉，这与奥西里斯（隐喻洪水）接近伊西斯（隐喻被灌溉的土壤）的床的寓言也有相似之处，或者正所谓“尼弗泰斯”（Nephthys，意即“不毛之地”）在接受奥西里斯拜访后，也能生下一个儿子。

除了尼罗河流经的土地，古埃及人还开垦出一部分沙漠边缘的土地。这种土地被称为“哈格”（hager），其土壤是一种轻质土壤，由混合着沙子或砾石的黏土组成，特别适合某些植物生长，尤其是球茎植物。许多具有长纤维根的植物在这种土壤中生长，而那些砾石比例较高的土壤特别适合种植葡萄。马里阿[①]和其他位于沙漠边缘的地方所出产的葡萄酿的酒的质量比那些河流灌溉区内的土地上生长的葡萄酿的酒好。在一些地方，比如菲奥姆，如今的地貌特征较古代变化不大，经常能观察到其土地（人为划定的土地）有被耕种的痕迹。当地还有高架水渠的遗迹。莫埃里斯湖附近有若干水道和运河，有葡萄树等作物的根部遗留物。这些发现地距离最近的灌溉地有12英里以上的距离。这些留下的东西不一定都是法老王统治时期的，但它们之所以存在，确实是因为古埃及人开发出了栽培葡萄的系统方法，这种方法被开发出来的时间

① 其名称在英语中写作“Marea”，亦称“Mareotis”，这是位于湖边的城镇，以附近出产的葡萄酒而闻名。该葡萄酒似乎是埃及古墓祭品清单中常被提及的北部的4种葡萄酒之一。斯特拉波说：“当地葡萄酒的产量最大。”这得到了阿特纳奥斯的证实。维吉尔提到了当地出产的白葡萄酒。昆图斯·贺拉斯·弗拉库斯认为“Mareotis”的意思是“埃及葡萄酒”，指出这是当地最值得注意的产品。阿特纳奥斯说：“葡萄酒的颜色是白色的，质量很好，味道甜美清淡，有香味，绝无涩味，也不上头。”斯特拉波在这个基础上补充说，当地葡萄酒的另一种优点就是可以保存很久。但阿特纳奥斯认为这种酒不如叫“特里奥提克”的酒好喝，安提拉产的酒似乎才是在古埃及最受欢迎的酒。——G.W.

至少是阿拉伯人入侵之前的事情。当地居民大都承认，在穆斯林留下的记录所囊括的时期之内，是不存在运河或者耕地的。也有一种说法，菲奥姆原是一个由80个村庄组成的行省，在法老王统治的繁荣期，有320个村庄。

在尼罗河泛滥期间，河水被运河引入内陆地区，农民们沉浸在获得灌溉用水的欢乐中。一些主要城镇为此会举办运动会，以牛、皮革和其他受农民欢迎的东西作为奖品。有人积极参与摔跤、斗牛和体操比赛，活泼、健壮的人爱做这种运动。这种运动也有助于增加他们的活力，以免他们在生活中变得慵懒、怠惰。根据J.波鲁克斯的记载，《马内罗斯之歌》（*Song of Maneros*）是古埃及农民常唱的歌曲之一。马内罗斯是传说中的人物，被誉为畜牧业的发明者——当然，这种荣誉通常也被赋予更具有神话色彩的奥西里斯。古埃及的很多歌曲和娱乐活动很有可能都是对应某些节日而设计的，当然可能也是因为古埃及人确实不喜欢随意改变祖先传承下来的习俗，这些习俗都被古代学者提过。比如，在“梅索里”月，古埃及人会把第一批收获的小扁豆果实献给哈波克拉特斯，同时还要大叫道：“舌头是财富，舌头是神。”

古埃及人会在每年春分后举办节庆活动，纪念寓言中的伊西斯分娩，以及一年收获的开始。

普鲁塔克说：“有些人用这些神的故事比拟一年中的季节和气候变化，或者粮食的播种和成熟过程，还有什么比‘奥西里斯的埋葬’（burial of Osiris）更恰当地象征种子第一次被埋在土里？伊西斯在发现自己怀孕后，也就是播种后不久的‘抛皮’月6日，在脖子上挂了一个护身符，这不就是在暗示种子的孕育吗？古埃及人把农作物弱小而纤细的苗比作哈波克拉特斯，因为这二者同样弱小且没有发育完善。”

所以古埃及人都把“初熟之果”献给了哈波克拉特斯。根据普鲁塔克的说法，在春分之后（也就是每年3月的最后一周）庆祝此节日，据此推知这个节日在“梅索里”月中是和公历3月底重合的日期。以公历计算，扁豆是每年11月底播种，100天到110天后成熟，第一茬果实3.5个月后收获，那就正好是次年春分或者公历3月的最后一周。我们只能计算一个大概的时期，这个节日应该是美尼斯登基前的330年（公元前2650年）出现的。“托特”月19日是赫尔墨斯的节日，古埃及人会边吃蜂蜜和无花果边说：“真理是多么甜蜜的东西啊！”

这句话充分证明了“托特”月本身（而不仅是该月份的第一天）就是根据赫尔墨斯命名的，这个月是被献给他的。还有一个节日相当于雅典人的“迪斯莫夫尼亚”（Thesmophoria）节，是为了纪念农民播种而设的。

再谈谈古埃及农民对动物的照料。富有的地主养了大量的牛羊，还从沙漠中抓来各种野生动物圈养。古埃及人还养马、驴和其他牲畜。但在古埃及，专职牧民和农民并非一个阶层，牧民阶层更受轻视，更不要说最底层的猪倌了，部分原因是自封“牧羊人”的犹太人对埃及人的残忍行为激发了埃及人对牧民的愤慨之情。不过，牧养牛羊的农民并不被算在牧民之中。为了表现对牧民的轻视，画师经常把他们画成跛脚或畸形、肮脏、不蓄胡子的样子，有时还画得很可笑。即便如此，约瑟在谈及牧民地位低微时说的话还是过了些，他甚至说古埃及人被禁止养羊。不光底比斯，上埃及与下埃及每个地方的雕像和壁画都充分证明古埃及人饲养了大量的羊群，尽管条件很简陋——羊倌住在用芦苇搭成的

●养牛牧民，人畜比例有点失调

棚子里，居无定所，这种棚子一直存续到狄奥多罗斯时代，就像底比斯河上游的阿巴卜德（Ababdeh）部落（一个游牧民族）一直存续到今天一样。古埃及的某些地方很可能特别适合放牧，那里居住着大量的本地羊倌，与富人在自己农场里雇用的羊倌不同。

富有的地主田连阡陌，为他工作的人往往得不到重视。农民除了种地，往往还要顺便照料牲畜，计算牲畜消耗饲料的量，照顾被单独圈养的病畜。有专人管理羊倌。专人将各种事项记录下来，交予管家，管家要对地主及其财产负责，见下页的插图。

管家会专门挑选羊倌，选拔依据是羊倌的能力和性格，见《圣经·创世纪》中记载的相应内容[①]。牛群被带到管家住处旁的庭院或农田里清点。为了防止欺诈行为，每当农民或羊倌疏于职守，便会被判处杖刑[②]。

① 法老对约瑟说："既然你的父亲和兄弟都来了，埃及全地就在你的面前，你就安排他们住在国中最好的地方吧！你可以让他们住在歌珊地。如果他们中间有能干的人，你可以派他看管我的牲畜啊。"王室的牛羊的臀部会被打上带有序号的烙印，如"王室86号""王室43号"等，见罗塞里尼相关作品。——原注

② 底比斯阿蒙-拉神庙和王室豢养的牛群有专门负责的官员，其头衔是"mer aha"。——S.B.

●书记官记录资产信息：1 前面放着一个包；2 在放置书写工具和纸币的盒子的木板上写字，左手拿着装有黑色和红色墨水的墨盒

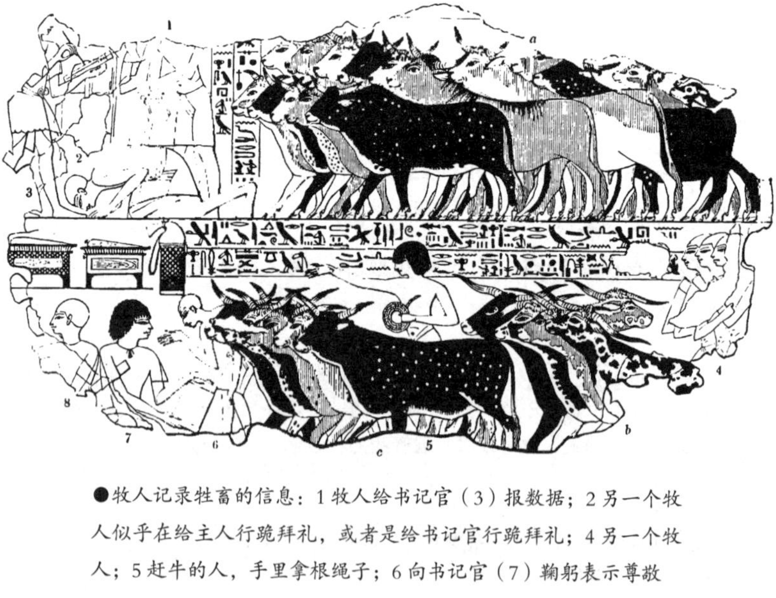

●牧人记录牲畜的信息：1 牧人给书记官（3）报数据；2 另一个牧人似乎在给主人行跪拜礼，或者是给书记官行跪拜礼；4 另一个牧人；5 赶牛的人，手里拿根绳子；6 向书记官（7）鞠躬表示尊敬

下面的插图《各种牲畜图案，上面的古文字标记了数量》展现了牧牛的过程。我们是在吉萨金字塔附近古墓旁的岩石上发现的这些壁画。除了记载的内容，更让人感兴趣的是，它们的年代很古老，上面还刻有制造纪念碑期间掌权的法老姓名，说明用壁画来做记录的习俗在古埃及文明早期就有了。那时的古埃及文明在牧业方面甚至已经达到了第十八王朝和更后期王朝的水平，不能不让人对那个遥远的时代浮想联翩①。

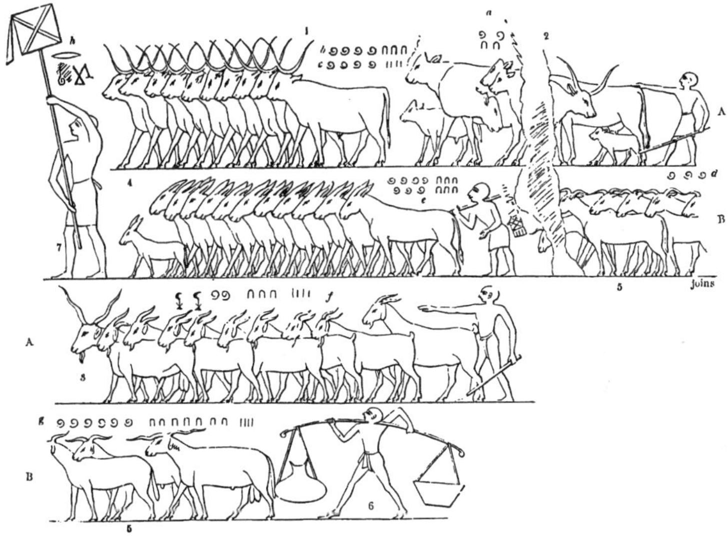

●各种牲畜图案，上面的古文字标记了数量：1 长角牛 831 头；2 带小牛的母牛 220 头；3 山羊 3234 只；4 驴 760 头；5 绵羊 974 只；6 担食物的人；7 向管家汇报资料。原版中 A 和 B 底部的两条线并非平行。说明：图中的人牵着狗，在另一幅画了 132 头牛、百余头羊、1500 头猪和 1200 只幼崽的壁画上也有牵狗人的形象

① 1858年《剑桥论文集》第248页摘录了一封古信的部分内容：“法老家的牛棚由我看管，如果里面没有牛，请送来4头最好最大的。”后面第三封信中这样回复：“他田里的牛很好，牛棚里的牛也很好，每天都在吃饲料。是啊，饲养员用饲料喂养它们。”拉美西斯三世往底比斯、孟菲斯和赫利奥波利斯

●数鹅的数量：1 书记官；2 用篮子装鹅蛋；3 其中一个喂鹅的人；4 桌子上面摆放着篮子，里面装着蛋和花；5 书记官手里拿着莎草纸写写画画，站在面前的是管家或地主；6 带着雏鸟的人；7 跪拜的埃及人，摆出一副敬拜的姿势；8 身边带着鹅，作出鞠躬姿态；9、10、11、12 其他人和他们带着的鹅

管家同样还要管理鹅和其他家禽的台账。向管家报告是一件必须很谨慎的事情，就连蛋的数量也不能有遗漏，在报告畜群的幼畜时也是如此。

在古埃及，一切都要有书面记录。公私场合如果拿不出书面凭证，就办不了事。古埃及人医术高超，古代文献和权威雕像证实了居维叶（Cuvier）的一项发现：他发现一个木乃伊的左肱骨本是断裂的，但被以一种特殊的方式重新接合，其中必然有人类技术手段的介入。

狄奥多罗斯认为，古埃及人在饲养动物方面拥有的技能是代代相传的。在传承的过程中，因有持续的经验积累和模仿，这些技能得到了增强和改进。狄奥多罗斯还补充说，古埃及人饲养鸡

的神庙里送了很多牛，都是从马克叙埃斯人（Mashuasha）那里抢来的，光是往赫利奥波利斯神庙就送了544头牛。牛的价格参见夏巴斯《杂谈》（*Melanges*）第222页。——S.B.

和鹅等禽鸟的技能最高超，只靠自然孵化已经不再能满足他们。有人会在附近的村庄里转一圈，从农民那里收集鸡蛋，然后把它们交给专人孵化。专人事先不对蛋做任何检查，把收到的所有鸡蛋放在铺有麦麸的垫子上，然后放在一个大约11平方英尺、有平顶、高约4英尺的“房间”（chamber）里。在“房间”的上方有一个平面同样大小、有穹顶、高约9英尺的“房间”。穹顶中央有一个小孔（下页图F处），在温暖的天气里可以采光，另一个直径较大的孔（下页图e处）与小孔紧挨着，与烤炉相通。在寒冷的季节，“房间”的两个入口都被关闭，里面点燃一盏灯。另一个入口位于烤炉的前部或更低的“房间”。为了防寒，入口会在人离开时立即关闭。为了便于区分，笔者把有穹顶的（图中A处）称为“顶层房间”，而把“下层房间”（图中B处）称为“烤炉”。“顶层房间”的槽里有两个火堆（见ab和cd两处），火堆底部是0.75英寸厚的土板，从“房间”一边延伸到另一边，靠着前墙和后墙。每天点火两次，第一次在中午时分熄灭；第二次在下午3时点燃，持续到晚上8时。在烤炉里，鸡蛋被放在铺有麦麸的垫子上，在与火堆相对应的两条线ab和cd上先放半天。然后将鸡蛋移到ac和bd处。其他的鸡蛋从中间的两堆中取出，被安排在c和d两处。以此类推，直到所有的鸡蛋都在最温暖的位置上被烘烤等长时间，每组鸡蛋都有规律地反复接受烘烤，一共6天时间，可见，古埃及人早就不满足于自然的馈赠，靠人工的力量孵蛋了。

接着就要把鸡蛋一个个拿起来对着强光照射，如果透过蛋壳看上去透明且颜色质地均匀，则显然还没有成功，但如果显示出不透明的物质或出现不同的色调，就说明雏鸡已经成形。这些雏鸡成形的鸡蛋烘烤4天以后被移到另一个炉子里，但不开火，只

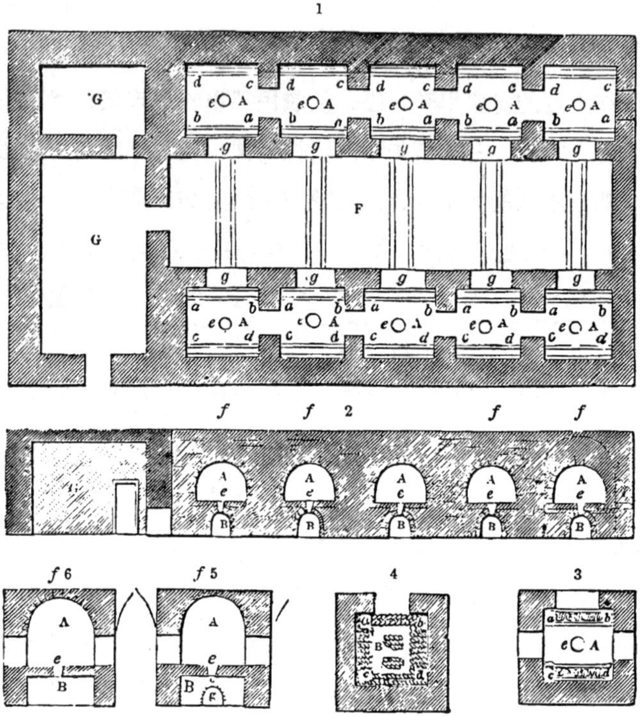

● 19世纪的现代孵蛋炉：

1 建筑平面图；A是顶层房间；G是和炉子相连的通道；F是通道；e是与烤炉相通的孔洞

2 建筑剖面图，顶层房间即A和B

3 顶层房间平面图，火堆位于ab和cd位置

4 下层房间，里面有蛋

5、6 从顶层和下层房间的后面和前面两个角度看A和B

是被堆放在一起，放置五天，炉门和透气的缝隙都被毛巾封闭，以隔绝空气。然后，鸡蛋又被放置在垫子上，彼此间隔1英寸到2英寸，垫子的整个表面都撒上了一点麦麸。在接下来的六七天时间里，它们不断地被翻动，从垫子的一处转移到另一处。孵蛋专员会小心地将炉内空间和外界空气隔绝，并反复检查，并且做标

记。如果蛋冷了，说明雏鸡已经死去；而摸上去比人的皮肤更热的那些则有很大概率破壳。最终，这些雏鸡都破壳而出，有的一半暴露在外面，一半被蛋壳盖住，好奇地叽叽喳喳叫着，似乎极度渴望挣脱蛋壳。一般来说，孵化鸡蛋平均要用21天，蛋壳薄一些的18天就行。孵出来的小鸡先全数交给地主，地主只留一半，另一半分给农民，算是孵蛋的报酬。放置孵蛋炉的屋子建多大，完全看地主的目的和财力，但不管建成怎样，设计图总是大同小异的—涵盖“顶层房间”及8座到10座炉子，每一边通道的长宽高都是100×15×12（单位：英尺），温度要保证不低于86° F，汉密尔顿认为是88° F，但实际上炉子的温度一般不会超过家禽本身的体温，合32° Re①。

在孵蛋过程中，温度不能弄得太高或太低，并且一年中只有“伊姆什尔”（Imsheer）月15日（公历2月23日）到“巴拉姆德”（Baramoodeh）月24日（公历4月24日）的这段时间之内才能孵蛋成功，在其他时间内进行人工孵化，成功率只有2%到3%。

牧羊人对他们的羊也给予了很多的照顾，羊一年剪毛两次、产羔两次。现代经验也说明，只要给予羊足够的照顾就能有这样的产出。尽管狄奥多罗斯在这一点上没有说错，但他似乎没有搞清楚放牧应该使用怎样的牧场，他觉得只要泛滥的河水退去，这样的土地就可以被用于放牧。如果古代人也有现代的动物专用饲料，那这是合理的。从尼罗河泛滥期来看，可以认为，狄奥多罗斯下这样的判断是基于古埃及人在退水季节为羊群种植苜蓿的事实。19世纪的现代埃及人仍然会这么做。那些从事兽医工作的人某种程度上也是牧羊人。他们最大限度地照顾动物，为它们提

---

① 86°F合30°C，88°F合31°C，32°Re合40°C。——译者注

●养殖人员处理生病的家禽家畜：1 给生病的鹅喂食或喂药；2 在原图中，壁画比古雕像表现得更清晰，描绘的是给羊治病；3 给羊喂食；4、5 给羊喂食，把羊的前腿绑上以便喂药；7 把药掺在饲料里喂牛羊吃

供适当的食物，亲手给它们喂食，为它们备药并喂药。古埃及人对家畜和圈养的沙漠动物，以及鹅和鸡等家禽都给予了同样的照顾。事实上，羊圈里成群的羱羊、羚羊、大羚羊和其他羚羊与兽医艺术方面的成绩一样，都显示了古埃及人对动物习性的极大关注—野生且敏感的羚羊被驯服得像绵羊和山羊一样听话，被赶到农田里让管家统计。同样，古埃及人在饲养狐狸鹅和尼罗河流域的其他野禽（wild fowl）方面也取得了成功[①]。

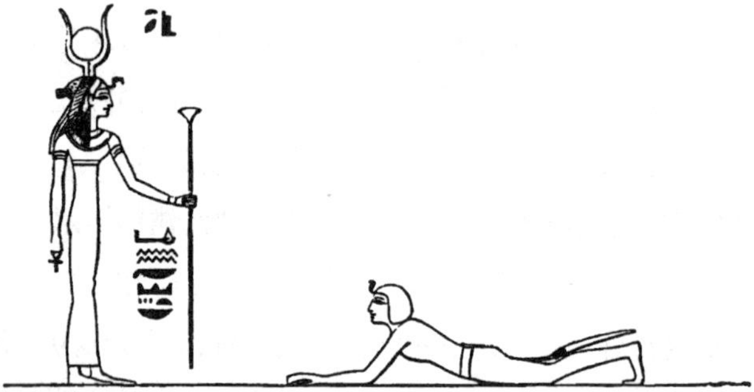

●托勒密伏在伊西斯面前，伊西斯说："所有的土地都给你"。

① 拉美西斯三世在赫利奥波利斯建造了牛棚和用于豢养家禽的建筑，他在32年的统治生涯中到处赐予水禽，共计17250只，包括鹅、鸽子等各种鸟类。参见《过去的记录》。——S.B.

第6章

埃及人的宗教观—希腊人向埃及人学习宗教观念—祭司的神性观念与教给无知者的观念不同—神性—数字—天神在尘世的具现—古希腊学者的理论—主神—三位一体理论

●拉美西斯三世的宫殿

笔者在下一卷的首章中要系统地研究古埃及人崇拜的神。在这之前，有必要先对古埃及的宗教理论有一个整体的理解，它和古埃及人民的礼仪风俗密切相关。

古埃及人对自己的宗教深信不疑，宣称这种宗教允许宏大的外在表现，所以其宗教仪式呈现出各种壮观的景象。在古埃及人聪明才智的促进下，这些宗教仪式越发恢宏大气、引人注目。古埃及人为自己的民族自豪，其他民族后来采用的大多数宗教制度都是从他们这里发轫的。神是很神秘的，有自己的属性特征，表达方式各有不同。古埃及人直接承认这些神的属性来自本民族祭司阶层的形而上学哲学。祭司（阶层）声称他们是首个将自己的每一月和每一天都奉献给特定神的群体。这种日期崇拜有助于形成最早的并且延续至今的历法。古埃及神最终被古罗马神取代，之后又被基督教圣徒取代。古埃及人被认为是最早提出根据出生时间预测每个新生儿未来命运的民族[①]，新生儿注定要过什么样的生活，通过占星术预测就可以知道[②]。希罗多德说："希腊人从埃及人那里学到了占星学，埃及人发现的'神迹'比其他民族都多。他们观察并记下每一个事件，以及随后发生的事情，然后仔

① 参见夏巴斯的论著。一些莎草纸文献其实就是带占卜性质的历法书。这些莎草纸文献不仅对每一天的特定神和神话事件都有具体说明，还写有应该做的事、避免做的事及在特定日子出生的人的命运。每一天都被分为三部分，并根据其特点使用吉利或不祥的宗教术语。——S.B.

② 伊安布里霍斯说："根据很多埃及人留下的说法，人的运势跟天体的运行息息相关。"——原注

细观察那些性质相似的事件。他们通过类比来预测未来，并相信同类事件再发生一次，结果也会是一样的。”

希罗多德同样认为，古埃及人被赋予了“教导人类如何以适当方式接近神”的荣誉。琉善断言，古埃及人被认为是最早拥有“神”这种概念且熟悉各种宗教事务的民族。欧西庇乌斯引用的阿波罗神谕中也体现了这一点：“他们比其他所有人都更早地以行动揭示了通向神的道路。”

伊安布里霍斯也认为古埃及人是“第一个被允许分享众神恩惠的民族，并且众神在被召唤时，对埃及盛大的宗教仪式感到欣喜”。

在祭祀的时候检查祭品的内脏、确认占卜的预兆，以及遵从所有古代宗教严格的迷信习俗，古埃及人对此都很看重，并且他们做这些事的方法很多，令人浮想联翩，就和东方民族如今使用的“德卜厄鲁美尔”（derb e’rummel）差不多。

普鲁塔克说：“古埃及人甚至认为孩子天生就具有某种预言的力量，总是急于观察他们在玩耍时偶然说出的话，然后从这些话中推断出未来事件的预兆——如果孩子们是在宗教场所玩耍，他们的言行就会被格外重视。”

在古埃及，一件小事就能促成人们总结出某个预兆，预兆则被作为好运气和坏运气的标志。当初在运石头时，即便是意志坚强的阿玛西斯，也被诱使向这种迷信的幻想让步。如果普罗克鲁斯的断言是真的，即最早举行献祭仪式的埃及人不献祭动物而是献上草药、鲜花和树木（必须是又香又甜的），并且认为“杀死祭品是非法的”，那么这些断言只适用于古埃及文明最早的时期，而不适用于古埃及人已经将他们的宗教习惯和信仰用纪念碑记录下来的那个时代。普罗克鲁斯还这么补充：“不应将动物作为祭品献给神，尽管得到的预兆有好也有坏。”

我们不能断定古埃及祭坛前的动物祭品是只有次等神才享用的祭品，也没法否定这种典型的献祭习俗起源于一个非常遥远的时代[①]。事实上，马可罗比乌斯肯定地说[②]：“埃及人从来不允许用宰杀动物作为祭品的方式来祭祀神灵，也不以血作为祭品，只准焚香祈祷。”

奥维德（Ovid）也表达了这种观点。据他说，以前的人用牛奶和大地自生的任何草药作为祭品。但这些说法并不适用于古埃及人，因为他们给自己信奉的所有神献祭。奥维德提到的每个古埃及人都享有自由献祭的特权，虽然在出埃及之前，犹太人也被允许献祭，但似乎只有在特定场合才行，并且要得到埃及人的允许。犹太人的习俗是献上水果、动物脂肪和奶、羊毛或动物的血肉作为祭品。举行献祭仪式的权利通常只限于长者、一家之主，以及那些德高望重之人。在举行逾越节（Passover）的祭祀时，他们被要求“各人要按着父家取羊羔，一家一只”，拿“一岁的公羊（山羊或绵羊）”作为祭品，户主将以整个家庭的名义宰杀祭品。在东方，这一习俗一直保留至今。部落的酋长或一家之主要在节日上亲自杀死祭品，阿拉伯人和其他穆斯林在一年的最后一个月，即“祖尔赫”（Zoolhegh）的第十天通过献祭进行庆祝。这个仪式是

① 根据商博良记载，在19世纪，唯一实际存在的献祭例子是托勒密三世给孔苏献上了一只大羚羊。古代文献中多少提及了一些动物祭祀的记录，如潘托尔关于拉美西斯二世的诗中，法老说：“我已经献上了大量祭品，为您杀了3000头公牛。”拉美西斯三世也提到了献祭的一些内容。——S.B.

② 但他犯了一个错误，这种话在塞拉皮斯神和萨图努斯神被引入埃及的时候就显然不成立了。——原注

为了纪念亚伯拉罕献子而举行的。值得注意的是，他们从未将这种父系的特权转移给宗教祭司。关于这一传统习俗，有一点让我们感到奇怪，有说法是当时被杀的公羊代替的是他的儿子以实玛利，而不是以撒。最早的时候，人们要杀很多动物作为祭品，但由于吃祭肉被认为是不合法的，所以祭祀结束后，人们会用火将祭肉烧掉。但后来，祭肉只有某些部分会被烧掉（犹太人就这么做），在某些情况下，剩余的部分属于举行献祭仪式的祭司或个人。如果说地上的果实可以被认为是人类最早的祭品，那么羊群中初生的羔羊就可以被认为是特别献给神的祭品，大多数人似乎都会献上羔羊在神前为自我辩护，并自我赎罪。事实上，羔羊一直被认为是最合适的祭品。在古埃及人献给奥西里斯和其他一些神的石碑上，描述了祭祀仪式的规矩，其措辞让人对羔羊作为古埃及最重要的祭品这一点毫不怀疑。在碑文提到的祭品中，我们还发现牛和鹅，以及饼、酒和熏香等，花和草药则被作为单独的祭品献上。关于本段出现的一些内容，具体可以参见《圣经》中《出埃及记》①、《利未记》②（*Levit*）和《创世纪》③相关作品。

公牛一旦符合祭祀要求，祭司就会在牛角上系上纸莎草带子，并盖上专属印记。在古埃及，用细封泥封住文件并盖上印记是很常见的。但在上述情况中，祭司在纸莎草带子上面盖上的具

① “你要向以色列民众宣布：本月的第十天，每家都要预备一只羊羔。”和“要无残疾的一岁公羊羔，你们或从绵羊里取，或从山羊里取，都可以。”——原注

② “摩西对亚伦及其儿子说：在会幕门口煮祭肉，也在那里吃祭肉和圣职祭篮子里的饼，照着我的吩咐，亚伦及其儿子要吃这些。”——原注

③ “有一日，该隐将地里的物产作为供物献给耶和华，亚伯则将他羊群中头生的羊和羊的脂油献上。耶和华看中了亚伯及其供物，但没看中该隐及其供物。该隐大怒，变了脸色。”——原注

●“Sma”意思是“切割”

体符号并不清楚。据卡斯托耳（Castor）说，这些符号包括一个跪着的人，他的双手被绑在身后，一把剑指着他的喉咙（见右方插图）。这可能是所附的符号，尽管它们没有在印章上被发现。古埃及人用来密封莎草纸的封泥质量非常好，希腊人和亚述人也用类似的封泥做官印。

我们从古雕像中得知，祭品动物双脚被绑住，然后被扔在地上。祭司用手摁住它的头，割断其喉咙，跟19世纪穆斯林的习俗一样；然后剥掉它的皮，在把它的头取走后，它的前腿（一般是右腿）或肩膀是第一个被切下的部分，这被认为是被选中的部分，也是第一个被献上祭坛的部分。希罗多德表示，祭品的头要么被带到市场上卖掉，要么被扔进河里。动物腿部或肩部关节作为祭品很常见，有时还会出现整只动物被放在祭坛上面的例子。因此可以断定，他所说的对祭品头部的咒骂只限于某些场合和某个特定的祭品，就像犹太人的替罪羊一样，并且埃及人不会吃这种特定动物的头。我们发现，在底比斯一座第十八王朝早期墓穴的壁画中，祭品的脑袋被送给了一个在宴会上帮客人拿手杖的穷人（这个穷人是一个埃及人，而不是一个外国人），所以可认为这种祭品的头应该是不

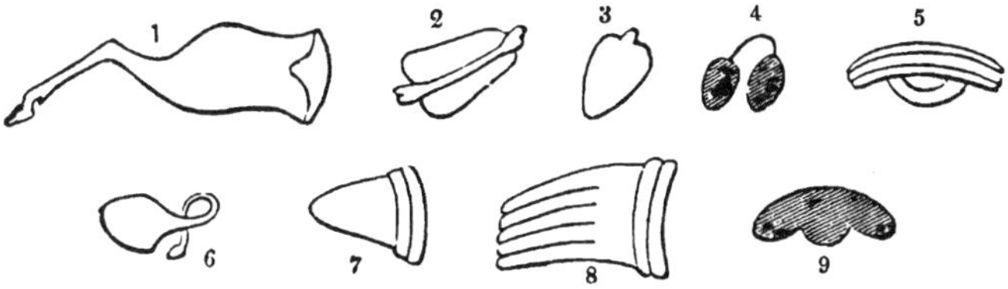

●动物身体上被献祭的部分：1 驼峰（*χeps*）；2 肩部（sut）；3 心脏（hat 或 abt）；4 肾脏（nes'em）；5 肋骨（spir 或 speh）；6 臀部（sat）；7、8 其他关节；9 肝脏

●古墓壁画情景。左侧铭文："王室向阿蒙–拉献上祭品，王室向塞布献上祭品，塞布是南半球的大神。"右边的铭文有污损，姑且可解读为："在他的居所里，可以接受……"在坐着的人的脚前，右边铭文是"数量庞大的面包和啤酒、肉和鸡、衣服和布料、香和蜡。"这是常见的墓穴铭文；左边是他儿子亚阿每斯（Aahmes）的名字，此人献上了一束花

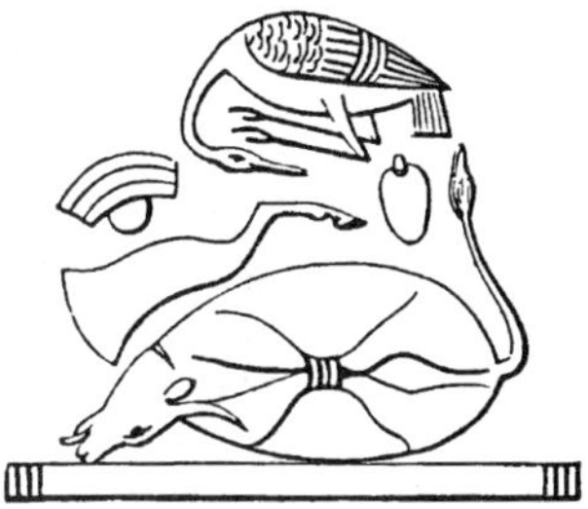

●放在垫子上的祭品

怎么受欢迎的。本段论及的相关内容，亦可在《圣经》中的《利未记》[①]和《撒母耳记上》[②]中找到对应的经文佐证。

盲诗人荷马也曾记载过类似的内容："他们把它杀了，砍头剥皮后把腿切下来，把肥肉（caul）对折，把生肉放在上面。然后一个老人把这些肉放在劈开的木头上烧，把黑酒倒在上面。他旁边的年轻人拿着五棱形的烤盘。当腿（大腿和肩膀）被烧好了，就尝尝'内脏'的味道，把剩下的部分切成小块，穿成肉串放在烤架上用心烘烤，熟了以后再把它们全部拿下来。"

祭坛上从不会摆放绵羊，它们也不会被按在桌子上宰杀。底比斯人饲养绵羊的目的是取毛。普鲁塔克认为在古埃及，没有一个人是吃绵羊的，除了吕高波利特斯人。古埃及人确实会宰杀

① "献祭的人要把手按在那牲口的头上，使祭牲代替他成为赎罪的祭品，这就成了主所喜爱的火祭。""手要按在供物的头上，并于会幕前宰杀供物。亚伦的子孙要把供物的血洒在祭坛的周围。""亚伦的子孙中，谁献平安祭牲的血和脂肪，右后腿就归他，是他的份儿。""然后他取出脂肪、肥尾巴、内脏上所有的脂肪、肾旁的肝叶、两个肾、肾上的脂肪和右后腿；又从放在主面前盛无酵饼的篮子中，取了一个无酵饼、一个油饼和一块薄饼，放在脂肪和右腿上。""为那两只羊拈阄，一阄归与耶和华，一阄归与阿撒泻勒。""但那拈阄归与阿撒泻勒的羊要活着安置在耶和华面前，用以替人赎罪，再打发人将它送到旷野去，归与阿撒泻勒。""两手按在羊头上，承认以色列人既往的种种罪孽和过犯，就是他们一切的罪愆，然后把这罪都归在羊的头上，借着所派之人的手，将羊送到旷野去。"——原注

② "厨役就把收存的祭品的腿拿来，摆在扫罗（Saul）面前。撒母耳说，这是祭祀后留下的，放在你面前，吃吧。我宴请百姓的时候，特意为你存留了这块祭肉到此时。当日，扫罗就与撒母耳同席。"——原注

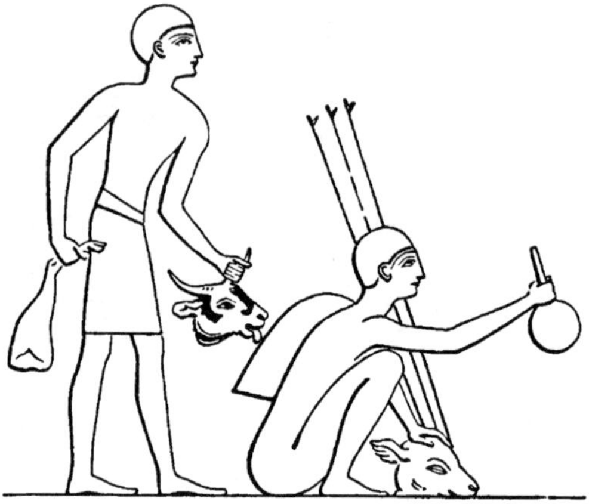

●带着各种祭品的人

山羊，尽管各种野生羚羊之类的野味才更受底比斯贵胄的欢迎。其他人则主要以牛肉及鹅肉等家畜家禽的肉为食。还有一些人吃鱼肉（有时吃鲜鱼，有时吃腌制的），只要偶尔能同时吃到鹅或者其他肉类，他们就很高兴。埃及出产的大量蔬菜几乎都会被摆上餐桌。同如今一样，古代埃及穷人主要吃扁豆粥，还有黄瓜（或葫芦）、甜瓜、韭菜、洋葱和大蒜①，其中，葫芦（kuz，阿拉伯语称“kúz”）、甜瓜（abtikh，阿拉伯语称“batikh”）、洋葱（阿拉伯语称“busl”）和大蒜（阿拉伯语称“tóm”）的名称一直保持到19世纪还没有改变。前文提过狄奥多罗斯的话，孩子们吃的东西是最粗糙的。另外，牛、鹅，山羊、羚羊、大羚羊和野鸡的肉也会作为祭品献给神。祭司阶层虽然不吃洋葱，但洋葱总是在他们的祭坛上占据重要位置。祭坛上还有无花果（见插图《祭品果蔬》中的3、4）、葫芦（见插图《祭品果蔬》中的1、2）、

① 《圣经·民数记》：“我们记得，在埃及的时候不花钱就能吃鱼，也记得有黄瓜、西瓜、韭菜、葱、蒜。”——原注

葡萄、谷物和各种花卉。葡萄酒、牛奶、啤酒，以及大量的糕饼和面包也构成了祭品的一部分。每一个外形较大的祭品在献上时还要焚香。

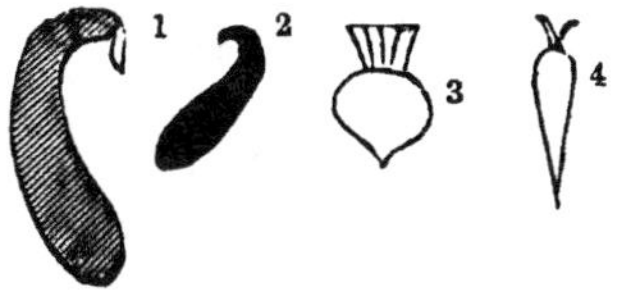

●祭品果蔬

关于人类将献祭视为更彻底的赎罪方式的原始观念，或者关于早期神启（revelation）在这方面体现的残余，在此没有必要论述。但后文会有机会提到一些关于神降临人间的具象表现的奇特观点，我们往往会在研究古埃及的宗教神秘事件时遇上这些观点。古埃及人有悠久的预言史，古希腊人等其他古代民族也是如此，这和他们的宗教制度有关。希罗多德说："对希腊人来说，不同神的起源、形式、性质和不朽性，是从过去起就一直存在的概念。率先通过神谱描述神的是赫西俄德和荷马，这是生活在我这时代之前四百年的人，他们提到了神的名字、人对神的崇拜、神的位阶及神的外观。而据说在赫西俄德和荷马这两位之前就提及过这些神的诗人，在我看来，其实是之后一段时间才出现的。"

希罗多德还说："几乎所有希腊（或罗马）神的名字都来自埃及，至少也是大部分。除了尼普顿（Neptune）、狄奥斯库洛伊（Dioscuri），所有希腊（或罗马）神的名字，埃及人都知道。在说明这一点时，笔者只是重复了埃及人自己承认的情况；他们不知道的神的名字，笔者认为应该是起源于佩拉斯吉人。但尼普顿除外，尼普顿来自利比亚，在那里，该神一直受到特别崇敬。比起神，古埃及人并没有给予古代英雄应得的荣誉。古希腊人确实借鉴了古埃及人的宗教仪式，其中许多仪式笔者之后会提到。但雅典人，以及在他们之后的其他希腊人不是从古埃及人那里，而是从佩拉斯吉人那里得来了让墨丘利的雕像以阳具的形式展现的习俗，其中的原因可以从发生在萨莫色雷斯（Samothrace）的神秘宗教事件中找到解释。”

希罗多德谈到的一些古希腊（或罗马）神的名称是不为古埃及人所熟悉的①，但不熟悉名称并不代表真的一点儿也不了解。有直接证据表明，与朱诺（Juno）、女灶神维斯塔（Vesta）和泰米斯的神职对等的神在埃及诸神之中占据了重要的地位。因为各个神话系统中的神的名称是对应的，为了便于理解，我们会列举拼音文字以作为对应：“Juno”对应“Sáté”，“Vesta”对应“Anouké”，“Themis”无疑是源自古埃及代表真实和公正的女神“Thmei”——不仅名字，连属性都“照搬”过来了。希罗多德接着说：“佩拉斯吉人起初是不给神起什么名字的，只是用天体不同部分的名称、这些部分的次序，以及他们认为这些部分组合起来的方式称呼这些神。这都是一些很通俗的称谓，专用名称直到很晚才出现。例如酒神的名字写作‘Bacchus’，他们知道其他神的名字很久之后才了解这个名字。佩拉斯吉人还曾去多多纳（Dodona）求过神谕，得到的答复是，外来人给神取的名字是可以接受的。这之后，他们真的就在祭祀之中使用这些名字了，而希腊人也从佩拉斯吉人那里借用了这些名字。”

据说，对酒神的崇拜和为酒神举办仪式是由梅兰普斯（Melampus）引入希腊的，并且他对其进行了一些小改变，只是为了迎合当地信众。希罗多德认为，从为酒神办的仪式和希腊人的礼仪之间存在的巨大差异，以及酒神仪式与埃及人礼仪的相似之处

① 对“Themis”（泰米斯）肯定不是完全不熟悉，因为古代文献中已经直接指出她与古埃及同属性神的联系了。——原注

来看，很明显该仪式来自埃及。从埃及引进的其他宗教仪式也发生了某些变化，比如上文提到的墨丘利。尽管希罗多德根据萨莫色雷斯的宗教程序推导相关的崇拜行为，但可能性较大的是，他参考了彻米斯的潘（Pan of Chemmis）的观点①。连女祭司（priestesses）自己都认为多多纳的古代神谕源自埃及，利比亚的阿蒙神谕也是如此。来自迪奥斯波利斯，或来自底比斯的神谕与多多纳的古代神谕很相似。埃及的主要神谕有底比斯的朱庇特、赫拉克勒斯、阿波罗、密涅瓦、狄安娜、战神等神的神谕，以及最重要的布托的拉脱那神谕，这是埃及人最崇敬的神谕。但所有这些神谕的占卜方式都不一样，也不是所有神都有权给予信众神谕的。

阿米阿努斯·马尔切利努斯称，底比斯城市阿比多斯存在贝萨神谕②，贝萨长期以来在阿比多斯受到敬拜。尽管有人说最著名的贝萨神庙在安提诺厄附近，并认为安提诺厄其实是在贝萨古城——贝桑提诺波利斯③（Besantinopolis）的基础上建立起来的。此地和赫利奥波利斯一样，通过专门委派的宗教人员执行神谕相关的宗教程序，他们遵循既定方法，用文字记录下这些宗教程序，将记录密封后存放在神庙中④。佐西姆斯（Zosimus）说，在君士坦丁大帝时代，这样的一些密封文献被送到了皇帝那里。皇帝得知其内容后，将许多宗教人士监禁和流放，显然是为了防止宗教干政甚至危害皇帝。在求取不同的神谕时需要举行不同的仪式，在赫

① 既是因为墨丘利的职能，也是因为所谓卡比里（Cabiri）的神秘之处。——原注

② 阿米阿努斯·马尔切利努斯认为在底比斯的边缘，和阿比多斯不是一个地方。笔者倾向于认为这是在说安提诺厄。——G.W.

③ 参见173年弗提乌（Photius）引述古埃及另一位学者的资料。——G.W.

④ 老普林尼认为人们在咨询神谕的时候会很小心，所有程序必须到位，一个音也不发错，一个字也不漏说。——原注

利奥波利斯和比布鲁斯之间的城镇阿帕卡（Aphaca）有一座维纳斯神庙和一片湖泊，那些去求取神谕的人把他们选择的各种祭品扔进湖里，女神若是满意，祭品就会沉下去，若不满意，祭品就会浮起来。佐西姆斯说，帕尔米拉人（Palmyrenes）在被消灭的前一年，其祭品是沉下去的，但在被消灭的当年，他们得到了相反的结果，预示着他们会遭遇灭顶之灾。

昆图斯·库尔提乌斯（Quintus Curtius）说："在绿洲地带，求取阿蒙神谕的时候，祭司会安排一艘镀金船停在河上，船上有很多银装饰，还跟着处女，人们按照民族传统方式吟唱某种粗俗的赞美诗，意在为神祈福，央求神给个好兆头。"

阿蒙神谕历来备受推崇，埃及内外都很敬重阿蒙神谕。各地都派人来求神谕，得到的答复准确无误。但到了斯特拉波时代，阿蒙神谕的准确性开始下降，罗马的西比尔（Sibyls）神谕兴起，伊特鲁里亚则利用鸟类飞行迹象、祭品状态和天象观测代替了传统求神谕的冗长程序。不过，根据茹维纳尔的记载，阿蒙神谕在这之后还是长时间受到推崇的。但德尔斐神谕后来再也没人求取。在所有重要场合，古人都会求助于神谕。神谕有时候还会主动传递给那些想征询神的建议的人，表现形式一般就是灾难预警或神的意志的表达[①]。麦策里努斯由于没有完成神的意志而受到指责，并收到了自己即将死亡的暗示；萨巴科收到神谕的预言和承诺，于是放下了最高权力；尼科被神谕警告，不要继续修建从尼罗河到红海的运河，以免受到外国入侵。在古代，有人不小心

① 占卜的主要形式之一就是解梦，比如梅涅普塔在普罗索匹斯（Prosopis）战争前的梦，努特梅门（Nutmeiamen）在入侵埃及前的梦，以及帕舍里恩普塔（Pasherienptah）在伊莫索斯（Imouthos）神庙前做的梦。——S.B.

丢了东西也要咨询神谕。据说，阿玛西斯会赐给他认为带来了真实神谕的神职人员礼物，让他们预测未来会发生的各种事情。狄奥多罗斯说，古埃及人充分发挥了他们在计算方面的技能，这一点对他们研究占星术极其重要。古埃及人能够十分精确地观察星星的顺序和运行轨迹，而他们对每颗已知星星的记录和评述有着悠长到令人难以相信的历史，关于星星的记载从历史最早的时候就被遵循。古埃及人非常仔细地记录了行星的运动、旋转和位置及每个行星对动物出生的影响，无论这些影响是好是坏。古埃及人经常能准确地预言人类将要面临的事情，比如作物的歉收或丰收，以及人和牲畜可能会遭遇的流行病等。地震、洪水、彗星的升起，以及所有在普通人看来没法知晓的现象，古埃及人都能通过长期持续的观察来预言。事实上，据说巴比伦的迦勒底人居住的地方曾是古埃及的殖民地，迦勒底人之所以能在占星术方面取得成就，是由于他们是埃及祭司的优秀学生。

希罗多德认为，古希腊人在神庙中所做的那些预知未来的占卜动作，都是从古埃及人那儿学来的。他肯定古埃及人就是首个开办各种集体宗教节庆活动，让人和神有所交流的民族。具体的宗教活动都是为了满足信众的某些心愿，为此信众需要献上一定数量的祭品。

犹太人严格按照教义，献上祭品，参见《利未记》[①]和《民

① “如有人献素祭给耶和华，就要给细面浇上油，加上乳香，带到亚伦子孙中担任祭司者那里。祭司从细面中取出一把来，并取些油和所有的乳香，然后要把所取的这些放在坛上焚烧，作为献给耶和华的馨香的火祭。”“凡献给耶和华的素祭都不可有酵，你们不可把含有酵和蜜的东西当作火祭献给主。那些要献给耶和华作为‘初熟之果’的供物，不可在坛上献为馨香的火祭。”“若向耶和华献初熟之物为素祭，就要献上烘了的禾穗子，即轧了的

数记》①的相关内容。一般来说，供品（offering）会用“Gorban”指称，献给圣殿的面包、盐、水果和酒等祭品（sacrifices）则被称为“Mincha”。此处，供品由于和祭品指的不是同一种事物，一般称呼的时候不用“Mincha”。谷物、面粉、面包、饼、水果、酒、盐、油等供品在圣殿中很常见，这些供品有时被单独献上，有时与祭品一起被献上。但蜂蜜从不与祭品一起被献上，它可能作为“初熟之果”被单独献上。被称为“Mincha”的祭品（亦称“Minkheh”或“Corban Mincha”）有五种，包括细面（粉）、炉子里烘烤的各种各样的糕饼、放在碟子上烘烤的糕饼、放在有孔的盘子上烘烤的糕饼和谷物初熟的果实。这些果实要么不掺杂任何物质，直接被呈上，要么是烤制的，要么是出穗的。饼是面粉加橄榄油揉成的，放在锅里炸，或烤好后蘸油。献在祭坛上的饼是没有酵的，酵从来不被作为祭品摆到祭坛上去，也没有和其他祭品一起被献上。犹太人可以把普通的饼献给圣殿的祭司。饼是为穷人专门指定的祭品，因为他们负担不起献祭牲口的费用，尽管在献活

新穗子。当作初熟之物的素祭，还要抹上油，加上乳香，这是素祭。”“又用膏油在坛上弹了七次，抹了坛和坛上的一切器皿，并洗濯盆和盆座，使其变得圣洁。”“如果那人贫穷，买不起那么多祭物，他可以用一只小公羊来作赎过祭，把它献给上主作为特别礼物。他只要带一千克调和着橄榄油的细面粉作为素祭，加上三分之一升的橄榄油。”“你晓谕以色列人说，等他们到了，我赐给他们的地，收割地里庄稼时，要将初熟的庄稼分一捆带给祭司。”——原注

① “不管是哪种情形，这人必须把妻子带到祭司面前。他同时要带上为妻子献上的祭物——大麦面伊法（ephah）十分之一。他不可在上面倒橄榄油或加上乳香，因为这是对妻子有疑心的丈夫所献的素祭，是要使真相显明的素祭。”“献绵羊或山羊作为烧化祭给上主的，在献每一只牲畜时，要同时带细面伊法十分之一，并油一欣四分之一调和作素祭，献给耶和华。无论是燔祭还是平安祭，你要为每只绵羊羔，一同预备奠祭的酒一欣四分之一。”——原注

祭品的同时他们还是要献上粮食、酒和盐。那些用面包或饭菜献祭的人还会同时献上油、香、盐和酒，这些在某种程度上是一种调味品。等候中的祭司从带来祭品的人手中接过祭品，把一部分放在祭坛上，其余的作为“神的仆人的生活用度”，自己保存。犹太人向祭司献上一块饼，祭司就把它分成两部分；把留给自己的那部分放在一边，把另一部分掰成碎块撒在祭坛的火上，再倒上油、盐、酒等。留在祭坛上的那部分饼如果是与动物一起献的，就会被全部扔在献祭的动物身上，然后一同在献祭仪式中烧掉。如果祭品是粮食新穗（小麦或大麦），就在火中烤干，揉搓后装在器皿里献给祭司。祭司加入各种作料，先保存自己用的那些，剩下的放在祭坛上烧掉。但当动物被献为祭品时，各种其他祭品都将作为动物祭品的“配料”。在某些情况下，祭祀规矩只要求献上粮食或制成品，献上收获的初熟果实也可以，公私祭祀都一样。至于伴随祭品的粉、油、酒或盐的数量，具体规定至今尚不可知。一般来说，祭司在祭坛的火上撒一把饭或碎屑，加上酒、油和盐，以及所有的香。其余的属于他自己，得到多少则取决于献祭者给了多少，见脚注中摩西的办法和脚注中关于羊、油和酒等祭品的记载。有一种祭祀是和婚姻有关的，丈夫如果怀疑妻子不忠，就献上没有油和熏香的大麦粉，祭司则念着对女人的诅咒，然后让女人喝下一杯苦水，说这能显示出她们究竟是否有罪。古埃及人在不同的场合及不同的神面前，都需要以独特的方式进行祈祷或献祭。古代神庙中留下的关于祭品的雕像中出现了许多这样的例子。希罗多德说，除了月神和酒神，古埃及人禁止向任何其他神焚烧猪作为祭品。

古埃及各地选择不同的动物作为祭品，被认为有神圣性的动物是不被作为祭品献上的。因此，同样的动物，在古埃及的一个地方被敬重，被禁止宰杀摆上祭坛或食用，而在另一个地方则可以。比如，门德斯人（Mendesians）献上绵羊却不献山羊，而底比斯人不允许宰杀绵羊，而在神坛上焚烧山羊。在朱庇特节庆活动上，一只公羊祭品被杀死。人们为神像披上羊皮，然后聚集在神庙周围，发出庄严的喊声，并抽打自己，以表示他们对圣物之死的遗憾，随后将羊的尸体放在一个神圣的箱子里。普鲁塔克肯定地说："除了吕高波利斯人，埃及是没人吃羊的，因为狼被当作神崇拜，而羊是狼的食物。"

因此，埃及某个特定地区的某些仪式的执行情况可能与其他地区的仪式完全不同，但对奥西里斯①、阿蒙、普塔等主神的崇拜可能就不是这样，因为主神普遍地被人们以崇敬的态度看待，主神作为神性本身的一些抽象品质的神秘代表，不能被随意对待。如果某些主神在埃及的某些城市或省份受到更特殊的崇拜，那是因为他被视为当地直接的守护神。尽管当地居民特别祈求直接守护神的保护和帮助，但其他神也一同分享直接守护神在其圣地的荣誉②，因为人们希望所有的神都能垂青自己。带着这种心理，人们在神庙里的献礼和祈祷要顾及大小神。如果主神在神庙的中庭和其他地方占据了最显眼的位置，那么非主要的小神也应得到应有的尊重，他们同样都是神圣的，尽管处在神庙中不那么重要的位置。因此，在同一个城市中，古埃及人会为不同的神修

① 即便奥西里斯在名义上不是埃及八大主神之一，实际上他也拥有与任何主神同等的地位。——原注

② 例如，奥姆博斯的主神是阿罗里斯（Aroeris）。献词中说，驻扎在奥姆博斯的步兵和骑兵，以及其他人员为阿罗里斯、主神阿波罗等神献上祭品，因为神赐予他们恩惠。——原注

建不同的神庙。

在古埃及，对宗教动物的崇拜有些许不同，但经常发生这样的情况，即在一个地方受到敬爱的动物在另一个地方却被憎恨，甚至被宣布为人类的敌人。因此，对同一种动物的不同态度往往会导致当事各方的殊死斗争。选择一种动物作为宗教的标志，这具有任意性，两个主要参考因素分别是当地的具体因素，以及某些意外事件。在视鳄鱼为祸害的城市，獴这种动物会因偷鳄鱼蛋而受到极大尊敬；但如果在一个把鳄鱼奉为圣物的城市，獴反而会被视为恶敌，类似的反差后文中还会提到。如果前述动机不能令人满意，这时考虑一下卫生方面，反而就能说得通了，比如不吃猪肉、豆类、一部分蔬菜[①]和尼罗河中的某些鱼类。为确保大家真的都不吃，这些动植物就被说成是神圣的，至少也具有某种神性。据波菲利说，古埃及人要么认为动物是真正的神，要么用牛、鸟和其他动物的头来代表他们的神，目的是让人们不要吃它们，就像要他们不吃人肉一样，里面可能还有一些其他的宗教动因。尊重宗教，也就必须尊重这些具有宗教性的动物，就像伊西斯女神遗留下来的诗篇一样，长期传唱，历久弥新。随着时间推移，这些最原始的动机被遗忘，留下的只有盲从。但普鲁塔克是这么说的："很明显，埃及人的宗教仪式和典礼从来没有建立在非理性的基础上，也没有建立在单纯的寓言和迷信上，一切都是为了提升和增加那些有责任遵循各项仪式的人的道德和幸福。"

希腊人经常喜欢嘲笑埃及人的宗教观念，对于"那些被允许享有神圣荣誉的走兽、鱼类甚至蔬菜"，以及"它们在死亡或任

① 祭司不准进食某些鱼类和肉类。——原注

何事故发生时发出的悲鸣”，希腊人只从字面理解这些东西，就会把它们视为宗教迷信，这是希腊人最容易嘲笑埃及人宗教观念的地方。在作品中谈到埃及人时，安提法奈斯（Antiphanes）开玩笑说：“此外，虽然他们在其他方面被认为很聪明，但他们在认为鳗鱼与众神平等方面表现得更加聪明：因为鳗鱼肯定比任何神灵都更值得尊敬。面对众神，我们只需要虔诚祈祷，但要吃鳗鱼，就要花12个德拉克马甚至更高的价钱买，这还不神圣嘛！”

阿纳克桑德里德斯（Anaxandrides）在戏剧中对同一批人说：“我不能同意你们的观点。我们的习俗和法律差别如此之大：你们崇拜牛，我们把它献给神；你们认为鳗鱼是非常伟大的神，我们把它看成最美味的点心；你们不吃猪肉，我们最喜欢吃猪肉；你们崇拜狗，我们一抓到它偷肉，就把它打一顿；我们的祭司要求祭品的每个部分都是完整的，而你们的祭品看上去总有残缺；你们如果看到一只病猫，就会为它哭泣，而我们就很高兴杀它剥皮；狼蛛（mygale）在你们那里有很大的影响力，在我们那里却没有。”

提摩克利斯（Timocles）在《埃及人》（*Egyptians*）中写道：“鹮或狗怎么能保佑我呢？当那些对真正被认为是神的存在不敬的人可以立即逃脱惩罚时，他们的罪行将由供奉猫的祭坛来惩罚吗？”

埃及的迷信值得讽刺，茹维纳尔更是严厉批判，他的第十五篇讽刺诗大意是这样的：“谁不知道那些埃及疯子是崇拜怪物的？这鬼地方竟然崇拜鳄鱼，害怕朱鹮和蛇。长尾猴的金神像闪闪发光，门农发出魔音（magic chords），底比斯古城和它的一百座城门都被掀翻了。在埃及，这里崇拜海鱼，那里崇拜河鱼，有时全城膜拜一条狗，没人敬拜狄安娜（Diana）。采摘韭菜和洋葱是不行的，更别说食用它们了，埃及人自认是花园中出生的民族。每张桌子上都不能有羊毛出现，杀死小羊羔是非法的，以人肉作饵料反而是合法的。”[①]

在别人看来，埃及人的动物崇拜自然是可笑、粗暴的迷信。当色诺芬和其他人嘲笑古埃及人的宗教仪式并表示“如果你们的神真的是神，就不要为他们哭泣；如果是人，就不要向他们献祭”时，我们只能说，正如克莱门斯公正地指出，人们没有什么理由批评古埃及人的宗教。因为在希腊诸神之中，被神化的人的数量比任何一个古代民族的都要多。关于神的传奇故事通过把最不一致、令人厌恶的恶习归于诸神，从而贬低了神的神性。

对于埃及人将动物或草药视为神，并为它们的死亡感到悲哀的迷信，普鲁塔克说：“色诺芬及其追随的哲学家对此感到震惊，或许会对埃及人说：‘要相信这些东西是神，怎会为它们哭泣？如果它们值得哀悼，又怎配称为神？’他们可能不只是说这样的话那么简单，还会补充说，古埃及人为世间凋亡的果实哭泣，同时为它们祈祷，盼望它们再次萌芽、成熟，然后再次经历被消耗、为它们哀叹的循环，这是更可笑的。”

埃及宗教及其相关事务中最值得批判的一点，就是把宗教神圣的荣誉赋予给了动物。无论这么做的目的是什么，导致的后果自然可以预见。动物神化的目的主要有三个：一个是纯粹的神化，一个是防止有害的食物进入人口，一个是要把动物作为某些神的象征。一个开明的神职人员应该保护人的思想，阻止人陷入迷信。正如普鲁塔克观察到的那样：“埃及人，至少我知道的绝

---

① 之所以这么写，是出于讽刺目的而进行的夸张叙述。——原注

大部分埃及人都是这样，崇拜动物，将其作为神来崇拜，不仅仪式可鄙，还会产生很多最危险的后果，如果思想不够坚定，就很容易陷入迷信。”

还有一点不公平的是，祭司阶层保有自己独特的宗教信条，民众却不了解他们信条的基本含义。当古埃及人的思想境界到了对神的本质进行思考的层面时，祭司阶层就禁止其他阶层参与研究，其他阶层的思想被强行压低，被迫去信奉一种和祭司阶层所信奉的完全不同的宗教。当思考神的本质的人意识到，存在一个统一的神，并且该神具有创造世界的能力时，不具有恰当宗教知识的人反而会被引导去信奉多神信仰。多神崇拜是建立在宗教寓言故事之上的。在古埃及文明更早时期的时候，宗教中诸神的职责可能更少，属性也更简单。对于没有经过宗教思考训练的大众来说，思想中的弱点很快就把他们引向了迷信。人会因为相信精灵（神）在宇宙中的存在而滑向对虚无缥缈的存在的崇拜，为了一种扭曲的神概念，把原来宗教中那些朴素的概念全都忘得干干净净，也就不会再有宗教“门外汉”对其理念的真正性质产生怀疑。如此一来，宗教观念发生了扭曲，导致大家信奉的神的神格被扭曲。神的假定行为（supposed actions）被批判，而神的“不干涉”（non-interference）更是会招致批判甚至报复（指神的名号或雕像被侮辱）。所以外国人看到了埃及宗教荒诞的表面，也并不感到奇怪；被选择作为神的象征或作为世界上神圣统治者的代表的动物，反而往往使人们对它们所代表的崇高的人或者神产生非常低的评价。不管在象形文字中用鹅的形象表示一个孩子有多么恰当[①]，用猿猴的

① 这实际上只是古代字母在语音或字母上的排列顺序决定的。——原注

形象来表示掌管学问（智慧）的神或用小猪的形象表示普塔，都绝不是什么赞美之举。

当然，要是古埃及祭司能跟19世纪的现代人对话，他们可能会反对以我们的观念来评判他们的宗教，并且坚持称，宗教神秘事物都必须保密，防止祭司阶层外的普通人随便乱猜，这会导致很危险的结果。这些祭司可能还会提出，在宗教仍然纯粹的年代，很多形式表达都是很隐秘的，从字面解释肯定找不到真正的答案。公正起见，我们还是应该给予古埃及寓言式宗教一定的宽容。我们如果能想到，这些宗教寓言中还包括很多启示早期人类的真理，这些真理都被秘密保存，以防被歪曲，那就可能会倾向于认为古埃及人的教义还是有积极意义的，并理解这么一种说法，即神圣造物者一定要学习古埃及人的宗教智慧。古埃及人对某些特定存在的崇拜给出的理由是很荒谬的，这不容置疑，古埃及的很多宗教习俗也找不到令人满意的动机。但可以确信的是，古代学者也不一定知道这些问题的答案，这些答案都被淹没在虚妄的猜测之中，甚至古埃及人自己也不一定能全搞清楚。很明显，如果古埃及人不参加宗教仪式，就不会明白神庙中陈设之物的具体意义，也不会对神谱有清晰的概念。对于没有受过宗教教育的人来说，诸神在人间神话般的存在提供了一种抽象概念，这种概念引导大众只重视宗教崇拜的外在形式。正因为对宗教各神本质的无知，古希腊人相信神会以人的形式存在，还会积极融入人的生活，并从字面角度接受一切关于神的传奇故事，还把它们当成真理。正如西塞罗所观察到的，人没有因此被提升到神的水平，反而是神被拉低到人的等级。我们发现，普鲁塔克作为或多或少参与宗教事务的人，对这些秘密比较了解。他对这种神曾经在人类之中生活的想法嗤之以鼻[①]。古埃及人曾经对希罗多德和赫卡泰乌斯所作的评论表明，古希腊人在神的问题上是多么的无知。

俄利根说：“对于很多古埃及人来说，他们没和古埃及祭司交谈过，更不了解宗教信息，只是徒然听着埃及哲学家在谈论宗教教义。”

巴尼尔神父（Abbé Banier）说：“古希腊人对于自己的宗教史，只有很模糊的认识。诗人被认为是古希腊最早的神职人员。正如斯特拉波巧妙指出的，要么是因为对古代知识不了解，要么是为了奉承讨好当时的统治者，古希腊诗人把神谱安排成了统治者的家谱。因此，那时的诗人在作品中提到一些英雄时，必称他们是赫拉克勒斯或朱庇特之类神的后代。就算所有的古代民族都会硬拉神话中的人物当自己的祖先，古希腊人在这么干的时候也无疑是干得最蠢的。古希腊人本来就从埃及和腓尼基接收了很多殖民地，也就把当地宗教及仪式都学了过来。这些学者虽然明知道这一点，却还敢断言参照这些形象编写出来的神和神话是希腊、色雷斯和弗里吉亚土生土长的！而古希腊诗人假装要引导我们得出这个结论，这确实令人惊讶。在这一点上，希罗多德比古希腊诗

① 一个普通人出现在图特摩斯三世在萨姆尼建造的神庙中，他是唯一具有神性的凡人。在这个地方，欧瑟特森三世被认为和神一样，但我们不知道他被神化到什么程度，表面上看他戴的是一顶象征王室身份的帽子。无论是不是法老，都要向已故父母献上祭品，但父母辈的人只有在死后才享受法老这样的祭祀。如果名字中被加上“奥西里斯”头衔，那就意指这些父母辈的人生前的生活是有德行的，死后会回到那神圣的起源之地。更有甚者，法老向坐在宝座上的自己和王后的形象献祭，法老本人还要作为主祭人主持仪式。（当时欧瑟特森三世被称为“年轻的塔特”或“Tat-un”，附属于奥西里斯神，其中原因不明，但他也是一种很强烈的地方信仰。——S.B.）——原注

人要好，他承认希腊诸神来自埃及。”

柏拉图说：“梭伦向古埃及祭司询问古代发生的事情时发现，包括自己在内，当时没有任何一个希腊人掌握的相应知识足够‘古老’。”

柏拉图还提到，在梭伦开始谈论那些在当时的希腊人之中流传的最古老的历史故事，也就是甫洛纽斯（Phoroneus）、尼俄伯（Niobe）的故事，以及丢卡利翁（Deucalion）和皮拉（Pyrrha）时期发生大洪水①的时候，一个年长的祭司感慨道：“梭伦啊梭伦，你们希腊人总是表现得像个孩子一样，仿佛你们当中没有成熟的长者一般。你们的灵魂都很稚嫩，既不包含任何来自遥远传统的古老观点，也不包含任何存在于过去的纪律。”

古希腊人鼓吹自己是神的后代，被古埃及祭司们嘲笑为爱慕虚荣、愚昧无知。古埃及祭司对希罗多德说，埃及君主制从第一代传到第三百四十一代，“从未有神以人类的姿态在世间出现过，之后更不会有。”

希罗多德又说：“当赫卡泰乌斯在底比斯神庙中向朱庇特的祭司吹嘘自己的家谱，号称自己是神的第十六代后人时②，祭司们就像看我一样看他，尽管我可没有这样吹嘘过自己。他们把我带到一个用于祭祀的大房间，给我看了一系列木制雕像。木制雕像的数量和大祭司的数量一样多。每一个埃及大祭司都是继承死去父亲的职位，祭司在世的时候必须有一个代表自己形象的木像，从古到今都是如此。赫卡泰乌斯吹嘘自己的家谱以炫耀身

① 祭司对梭伦说：“你不过提到一次大洪水而已，那个时候可是有很多次大洪水的。”——原注

② 给予法老的“神”头衔是虚衔，只有荣誉上的意义。——G.W.

世，大祭司根据前任大祭司的人数来反驳其言论，否定‘任何人都是神的后裔’这样的观点，辩称每一个木制雕像所代表的都是‘一个男人所生的男人’（a man engendered by a man）[①]。根据木制雕像的数量，这些前任埃及大祭司共计345个，没有任何一个人是神或英雄的后代。[②]”

上述讨论还可以延伸到古印度人那里去，他们也认为神和人生活在一起，并且这种想法更强烈，但这里就先不多说了。上述讨论的问题可以被看作古埃及宗教中最奇特的谜团，跟希罗多德提及的“神是否存在于人间”完全不同[③]，要从一个不同的层面去看待。古埃及神的形象不是真实存在于人世的[④]，从代表他们的符号中就可以看出——有的神呈现出“人身雀头”，这是托特和墨丘利之类的神的宗教属性，即神的智慧（divine intellect）和交流媒介（communicating medium）。“狮身人面”这个形象象征着力量和智慧，埃及法老就使用这种形象，他们认为这是君主品质的唯一体现。但这种众所周知的形象也免不了被歪曲，古埃及宗教信徒竟然还要给狮身人面兽赋予真实动物的特征。狮身人面兽作为一个

---

① “男人”在古埃及语言中对应“piromi”，因为希罗多德不掌握这种语言，将其有偏差地翻译为“善良有德”，在解释的时候，突出了“人”对应“romi”。——原注

② 与之相对的是，底比斯的法老会被称为“阿蒙神之子”，从阿蒙神的血液或躯体中诞生，是他的直系后裔。就连亚历山大大帝也引用过这个传说。——S.B.

③ 在曼涅托的神谱之中，部分神被描述为“在人间统治了一段时间”，这说明他们曾经存在于俗世之中。有一个“两兄弟”的浪漫故事，描述了诸神来到人间看他们制造的女人的情况。——S.B.

④ 也许在后来的一个时期，“在不同地方有不同特色的唯一神”的想法占了上风，但每一组神的原始概念都是拟人化的，由主神、主神的妻子、妻子的姐妹、神夫妻的子女组成，都是纯粹的人性化的神。奥西里斯的神话是全盘拟人化的，所有原始神的概念都是这样的。——S.B.

象征物，获得了与神同等的崇敬。这种堕落（corruption）应归咎于迷信（superstition）。在所有时代和许多宗教中，迷信都赋予了遗物或遗迹（relic）多种假想的美德，并为遗物或遗迹赢得了与其所属的人或所代表的存在一样的崇敬。

以各种具体的存在（比如动物）指代神的存在的做法并非古埃及宗教唯一值得批评的地方①。古埃及人信奉的很多神本身是唯一真神的某种属性的化身。了解宗教本质和奥秘的祭司们只相信唯一真神。对诸神当中的某位具体的神顶礼膜拜的时候，祭司们实际上就是在以一种具体的形式直接和唯一真神进行交流。不管这种单一方面化身的神具体叫什么名字，它代表的都是唯一主神的某个具体属性。就像“Creator”、“Omniscient”和“Almighty”在这个层面表达的意思完全相同一样，这就导致主神和低级神的区别开始显现。低级神是具体的存在或者某些抽象概念的具体表现，我们用英语单词可以表示为“sun”（太阳）、“moon”（月亮）、“valour”（勇气）、“strength”（力量）和“intellectual gifts”（才智天赋）等。要是对古埃及宗教的基础不甚了解，可能真的会认为所谓英勇之神、力量之神或智力之神曾经生活在人世。埃及祭司会如何嘲笑有这种想法的愚蠢的希腊人，我们心知肚明——希腊人赋予抽象概念以真实存在的形象，并声称自己有来自“力量”或“神性”的任何属性的血统。根据这一原则，神可能是由美德、感觉，以及简而言之由每一个与神或人有关的抽象概念组成。举一反三，除了美德和感觉，我们还可以在后面加上一长串词语，如智力、力量、智慧、创造力、生产和生

① 神像的动物头颅彰显的就是一种动物崇拜。古埃及人认为，特殊的动物身上有神的灵魂，神化身为这种特殊动物。——S.B.

育的原则、思想、意志、善良、仁慈、怜悯[①]、神圣复仇（divine vengeance）、谨慎、节制、坚韧、命运、爱、希望、慈善、快乐、时间、空间、无限，以及睡眠、和谐[②]，甚至还有时间的划分，如年、月、日和小时等无数的抽象概念。古希腊和古罗马诸神也是这样，希腊人和罗马人还增加了一些不那么精致的神的形象。这些神常常取代甚至篡夺早期某些更受尊敬的神的位置。埃及诸神中有很多也是依托实体或概念存在的，这些实体或概念包括大地、天堂、太阳和月亮等，这类神因造福人类而受到尊敬。塞内卡提到一种关于元素的学说，这种学说的宗教性没那么强，更像是一种形而上学。如果将四种元素分成两部分，那就是一半阴性一半阳性，这是基于元素属性的差异所做的区分，如“主动”（active）的风与“被动”（passive）的雾〔或“惰性”（inert）的大气〕之间有区别，海与淡水之间有区别，燃烧的火与闪耀的光之间有区别，小石头与大石块之间有区别，作为地球的一部分与作为可耕作土地之间有区别——在上述这些组合之中，并列关联词左边的属于阳性，右边的属于阴性[③]。

---

① 相当于阿拉伯语中的“rahman”和“rahim”。——原注

② 普鲁塔克说，“和谐”指代的神是战神和维纳斯的后代。这就像密涅瓦从朱庇特的头顶上冒出来的故事，以及其他类似的神话故事一样，表明希腊的许多神都是以类似的方式产生的，他们是思想的化身，也是唯一真神的一个属性。——原注

③ 这类四元素拟人化神在埃孚（Edfu）、卡尔纳克、美迪那哈布（Medinat Habu）、戴尔埃米底奈特（Derr el Medenet）和腓莱都有体现。一般都是8位神成一组，每组神都包括一男一女两种化身，不是长着青蛙头就是长着蛇头。水作为首要的元素，其化身是努特（Nut）或汉（Han）。火是第二元素，其化身是“赫胡或日子”（Hehu或day）或“赫胡特或岁月”（Hehut或ages）。土地是第三元素，其化身是卡克（Kak）或卡克特（Kaket）。黑暗和空气的化身是努（Nu）或“呼吸”（breath）。——S.B.

对于具体的宗教人物，不同的人崇拜方式不同。对于神，一种用于区别的设置就是给神像安上动物头，或穿上特殊服饰，或增加某处身体部位，这样一来，即便不用象形文字加以特别说明，也能突出他们的身份。不过，古埃及人在雕像方面还达不到古希腊人的技艺水平。古希腊人雕刻的神像，每一尊都有自己独特的面庞。这种艺术方面的付出，只有技术最精湛的大师才能做到。有时，古希腊人也会打破常规，在不同时代制作出面相不同的阿波罗和酒神的雕像。通常来说，狮子皮（lion-skin）、海豚、新月和老鹰的符号可以被用于区分赫拉克勒斯、阿佛洛狄忒、阿耳忒弥斯和宙斯等希腊神的神像，而埃及诸神实在太过广泛，所以很难使用符号来指代具体的神，就算只用来指代主神也行不通。而用符号作区分还可见于其他场合，比如，基督徒为了区分使徒和圣人，同样有必要加上老鹰、狮子、车轮等多种符号。

对于由自己主祭的神，祭司都是了解的，将其视为整体且不可分割的存在（sole and undivided Being）。但正如笔者曾说过的，普通民众与这些宗教知识是隔绝的，他们对自己被教导要崇拜的对象一无所知。在古埃及，神真实存在的说法不仅被允许，甚至被鼓励。古埃及人认为，阿匹斯神牛和它所象征的神同样神圣、同样值得敬拜，对于其他神及其神圣动物来说也一样。但无论无知的、未受教育的埃及人如何曲解神的本质，他们都没有像希腊人那样，把象征创造能力的神的形象降格成一个铁匠的模样。希腊人这么看待神就是犯了大错——古埃及人的一些抽象宗教概念在希腊人看来，可以被认为是火神，并且火神可以有锤子、铁砧和其他常见的锻造工具。古埃及人在宗教方面也犯过错误，前文有提及。但他们没有把神放在与世俗人平等的位置上，让神去干普通人干的事情。在他们眼里，神还是神，不是动物也不是人。如果要介绍古埃及宗教，笔者无意将众多神的职责属性一一堆砌起来。事实上，就算站在19世纪的高度，也还没有足够的数据为这样的研究做支撑。因此笔者先讲一个大概，并努力向读者解释古埃及神学的上层建筑所遵守的原则。在人类文明的早期，宗教里会存在一个创造了万物的全能之神，这似乎是很普遍的，后来被各个文明的民族普遍采用。笔者不会贸然断定古埃及人得出这个结论究竟是出于传统，还是经过了认真的思考。我们只需知道，这就是古埃及人的信念，以及其他古代民族的很多哲学家的信念，就足够了。一些希腊人对自己的神学思想也秉持着同样的想法，我们在一位古代学者的文献中就发现了相关记载。巴尼尔神父观察后说："盲诗人荷马的导师普罗那皮德（Pronapides）所接受的神谱和乔万尼·薄伽丘（Giovanni Boccaccio）根据狄奥顿修斯（Theodontius）作品的一个片段所确认的神谱一样。如果这是真的，那么根据这种最合理的神谱，永恒的真神是唯一的，其他神都因他而生。人们不被允许给这个最初的存在，即唯一真神起任何具体名字，没有人能够说出他是谁。阿那克萨戈拉给这种存在下了定义，认为是'νοῦς'（understanding，意即'理解'）。这种简单的想法后来慢慢得到改变。斯塔提乌斯（Statius）学派的学者拉克坦提乌斯（Lactantius）把这种存在称为'Daimogorgon'，该学者和阿那克萨戈拉一样，是对狄奥顿修斯的模仿。'Daimogorgon'的意思是'地球之精灵'（Genius of Earth）。但后来的人对这位唯一真神的描述似乎又不符合最早一批哲学家的看法。我们可以发现，身兼古希腊最早神学家的诗人们已经开始将神的理念人格化，把自己的想法变为神学理论，他们总是在假设一种真正独立的存在。绝大多数古希腊神学家都认为，在这个世界形成生命的时候，有的生命来自天上，有的生命来自俗世，还有的生命来自地下。但像‘Daimogorgon’和‘Achlys’这样的存在，是在混沌初开之前便已经形成的。像是阿克蒙（Acmon）和西普西斯图斯（Hypsistus），都是在天堂的概念出现之前就存在的神，在拉丁语中被写作‘凯路斯’（Cœlus），希腊语中写作‘乌拉诺斯’（Ouranos）。有的人认为阿克蒙是马内斯（Manes）的后代，是凯路斯的父亲。凯路斯是萨图努斯的父亲，萨图努斯则是其他神的父亲。这之后出现了大地之子巨神（giants），最后出现的是泰丰。处于这些神之下的是半神，半神是神和人交媾生下的后代。当然也有一种说法，即萨图努斯是凯路斯和泰拉（Terra）的后代。”

古埃及人是否真的进行过关于神性统一的讨论，这是存疑的。对于统一的至高神，埃及人和犹太人都心怀敬意，永不会直呼其名，该神将永远保持“现在是，过去是，将来也是”的状态。古代雕塑家可能都不会直接制作该神的雕像，对于该神，最多就是用一些神化属性的名称和形式来隐喻其力量和人类之间的联系。

很多神话故事中的角色都是出于上述目的而创作的。在希腊作家的想象中，古埃及人用盘成圆形的蛇（连尾巴也含在嘴里）及其他类似的标志来表示宇宙永恒统治者的不可说的名字。但这只是神的神化属性的象征，假如蛇的这种状态确实可以得到承认的话。不管是蛇还是其他标志，其实都不能被认为和神性统一这种原则有任何联系。即便是奥西里斯，也不能被看作具有神性统一这种特性的神。在冥界，奥西里斯被赋予审判死者灵魂的任务，加之其作为化身（Avatar）的神秘性质，这使其具有比其他神更高、更全面的地位，同时还能作为独立三位一体组合[①]（separate triad）中的一个成员出现，并在履行了世俗世界的职责后回到最初的状态。在古埃及宗教神话体系之中，最令人困惑的问题之一就是，同一个神有很多不同的特征，因此，奥西里斯会有很多名字，伊西斯更是得名“Myrionymus”（即有10000个名字），而在不同场合确定神的具体职责也是很困难的。如此来看，古雕像体现的不是神本身，而众神的形象是被神化的属性，表明了永恒存在的智力、善良、力量等品质，这在某种程度上与达马斯西尼乌斯的观点相吻合：“在伊安布里霍斯之前，几乎所有哲学家都主张有一个超越存在的唯一神（superessential God），其他神往上追溯，都有一种本质层面的存在，他们借助唯一神而得以神化。”

唯一神无须借助其他力量，自己就能完成神化的过程；低级神都是从唯一神之中生发而来的。不同等级的神象征着与造物主有关的物质存在和抽象概念。这些神的相对等级取决于其与神

① 本书作者天然地认为基督教神学理论是不容置疑的“正确”，也就是说，他在本章和下一章进行的研究，实际上是一种为埃及宗教和神学理论套用基督教术语的尝试，目的是促进埃及神学理论在当时西方世界的传播与接受。这样的研究具有浓厚的时代特征，请读者注意批判继承。因为是套用基督教术语，但不是在谈基督教，所以对“triad”不用“圣三位一体”，只用“三位一体”。“triad”有另一个表述叫“三联神”，在此没有使用。国内对于“三联神”定义在学术方面的介绍见上海辞书出版社分别于1998年和2009年出版的《宗教大辞典》和《宗教词典》，指“希腊和罗马宗教”中三个彼此相关又互有独立性的神明。虽然作者在类比的时候列举过古希腊和古罗马多神教中的三联神，但在进行理论论述的过程中所依托的经典又是《圣经》，故而在翻译的时候会更多依托出自《圣经》等经典的基督教术语，而非来自其他宗教的术语。另外，“三联神”作为一个宗教术语，在中国学术界也很少被讨论。截至2023年底以“三联神”为关键词在中国知网检索，暂时未找到相关学术论文。以“三位一体”为主题的学术文献则有600多篇。——译者注

的起源联系的紧密程度。与神的起源联系越紧密，等级越高。另外，有些神仅仅是人们对实物的神化，例如把有用的动物或对人体健康不利的植物提升到神圣地位，避免人们伤害或食用它们。在希腊人和罗马人的宗教中也可以看到同样的情况。罗马宗教甚至“发明”出一些地位极低的神，甚至有专门的神来管理城市的下水道；还“发明”了一个咳嗽之神①，作为热病女神的伴侣②。

古埃及人和古希腊人、古罗马人一样，把神分为三六九等。古罗马人认为共有12位主神，在拉丁语中写作“Dii Consentes”或“Dii minorum gentium”。古埃及有8位主神。恩纽斯笔下的希腊主神包括宙斯（对应罗马神话中的朱庇特）、赫拉（对应罗马神话中的朱诺）、赫斯提亚（炉灶女神）、雅典娜（对应罗马神话中的密涅瓦）、得墨忒耳（对应罗马神话中的谷神刻瑞斯）、阿耳忒弥斯（对应罗马神话中的狄安娜）、阿佛洛狄忒（对应罗马神话中的维纳斯）、阿瑞斯（战神，对应罗马神话中的玛尔斯）、波塞冬（海神，对应罗马神话中的尼普顿）、赫菲斯托斯（Hephæstus，火神，对应罗马神话中的武尔坎）和阿波罗（罗马神话中也称阿波罗）等。这些神分别代表一年中的一个月。根据阿里安记载，亚历山大大帝犯下的一个错误就是妄想成为能代表一个月的第十三个神。

罗马人除了12位主神，还另加了8位“被选召的神”（selecti），分别是萨图努斯、雅努斯（Janus）、守护神格尼乌斯（Genius）、太阳、月亮、普路托（Pluto）、巴克科斯（Bacchus）（酒神）和大地之神。8位“被选召的神”之下就是半神（Dii Semones

① 图西斯（Tussis）这个神是不见于拉丁学者笔端的，基本都是基于地方传说而存在。——原注

② 西塞罗：“我们在帕拉丁山上见到了一座热病女神庙。”（在东方，很多疾病都被认为是恶魔附体导致的，古埃及人为此会举行驱魔仪式。——S.B.）——原注

或 Semihomines）。半神之下是依附于某些地方的家神，以及树林或河流的精灵、仙女等，是比较低级的存在，拉丁语中写作“Indigetes”。西塞罗把神分为三等，其中，他写作“Dii cœlestes”的那些相当于诸神，往下就是半神和地方性的小神，再往下就是“德行”（virtues）——德行可以帮人升到天堂，在那里完成人的神化。

巴尼尔神父说：“瓦尔罗所持的观点是，我们已经了解了一些古埃及神，另一些是我们还不了解的。这些古埃及神起初都被降格为‘外邦神’看待，并被分为两类。第一类是有名字、有职衔的，如太阳（神）、月亮（神）及其他神；第二类则毫无明显特征，就连为他们立祭坛、献祭品也是不合法的。13世纪的哲学家阿尔布里库斯（Albricus）认为，从地球可见的七大星体分别对应异教徒（heathen）的七位最古老的神，还给出了一个带顺序的名单：萨图努斯（对应火星）—朱庇特（对应木星）—玛尔斯（对应火星）—阿波罗（对应太阳）—维纳斯（对应金星）—墨丘利（对应水星）—月神”。帕萨尼亚斯、西塞罗及其他很多学者都提到过为当时不知名的神设立的祭坛，《使徒行传》（*Acts of Apostles*）中的圣保罗（St.Paul）对此也有提及。给神分类是克里特岛先知埃庇米尼得斯（Epimenides）的首创，后来，“分两类”逐渐发展为“分七类”：第一类是天体代表的神。第二类是掌管大地出产的果实的神，如谷神、波莫纳（Pomona，水果之神）、维尔图努斯（Vertumnus，掌管四季变化，庭院和果树之神）和酒神等。第三类是降下惩罚的神，如复仇女神等。第四类与情感和美德相关，如爱、谦虚、和谐、和平，等等。第五类是掌管人类其他精神品质（第四类以外的）的神。第六类是拉丁语中的所谓“大神”（Dii majorum gentium）。第七类是掌管人类身体健康的神，比如医神埃斯库拉庇乌斯（Æsculapius）、健康女神许癸厄亚（Hygieia）和泰勒斯福尔[①]（Telesphore）等。

还有一种说法，柏拉图学派哲学家伊安布里霍斯把神分为八类：第一类是宇宙精神（Universal Spirit），也就是一般意义上的大神，这类神因其性质而不可见。这之下是一般等级的神，较高等的处于第二等级，即大天使（Archangels）。更低的是第三等级，即天使（Angel）。第四级是被冠以“Archontes”之名的守护神，掌管俗世及蕴含其中的各种元素。第五级是被守护神掌管的神化精灵。第六级被称为“minor Archontes”，掌管地表粗糙的东西（gross and terrestrial matter）。第七级是英雄。第八级则是神化之人的灵魂。同一学派中还有人提出一种二分法，将所有神分为物质的（hylaioi）和非物质的（anhyloi）两类。被称为“三倍伟大的赫尔墨斯”（Hermes Trismegistus）的墨丘利认为神共分为三类——第一类是天神（heavenly），第二类是最高天神（empyrean），第三类是以太神（etherean）。还有一种公神、私神的区分方法。公神是指由法律规定和授权崇拜的神；私神是个人选择崇拜的特殊对象，如拉尔（Lares）之类的家庭守护神[②]，还有祖灵等。当然，还有一种最普遍的划分法，将神分为自然神和活神两类。自然神主要都是一些天体或实际存在的实物，活神一般都是获得了神性荣誉的真人。但采用这样的划分法就会漏掉很多实际存在的神。因此我们会采

---

① 古代医神。——译者注

② 家神在拉丁语中写作“Penates”。这个单词可能源自“Pi-noute”，对应英语中的“god”（神），但这明明是古罗马的概念，能套用古埃及的概念解释吗？关于“Penates”的起源是19世纪的一个学术热点问题，有人认为是埃涅阿斯引入，但这应该是无稽之谈。对于家神，有人认为是尼普顿和阿波罗，有人认为是朱诺、朱庇特和密涅瓦，还有人认为是凯路斯和泰拉。——原注

用另一种常见划分法，把神分为天神、俗世神和冥界的下界神。

这种划分法和古埃及诸神的划分法并不一致。在研究腓尼基宗教的卡比里神（Cabiri）时，我们发现，腓尼基人和古埃及人一样有8位主神[①]。腓尼基宗教中的诸神都是伟大的父神“正义者”塞迪克（Sydik）的后代。这种信仰可能也与古埃及人在赫尔墨斯之书中（books of Hermes）提出的“不可分割的一”（indivisible One）这一假定概念相符。

希罗多德认为埃及的卡比里神是普塔神或火神的后代[②]，雕像和古埃及宗教中造物主的雕像类似。孟菲斯的神庙，除祭司外，任何人不得进入，这造成了宗教崇拜的神秘性。希罗多德掌握的资料太少，只寥寥记录了几笔，我们也没法深入了解这些神的性格和职务。

古埃及人可能承认了神的二分法，这种方法被毕达哥拉斯和柏拉图采用。基于“物理存在的神”和“形而上学的神”这两个标准进行划分，虽然可以被接受，但大类下面会出现很多区别各异的小类，甚至会出现部分神的象征类型（emblematic types）存在明显差异的情况。

古埃及主神[③]分别有阿努比斯、阿蒙、普塔、克姆、塞提、姆特，此外，布托、布巴斯提斯和奈特可能也算主神。其中，可

① “Kabir或 Kebir”同英语“great”，这在阿拉伯语中很常见，直到19世纪仍在被使用，就像“Sadek或 Sedeék”对应“just”一样。——原注

② 这些神的雕像都是木像，根据帕萨尼亚斯记载，木像的使用跟埃及文明和希腊文明早期的情况是相符的。——原注

③ 狄奥多罗斯提到“太阳、萨图努斯、瑞亚（Rhea）、朱庇特、朱诺、火神、女灶神、墨丘利”，伊万德（Evander）提到“萨图努斯、瑞亚、奥西里斯、精神、天神、大地之神、夜神、日神”。——原注

能会有一位和另外两位组成“三位一体”。在特定的城市或地区，这个三位一体组合受到顶礼膜拜。在一个三位一体组合中，两位神是另一位神的双亲，这就是说神的智慧经过物质运作诞下了成果，这种被创造的事物在希腊语中被称为“kosmos”。三位一体组合基本遵循这样的原则，但我们发现，底比斯三神中的孔苏和阿蒙、姆特的地位不同，而在腓莱的三位一体组合中，荷鲁斯的地位也比奥西里斯和伊西斯低……笔者不打算为“古埃及人关于神（Deity）作为代理人（agent）被分为三部分的概念的起源”这一问题下结论，暂时也没法解释他们对神的信仰的世俗表现，只能说类似的想法从很早的时期就已经流传下来，并且在传授给挪亚（Noah）及其直系后裔之后，可能传到了埃及人那里，同时被保留下来，体现在他们的宗教体系中。这一点似乎得到了证实。我们发现创世能力（Creative Power）在对物质发生作用时，摩西将其表述为三位一体，而在创世能力停止作用后，才改为以其表示“一元”（unity）的名称。当神圣的造物者在给神命名的时候，用的不是“Ihôah”①（在英语中同“who is, and will be”）而是“Elohim”②（在英语中同“Gods”），这种复数形式一直被用到创造世界的第七天、全过程完成为止③。

---

① 英语中写作“Jehovah”（耶和华）和“Lord”（主），“Lord”有时也和“Elohim”合用，相当于“Lord God”。很多人认为腓尼基的“Ieuô”、古希腊人的“Iaô”及“Javo”“Jovis”“Janus”“Diana”等神的名称都从此发源。——原注

② 相当于英语中的“gods”这一复数形式，泛指一切神。见《圣经·出埃及记》中“祭祀别神，不单单祭祀耶和华的，那人必要灭绝”这一段原文中的相应用法。——原注

③ 神以“Ihôah”之名回归统一性，而“Ihôah”与“Elohim”合用的时候，就成为人类智慧的化身。《圣经·创世纪》在讨论造物时，当提及“男和女”（male and

“Elohim”虽然是复数形式，但它指的不是“多个神”①，从后面使用的“bara”（动词，表示创造）、“ira”（“看”的过去式）、“iamer”（“说”的过去式）这些单数形式单词便可看出。《圣经·创世纪》作为开篇之句，以“起初，神创造天地”往下推进，在拉丁语中写作“In principio，Dii creavit cœlum et terram②。”实词是复数，后面却跟单数动词，看来《圣经》从开篇就在灌输一种三位一体概念。但在摩西时代之前，只有对应英语中“He the Gods”“Gods Almighty”的那些才被称为“神”。“Ihôah”直到后来从埃及法老手中解救犹太人的时候，才被称为神。“Ihôah”是通过这个神圣的名称和摩西立下约定的。大意是这样的③：“我是‘Ihôah’，也就是主，曾向亚伯拉罕、以撒和雅各显形，（我对他们说）我是全能的上帝（英语写作‘Gods Almighty’，转写成‘Elohim Shadai’④），但他们不知道我叫‘耶和华’⑤。”

《旧约》提及三位一体原则的时候如此隐晦，可能让人觉得奇怪，但神圣造物者却明智地预见到，过于明显地暗示一个被偶像崇拜的多神论者所包围的民族，可能很容易将其理解为存在多

female）的内容时，涉及的神只有“Elohim”。在下一章中，“神”被作为“智力”提及，“Elohim”就会与“Ihôah”合用，作为创造万物的力量出现。——原注

① 有些人认为这与本章末尾提到的柏拉图的概念有相似之处。——原注

② 相当于法语中的“Les Dieux créa”。——原注

③ 《圣经·出埃及记》：“我从前向亚伯拉罕、以撒、雅各显现为全能的神，至于我名耶和华，他们未曾知道。”——原注

④ 也作“Shidée”。——原注

⑤ 卡尔梅特（Calmet）注意到，摩西在《圣经·创世纪》及之后的句子中使用了“Ihôah”这个名字，这是为了起到预言的作用，因为在他写作的时候，犹太人已经熟悉这个名字了。也就是说，摩西遵循的是他自己时代的习惯，而不是作为犹太人领袖时的习惯。——原注

个神，这可能会带来危险。因此，这一奥秘仅仅被透露给那些被认为适合知晓如此重要的秘密的人，这样就避免了危险的猜测和歪曲；在一个无知、倾向于偶像崇拜的民族中，这些猜测和歪曲脱离不了被利用的下场。至于《圣经·创世纪》中“Ihôah”和人性之间的联系，此处没有必要接着讨论下去了，但笔者认为应当回到“Elohim”和“Ihôah”这两个单词上，并且论述的时候有必要说明古埃及人三位一体的观念有可能来自早期神启，神启通过挪亚的后人代代相传，我们能给出有很多和《圣经》相符的例子。

最有趣的还是对奥西里斯性格的记载，以及真理和创造万物的力量之间的联系。真理和创造万物的力量之间的联系，可以追溯到基督教信仰中的“神以自己的意志，用真理之言孕育了我们”这样的概念[①]。截至19世纪，已知最古老的雕像所表达的内容也一样，即把真理女神和具有创造力的普塔联系在一起。在记述古代神秘现象时，伊安布里霍斯也下了这样的断言。因为神圣造物者在创造这个世界时，是用一种完美的风格创造的，体现了真理，古埃及人称其为普塔。古希腊人却将其称为赫菲斯托斯，并将他作为神在物理层面的代理人，并没有从抽象角度或形而上学角度看待他。奥西里斯是在人世上揭示真理和善的神。除了各种神性的表现，奥西里斯被形容为“充满善意和真理，在履行了他在人间的职责后，沦为恶人阴谋的牺牲品，在未来担任人类审判者的职务”。腓莱人特别崇拜奥西里斯，当地也被认为是奥西里斯尸骨的埋藏地之一。奥西里斯的神秘身世在一个小密室的

① 俄耳甫斯（Orpheus）说：“我要求见证天父的话语，这话是他以他的意志建立宇宙的时候第一次就说的。”——原注

雕像中得到了独特的说明。该密室大概位于神庙西侧的中庭①，内部的雕像描摹了他的死亡和离开这个世界的过程。其上的28株莲花表示他在这个世界上生活的时间②。从今生到来生，其他神全程参与他的生命。他戴着担任冥界法官时的帽子，这表现了他在复活后肩负的职责，在未来的审判中还要继续。笔者已经说过，唯一神被置于三位一体组合之上，而埃及诸神中的主神是唯一神。不管是唯一神还是三位一体组合，都会被一些希腊人纳入自己的哲学体系。埃米利乌斯（Amelius）引述普罗克鲁斯的说法，表示造物主是三位一体的，三种智能（Intellects）可看作三个国王（Kings），分别是“存在”（exists）、“拥有”（possesses）和“看到”（beholds）。三者彼此不同，“存在”是本质。“拥有”以可理解的形式存在于“存在”之中，具备“存在”的一切且作为第二种智能参与到“存在”之中。“看到”以可理解的形式存在于“拥有”之中，具备“拥有”的一切且作为第三种智能参与到“拥有”之中。因为每个智能都拥有其结合的智能体，拥有第二智能的物质，并关注作为第一智能的“存在”。智能和智能体之间相隔越远，其关联越不紧密。这三种智能合起来被认为就是造物主，和柏拉图的“三国王论”及俄耳甫斯的“法内斯（Phanes）、乌拉诺斯（Ouranos）、克洛诺斯（Kronos）”相同。除此之外，还有其他版本的三位一体组合③，参见下表④：

---

① 英国保存了这些古代雕像的一份拓片。——原注

② 普鲁塔克：“奥西里斯再次站起来，迎接他的新生。”——原注

③ 根据希罗多德记载，俄耳甫斯神秘仪式和古埃及人及毕达哥拉斯学派的仪式几乎是相同的。——原注

④ 科里：《古代残片》，第355页。——原注

《俄耳甫斯三位一体表》（*The Orphic Trilogy*）主要包括以下内容		
A. 人名写法（下同，皆是转写成英语的版本）		
Metis	Phanes 或 Eros	Ericapæus
B. 对人名的对应解读		
掌管意志或智慧的神，掌管光或爱的神		生命，或给予生命的神
C. 阿库西拉乌斯（Acusilaus）版本		
Metis	Eros	Ether
D. 赫西俄德参照达马斯西尼乌斯的资料给出的版本		
Earth	Eros	Tartaus
E. 锡罗斯的斐瑞居德斯（Pherecydes of Syros）的版本		
Fire	Water	Spirit of Air
F. 西顿人的版本		
Kronos	Love	Cloudy Darkness
G. 腓尼基人的版本		
Ulomus	Chusorus	The Egg
H. 迦勒底和琐罗亚斯德（Zoroaster）神谕给出的版本		
Fire	Sun 或 Light	Ether
I. 柏拉图派的版本		
Power	Intellect	Father 或 Soul 或 Spirit
“根据马可罗比乌斯的说法，古代神学家通过秘密宗教仪式召唤太阳……”		
Power of the world	Light of the world	Spirit of the world
以下补充引自桑楚尼亚松（Sanchoniatho）的哲努斯（Genus）三子		
Fire	Light	Flame
K. 普鲁塔克的版本		
Intelligence	Matter	Kosmos，beauty，order，the world

●接上表

对应柏拉图的版本		
Idea	Mother	Offspring
Exemplar	Nurse	Production
Father	Receptacle of generation	

科里说：“智力（intelligence）、物质（matter）和宇宙（kosmos），宇宙万物可以被认为普遍是由这三种事物组成的，并且有理由得出这样的结论，即埃及人把这种性质比作‘最完美的三角形’，就像《理想国》中引入的联姻图（nuptial diagram）一样。‘最完美的三角形’长、宽、高分别为5、4、3。两条直角边分别为4和3，较长的为阴性，较短的为阳性，二者合一‘生’出斜边。较长的直角边对应奥西里斯或‘主要原因’（prime cause）；较短的直角边则对应伊西斯或‘接受力’（receptive power）；斜边即荷鲁斯，对应‘二者结合的成果’。此外，3等于1加2，即一个奇数和一个偶数的和。4是2的平方，而5等于2加3，类似地，2和3就像是5的‘父母’。‘5’本来只是一个被用来运算的普通数词，这一下就被赋予了解释宇宙万物生成的意义。[①]”

柏拉图说，埃及孩子是在游戏中学习大人传授的数字知识的。大人一般会在孩子之中分配水果之类的东西，要分给每个孩子一样多的数量，分配的过程就是算术学习的过程，也能产生有趣的“应用题”。

古埃及人从右向左书写象形文字和通俗体文字，古希腊人

① “πεμπάσασθαι”被认为是从数手指这一行为中衍生出的单词。数手指计算在古代是很普通的。古埃及人有时会用一颗星星的图案表现“5”这个数字。霍拉波罗说，这是地球作为一个星体的代号。——原注

和他们在字母表方面的老师腓尼基人一样，也是从右向左书写，这似乎是自然的书写方式。尽管现在我们总是习惯于从左到右书写，但在给图画着色时，也会从右到左下笔。这样的习惯以前就有，当时的人写字运笔方向都是从右到左。阿拉伯人说：“看清笔的来处，比看不清笔的去处更合理。”

布鲁格施博士非常巧妙地观察到，尽管古埃及通俗体文字书写的总体方向是由右至左，但每个单词的字母都是由左至右写成的，这一点从墨水耗尽时横排字母未完成的末端就可以看出。在书写象形文字和古数字时，他们把单位放在左边，也就是数字后面，这是根据他们从右到左的书写方式来判断的——从左到右看上去是“1851”，实际上可能表示的是“1581”。写“18”的时候先写十位的数字；如果要写“13422”，也是先从高位开始。本页右下角大图上的数字无论读作“13422”还是反过来的“22431”，也是从高位数字往低位数字写的。我们今天从左往右写也是一个道理，先写最高位，然后在数字末尾放低位——我们写的数字是从阿拉伯人那里借鉴来的，阿拉伯人认为我们应该改变写法，因为我们的书写方向和他们的是反的。但阿拉伯人的数字又是从印度人那里借鉴来的，而印度人书写的方式与我们的一样，例如我们的记数法中的“133”，印度的书记官会将其写成“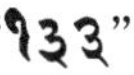”。

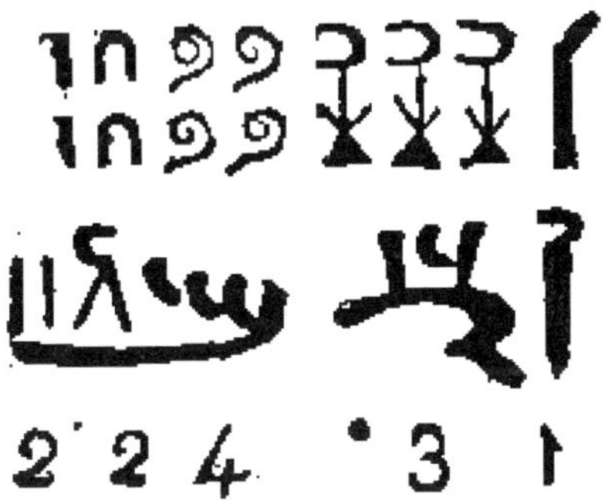

关于数字的问题，普鲁塔克有如下论述：“在我看来，毕达哥拉斯派把几个神

的名字与特定的数字联系在一起——如阿波罗（Apollo）对应‘1’（unit），狄安娜对应‘2’（duad），密涅瓦对应‘7’（seven），尼普顿对应‘第一个立方体’[①]（first cube），这暗示了毕达哥拉斯派的创始人从古埃及神庙那里借鉴了一些东西。毕达哥拉斯派还认为，守护神泰丰（Typho）是在偶数‘56’中产生的。”

因为三角形的力量（power of the triangle）代表了冥王普路托、酒神巴克科斯和战神玛尔斯的属性，正方形的性质（properties of the square）代表了瑞亚、维纳斯、刻瑞斯、维斯塔和朱诺，十二边形的性质（properties of the dodecagon）代表了朱庇特，所以（摘自欧多克索斯）五十六角图形（figure of 56 angles）代表了泰丰。古埃及人很讨厌“17”这个数字，称呼每个月的17日是“障碍之日”，这是因为“17”挡在了“正方形”的数字“16”和“平行四边形”的数字“18”（周长与面积相等）[②]之间，将它们彼此分开，并阻碍它们结合。普鲁塔克在另一处又说：“毕达哥拉斯派用神的名字来指代数字和几何图形。他们称等边三角形为‘从头上出生的密涅瓦’和‘特里托涅亚’（Tritogeneia），它可以被从三个角上引出的三条垂直线平分，对于写作“unit”的数字1，他们将其命名为‘阿波罗’（Apollo）。对于数字2，他们将其命名为‘争斗’（Strife）和‘大胆’（Audaciousness）。而对于数字3，他们将其命名为‘正义’（Justice）。同样，神圣的数字‘36’是由‘1+2+3+4+5+6+7+8’

① 泰勒（Taylor）《理论算术》（*Theoretic Arithmetic*）第155页：“辛普里西乌斯（Simplicius）在他对亚里士多德的《论天》的评论中告诉我们，一个立方体被毕达哥拉斯人称为‘和谐’，因为它由12条边、8个角和6个面组成，这些数字的比例都是和谐的。”——原注

② “正方形”即边长为4的正方形，其周长为16，面积也为16；“平行四边形”即长为6、宽为3的平行四边形，其周长为18，面积也为18，故有上述表述。——译者注

得来的，恰好是前四个奇数和前四个偶数的和，它被命名为最庄严的誓言‘Kosmos’，即世界的秩序。古埃及人有一些良好的秩序，包括一元、确定（definite）、固定（fixed）、直（straight）、奇数（odd）、方（square）、均等（equal）、灵巧（dexterous）和清晰（lucidwhilst）；也有一些不好的秩序，包括二元、不确定（indefinite）、可移动（movable）、弯曲（crooked）、偶数（even）、椭圆形（oblong）、不等（unequal）、罪恶（sinistrous）和黑暗（dark）。”

笔者虽然不会进一步对数字做深奥的推测，但将补充一些埃及人的概念。根据埃及人的学说，泰勒将数字定义为单子（monad，不可分割的实体）的集合。一些毕达哥拉斯派学者说，单子是数字（number）和部分（parts）的界限（confine）；从单子出发，就像从种子（seed）和永恒的根（internal root）一样，比例会相反地增加和减少（increased and diminished）。一些比例通过分割到无穷大（division to infinity），总是会遇到一个更大的数并且被其减去（diminished by a greater number），而其他被增加到无限大的比率（others being increased to infinity）又会增加（again augmented）①。单子智力（monad intellect）、男性和女性、神、混沌（chaos）、黑暗、塔耳塔罗斯（Tartarus）、勒特（Lethe）、轴心（axis）、太阳、皮拉里奥斯（Pyralios）、莫泊（Morpho）、朱庇特之塔（tower of Jupiter）、阿波罗、先知等，这些都是古埃及人挂在嘴边的概念。达马斯西尼乌斯在自己的文章中说：“古埃及人对世间万物的第一原则不提出任何主张，而是将其视为超越认知能力的一种未知黑暗。”

对于二元论（duad），他们冠以大胆（audacity）、物质（matter）、异化的原因（cause of dissimilitude）、众多和单子之间的界限（interval

---

① 《理论算术》第4页和亚里士多德文献。——原注

between multitude and the monad）之类的称谓，并将这些称谓归于狄安娜、命运之神和死亡之神。而三位一体组合被他们认为是智力[①]，是德行的起源，归属于正义之神、萨图努斯等其他许多神。

塞尔维乌斯（Servius）说："3是献给主神的数字。"

四位一体（tetrad）比三位一体多一个神，更是被古埃及人视为最大的奇迹（greatest miracle），特别适用于墨丘利、武尔坎、赫拉克勒斯和酒神巴克科斯。古埃及人认为，四位一体组合中蕴含着二位一体（duad）的力量。毕达哥拉斯曾问墨丘利："你是如何数数的？"

墨丘利答道："1、2、3、4，就这样。"

毕达哥拉斯反问道："你难道不知道，对你们来说是4，对我们来说是10，而10对我们来说相当于誓言吗？"

1+2+3+4=10，而此处的"4"包含了"1"到"3"每个数字。"4"尤其和墨丘利相关，因为墨丘利教给人类知识和智慧。对于武尔坎来说，"4"象征着创世能力（Creative Power）。单词"Tetraktys"中有"tetra-"这一表示"4"的前缀。此外，"3"被认为包含一切和人相关的事务。

毕达哥拉斯说："认识神吧，神是数字与和谐的化身。"

他还说："人的灵魂就是不断运动的数字，一些有规律的数字象征着诸神之父、众人之父。"

毕达哥拉斯还赋予数字很多花哨的意义，这里先不啰唆。笔者想特别谈一谈"9"这个数字。不可能有超越"9"的数字，"9"在自身内循环着所有数字，从数字的倒退可以看出这一

① "3"这个数字很常见，如萨图努斯的三个儿子、三个地狱之神、冥王的三个判官等。——原注

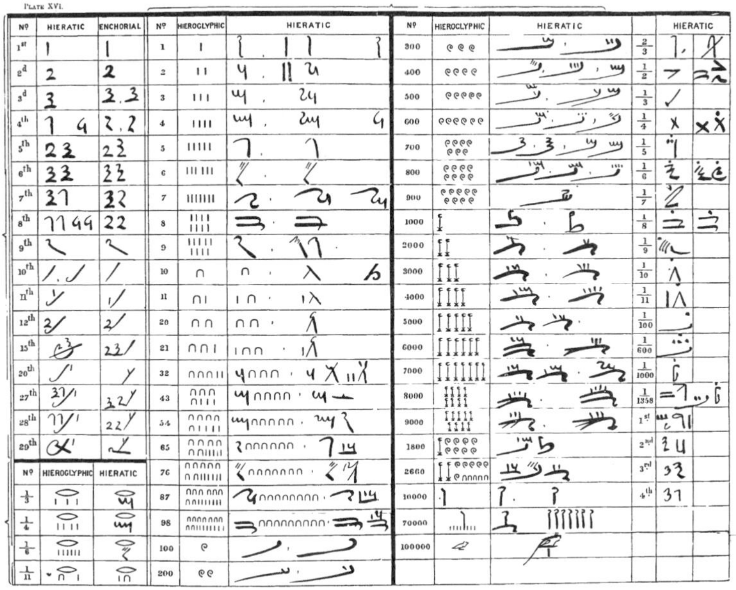

●古埃及象形文字整数和分数表格

点——数字的自然发展是到“9”为止，之后，它们的倒退发生了，“10”再次成为单子。同样，“9”和所有的一位数字相加，就会产生10、11、12、13、14等结果。没有一个基本数可以超越“9”①，因此，毕达哥拉斯派成员称“9”为“海洋和地平线”，所有的数都被它包含，并在其中循环。而“decad”表达数字概念的时候被称为“天”，是“数字的完美边界”。有些人把数字描述为“装着‘存在’的信封”（envelopes of being）。

我们认为，毕达哥拉斯很可能从古埃及借用了一些数学方面的思想，古人也有类似的想法。如果我们的普通乘法表源于古埃

① 所谓“超越”，是指数位上出现除0—9以外的其他任何数字，但在正文中，这明显非常人所能，所以受到古埃及人的崇拜。——译者注

及（19世纪的人认为是毕达哥拉斯发明的），那就很有趣了。然而，从现代发现的古埃及象形文字可以看出，毕达哥拉斯派的数字系统与埃及的数字系统相吻合。用符号表示数字的方式适用于每月的第一天、第二天、第三天等，其中只有“1”“2”“3”和“4”是完全数（perfect numbers）；“5”“6”“7”和“8”是由3+2、3+3、3+4和4+4组成的；“9”是“尽头”，因此作为单独存在的完全数。毕达哥拉斯派说：“所有的数字都自己形成循环，‘5’和‘10’开启了一个新的数字系列，并再次成为单子。”

用象形文字表示数字时，排列规则不一样，是按个、十、百、千位数字排列的。一般来说，用象形文字写数字意味着先用象形文字写单位，再填上“5”“6”“7”“8”“9”等数字，和单独存在的“4”。

后世在猜测的时候，会加上各种意义，如：

序号	说明（附原文供有神学基础的读者进行参考研究）
1	统一性（Unity），神圣的思想（Divine thought），智慧（Wisdom），神性（Divinity），普遍的原则（The universal principle）和一切的中心（centre of all）
2	意志（Will），水（Water），人的两种本性（The two natures of man），邪恶（Perversity）
3	行动（Action），物质（Matter），不思考的非物质的时间代理人（Temporal immaterial agents who do not think）
4	智力（Intellect），有智慧的人（Intellectual man），智慧（Wisdom），所有活跃的事物（All that is active），宗教（Religion），思考的、非物质的代理人（Immaterial agents who think）
5	邪恶的存在（The evil being），偶像崇拜（Idolatry），自给自足（Self-sufficiency），3 + 2
6	世界的形成（Formation of the world），半径（Radius），以及圆的自然划分（natural division of circle），虔诚（Piety），3 + 3

●接上表

7	人的智力和理智属性的来源（Source of man's intellectual and sensible properties），与世界的尽头有关（Relating to the end of the world），尊敬的爱（Love of esteem），知识介质（Intellectual agents）（已经取代了人的位置）， 4 + 3
8	身体和灵魂都有智力（Intellectuality both in body and soul），神性与人性的结合（The divine united with the human nature），爱（Love），良好的意愿（Good will），正义（Justice）， 4+4
9	没有从罪中得到净化的人（Man not purified from sin），人的身体躯壳（Physical envelope of man），身体的创造及它的性质（Creation of the body, and its nature），好奇心（Curiosity），每一个精神界限的数字（The number of every spiritual limit），智力与罪恶的结合（Intellect united with sin）， 4 + 5
10	所有的极限（Limit of all），从罪恶中得到净化的人（Man purified from sin），通过新生回到来时的统一体（returning by a new birth to unity, whence he proceeded），圆圈的分解或世界的分解（Decomposition of the circle, or the world）
备注：1+2+3+4=10	

上文说了一大段关于数字的题外话，笔者现在要回到对古埃及宗教教义的考虑上来[①]。

神是会显现原形的，会为了人的利益降临人间，在人们的预想中，神必然会对人世有所干预……这些想法早在父系氏族时期就一直存在，并被代代相传。在古埃及文明繁盛的时期，这种思想也被引入其宗教之中，成为古埃及人信仰中最重要的教条之一。这并不让人感到惊讶，因为地球上的早期先民大都有这种传统。古埃及人自然也希望神真的会出现在众人之中，他们窥探神和人之间存在的相对联系，这对他们来说是最伟大的奥秘。联

① 没有必要反复把那些在《圣经》中频繁出现的数字拿出来再说一次，每个人都必须意识到，“4”“7”和其他数字的不断出现绝非偶然。——原注

想到三位一体学说被古代人类先民广泛接受的事实，我们不禁思考，可能这些学说都有一个共同的起源。在19世纪的时候，大多数人都承认上述神学思想的诞生是直接来自神启的，或者说是源自当时的人类先民系统学习的某种知识，绝非某种偶然。这种论断同样适用于解释人类诞生、洪水、方舟，以及不同民族共有的众多其他神秘学说。无论古埃及人早期的神学理论来自什么地方，很明显他们对其做了进一步改进，使其在形而上学层面显得很复杂，以致初次接触的人为避免混乱不得不慎之又慎，才能得到最合理的理解。很明显，如果洞察力有限，面对这些复杂的问题，人很容易就会歪曲其基本意义。一些古希腊人和古罗马人被授权参与古埃及人的宗教生活，但这些外邦人无疑陷入了错误之中，他们把古埃及宗教描述得像个荒谬的预言，不，远不止如此——古埃及人举行的明明是有神秘色彩笼罩的、内涵丰富的宗教仪式，外邦人竟然只从字面意义看待这些仪式；他们得出的明明只有推测性结论和抽象概念，却非要说那是真实情况，还把自己文明的宗教仪式的“老师”，也就是古埃及宗教仪式，贬低到一文不值甚至低劣到令人发指的程度，仿佛古埃及宗教仪式都是可笑的，它宣称的效果实际上都达不到。无论古人的理解多么不准确，对神的崇拜掩盖了多少真理，宗教劝人向善的道德观都是可圈可点的。从这一点出发，对那些只看到宗教神秘性，并放大其谬误、打压宗教积极性的人，我们就不得不加以批判了。

古希腊人和古罗马人带来的歪曲和误解在很多情况下都会让人觉得，底比斯和孟菲斯的祭司会打着宗教的大旗去犯一些即便是最堕落者也会感到震惊的罪行。笔者在这里就开诚布公地说吧，古罗马的奥西里斯崇拜根本就是“礼崩乐坏”的体现，古罗马人甚至没有发现亚历山大及周边的希腊化埃及城市对奥西里斯的崇拜很可能已经全都淡化了。淡化的原因是外邦信众曲解了宗教信条，却对此一无所知。可能有人质疑：即便是埃及人自身，他们有把握在任何时候都搞清楚自己民族的一切宗教仪式吗？如果有任何外部仪式显露出不雅，那也只是象征性的表现，就比如阳具崇拜，这表达的是一种自然生成的原则。而在古埃及人中，只有真正掌握自己民族奥秘的人才能想到那些抽象的概念。但不管是古希腊人还是古罗马人，他们的想象力实在贫乏，唯一能看到的只是外在，就出现了对神的外表而不是本质的崇拜，由此导致宗教崇拜堕落，人心腐化，宗教如果对这样的人起不到规劝的作用，往往就会犯下大错。即便在那个推测的方法和原则还没有被严重扭曲的时代，人类的无知和迷信也经常会扭曲合理的东西；一些人不具备足够的判断力，无法将真正的宗教与他们信条中的迷信部分区分开来，也无法区分神秘主义与形而上学。帕拉基德（Pallakides或Pellices Amen）便是因古希腊和古罗马学者的无知而被曲解的一个例子。在提及帕拉基德时，狄奥多罗斯将其写作“Pallakides”，斯特拉波将其称为“Pellices”。狄奥多罗斯最多就是在讨论到他们的名字时用了“朱庇特的帕拉基德”（Pallakides of Jupiter）这个表述，但斯特拉波在述及底比斯的情况时是这么说的：“一个出身高贵、容颜出众的处女被献给城市的守护神朱庇特。城里还有一群被称为‘Pellices’的人，这个单词的意思是‘妓女’（harlot），她们可以和任何选中的人同居。”

笔者在前面也讨论过，某些出身最高贵的古埃及妇女专门在底比斯侍奉神，这是没问题的，她们是希罗多德笔下的“gynaikes hiereiai”，意思是“献给底比斯朱庇特神的圣女”。狄奥多罗斯说，这些女性的棺椁在底比斯王陵十个斯塔迪亚（6000英尺稍多）以外的地方，与埋葬诸位王后和公主的场所是同一个地方。这佐证了古雕像中展现的女性王室成员的职责，尽管笔者尚且没法进一步具体化每个人的职责，但很明显，她们和法老一起，手持作为印信的宗教徽章，协助大型神庙举办最重要的宗教仪式。古埃及的显贵、大祭司和法老的妻子与女儿都以担任此职为荣，这足以说明该职务的重要性。既然如此，我们是不是应该鄙视地拒绝斯特拉波荒谬的说法，并认识到古希腊和古罗马学者关于埃及仪式的记载是多么不可靠？事实上，如果这些人的荒谬言论没有被底比斯古墓的雕像物证驳倒，仅仅是理性也会告诉我们，如此反人性、直接违背文明国家习惯的习俗是不可能存在于古埃及这样严格用法律保护道德的国家中的，也不可能被古埃及人容忍——可以说，古埃及人无疑是古代所有异教国家民众中最虔诚的一批。

所以，从古希腊神谱来了解古埃及神的性质和特点是不靠谱的。尽管在双方一些神灵身上我们可以追溯到相同的起源，并察觉到暗示其属性的相同的原始理念，但这种相似性其实起不到什么作用；古希腊人也篡改了很多埃及神的特性。除非在某种程度上得到埃及古迹的证实，否则希腊神谱都不值得参考。这方面最有力的例子莫过于阿努比斯神，古希腊和古罗马学者多次说他长着一个狗头，而古埃及人其实总是用豺狼头来表示他，甚至还加上豺狼的身体——仅从这一点，以及一些类似的误解，就可以让我们了解到，古希腊人在理解古埃及人的神学时会陷入怎样的混乱。不过，我们有时可以从这种混乱中观察到古希腊人原始宗教系统的一点点痕迹，而古希腊人的宗教概念正是从古埃及宗教系统中衍生出来的。正如底比斯三位一体[①]组合的主要成员、众神

① 其中一种错误包括把朱庇特之父萨图努斯误称为塞布神。——原注

之王阿蒙与单子或统一体中的唯一神性不同，宙斯（朱庇特）虽然被古希腊人和古罗马人奉为众神之王，但在古埃及人看来，他其实只是被唯一神的神格包含的一个神化的属性。

古希腊哲学家们显然一直在误解古埃及宗教的原则，有的人是这么认为的[①]："埃及人的寓言采用的是无知的、物质层面的寓言，把肉体和虚无的属性元素联系在一起，比如伊西斯对应土、奥西里斯对应潮湿、泰丰对应热……"

古希腊人认为埃及神话没有区分形而上学、物理层面和其他崇拜对象的不同情况。希腊神话故事有的具有寓言性，有的具有道德性，还有的具有物理性，更有甚者不过是形而上学猜测。但古埃及人的神学就不能套用这一规律进行概括。古埃及宗教内部有多重不同的建立基础，物理层面和历史事实的部分与宗教吻合，而非干脆直接成为宗教的组成部分。早期，一些历史事件还会出现在埃及宗教典故之中，后来就被删除了。这就导致宗教和现实出现了极大的分离，以致让我们怀疑对埃及宗教早期内容所下的结论是否正确，早期的宗教故事中是否真的包含了当时的历史事实。如果古埃及编年史中曾经提到"神担任世俗统治者"，那我们应该这样看待，即这是一种"被包装成寓言的史实"，甚至可以说，它应该和古埃及人的宗教信条完全无关，毕竟古埃及人已经否认了神本身在世俗世界生活过。所以，编年史提到的内容可以被这么解释：所谓"神统治"实际上就是不同的祭司团体在埃及掌权的时间。在埃及出现由祭司阶层推举的法老之前，都由祭司团体先后掌权统治[②]。

从19世纪往回看，笔者认为，精准确定这些政权的统治和存

① 参见泰勒对撒路斯特（Sallust）相关内容的引述。——原注

② 这也被拉尔彻接受。——原注

续时间是不现实的。不光是古埃及民族，很多古代民族政权的存续时间都是模糊的，或者是后世人为强加上去的，尽管我们暂时还没有找到理由对此提出疑问。在古代国家的历史中，如果最早出现的是寓言，要么就是单纯的虚构内容，要么就是为真实事件披上一件寓言的“外衣”，要么就是因为缺乏真实内容而用纯粹幻想的故事来“填充”。之后，随着礼仪和风俗习惯渐趋稳定，历史记载开始引入一些对真实事件的描述。最后历史被赋予一种崇高性，注重对事实的简单叙述，其虚构寓言的一面被完全抛弃。但人类就是这样，就是倾向于觉得奇迹会发生。即便到了已经没人敢直接讲述一个无实据支撑的神迹故事的时期，人们仍然相信自古流传的历史传说，仿佛只要有古人做担保，今人就不敢不默认其多少具有合理性。寓言这种东西，哪怕是完全虚构的，都会被信以为真，几乎没有敢于揭开“事实披着的寓言面纱”的人存在。屋大维时期，“母狼哺育的婴儿建城”和“厄革里亚（Egerian）仙女真实存在”都是大家不敢怀疑的。有证据表明，古希腊宗教是基于当时盛行的传说，甚至是童话创作出来的，后来又加入了一些形而上学的推论。虽然希腊诸神很多是从古埃及传来的，但有些神的职位和性格似乎更多可被归因于后来偶然发现的、与埃及人和其他宗教已被长期塑造成系统形式的人相似，而不是他们以前对这个问题的任何积极概念。因此，我们可以解释，为什么朱庇特被认为与埃及八大神之一的阿蒙对等，而朱庇特的父神萨图努斯只是第二等级中的神——这种错误源于塞布是奥西里斯和伊西斯的父神，在埃及享有“众神之父”的称号。

在古埃及人中流行的很多传说可能是外国观念的产物，是偶然的道听途说，会随着时间和地方观念的变化而变化。结合“希腊神话由诗人发明，至少是由诗人整理”的论断，我们可以很容易地解释其结构的非实质性。

古希腊历史和古罗马历史相比，神话的成分更多，古罗马的历史更容易被溯源。罗马民族是一个爱慕虚荣的民族，他们早期的史学作品为此牺牲了很多真实性，但即便如此，罗马史学作品也不会让所述凡人窃取只有神才能取得的冒险功绩，也不会动辄用“神力”来解释普通的历史时期或说明谁的血统更加高贵。无论古罗马人怎么用寓言故事来掩盖宗教的神秘主义色彩，至少都还没有把神贬低到人的程度。但在古埃及，如果涉及历史的寓言不构成宗教信仰的一部分，如果宗教体系与历史事件的体系不同，那么寓言就会被毫无保留地接受，抽象概念就会被实际存在的事物表现出来。事实上，尽管古埃及宗教的主要特征是形而上学的推论，但我们发现，实际存在的事物也进入了埃及宗教系统——在古埃及文明早期，对太阳和其他天体等实物的崇拜很可能构成了古埃及人宗教崇拜的一个主要部分。埃及宗教所依据的两个主要原则似乎是：第一，有一个至上的、全能的存在，其各种属性被神化，形成了一系列神，每个神都以其特有的形式被崇拜，并被认为拥有其特殊的职责。第二，对太阳和月亮进行神化，从这一点来看，一种示巴（Sabæan）崇拜曾经构成古埃及宗教信仰的一部分。

太阳作为古人心中的天体之首，象征着掌权者和统治者。而太阳作为一种智能而存在的概念（idea of an intellectual sun），仅仅是初级的、作为神代理形象的抽象概念（abstract notion of a primary agent）与表面可见物体的结合（apparent and visible object）[①]。太阳既是物质

① 根据后来的神话，象征原始之水（primordial water）的努（Nu）是众神和万物产生的源头。努在原始的混沌中形成自我，他是唯一的一个“因自己的本质而存在”的存在，是唯一的“不是被创造出来”的存在，是“众父之父、众母之母”。古埃及人认为，诸神都从努身上产生。努本身就代表了一种由“父亲、母亲和儿子”组成的三位一体。努创造了自己的四肢，也就是众

的存在，也是形而上学的神，有了这两种角色，古埃及人崇拜“拉”和“阿蒙-拉”两种神，即现实中的太阳和作为世界主宰的神——他们置身于苍穹之中，作为众神之王和宇宙的理想统治者。我们发现了很多当时的宗教话语的例子[①]，如伊西斯和奥西里斯的故事。有一种解释是，他们所谓的冒险是指经历尼罗河泛滥期的洪水。许多其他自然现象也以同样的方式被表述为比喻性、象征性的概念。诸神也有自己特有的象征，这些象征往往表示了神的名字，还代表了神的形象，如“狗头人身”是托特的标志和指示形象，“鹰和地球”表示太阳神，“鳄鱼”是瑟巴克神的象征等。古埃及人的宗教中也不乏道德相关的象征，例如，“闭着眼睛的正义之神”的形象其实就表示人们在对待邻居时应以公正为指导原则；孟菲斯的瑟索斯（Sethos）雕像手中的老鼠象征着奇迹，以此敦促人们相信神；伊西斯对丈夫很温柔，关怀有加，被视为值得每个妻子模仿的榜样。许多寓言中的角色和象征式人物构成了古埃及诸神的一部分。古埃及人不仅将主神的每一个属性都塑造成一个独立的神，还发明了“精灵”（genii）这一概念，这是一种想象中的神，有自己负责的领域，也可能与人类的

神。之后，各地的三位一体组合据此形成。再后，各种创造神相继形成，如太阳和月亮的创造者普塔，可见和不可见事物的创造者特恩（Turn）或阿图姆（Atum），以及人类的创造者阿努比斯。作为光和自然界隐藏力量的吸引者，努成为神秘阿蒙（Amen the Occult）；他还有一种存在形式，即世界的有益存在（beneficent being of the world），也就是奥西里斯。他又对太阳说：“到我这里来。”在他的命令下，舒（Shu）把土（earth）和水（waters）分成两块，生成天（celestial）和地（terrestrial），同时激发了邪恶力量的敌意。由此，天和地的斗争实际上是尼罗河与沙漠的斗争。这种宗教崇拜还涉及对太阳的同化和身份认同（assimilation and identity with the sun），太阳的昼夜运行规律与诸神中的主神相关。——S.B.

① 参见巴尼尔关于古希腊寓言和古埃及神话故事的论述。——原注

职责或未来命运有关。甚至一个城镇、一条河流或一个地区，都被想象成独特的神化形象，并在实际生活中接受民众的崇拜。希罗多德曾说，在古埃及，每个月和每一天都会被献给一个特定的精灵。我们有理由认为，古埃及宗教早期都是比较简单的，没有后期那些复杂且虚构的存在。尼罗河河谷地区的宗教崇拜对象都很简单，例如，具有创造万物的能力的神、因可见的强大力量而为人类所长期崇拜的太阳和月亮，以及离开尘世的死者的灵魂——死者灵魂被认为可以成为往生之地的主宰。古埃及宗教是否在最初就具有往生信仰，还是后来在受到哲学影响做出改变后才提出灵魂不死说的？我们尚不清楚。应该指出的是，19世纪发现的最古老遗迹充分证明，在那时，往生应该就已经是古埃及人的宗教信仰了。后世从古埃及人（和建造金字塔的法老同时期）的墓穴中发现了奥西里斯的元素，那大概是两三千年前。就算古埃及宗教具有与我们现在已知的不同的特征（换句话说，就是我们现在看到的也是发生了巨变的古埃及宗教），那肯定也是非常古老的，古老到当时连纪念碑也还没出现。我们在19世纪得到的认识是，从可认知的最古老时代到托勒密王朝时期，再到恺撒大帝控制埃及的时代，除了增加了一些小神，古埃及的宗教应该是没有发生任何变化的①，神庙中举行的仪式可能变得更加华丽，祭品更加丰富，或者人们获准建造更宏大的神庙，但在崇拜形式或宗教的主要信条方面，似乎没有发生变化。从托勒密王朝时期开始往后，与奥西里斯神相关的宗教仪式可能变得更加普遍，但宗教仪式本身没有发生任何变化。一直以来，埃及人会偏向某个具体的神，每个城镇或地区都对直接守护或管理本地的具体神给予最大的尊敬。即使在第

① 在下一卷的首章还要再讨论。我们其实有理由相信，古埃及人在最古老的时期，在形成现有记录的宗教之前很久，就存在某种精灵崇拜。——G.W.

十八王朝时期，各地出现了改变阿蒙神名称、引入太阳崇拜的现象，这些也都不能认为是宗教本身发生了变化。塞拉皮斯算是外来的神。被引入埃及之后，为了站稳脚跟，不得不尽量适应本地宗教。遗憾的是，从19世纪往回看，对于我们来说，埃及文明最早的历史就像蒙上了一层纱，古埃及宗教最早是个什么样子我们也并不是很清楚。在我们主要讨论的历史时期，埃及文明已经很完善了，对于更早的状况，我们只能靠猜。在真正深入研究古埃及诸神的属性之前，我们还要先研究一下希腊学者对埃及神学的看法①。狄奥多罗斯似乎曾经从古埃及人那里借鉴了关于世界创造的观点，认为起初天地合而为一，在属性上是统一的；但后来分开了，世界就有了我们现在看到的特征。通过大气层的运动，火成岩（igneous）部分上升，使太阳和其他天体得以运行。固体物质沉淀下来，形成了海洋和大地，其中产生了鱼类和动物。这几乎与我们现在在埃及看到的自然变化相同——在尼罗河水淹没泥土后，无数昆虫和其他生物从泥土中涌出。

巴尼尔神父说："欧西庇乌斯正确地指出，古埃及宗教系统，以及同一来源的腓尼基宗教系统并没有在宇宙的形成史中写入造物主的部分。为此，欧西庇乌斯还引入了波菲利写给埃及祭司阿尼博（Anebo）的书信中的一段话，即喀里蒙（Chaeremon）等人认为没有比眼前的世界更久远的东西。古埃及人真正的神是星宿，太阳应该被看作宇宙的守护者。第欧根尼·拉尔修参考了曼涅托和赫卡泰乌斯对埃及神学的总结。本着同样的精神，认为实物是

---

① 一般情况下，奥西里斯崇拜的推广是逐步发生的：死者与他联系在一起，把"奥西里斯"这个名字加在死者名字之前，直到第十八王朝，这才出现在一般使用情境中。而涉及对死者的审判的"说真话"（truth-speaking）或"有理的"（justified）这些术语也同时出现了。——S.B.

该民族宗教的第一原则，太阳和月亮是第一神。然而，从欧西庇乌斯那里可以看出，埃及人相信有一种智慧的存在，文献中写作‘Kneph’，正是这种存在主导了世界的形成。波菲利说，古埃及人把‘Kneph’看作一个手持腰带和权杖的神，头上长着大羽毛，从他嘴里吐出一个蛋；另一个神从蛋里出来，埃及人称为‘普塔’，而希腊人称为‘武尔坎’。根据古人对这一神秘形象的解释，羽毛表示这一智慧的隐秘和不可见的性质，它有赋予生命的力量，对万物的支配力，以及运动的灵性。嘴里吐出的蛋表示世界，吐蛋者即象征世界的创造者。这个观点得到了伊安布里霍斯的证实，此人在欧西庇乌斯时代致力于埃及神学的研究，并努力证明喀里蒙所说的古埃及人的普遍宗教信仰并不是一个无生命的存在（inanimate being）创造世界。古埃及人的宗教信仰是存在于世界之中、存在于人身上的；他们承认灵魂高于自然，而创造世界的智慧高于灵魂。”

前面也说过，古希腊学者对古埃及宗教的看法是多么不堪。除了从那些研究过埃及神秘事物的人的记载中收集到一些概念，古希腊人对古埃及哲学或宗教体系几乎一无所知。伊安布里霍斯和柏拉图等人确实对这个问题做出了一些贡献。伊安布里霍斯从古代赫尔墨斯著作中对埃及的宇宙观做了如下解释，此处引用科里《古代残片》第283页转载的相关解释的译文：“在一切被创造出来之前，在众神和法老最早出现之前，无尽的孤独之中有一个岿然不动的主神。这个神从自身中诞生，孑然而立，是唯一的父亲，真正的善。这个神是一，是万物，比起其他的存在更伟大，或者说他是最初可理解的存在形式的根源。这个神是自己的父亲，是自我统治的，能使自己发光，他是第一原则，众神之神。他是来自‘一’的单子，位在本质之前，又是本质的第一原则，实体和本质从他那里生发出来，因此他被誉为‘智能之首’。这个神是万物最古老的原则，被赫尔墨斯排在天神和天体之前，居于首位。还有另一种说法，就是把‘Emeph’（一般认为这是‘Kneph’拼错了）列为众神之长，说他是能自我理解的智能本身，并能把自己转化为各种形式的智能。在这之前，他把不可分割的‘一’〔他称为‘第一肖像’（first Effigies）〕命名为‘埃克顿’（Eicton）。在他身上，确实有第一智能（first Intellect）和第一个可理解的存在（first Intelligible），在沉默中受到敬仰（venerated in Silence）。除此以外，人们还想象有其他的统治者存在，他们管理表象事物的创造。作为智能的创造神生成并将神秘的力量引向光明时，正确地主持真理和智慧——埃及人将这个神称为‘阿蒙’；当他根据真理人为地完善万事万物时，便被称为‘普塔’。但古希腊人把‘普塔’改为‘Hephæstus’，即重视人为创造的方面；‘普塔’也被视为美好事物的制造者，即奥西里斯。这个神根据他的其他能力和属性，还有不同的称谓。还有一种特定的原则（certain principle）主持（presiding over）所有处于生成状态的元素，以及它们中固有的力量（powers inherent in them），其中四个是男性（male），四个是女性（female）。古埃及人把这个原则归于太阳。还有一个适用于整个自然界的原则，被认为是迭代的统治者，被归于月亮。古埃及人还把天分成两部分，或四个部分、十二个部分、三十六个部分，或这些数额的两倍，每个部分都安排一个神管理，并在他们之上设置一个更高级的神。可见，古埃及人关于创世原则的学说体现了万物起源于‘一’[①]，并对‘多’进行了不同的分级，这些

① 盲诗人荷马甚至将创造神的单子（demiurgic monad）从其他众神（all the multitude of gods）中独立出来，详见泰勒：《柏拉图〈理想国〉介绍》（*Introduction to Plato's Republic*）第147页。——原注

‘多’又被认为是处于‘一’的最高管理之下。无界（Boundless）的性质被认为完全服从于有界（Bounded）的性质，而最高统一性（Supreme Unity）是万物生成的原因（cause）。神利用分离的、本质的物质性创造物质，创造物具有生命力，被创造神挪用并借以制造了和谐且不易受干扰的球体（harmonious and imperturbable spheres）。但物质的渣滓（dregs）被他用来制造可生的且易消亡的身体（generated and perishable bodies）。”

还有一个关于世界起源的想法在被称为现代赫尔墨斯之书（modern Hermetic books）的作品之中是这样被解释的：“万物的荣耀在于神，在于神圣的神性。万物存在的原则是神，是智力，是自然，是物质，是能量，是命运和结论，是革新——都是深渊（abyss）中无边的黑暗（boundless darkness）、水及存在于混沌（Chaos）中的智力的微妙的精神（subtile Spirit）。圣光破土而出，元素从水一般精华物质的砂（sand of a watery Essence）中产生。”

伊安布里霍斯说：“喀里蒙等人在讨论创世的第一因（first causes）时，列举的实际上只是一些最基本的原则，而那些提到行星（planets）、黄道十二宫（zodiac）、梦境（dreams）和星座（horoscopes），以及被称为是‘大神’化身存在天体的人则只讨论创世原因的特定存在。事实上，《历书》（*Almanacs*）中所包含的这些主题在赫尔墨斯创造的神学规则中只占很小部分。在古埃及人的创世原因学说中，所有与星、月等天体的隐现有关的因素都是最基础的。古埃及人并不把所有的东西都归结为物理性质（physical qualities），他们把动物和智能生活（animal and intellectual life）从自然界本身（nature itself）中区分出来；不仅是在宇宙中，在人身上也是如此。古埃及人把智能和理性放在首位，认为它们本身就存在，并根据这一原则解释了世界的生成。他们还把创造神放在首位，认为一切事物因其而出，并承认先于天（heavens）而存在的能量（vital energy），把纯粹的智能放在宇宙的首位。古埃及人把一个无形的灵魂（invisible soul）分配（allot）给整个世界，把另一个分裂的灵魂（another divided one）分配给所有球体（all the spheres）。”

以下摘抄泰勒对柏拉图作品的编译作为补充：“至高神”在柏拉图的《理想国》中被称为“善”（good），在巴门尼德（Parmenides）的著述中被称为“一”（one），“至高神”不仅高于灵魂和智力，甚至高于存在本身。既然一切事物的任何方面都可以被认识，或者说任何东西都可以被定义和断言，那一切具体事物就必须与事物的普遍性相联系，但“一”高于一切，所以柏拉图非常恰当地说它是完全不可定义的。在《巴门尼德篇》中，一切被提出的具体事物都被否定为“一”，该篇下了这样的结论：没有事物可以被称为“一”，它们都不是“一”的存在方式。看上去，“一”不是“存在”（being），因为如果是“存在”的话，也会参与“本质”（essence）的构成，这种推理看似是说得通的。那有没有属于“一”所属于的存在的存在呢？这样的存在可能出现吗？我们找不到能指称“一”的名称，它似乎不可能存在，既不能被命名，也不能被谈论，也不能被意见所设想，更不能被任何生命所认识和感知。因此，它似乎……所以先于“一”的是简单而完全不可言说的、没有位置的、不协调的、不能被理解的……根据柏拉图的说法，从这一真正不可确定的原则（truly ineffable principle）中，免除（exempt）了所有的本质（essence）、力量（power）和能量（energy），众多的神性（multitude of divine natures）立即启动（immediately proceed）……他在《理想国》卷六中申明，事物不可言说的原则就是善，这是一种超越本质的东西。之后他将太阳和善进行类比，说光和视觉是可见的，而真理和智慧是可理解的。正如光直接来自太阳，并完全按照太阳的属性存在一样，真理或善的直接后代（immediate progeny）必须用一个超验的习语（superessential idiom）来形容。按照柏拉图的说法，由于善与“一”相同，“一”的直接后代将与善的后代相同……也就是从“一”中直接产生自在的超验本质（Self-subsistent superessential natures），如果这样称呼应该被称为“难可言说之物”的事物是合理的话。这种事物被视为创造世界的力量，而“一”必须设在它之上。根据柏拉图的说法，从这个神圣的、自我产生且自我完善的众多事物中（this divine self-perfect and self-producing multitude），产生了一系列自我完善的性质，即“生命、生活、智力和灵魂”，人类的灵魂被归为最后一部分。柏拉图在《会饮篇》[①]中断言：“因为（人的灵魂）处于神和人之间的位置，它把所有智能联系起来，填补了彼此之间的空白。”

根据柏拉图的说法，古埃及人认为这个世界有时会遭受洪水和大火袭击，这是对邪恶的人类的一种惩罚。大灾难的降临有一种规律，古埃及人称为“大年”（great year），但在亚里士多德看来，用“大”（great）形容还不够，他甚至用了相当于英语中的“greatest”（最大）这样的表述。所谓“大年”是指当太阳、月亮和所有行星回到最开始的天体位置的时候，“那一年的冬天全世界会遭遇大洪水，夏天全世界会遭遇大火”。此外，人类退化的概念，以及黄金时代和铁器时代的寓言都源于埃及；大西洋岛（Atlantic Island）被淹没的故事据说就是梭伦从埃及听说的。柏拉图认为，神把创造的权力交给了比自己低级的存在，也就是守护神。也许他认为只有人类才有智力，因为人是神的杰作。普鲁塔克在谈到守护神这类中间存在时说，有人认为创造世界是

① 另见《亚西比德》（*Alcibiades*）第一卷开头的注释中对守护神性质的大量描述。——原注

与伊西斯、奥西里斯和泰丰有关的事情，是守护神或精灵的一种冒险行为。希腊哲学家中最聪明的一些人，如柏拉图、毕达哥拉斯、色诺克拉底（Xenocrates）和克律西波斯（Chrysippus）根据他们从古代神学家那里学到的东西，认为这些守护神和精灵虽然比不上神，但比人类强大得多且更优越。守护神和精灵也有身体的感觉和灵魂的知觉，因此能产生痛苦或快乐的情感，以及食欲等所有其他感官欲望。人受不同情感的影响，并因此产生美德或恶习，精灵也是一样。柏拉图认为，精灵和守护神是介于神和人之间的中间阶层，向人传达和解释神的意志。他们满足神的欲求，把人的祈祷带上天献给神，同时为人带回神谕和祝福。恩培多克勒（Empedocles）认为，这些精灵和守护神如果犯了罪，也要受到专属惩罚，之后会变回纯洁状态，把一切都复原。

针对主要源自古埃及思想观念的毕达哥拉斯学说，洛克里人蒂迈欧（Timaeus Locrian）给出了一个简要说明。一切被创造出的事物的原因有二，首先是智能，即依据理性而产生的事物；其次是必然，也就是根据力量而必然存在的事物。其中，第一种是善，被称为神，是最杰出事物的原则。必然性包括因果，而不是只有因。事物由理念（或形式）和物质组成，还可以加上感性世界（sensible world）。第一种本质是不生的（ungenerated）、不动的（immovable）、稳定（stable）的，具有相同（Sameness）的性质，是事物生成的可理解的范例，处于永恒的变化状态：这被称为理念（Idea）或形式（Form），并且只能通过心灵（Mind）理解。物质是第二种本质，是理念或形式的容器，也是第三种本质（the third Essence）生成的原则，即物质通过接受自身的相似性，并被打上形式的烙印而完善了一切，并具有了生成的性质。这种物质被认为是永恒的（eternal）、可动的（movable），具有它自己的本性（proper nature），虽本无形却可以接受各种形式的赋形；它也可以对自身进行分割，并具有不同性（Difference）。古埃及人认为，理念或形式具有男性和父亲的性质，而物质则具有女性和母亲的性质，第三种本质是两者的后代。那么，既然有三种本质，它们就有三种不同的理解方式：理念，是科学的对象，通过智力来理解；物质不是通过智力来理解的，而是通过一种表面上的推理来类比的；由这两种本质生成的是感觉和意见的对象，或者说是表象。因此，在天被创造之前，实际上存在理念、物质及神，这种神是较高级的创造神。较成熟存在的本质（continuance，解作“持续”）比较幼稚存在的本质（novelty，解作“新奇”）更有价值，秩序比无序更有价值。神以仁慈的目光看到物质不断地接受形式，并以一种无所不在的无序方式发生变化，便着手恢复其秩序，通过具体的形式制止物质无序变化，以便使其不受其自身的不断变化的影响。因此，神从物质中创造了这个世界，并把物质作为基本性质的界限，一切都被包括在物质内部，也就是“一”，“一”是独生的（only-begotten）、完善的、有灵魂和智能的（对于动物来说，有灵魂和智能比没有要好）。神也给了它一个球体（spherical body），因为球体是最圆满、最完美的形状。由于神乐于使他的作品变得最完美，他把它塑造成一个神（constituted it a god），除了创造者，其他任何“因”都无法将其破坏。

从伊安布里霍斯的叙述中可以看出，一元或统一的神性先于三位一体组合，在世界生成之前存在，并创造一切。按照地位排序，这些神分别是：

第一位：统一的神（The God, the Monad, deity in Unity）

第二位：第一神（The first God, first principle, chief of Intelligibles）

也作以下分法：

第一位：不可分的第一神（Eicton, the first effigies, the indivisible one）

第二位：能自我理解的神（被错拼为“Kneph”的Emeph或Intellect）

这里名为“Intellect”的神，在生成时被称为“阿蒙”，具有半创造性；以真理完善万物的时候被称为“普塔”；被视为善的创造者时又被称为“奥西里斯”；做其他事情（或执行其他权力）的时候又被冠以其他不同的名称。还有一些原则（principles）主持（presiding over）处于生成状态的元素及其中的力量，其中阳性原则和阴性原则各四条；一个原则是太阳，另一个原则是月亮。然后是另一类天体的统治神，被分为两部分。

普里查德（Prichard）认为“普塔”（Ptah）是俄耳甫斯哲学（Orphic philosophy）中的阳性和阴性的存在（masculo-feminine Being），从“混沌之卵”中产生，并作用于其元素，他引用了霍拉波罗的论述来支持自己的观点。在古埃及人看来，世界具有阴阳两性，他们用一只兀鹫（vulture）〔和一只甲虫（beetle）〕来称呼密涅瓦，用一只甲虫（和一只兀鹫）来称呼武尔坎——这两位是仅有的、被埃及人描述为具有双重性质的神，换句话说，既是阳性的神又是阴性的神。普里查德与雅布隆斯基（Jablonski）得到的结论是，密涅瓦女神在赛斯也受到崇拜，对应普塔神，或者说是具有阴性特征的同一存在。但这并没有得到古迹证据的支持，普塔和埃及的密涅瓦之间应该也不存在任何关系。

至此，笔者介绍了希腊和罗马学者就古埃及神学这一主题提出的一些理论（当然，在其他地方也讨论了），并提到了一些曾在埃及学习或访问过的古代哲学家的猜想。但必须指出，对于波菲利、伊安布里霍斯、普罗克鲁斯，以及亚历山大学派的所有新柏拉图主义者等晚期学者提出的内容，我们在接受的时候应该保持一种非常谨慎的态度。虽然他们的许多推论看上去都来自古埃及，但最原始的推论往往不只来自埃及。这些学者的任何学说都不能被视作古埃及的思想，截至19世纪，这些推论尚且没有得到古迹的证实，不能明确被认定为来自埃及的宗教和哲学思想。

在柏拉图和其他更古老学者的作品中，显然有许多内容是他们从埃及人那里学到的知识，而毕达哥拉斯则准确无误地模仿了他的古埃及导师的许多观念。在研究古埃及人的宗教信仰时，上述学者的权威文献是最有用的，他们的优势是在宗教没有受到胡思乱想的所谓“创新”影响的时候及地方研究古埃及人的宗教信仰。但当宗教被亚历山大学派任意幻想的上层建筑（superstructure）所束缚时，旧有的宗教形式变得扭曲，意义被附加到各种前所未见的符号上，神的属性被无知地曲解。笔者已经注意到希腊人和罗马人在与埃及宗教有关的最普通的问题上产生的误解，要想了解埃及哲学家的深奥又神秘的思想，几乎不能参考这些希腊、罗马学者的文献，因为他们改变了埃及神众所周知的形式，并误解了在每一处古埃及纪念碑上都有呈现的神的属性。

笔者现在把希罗多德和其他人的记录同古迹考察得到的资料进行对比。假设古埃及宗教中真的只有8位主神，以下列举的是这些名称在英语中的写法：

序号	名称	序号	名称
1	Neph 或 Kneph （尼弗或克努比斯）	5	Sati （塞提）
2	Amen 或 Amen-ra （阿蒙或 阿蒙－拉）	6	Mut （perhaps Buto） （姆特，可能是布托）
3	Phthah 或 Pthah 或 Ptah （普塔）	7	Bubastis （布巴斯提斯）
4	Khem （克姆）	8	Neith （奈特）

“拉”似乎也算古埃及诸神之一，笔者曾经也介绍过，是和布巴斯提斯分开介绍的。更有可能的是，“阿蒙-拉”并不等于“拉”本身，因为就精神上的存在而言，“阿蒙-拉”比“拉”所代表的物理意义上的太阳更高。除此之外，还有很多其他神，其中最引人注目的是真理或正义女神、塔夫努特（Tafnut）、舒、瑟尔克（Selk）和纳哈姆乌阿（Nahamua）。

希罗多德提到了八大主神①，但没有给出他们的名字。然而他说潘（Pan）（克姆）和拉脱那（布托）也在其中。八大主神之下有12位神，再往下是小神。这些小神性格和职务各有不同。除了天神和地狱神，还有各种类型的精灵，以及在特定地点或被某些个人崇拜的下等神。狄奥多罗斯似乎也同意八大主神这一结论，给出了“太阳、萨图努斯、瑞亚、朱庇特（有些人称为“阿蒙”）、朱诺、火神、炉灶女神和墨丘利”这样一份名单。喀里蒙认为共有10位主神。说起古罗马众神，还是12位主神的地位更高一些。

古希腊人把塞布和萨图努斯混为一谈，而塞布又会产生其他的神，和努特诞下了若干后代。根据辛塞勒斯（Syncellus）提供的曼涅托年表，在埃及第一批法老之前有两个王朝：一个由7位神统治，另一个由9位半神统治。参见下表：

神名	在位（年）	续在位（天）	半神名	在位（年）
Vulcan（武尔坎）	724.5	4	Horus（荷鲁斯）	23
The Sun（太阳）	86	—	Mars（玛尔斯）	25
Agathodæmon（阿加索达蒙）	56.5	10	Anubis（阿努比斯）	17

① 希罗多德说的就是古埃及的神，虽然没有“指名道姓”。——原注

●接上表

Chronus, Saturn（克洛诺斯，萨图努斯）	40.5	—	Hercules（赫拉克勒斯）	15
Osiris（奥西里斯）	35	—	Apollo（阿波罗）	25
Isis（伊西斯）			Ammon（阿蒙）	30
Typho（泰丰）	29	—	Tithoes（图图）	27
—			Zosus（佐苏斯）	32
			Zeus（宙斯）	20

一般来说，人们会把“神掌权”解释为神的祭司掌权的时期。埃及在选举法老之前是受等级制度管理的。但人们对这份名单的准确性产生了极大的怀疑，因为它前后不一，并且一些大神的名字被归入半神的序列中。

我们希望能更多地依靠希罗多德等希腊学者的描述，但当我们发现他们错误地认为底比斯的对应朱庇特的阿蒙的雕像“长着山羊头”，潘被埃及人称为“门德斯”①，埃及人塑造的门德斯和希腊人塑造的潘一样，被表现为有山羊的头和腿，那我们就只能在谨慎调查后接受得到的证据。埃及人很可能不了解尼普顿和狄奥斯库洛伊；希罗多德的另一句话同样符合事实，即在埃及，伊西斯是所有神中最伟大的，她与奥西里斯在埃及各地享有同样的尊荣，这是其他神不曾享有的。希罗多德把八大神之一的潘和低等的门图（Mentu）混为一谈，布巴斯提斯（对应狄安娜）也并不像他

① 门德斯到19世纪被认为是长着山羊头的巴–恩–塔图（Ba-en-tattu），因为“M”和“B”是可以互换的，能得到近似希腊语的“Ma-en-tattu”。——原注

所说的那样是伊西斯和奥西里斯的女儿。这些不准确的例子足以让我们在接受希罗多德的观点时保持谨慎，甚至不能确定布托在第一类神中是否拥有希罗多德所断言的地位。

如果古埃及的每个城镇或地区都曾修建过主要神庙（并且都能保存下来），我们就可以发现，古埃及人所崇拜的神具有三位一体性质。通过主神的姓名，我们能更好地了解大神的特征，以及为数众多的三位一体组合。然而，截至19世纪，能获得证实的观点寥寥无几，在下埃及和尼罗河三角洲地区，孤立的纪念碑等不完善遗迹所提供的信息很少。

地点	三位一体组合名称（转写为英语版本）
底比斯	（大组合）Amen 或 Amen-ra（阿蒙或 阿蒙－拉），Mut（姆特），Khonsu（孔苏）
	（小组合）Amen the Generator（创造者阿蒙），Tamen（塔门），the young Harka（小哈尔卡）
锡尼、阿斯旺象岛和大瀑布地区	Kneph（克努比斯），Satis（Juno）〔赛提斯（朱诺）〕，Anoukis（Vesta）〔阿努基斯（女灶神）〕
腓莱	Osiris（奥西里斯），Isis（伊西斯），Horus 或 Harpocrates（荷鲁斯或哈波克拉特斯）
埃富或大阿波罗诺波利斯	Har-Hat（哈尔－哈特），Athor（阿托），Har-semt-ta（哈尔－塞姆特－塔）
埃斯奈或拉脱波利斯（Latopolis）	Chnoumis（克努比斯），Nebuu（内卜乌，奈特的一种形式），Hak.t（哈克特）
西尔西利斯	有 Ra（拉），Ptah（普塔），Nilus（尼罗河神）和 Amen-ra（阿蒙－拉），Ra（拉），Sebak（瑟巴克）两种组合
艾玛萨拉附近的采石场	Thoth（托特），Nahamua（纳哈姆乌阿），Horus 或 Aroeris（荷鲁斯或 阿罗里斯）
奥姆博斯	（大组合）Sebak（瑟巴克），Athor（阿托），Khonsu（孔苏）
	（小组合）Horus 或 Aroeris（荷鲁斯或 阿罗里斯），Sen-t-nofre（森特－诺富尔），young Pneb-ta（小佩内卜－塔）
赫尔蒙提斯（Hermonthis）	Mentu（门图），Ra-ta（拉－塔），Har-para（哈尔－帕拉，前二者的后代）

由奥西里斯、伊西斯和尼弗泰斯组成的“葬礼三位一体神”的图案出现在埃及各地的墓穴中。此外，在埃及一些城镇和行省还有许多其他不同的组合图案。笔者曾在一块石头上看到过一个由拉、阿加索达蒙和一个显然长着青蛙头的女神组成的三位一体组合图案。另外，有一处古希腊铭文提到了拜特（Bait）、阿托和阿科力（Akori）。

“Bait”似乎是霍拉波罗笔下的“Baieth”，但要给每个神像分配对等的希腊名称并不容易。由于上述铭文是晚期作品，所提名字及对应的希腊名字的权威性都很低。不过，这处铭文很有趣，因为它与一些被归于早期基督教诺斯底派（Christian Gnostics）的

●石头上的铭文表达了三个要素：“一个拜特（Bait），一个阿托〔其中一位比亚（Bia）〕，一个阿科力（Akori）。万岁，世界之父！万岁，三位一体的神！”这是挽歌风格的诗句[①]

① 也有人认为应该这样翻译：“你是拜特（灵魂），你是比亚之一的阿托，你是阿科力（毒蛇）。万岁，世界之父！万岁，三种形态的神！”古希腊铭文被认为可能是后期加上的。利克上校认为“比亚”这种三位一体的神包括布托、伊西斯和阿托。阿托相当于拉脱（Lato）、德墨忒尔（Demeter）和阿芙洛狄忒（Aphrodite）的结合，或相当于拉脱那、谷神和维纳斯的结合。希腊语的“比亚”写作“*μία τῶν*”，相当于“三位一体的女神”。——G.W.

铭文相似，并且显示了信奉异教的埃及人（pagan Egyptians）对“三形神”（triformous deity）的观念，即“世界之父”（father of the world）根据代表三位一体组合的不同而有不同名字的想法。

所谓三位一体的“大组合”是由主神组成的，前两个成员通常具有同等地位，第三个成员是前面成员的后代，处于从属地位，如奥西里斯、伊西斯和荷鲁斯，或阿门、穆特和孔苏的情况。其他三位一体组合则不同，有时会发生这样的情况：出于对统治者的高度赞扬，法老也被加入组合当中，例如在底比斯，拉美西斯三世被置于奥西里斯和普塔之间；在阿布克赛德[①]（Aboukeshayd），拉美西斯大帝与拉和阿夫穆（Afmu）组成三位一体。还有其他类似的情况，在西尔西利斯，法老普塔门（Ptahmen）和梅涅普塔向由奥西里斯、伊西斯和拉美西斯大帝组成的三位一体组合（荷鲁斯的位置被取代了）献祭，埃及法老经常被比作荷鲁斯。在托勒密王朝时期，这种宗教堕落现象已经很严重，就连恺撒大帝、克里奥帕特拉七世和他们的私生子都能取代原来的门图、拉–塔和哈尔–帕拉（Har-para）成为新的三位一体组合[②]。

在三位一体组合中，统治者如果取代荷鲁斯，就被表示为两个神的后代，还附有借口辩解，即神的力量最重要的成果，也就是智力，其对物质的影响在法老身上产生了被造物——这是创造者最崇高的工作。但恺撒大帝的例子不适用于这种解释，完全是祭司阶层的曲意逢迎，以及托勒密王朝本身的弊端，最终导致了这个恶果，即埃及人的宗教习俗被极大亵渎了。

---

① 位于苏伊士运河畔。参见《象形文字材料》附录四。——原注

② 参见商博良相关作品，他是首次注意到该现象的学者。——G.W.

●一位祭司为他死去的父母献上洋葱作为祭品。具体象形文字铭文内容：（坐着的男性处）“他的兄弟，阿蒙神祭司哈尔–阿（Har-a），说真话的人。”旁边是他的姐妹，屋子的女主人，铭文称其为“已婚女性塔–阿里（Ta-ari），说真话的人”。献上洋葱的人是“他的儿子，阿蒙神祭司巴克恩阿门（Bak en amen）”。这是石表上镌刻的图案和文字，只是局部，还有其他人物形象

图书在版编目（CIP）数据

神的子民：古埃及人的风俗与日常. 第Ⅱ卷 /（英）约翰·加德纳·威尔金森著；梁力乔译. -- 北京：中国工人出版社，2024. 10. -- ISBN 978-7-5008-8525-2

Ⅰ. K411.2

中国国家版本馆CIP数据核字第2024GR0726号

神的子民：古埃及人的风俗与日常. 第Ⅱ卷

出版人	董　宽
责任编辑	宋　杨
责任校对	张　彦
责任印制	黄　丽
出版发行	中国工人出版社
地　　址	北京市东城区鼓楼外大街45号　邮编：100120
网　　址	http://www.wp-china.com
电　　话	（010）62005043（总编室）　62005039（印制管理中心） （010）62379038（社科文艺分社）
发行热线	（010）82029051　62383056
经　　销	各地书店
印　　刷	天津中印联印务有限公司
开　　本	880毫米×1230毫米　1/32
印　　张	17.75
字　　数	398千字
版　　次	2025年1月第1版　2025年1月第1次印刷
定　　价	98.00元